PHILOSOPHIE FÉMINISTE

TEXTES CLÉS

PHILOSOPHIE FÉMINISTE
Patriarcat, savoirs, justice

Textes réunis et introduits par
Manon GARCIA

Traductions par
C. BROUSSEAU, S. CHAVEL, T. CRESPO, D. FRASCH,
M. GARCIA, T. PITERBRAUT-MERX, M. PROVOST, L. VÉDIE

PARIS
LIBRAIRIE PHILOSOPHIQUE J. VRIN
6 place de la Sorbonne, V e
2021

L'éditeur s'est employé à identifier tous les détenteurs de droits. Il s'efforcera de rectifier, dès que possible, toute omission qu'il aurait involontairement commise.

© *Librairie Philosophique J. VRIN*, 2021
Imprimé en France
ISSN 1968-1178
ISBN 978-2-7116-2974-9
www.vrin.fr

Le projet philosophique et le projet de la réflexion féministe ont en commun une structure fondamentale, quelque chose comme un art de retourner le regard, d'objectiver et d'analyser les pensées ambiantes, de regarder les croyances comme des objets soumis à l'examen, alors que l'attitude supposée normale consiste à être soumis à ce que la vie sociale érige en doctrine. Rien ne va de soi, y compris ce que l'on pense quant aux rôles dévolus aux hommes et aux femmes.

Michèle Le Dœuff, *L'Étude et le Rouet*

INTRODUCTION GÉNÉRALE

Alors que dans les pays anglo-saxons, la philosophie féministe est aujourd'hui – et depuis les années 1970 – considérée comme un champ à part entière de la philosophie [1], elle est, en France, dans une situation paradoxale. D'un côté, la philosophie française constitue le berceau de la philosophie féministe : le terme de *feminism* apparaît en anglais à la suite du Premier Congrès international des femmes en 1878 à Paris, pour traduire le terme français « féministe », venu des écrits de Charles Fourier, et qui décrit la croyance dans les droits égaux des femmes au nom de l'égalité des sexes ; et le féminisme comme programme de recherche naît véritablement avec *Le Deuxième Sexe* de Simone de Beauvoir. La France est ensuite un des foyers principaux de la théorie féministe

---

1. La philosophie féministe constitue un des champs recensés par l'*American Philosophical Association*, elle dispose de deux revues dédiées (*Hypatia* et *Feminist Philosophical Quarterly*), d'une association propre (*The Society for Analytic Feminism*), d'une newsletter de l'*American Philosophical Association*, ses travaux font l'objet de dizaines d'entrées dans la *Stanford Encyclopedia of Philosophy* et l'immense majorité des départements de philosophie de langue anglaise ont au moins un.e philosophe féministe dans leur équipe.

8 MANON GARCIA

au xxᵉ siècle [1], grâce à Luce Irigaray [2], Michèle Le Dœuff [3], Monique Wittig [4], Hélène Cixous [5] ou Sarah Kofman [6]. D'un autre côté, la philosophie féministe souffre aujourd'hui dans le paysage académique français d'un manque de visibilité voire de considération qui n'a pas d'égal dans les pays voisins. Même Simone de Beauvoir, dont l'œuvre est internationalement reconnue comme l'une des plus importantes de la philosophie du xxᵉ siècle, peine encore à être considérée comme une philosophe par l'Université française. Alors que la philosophie féministe de langue anglaise se développe constamment depuis les années 1970 et a donné lieu à un corpus de textes importants, ce manque de reconnaissance universitaire de la philosophie féministe a pour effet qu'un grand nombre de ces textes ne sont pas accessibles en français et que certains des textes français

1. Les travaux des autrices françaises de la seconde moitié du xxᵉ siècle ont eu un impact très important pour la théorie féministe de langue anglaise, qui a regroupé sous le terme de *French feminism* des autrices de champs disciplinaires et de sensibilité très différentes au point que même Julia Kristeva, dont le travail ne se veut pas féministe, y était incluse. On peut se référer à l'anthologie sur la question dirigée par Toril Moi pour un aperçu : T. Moi (dir.), *French Feminist Thought : A Reader*, Oxford, Blackwell, 1987.

2. L. Irigaray, *Speculum de l'autre femme*, Paris, Minuit, 1974 ; *Ce sexe qui n'en est pas un*, Paris, Minuit, 1977.

3. M. Le Dœuff, *Recherches sur l'imaginaire philosophique*, Paris, Payot, 1980 ; *L'Étude et le Rouet. 1. Des femmes, de la philosophie, etc.*, Paris, Seuil, 1989.

4. M. Wittig, *Les Guérillères*, Paris, Minuit, 1969 ; *Le Corps lesbien*, Paris, Minuit, 1973 ; *La Pensée straight*, Paris, Amsterdam, 2013.

5. Le texte intitulé « Le Rire de la Méduse » publié en 1975 constitue l'un des textes majeurs de la pensée féministe dite de la deuxième vague et a eu une influence importante sur la philosophie du langage féministe. H. Cixous, *Le Rire de la méduse et autres ironies*, Paris, Galilée, 2010.

6. S. Kofman, *L'Énigme de la femme : La femme dans les textes de Freud*, Paris, Galilée, 1980 ; *Socrate(s)*, Paris, Galilée, 1989.

fondamentaux sont difficilement disponibles, ceux de Michèle Le Dœuff par exemple [1].

L'objectif de cet ouvrage est double : rendre accessible des textes majeurs du champ jusque-là difficiles d'accès, notamment parce qu'ils n'étaient pas traduits ; établir ce champ disciplinaire comme tel, c'est-à-dire montrer à la fois la cohérence, la fécondité et la diversité des analyses auxquelles il donne lieu.

Une philosophie féministe ?

Le premier obstacle à la reconnaissance de la philosophie féministe comme champ de la philosophie tient à l'apparent oxymore que constitue cette expression. En effet, s'il est difficile de définir le féminisme tant il a pris de formes au fil du temps, des combats politiques et des espaces théoriques, il s'agit d'un mouvement *politique*. Il désigne historiquement la lutte politique en faveur de l'égalité des sexes, qu'il s'agisse de la lutte pour le droit de vote des femmes ou des luttes pour une plus grande égalité dans l'éducation, au travail, dans la famille. Le féminisme est intrinsèquement politique et, comme tel, repose sur des présupposés normatifs dont le plus évident est sans doute l'idée qu'il est juste de reconnaître l'égalité entre les hommes et les femmes. La philosophie, elle, apparaît à première vue comme une discipline objective, apolitique,

1. La philosophe Elsa Dorlin a grandement contribué à atténuer ce manque éditorial en publiant, d'une part, la première introduction systématique en français à la philosophie féministe et aux études de genre (*Sexe, genre et sexualités*, Paris, P.U.F., 2008) et le premier recueil des textes majeurs du féminisme africain-américain (*Black feminism : anthologie du féminisme africain-américain, 1975-2000*, Paris, L'Harmattan, 2008).

qui cherche à produire des énoncés vrais, universels, abstraits et valables quelles que soient les époques et les cultures. Il semble donc difficile de concevoir une recherche qui soit à la fois philosophique et féministe.

En réalité, ces caractérisations tant du féminisme que de la philosophie sont partielles et contestables. Le féminisme ne se réduit pas à ces luttes historiques : il est aussi un programme de recherche qui consiste *a minima* à rendre manifeste l'oppression que les femmes subissent en tant qu'elles sont des femmes et à lutter contre cette oppression. À ce titre, il entend produire des énoncés descriptifs – permettant de décrire les inégalités entre les hommes et les femmes – et des énoncés normatifs – permettant d'identifier ce qui, dans ces inégalités, constitue une oppression et ce qui devrait être fait pour mettre fin à cette oppression. Or, produire des énoncés descriptifs et normatifs en vue d'identifier une oppression et d'y mettre fin est une façon de décrire une des tâches de la philosophie politique sans que cela ne soit perçu comme une raison de remettre en cause le statut philosophique de ce champ.

D'autre part, tous les philosophes ne s'accordent pas, loin de là, sur une définition de la philosophie comme discipline objective aux prétentions universelles et abstraites : comme le montre la philosophe américaine Kristie Dotson [1], savoir ce qui est ou non de la philosophie est une tâche qui relève du travail philosophique lui-même mais ce qu'elle nomme la « culture généralisée de la justification » en philosophie sert souvent surtout à exclure du champ de la philosophie celles et ceux qui essaient de travailler sur de nouveaux objets ou de nouvelles méthodes

---

1. K. Dotson, « How is This Paper Philosophy », *Comparative Philosophy*, vol. 3, n°1, 2012, p. 3-29.

qui remettent en cause la conception standard de la philosophie[1].

Les textes de la première partie de ce volume s'interrogent en détail sur le lien entre féminisme et philosophie mais qu'il suffise ici, pour justifier notre effort de définition, de partir d'un constat pragmatique : la philosophie féministe existe au moins au sens où elle est reconnue dans une large partie du monde comme un champ de la philosophie, avec ses colloques, ses revues, son histoire, ses anthologies, ses introductions, ses newsletters. C'est de cette philosophie féministe là que cet ouvrage entend montrer les objets, les méthodes, les concepts, dans leur diversité et leur fécondité.

Sexe et genre

Le féminisme comme mouvement politique date de la fin du XVIIIe siècle[2] – au moins depuis *La Déclaration des droits de la femme et de la citoyenne* d'Olympe de Gouges en 1791 – et des textes de philosophie ont depuis longtemps pris parti en faveur de l'égalité des sexes – la première œuvre philosophique importante consacrée à cette question

---

1. Pour une analyse de ce problème appliquée à la reconnaissance des études trans, on lira avec profit Robin Dembroff, « Cisgender Commonsense and Philosophy's Transgender Trouble », *Transgender Studies Quarterly*, vol. 7, n°3, 2020.

2. Il est d'usage de distinguer trois « vagues » dans l'histoire du féminisme, que l'on peut grossièrement décrire ainsi : une première vague, du XIXe siècle jusqu'en 1920 aux États-Unis et 1945 en France, dont la revendication principale est le droit de vote des femmes, une deuxième vague, de 1945 au début des années 1980, qui revendique davantage d'égalité dans l'éducation, au travail et dans le foyer, et une troisième vague, à partir des années 1980, qui critique le manque d'inclusivité de la deuxième vague et appelle à une analyse féministe intersectionnelle. Cette périodisation a fait l'objet de nombreuses critiques,

est *Some Reflections Upon Marriage* de Mary Astell publié en 1730. Cependant, la philosophie féministe émerge dans la seconde moitié du xxᵉ siècle : le premier ouvrage de philosophie féministe à proprement parler est *Le Deuxième Sexe* de Simone de Beauvoir, qui paraît en 1949, et la philosophie féministe comme champ à part entière de la philosophie se développe à partir des années 1970, en particulier (mais pas seulement) aux États-Unis. La philo-sophie féministe est aujourd'hui un champ de la philosophie qui contribue aux différentes disciplines de la philosophie – il y a des travaux de philosophie féministe en philosophie morale et politique mais aussi en métaphysique, en épistémologie, en philosophie du langage, en histoire de la philosophie, en philosophie de l'esprit[1] – et qui se caractérise par une grande variété d'objets et d'approches.

On peut dire *a minima* que ces travaux ont en commun une réflexion sur le *genre*. Les termes de « sexe » et de « genre » ont été introduits pour différencier la dimension biologique et la dimension sociale de ce que l'on appelle communément en français la différence des sexes. Le terme de « sexe » renvoie à ce qu'il y a de biologique dans cette différence et le terme de « genre » aux différences sociales entre hommes et femmes. Cette distinction, apparue dans

notamment en ce qu'elle tend à invisibiliser les féminismes non occidentaux et les mouvements féministes antérieurs au xixᵉ siècle. Pour un histoire du féminisme, on se référera à Florence Rochefort, *Histoire mondiale des féminismes*, Paris, P.U.F., 2018. Et pour une analyse de la métaphore des vagues en particulier, on pourra lire de Bibia Pavard « Faire naître et mourir les vagues : comment s'écrit l'histoire des féminismes », *Itinéraires*, 2017-2, mis en ligne le 10 mars 2018, http://journals.openedition.org/itineraires/3787

1. Pour prendre la mesure de l'immense diversité de sujets et d'approches, on se référera aux anthologies indiquées dans la bibliographie.

les années 1970, a été utilisée par les féministes afin de remettre en cause le dogme du déterminisme biologique, c'est-à-dire l'explication des différences entre hommes et femmes dans la société sur la simple base des différences biologiques entre êtres humains mâles et femelles. Cependant, dès les années 1980, cette distinction est remise en cause au nom de l'idée que la catégorie de « sexe » est elle-même une construction sociale (voir par exemple les travaux de Judith Butler[1]). Dans ce contexte, on peut penser qu'il faut se contenter d'employer le terme de « genre », sans référence au « sexe », pour désigner ce qui relève de l'organisation sexuée de la société.

La polysémie du terme de « genre » et les désaccords sur son usage au sein même du champ ne signifient pas que ce soit une erreur d'en faire l'objet commun des travaux de philosophie féministe, au contraire : de même que les épistémologues s'interrogent sur le savoir et, par conséquent, ont fréquemment des désaccords sur ce qu'est le savoir, ou que les philosophes politiques travaillent sur la justice et, par-là, se disputent sur ce terme, sa définition et son contenu, on peut dire que la centralité des désaccords sur le concept de genre en philosophie féministe fait de ce concept sinon l'objet principal, du moins l'un des objets centraux du champ.

La première question, sinon logiquement du moins chronologiquement, de la philosophie féministe est en effet celle de savoir ce qu'est une femme, et donc ce qu'est une

---

1. J. Butler, *Trouble dans le genre : pour un féminisme de la subversion*, 1990, trad. fr. C. Kraus, Paris, La Découverte, 2005 ; *Ces corps qui comptent : de la matérialité et des limites discursives du sexe*, 1993, trad. fr. C. Nordman, Paris, Amsterdam, 2018.

femme par opposition à un homme [1]. Ainsi, la philosophie
féministe c'est d'abord celle qui fait de la différence
sexuelle un objet d'étude. La première philosophe à poser
cette question est Beauvoir qui, dès l'Introduction du
Deuxième sexe, affirme que le problème central auquel
l'ouvrage cherche à répondre est « Qu'est-ce qu'une
femme ? ». Pour autant, Beauvoir elle-même prévoit les
difficultés soulevées par une telle question : est-ce qu'il
suffit d'être un humain femelle pour être une femme ?
est-ce que la femme peut être définie en elle-même ou
n'est-elle définissable que par opposition à l'homme ?
est-ce que la différence des sexes continuerait à exister
dans une société qui ne la valoriserait pas ? Dès le texte
beauvoirien s'amorce donc la distinction du sexe et du
genre qui va progressivement devenir centrale dans la
philosophie féministe avant de faire l'objet de vives critiques
dans la philosophie féministe contemporaine.

Le problème de l'essentialisme

En effet, la distinction, un peu schématique parfois,
entre un sexe biologique et un genre qui serait le pur produit
d'une construction sociale, pose un problème nouveau :
si l'on accepte l'idée selon laquelle les attributs biologiques
féminins ne suffisent pas en eux-mêmes à définir ce que

1. La façon dont la question se pose a évolué depuis la prise en
compte de la possibilité de la non-binarité et de la transsexualité. Voir
E. Díaz-León, « "Woman" as a Politically Significant Term : A Solution
to the Puzzle », *Hypatia*, vol. 31, n° 2, 2016, p. 245-256 ; K. Jenkins,
« Amelioration and Inclusion : Gender Identity and the Concept of
Woman », *Ethics*, vol. 126, n° 2, 2016, p. 394-421 ; T. Bettcher, « Feminist
Perspectives on Trans Issues », Edward N. Zalta (dir.), *The Stanford
Encyclopedia of Philosophy* (Printemps 2014), https ://plato.stanford.
edu/archives/spr2014/entries/feminism-trans/

l'on appelle une femme, alors on fait l'hypothèse qu'une partie au moins de la différence des sexes est attribuable à la société. C'est l'idée sous-jacente à la célèbre phrase de Beauvoir quand elle écrit « On ne naît pas femme, on le devient », c'est aussi le fondement de la lutte des féministes contre les stéréotypes sexistes dans l'éducation des enfants, sur le lieu de travail, dans la famille. Mais si l'on accepte comme allant de soi l'idée que la configuration économique, politique et sociale qu'est la société dans laquelle on vit, est en partie responsable du sens que l'on donne à la différence sexuelle, alors peut-on vraiment penser qu'il y a un concept de femme, une expérience de ce que c'est que d'être une femme qui soit suffisamment identique à travers les siècles, à travers les différentes civilisations, à travers les continents pour pouvoir, au sujet de la femme, faire le type de généralisation sur lequel la philosophie repose ? Peut-on dire que « les femmes » sont opprimées si la différence des sexes n'a pas le même sens et la même valeur en fonction des sociétés ?

Une des questions qui se posent est celle de savoir si l'essentialisme est nécessaire au féminisme et de quel essentialisme il peut s'agir. En philosophie, l'essentialisme renvoie généralement à l'essentialisme métaphysique, c'est-à-dire à l'idée qu'un être ou un objet possède certaines propriétés ou qualités en vertu desquelles il est ce qu'il est. Appliqué aux femmes, l'essentialisme métaphysique revient à défendre l'idée selon laquelle les femmes auraient une nature immuable et indépendante de toute construction sociale. C'est en partie contre cette idée, et contre le mythe de l'Éternel féminin qui lui est associé, que le féminisme se constitue. En effet, cette essentialisation de la différence sexuelle a été historiquement présentée comme la justification de la subordination des femmes aux hommes. Une variante de cet essentialisme est l'essentialisme biologique, qui consiste à dire que les femmes ont certaines qualités en vertu de leurs caractéristiques biologiques ; par exemple, c'est une forme d'essentialisme biologique que de dire que les femmes sont par essence douces et chaleureuses parce qu'elles sont « faites » biologiquement pour la maternité. Le féminisme s'est construit contre ces deux formes d'essentialisme qui sont déterministes (avoir une essence féminine déterminerait par avance les qualités et les expériences des femmes).

Pour s'opposer à cet essentialisme contraire à l'égalité des sexes, les féministes ont parfois adopté une autre forme d'essentialisme, que l'on peut qualifier de méthodologique ou de stratégique [1]. En effet, le féminisme repose sur l'hypothèse qu'il y a du sens à parler de « femmes » et d'« hommes » et, plus largement, que le genre est une catégorie utile à l'analyse sociale. Cet essentialisme méthodologique est complexe en raison de son ambiguïté. En effet, en disant « les femmes sont opprimées parce qu'elles sont femmes », on peut vouloir dire plusieurs choses : on peut dire simplement que dans toute société, il y a des femmes et des hommes et que, dans la société dans laquelle on vit, les femmes sont victimes d'oppression parce qu'elles sont des femmes ; on peut dire aussi que ce qui unit les femmes, ce qui fait d'elles des femmes, c'est précisément cette oppression qui s'applique sur elles. Dans un cas, on présuppose qu'il y a quelque chose que les femmes ont en commun qui permet une oppression qui les

---

1. L'idée d'essentialisme stratégique vient des travaux de la chercheuse Gayatri C. Spivak qui l'utilise pour la première fois dans l'article « Subaltern studies : deconstructing historiography » publié en 1985 et republié dans G. C. Spivak, *In Other Worlds : Essays in Cultural Politics*, New York, Routledge, 1988.

touche toutes ; dans l'autre, on affirme le caractère exclusivement et radicalement politique de la différence sexuelle. Sur les plans tant politique que théorique, cette ambiguïté est problématique et soulève de nombreuses questions philosophiques : y a-t-il un concept de femme unique ? ce concept est-il le produit du système patriarcal ou l'un de ses fondements ? est-ce qu'il y a un sens à employer le concept de femme dans le combat féministe ou est-ce qu'il faudrait souhaiter la disparition de la différence de genre ? Le problème de fond est le suivant : d'un côté l'essentialisation de la différence sexuelle est contestable biologiquement et a constitué le fondement de la subordination des femmes, donc œuvrer contre l'oppression des femmes semblerait impliquer une position non-essentialiste ; d'un autre côté, si l'on nie que les femmes en tant que femmes ont des caractéristiques partagées, il semble impossible de mener un mouvement politique de défense de leurs droits.

Décrire le patriarcat, lutter contre le sexisme

Comme on l'a dit plus haut, le genre est l'objet central de la philosophie féministe mais il ne suffit pas de prendre le genre pour objet pour que le travail philosophique en question puisse être considéré comme féministe. Par exemple, une réflexion philosophique sur le genre qui aurait pour objet d'établir la supériorité des hommes sur les femmes ne pourrait pas relever de la philosophie féministe. En effet, la philosophie féministe a une ambition descriptive, qui consiste à mettre en évidence ce qu'est l'ordre patriarcal, et une ambition normative anti-sexiste.

Le concept de patriarcat a été forgé par les théoriciennes féministes pour signifier l'existence d'une oppression spécifique des femmes, en tant qu'elles sont des femmes. Ce concept renvoie à la description du monde social comme constitué entre autres par un système socio-politique qui organise l'oppression des femmes. À ce titre, comme le montre la philosophe Carole Pateman dans *Le Contrat sexuel*[1], il est crucial de voir que le patriarcat n'est pas, comme son étymologie le laisserait croire et comme l'histoire de la théorie politique entend ce terme, le pouvoir des pères mais ce qui préexiste logiquement et chronologiquement à ce pouvoir des pères, à savoir le pouvoir des hommes, en particulier sur les femmes.

Pour décrire l'ordre social patriarcal, c'est-à-dire l'oppression des femmes comme groupe social, les féministes ont élaboré le concept normatif de « sexisme », que les philosophes Ann Cudd et Leslie Jones définissent comme « une force systématique, omniprésente mais souvent subtile, qui permet à l'oppression des femmes de durer et qui est à l'œuvre dans les structures institution-nelles, dans les interactions interpersonnelles et les attitudes qu'elles expriment, et dans les processus cognitifs, linguistiques et émotionnels des esprits individuels »[2]. Le sexisme fonctionne à trois niveaux, institutionnel, interpersonnel et individuel (conscient ou non). Il n'est pas besoin, pour que le sexisme fonctionne, d'une hostilité particulière envers les femmes : le sexisme

---

1. C. Pateman, *Le Contrat sexuel*, 1988, trad. fr. C. Nordman, Paris, La Découverte, 2010.
2. A. Cudd, L. Jones « Sexism », *in* R. G. Frey and C. H. Wellman (dir.), *A Companion to Applied Ethics*, Malden, MA, Blackwell, 2003.

est une idéologie qui rationalise et justifie l'ordre social patriarcal[1].

Il s'agit donc pour la philosophie féministe de mettre en évidence l'ordre patriarcal et, pour ce faire de déconstruire l'idéologie, sexiste, qui lui permet de fonctionner. C'est à partir de ce projet à la fois descriptif – décrire ce qu'est l'oppression des femmes et comment elle fonctionne – et normatif – montrer que l'ordre patriarcal est injuste et proposer des conceptions non sexistes du monde – que se développent les axes de recherche de la philosophie féministe.

La recherche en philosophie féministe

Ce double projet a donné lieu à trois grands axes de recherche en philosophie féministe : 1) une histoire critique de la philosophie visant à analyser la manière dont la philosophie traditionnelle reflète et perpétue l'oppression des femmes, 2) l'analyse de la façon dont la prise en compte de la différence de genre ouvre de nouveaux champs de recherche pour la philosophie, 3) l'élaboration d'une philosophie, d'abord politique et sociale, mais aussi morale, épistémologique et métaphysique, qui fournisse un cadre de pensée de l'égalité de genre. Pour le dire autrement, la philosophie féministe consiste 1) à proposer une critique du canon philosophique, 2) à proposer de nouveaux objets comme dignes d'une analyse philosophique (par exemple

---

1. Selon Kate Manne, il faut distinguer entre sexisme et misogynie : le sexisme est la branche de l'idéologie patriarcale qui *justifie* et *rationalise* l'ordre social patriarcal, et la misogynie est le système qui s'assure du respect et du maintien des normes et des attentes de cet ordre social. K. Manne, *Down Girl. The Logic of Misogyny*, Oxford, Oxford University Press, 2018, chapitre 3.

la reproduction, la famille, la sexualité ou les violences sexuelles[1]) et 3) à offrir de nouvelles façons de penser des questions centrales de la philosophie (la question de l'identité ou celle de la connaissance, par exemple).

La critique du canon philosophique s'est développée à partir des années 1970, d'abord à l'occasion de lectures critiques de la philosophie politique classique. Cette entreprise de relecture a débuté avec Susan Moller Okin, qui publie *Women in Western Political Thought*[2] en 1979, suivi ensuite, entre autres, par *Public Man, Private Woman* de Jean Elshtain[3] ou encore *The Sexism of Social and Political Theory*[4], et surtout *Le Contrat sexuel* de Carole Pateman[5], ainsi que *Feminist Interpretations and Political Theory*, qu'elle co-dirige avec Mary Lyndon Shanley[6]. Le constat de départ de cette entreprise est dressé par Susan Okin dans sa préface :

> Le fait que les femmes aient obtenu la citoyenneté formelle, mais n'aient d'aucune autre façon atteint l'égalité avec les hommes, m'a incitée à me tourner vers les grandes œuvres des philosophes politiques, avec deux grandes questions à l'esprit. J'ai demandé, d'abord, si la

1. Voir par exemple S. Brison, *Après le viol*, trad. fr. S. Mestiri, Nîmes, Chambon, 2003.

2. S. Moller Okin, *Women in Western Political Thought*, Princeton, Princeton University Press, 1979.

3. J. Elshtain, *Public Man, Private Woman*, Princeton, Princeton University Press, 1981.

4. L. M. G. Clark, L. Lange (dir.), *The Sexism of Social and Political Theory*, Toronto, University of Toronto Press, 1979.

5. C. Pateman, *Le Contrat sexuel, op. cit.* Pour une analyse de la conception patemanienne de la distinction public/privé, voir le chapitre suivant.

6. C. Pateman, M. L. Shanley (dir.), *Feminist interpretations and political theory*, Cambridge, Polity press, 1991.

tradition existante de philosophie politique peut survivre à l'inclusion des femmes dans son sujet et, si non, pourquoi pas. [...] Deuxièmement [...], j'ai essayé de découvrir si les arguments des philosophes à propos de la nature des femmes et de leur juste place dans l'ordre social et politique, vus dans le contexte des théories politiques complètes des philosophes, nous aideraient à comprendre pourquoi l'affranchissement politique formel des femmes n'a pas mené à une égalité substantielle entre les sexes [1].

Il ne s'agit donc pas seulement d'une démarche d'histoire de la philosophie, mais d'une enquête, à travers la relecture des textes classiques, sur les fondements de l'inégalité de genre. La relecture des théories du contrat n'a pas tant pour but d'offrir une nouvelle compréhension des œuvres de Locke, de Rousseau ou encore de Hobbes, que de comprendre dans quelle mesure leur pensée permet d'expliquer la permanence d'inégalités entre les hommes et la femme alors même que les théories du droit naturel semblent garantir une égalité de tous les êtres humains.

Pour ces philosophes féministes, la relecture des théories contractualistes et de leurs pendants contemporains [2] conduit à remettre en question l'hypothèse, faite jusque-là par les féministes, de la possible extension de la théorie libérale et en particulier de son modèle d'individualité, aux femmes. Par exemple, Susan Okin montre dans son analyse du libertarianisme de Nozick, que celui-ci « s'autodétruit » lorsque l'on prend en compte la possibilité que les individus

1. S. Moller Okin, *Women in Western Political Thought*, p. 4. Je traduis.
2. Dans *Justice, genre et famille*, Okin consacre cinq chapitres, soit près des deux tiers du livre, à une critique des conceptions contemporaines de la justice, sur les mêmes fondements que ceux utilisés dans *Women in Western Political Thought*.

dont il parle soient des femmes. L'argument d'Okin
fonctionne de la manière suivante : si le libertarianisme
considère effectivement que la propriété de soi a pour
conséquence un droit de propriété sur tout ce que nous
fabriquons par notre corps et notre travail, alors le
libertarianisme ne peut nier que les mères ont un droit de
propriété sur leurs enfants. Or affirmer que les mères ont
un droit de propriété sur leurs enfants donnerait lieu à des
conséquences inacceptables et absurdes [1]. Ces analyses
proposent une réponse à la question d'Okin : si
l'affranchissement politique des femmes n'a pas conduit
à l'égalité réelle entre hommes et femmes, c'est que les
théories de la justice ont pour objet un individu dont le
genre n'est pas neutre. L'individu autour duquel les théories
de la justice se construisent est un homme et, à ce titre, il
n'est pas possible d'étendre ces théories aux femmes sans
les modifier. Ces relectures critiques manifestent donc la
nécessité d'une modification des théories de la justice afin
d'y inclure les femmes.

    Ce type d'analyse est important parce qu'il met en
évidence trois choses différentes : le sexisme sous-jacent
de certaines théories, l'androcentrisme de leurs
présuppositions – soit leur tendance à prendre la situation
des hommes comme le modèle, neutre, de la situation des
êtres humains – et la façon dont le langage participe à
dissimuler sexisme et androcentrisme. Okin attire

    1. « [I]l semblerait n'avoir aucune objection valable à présenter au
fait qu'une femme produise un enfant pour quelque but qu'elle choisirait :
que ce soit pour le garder en cage, pour s'amuser, peut-être, comme font
certaines personnes avec les oiseaux, ou même pour le tuer ou le manger
si tel est son souhait. Mais ne sommes-nous pas ainsi conduits de façon
certaine à la *reductio ad absurdum* de la théorie de Nozick ? », S. Moller
Okin, *Justice, genre et famille*, p. 189.

notamment l'attention sur la stratégie de neutralisation linguistique utilisée par ces auteurs : le fait que les théories de la justice, en particulier les théories contemporaines, ne prennent pas en compte les femmes et le problème du genre, est masqué par l'usage d'un langage neutre quant au genre. Si la relecture des théories contractualistes classiques montre que l'utilisation d'« homme » au lieu d'« être humain » n'est pas anodine et manifeste en réalité l'exclusion des femmes du domaine de l'individualité, les théoriciens contemporains utilisent un genre neutre comme si les individus dont ils parlaient pouvaient être aussi bien des hommes et des femmes [1]. Selon Okin, cette neutralisation du langage s'explique par un souci des théoriciens en question d'apparaître comme tolérants et ouverts aux revendications féministes, mais elles ne peuvent masquer leur incapacité à prendre en compte le genre comme catégorie d'analyse. Par exemple, Okin montre que même si Rawls, après la publication de la *Théorie de la justice*, a expliqué que le sexe est une des contingences morales que le voile d'ignorance dissimule dans la position originelle, il n'est pas revenu sur le fait que, dans cette position originelle, les personnes qui formulent les principes de justice ne sont pas des individus isolés mais des « chefs de famille ». Cette hypothèse est nécessaire pour Rawls

---

1. Une telle neutralisation du langage est plus facile en langue anglaise et elle a été renforcée par la politique adoptée par de nombreux auteurs et de nombreuses maisons d'édition universitaires d'une utilisation de pronoms féminins et masculins indistinctement pour exprimer le neutre. Par exemple, il n'est pas rare de voir des phrases du type « *The agent does X and she then does Y* » où le pronom féminin n'a pas vocation à donner une information sur le genre de l'agent en question. Okin fait même référence avec ironie à l'utilisation de programmes informatiques pour distribuer aléatoirement les pronoms masculins et féminins dans un texte. *Ibid.*, p. 40, note 2.

parce qu'elle garantit la prise en compte par ces personnes du bien-être de la génération suivante. Or cette expression fait signe vers une inégalité au sein de la famille, à savoir le fait qu'on considère par défaut que les hommes sont chefs de famille puisque l'expression « femmes chefs de famille » n'est utilisée que pour décrire la situation de familles monoparentales sans habitant mâle adulte [1]. Le terme en apparence neutre et générique fait en réalité signe vers une structure sociale inégale qui présume la préséance de l'homme et qui n'est pas examinée par Rawls. Cet exemple montre que la neutralité générique du langage masque (mal) le fait que l'individu est avant tout considéré comme un individu de sexe mâle et que la possibilité d'extension de l'individualité aux femmes n'est en réalité pas prise au sérieux par la théorie politique en général et par la théorie libérale en particulier.

On voit ici un exemple de la façon dont la philosophie féministe conduit, à partir d'une attitude critique, à un programme de recherche positif : les analyses d'Okin conduisent certes à montrer des points aveugles de théories politiques standards mais elles invitent aussi à la prise en compte de nouveaux objets – la famille et les rôles genrés qu'elle induit, dans ce cas précis – et à de nouveaux axes de recherche – cette mise en évidence de l'usage problématique du neutre ayant eu un impact important sur la philosophie du langage [2].

---

1. S. Moller Okin, *Justice, genre et famille*, p. 203.
2. J. Saul, E. Díaz-León, « Feminist Philosophy of Language », *in* Edward N. Zalta (dir.), *The Stanford Encyclopedia of Philosophy*, Édition de l'automne 2018, https://plato.stanford.edu/archives/fall2018/entries/feminism-language/

Philosophie féministe et renouveau de la philosophie

Comme le défend Nancy Bauer dans le second texte de cet ouvrage, la philosophie féministe ne se contente pas d'offrir à la philosophie de nouveaux objets ou de nouvelles perspectives sur des objets connus, elle renouvelle les méthodes mêmes de la philosophie. Le renouveau de la philosophie morale permis par les éthiques du *care* et les apports de l'épistémologie féministe à l'épistémologie et la philosophie des sciences en sont sans doute les exemples les plus frappants.

Les travaux féministes en philosophie morale et politique ont montré que la société était organisée en fonction de dichotomies dont une des plus importantes était celle entre sphère publique et sphère privée. Les stéréotypes de genre conduisent à considérer les hommes comme des êtres rationnels, indépendants, agissant comme des égaux dans la sphère publique tandis que les femmes sont vues comme émotives et sont confinées dans une sphère privée qui est une sphère de dépendance et de soin. Le concept de *care* [1], dont la polysémie est cruciale et intraduisible fidèlement en français, représente ainsi les tâches traditionnellement conçues comme féminines dans cette sphère privée, qu'il s'agisse de prendre soin des personnes de la famille ou de s'occuper des tâches domestiques. Or la philosophie morale a traditionnellement pris en compte uniquement les problèmes moraux posés par la situation des hommes et

---

1. Pour une vision d'ensemble des apports des éthiques du care, on se référera aux travaux de Sandra Laugier et en particulier S. Laugier, P. Molinier, P. Paperman (dir.), *Qu'est-ce que le care ? Souci des autres, sensibilité, responsabilité*, Paris, Payot, 2008 et S. Laugier, P. Paperman (dir.), *Le Souci des autres : éthique et politique du care*, Paris, Éditions de l'EHESS, 2ᵉ éd., 2011.

considéré par conséquent comme allant de soi une représentation de l'agent moral comme indépendant. À la suite des travaux de la psychologue américaine Carol Gilligan [1], les philosophes féministes ont montré le biais sexiste et androcentriste qu'une telle conception de l'agent manifestait et ont appelé à prendre en compte le travail de *care* dans l'analyse en philosophie morale. Cela a conduit non seulement à l'inclusion de nouveaux objets dans le champ de la philosophie morale, le handicap par exemple [2], mais aussi à la modification du champ lui-même à travers l'adoption progressive d'une conception de l'agent comme non plus isolé mais pris dans des rapports de dépendance et d'affection qui conditionnent ses intuitions morales.

Il est évidemment impossible de montrer en un seul volume la richesse et la diversité d'un champ entier de la philosophie et le choix du corpus a été difficile et parfois douloureux. Nous avons fait le choix de ne pas reproduire de textes facilement accessibles (à l'exception de celui de Christine Delphy, indispensable pour l'analyse du travail domestique). Les travaux de Simone de Beauvoir, de bell hooks, de Catharine MacKinnon, de Martha Nussbaum, de Monique Wittig et certains textes fondamentaux de Audre Lorde, Gayle Rubin ou Sojourner Truth ne figurent donc pas dans ce recueil, alors qu'ils sont cruciaux pour appréhender la philosophie féministe. Dans la droite ligne des autres volumes de cette collection, ce recueil a pour ambition, en se focalisant sur quatre thèmes – le rapport

1. C. Gilligan, *Une Voix différente*, 1982, trad. fr. A. Kwiatek, V. Nurock, Paris, Flammarion, 2008.
2. Voir notamment E. F. Kittay, *Love's Labor : Essays on Women, Equality, and Dependency*, New York, Routledge, 1999.

entre féminisme et philosophie, les épistémologies féministes, l'analyse politique de l'oppression, les controverses sur l'humanisme et l'universalisme – de mettre en évidence la vitalité de la philosophie féministe et de donner envie aux lectrices et aux lecteurs de se plonger plus avant dans son immense littérature.

FEMMES, FÉMINISME ET PHILOSOPHIE

DES FEMMES ET DE LA PHILOSOPHIE

Quelle est la place des femmes en philosophie ? Cette question, qui pourrait paraître extra-philosophique, est logiquement aussi bien que chronologiquement une des premières de la philosophie féministe. On peut la décliner de plusieurs manières : pourquoi y a-t-il si peu de femmes philosophes dans l'histoire de la philosophie ? Cela vient-il d'une impossibilité pour les femmes de philosopher ? pourquoi les philosophes ont dit si peu de choses des femmes et, à quelques exceptions près, ont tenu des propos principalement sexistes ? Que faire de la misogynie de grands philosophes comme Rousseau ou Hegel lorsque l'on est une femme qui étudie la philosophie ? Le fait que Beauvoir soit une des premières femmes à accéder à l'agrégation de philosophie n'est sans doute pas pour rien dans le fait qu'elle est la première à poser sérieusement la question philosophique par excellence au sujet de la féminité, « qu'est-ce qu'une femme ? ».

Michèle Le Dœuff, dans ce texte qui est considéré comme un des textes centraux de la philosophie féministe notamment en ce qu'il introduit l'hypothèse du « complexe d'Héloïse », montre que ce qui apparaît comme le problème sociologique de la place des femmes dans la discipline philosophique est en réalité un problème philosophique car il engage la question de la définition de la philosophie par elle-même. Alors que l'on pourrait croire – et qu'il a été longtemps défendu – que la difficulté pour les femmes d'accéder au philosophique disait quelque chose des femmes et de leur supposée incapacité à raisonner, Michèle Le Dœuff montre que cette difficulté dit quelque chose de la philosophie et de la manière dont elle s'est traditionnellement sentie obligée de se définir contre certains principes, dont le principe féminin. Ce ne sont pas les qualités des femmes qui les empêchent de faire de la philosophie, mais c'est la philosophie qui définit les femmes d'une manière qui leur rende la philosophie inaccessible.

Cette situation des femmes en philosophie explique que la philosophie se méfie du féminisme et le féminisme de la philosophie. Dans le texte reproduit ici, Nancy Bauer part du constat qu'il semble y avoir une contradiction entre le féminisme et la philosophie : pour certaines féministes, la philosophie manifeste une façon de penser le monde qui sert les intérêts des hommes et contrarie ceux des femmes. Ainsi, la philosophie valorise la pensée abstraite, la raison, l'objectivité, l'universalité, les essences, quand les femmes ont historiquement été mises du côté de l'émotion, du particulier, voire de la folie. La philosophie a également, au cours de son histoire, régulièrement défendu un dualisme de l'âme et du corps qui a servi de fondement à l'infériorisation des femmes. Du côté de la philosophie, la méfiance n'est pas moins grande : pour certains philosophes, la philosophie relève de la recherche objective et donc est incompatible avec la « théorie » féministe, qui, selon eux, est par définition contrainte par une ligne de fond politique. Elle passe en revue quatre façons de concevoir le lien entre féminisme et philosophie avant de défendre la thèse selon laquelle la philosophie féministe, à la suite du geste beauvoirien, va jusqu'à redéfinir ce qu'est et ce que peut la philosophie.

Ces deux textes, parmi tant d'autres, montrent que la philosophie féministe est faite par des femmes, philosophes, qui ne désespèrent pas de la philosophie et veulent en même temps prendre au sérieux la nécessité du combat féministe. Un des problèmes majeurs auquel elles se confrontent est alors un problème de méthodes : quelle méthode philosophique adopter ou mettre en place pour prendre au sérieux la demande que le féminisme adresse au monde ? La diversité de réponses à ce problème explique la pluralité de la philosophie féministe qui contient dans son champ aussi bien des travaux d'inspiration phénoménologique[1], des travaux de philosophie de la psychanalyse[2], des travaux de philosophie analytique[3],

---

1. Voir par exemple S. L. Bartky, *Femininity and Domination : Studies in the Phenomenology of Oppression*, New York, Routledge, 1990 et I. M. Young, *Throwing Like a Girl and Other Essays in Feminist Philosophy and Social Theory*, Bloomington, IN, Indiana University Press, 1990.

2. Par exemple N. Chodorow, *The Reproduction of Mothering : Psychoanalysis and the Sociology of Gender*, Berkeley, University of California Press, 1978.

3. Le recueil *A Mind of One's Own : Feminist Essays on Reason and Objectivity* dont la première édition date de 1993 est un des témoignages les plus importants de la vitalité de la philosophie féministe analytique. On peut aussi se référer par exemple aux travaux de Martha Nussbaum, bien connus en France, ou à ceux, moins connus, d'Ann Cudd et notamment *Analyzing Oppression*, New York, Oxford University Press, 2006.

des travaux inspirés du marxisme[1], des travaux d'histoire de la philosophie[2] ou encore des travaux de philosophie du droit[3].

1. Par exemple, les épistémologues du point de vue (voir partie suivante), S. Firestone, *La Dialectique du sexe : le dossier de la révolution féministe*, trad. fr. S. Gleadow, Paris, Stock, 1972 ou S. Federici, *Le Capitalisme patriarcal*, Paris, La Fabrique, 2019.

2. Par exemple, les travaux de M. Le Dœuff ou encore S. Bordo, *The Flight to Objectivity : Essays on Cartesianism and Culture*, Albany, SUNY, 1987 et P. Deutscher, *Yielding Gender : Feminism, Deconstruction and the History of Philosophy*, London and New York, Routledge, 1997.

3. Notamment les travaux de C. McKinnon (*Le Féminisme irréductible*, 1987, trad. fr. C. Albertini *et al.*, Paris, Éditions *des femmes*, 2005 ; *Towards a Feminist Theory of the State*, Cambridge, MA, Harvard University Press, 1989) ou de K. Crenshaw (« Cartographies des marges : intersectionnalité, politique de l'identité et violences contre les femmes de couleur », 1991, *Les Cahiers du genre*, n°39, 2005 ; *On Intersectionality*, New York, New Press, 2017).

de chose face à l'exclusion massive qui fait que le philosophique est reste l'apanage d'une poignée de doctes.

Par ailleurs, ce lamento a tout lieu d'être suspect, car il peut conduire à deux (au moins) positions dites féministes dont nous ne voulons pas : l'une, que les apologues de la « société libérale avancée » exploitent sans vergogne, consiste à dire que ces temps anciens sont en train de mourir, qu'un contrat de progrès peut être signé qui rendra caduque cette longue oppression. Ce discours, opposant pour des raisons électorales évidentes, le passé et le futur immédiat (à demi déjà présent), ne peut se tenir qu'à condition de jouer la carte de l'abstraction, de ne pas chercher à analyser les modalités concrètes de l'oppression, au profit d'un prétendu « constat » d'aliénation massive, constat formant un contraste mystificateur avec des promesses, elles aussi, abstraites : le sommaire, condition de tout diptyque, fait ici le jeu d'une exploitation idéologico-électorale immédiate. L'autre position, dont nous ne voulons pas davantage, est occupée par un certain féminisme de la différence qui semble ignorer ce qu'il doit à Auguste Comte : « les femmes ont été interdites de séjour dans le lieu philosophique, à la limite c'est un élément positif, et nous ne revendiquerons pas le droit d'y entrer : les femmes n'ont que faire de ce discours traversé de valeurs masculines, elles doivent chercher leur spécificité, leur discours propre, au lieu de vouloir partager les privilèges masculins ». Le féminisme de la différence n'est pas à refuser toujours et en bloc. Mais quand on y lit l'écho d'une philosophie (nommément le positivisme), d'un discours sur les femmes produit par une philosophie masculine, on doit avancer que ce féminisme-là fait le contraire de ce qu'il prétend être, qu'il est mystifié par des schèmes produits précisément par ce qu'il récuse. À cette mystification j'opposerai ce paradoxe que la pratique de la philosophie est nécessaire pour débusquer et démasquer les schèmes aliénants produits par la philosophie [1]. Car, que nous le voulions ou pas, nous y sommes, dans la philosophie, dans les partages masculins-féminins que la philosophie a contribué à articuler, à affiner. La question est de savoir si nous voulons continuer à y être en étant dominées ou si nous pouvons occuper en face d'elle une position critique, position qui passe nécessairement par le déchiffrage de données philosophiques latentes dans les discours tenus sur les femmes.

Pour tenter de sortir de la déploration abstraite, obstacle majeur à la question « que faire ? », je propose de commencer par le souvenir de ces quelques femmes qui se sont un peu approchées de la philosophie. Leur existence peut déjà montrer que la non-exclusion (une relative non-exclusion) des femmes, n'est pas une chose neuve, permettant ainsi de se demander s'il y a vraiment quelque chose de déplacé aujourd'hui — si les femmes ne seraient pas aujourd'hui admises à la philosophie selon des modalités répétant une permissivité (et des restrictions) archaïques.

FEMMES — PHILOSOPHES DU TEMPS JADIS

Donc, quelques femmes ont eu accès à la spéculation philosophique ; ajoutons : le philosophique ne leur était pas si interdit qu'elles aient dû payer l'amende de la transgression par la perte, aux yeux des observateurs, de leur « nature » de femmes. La femme qui philosophe n'est pas nécessairement et toujours perçue comme un monstre. C'est bien d'ailleurs ce qui éveille le soupçon, la permissivité

---

1. Faut-il souligner que cette pratique théorique, si elle est nécessaire, est radicalement insuffisante ?

étant souvent plus significative que la brutale exclusion. Diogène Laërce, par exemple, laisse un portrait d'Hipparchia, où s'inscrit une certaine sympathie à l'égard de cette femme. Certes, qu'une femme assume sans sourciller le genre de vie des philosophes cyniques lui paraît une performance (c'en était une), mais aucune trace de raillerie ne vient entacher le chapitre qu'il lui consacre. Il rapporte les quolibets auxquels Hipparchia n'échappait pas (à l'instar de tous les philosophes cyniques), mais il s'en démarque en les désignant comme vulgaires et sots, et rapporte avec une certaine admiration les « bons mots » (sic) par lesquels cette « femme philosophe » répliquait aux plaisanteries douteuses. Aux yeux de Diogène Laërce, ce n'est pas à la féminité qu'Hipparchia a renoncé (l'expression « femme philosophe » interdit de le penser) mais, comme d'ailleurs Hipparchia le disait elle-même, à la perte de soi que la condition féminine implique (« j'ai employé à l'étude tout le temps que, de par mon sexe, il me fallait perdre au rouet »). De même, on n'a jamais signalé l'accès au philosophique d'Héloïse ou d'Élisabeth (la correspondante de Descartes entrée dans l'histoire sous ce seul prénom) comme une perte de mythiques avantages liés à la féminité : l'antagonisme entre « être femme » et « être un honnête homme » semble plus tardif, et, sauf erreur il faut attendre Rousseau (*L'Émile*, cinquième partie) puis Comte pour que l'accès à la philosophie se dise en termes de danger, de mutilation, voire de dégradation. Donc, gardons-nous de projeter sur la totalité de l'histoire des clichés historiquement datés. Qu'une femme s'approche de l'étude philosophique n'est pas une chose si décriée qu'on pourrait le croire à ne lire que *Les Femmes Savantes* : à la même époque, Madame de Sévigné taquine gentiment sa cartésienne de fille à propos des tourbillons sans avoir l'air de penser que ses lectures cartésiennes éloignent cette fille de « son vrai caractère », d'une « nature féminine » qui risque de s'en « dégrader » de façon tout à fait « funeste » (tous ces mots sont de Comte). Un siècle plus tard, Rousseau écrira : « Croyez-moi, mère judicieuse, ne faites point de votre fille un honnête homme ».

Cependant Théodore (mauvais plaisant qui agressa Hipparchia) et Molière sont des témoins bien utiles en ce que, proposant une réaction différente de celle d'un Diogène ou d'un Descartes, ils permettent d'apprécier ou d'interpréter l'attitude de ces derniers : il y aurait comme deux points de vue, celui des « demi-habiles » et celui des plus malins. Les demi-habiles viennent prouver qu'il y a bien un interdit. Les habiles, quant à eux, ont un rapport plus fin à l'interdit, rapport que le terme de permissivité peut désigner, étant bien entendu que la permissivité est la forme rusée de l'interdit, l'opposé de tout ce qui a nom de transgression ou de subversion.

Car une prohibition explicite, en première approche, n'a pas besoin d'être mise en avant : au moment où la philosophie a historiquement surgi, une division sexuelle de l'éducation ou de l'instruction est déjà bien en place. « Les jeunes filles apprenaient seulement à filer, tisser et coudre, tout au plus à lire et écrire un peu » (Engels, *Origine de la famille, de la propriété privée et de l'État*). Que les femmes soient maintenues dans une certaine inculture suffit largement à leur barrer tout accès au philosophique, et leur exclusion (non-dite)[1] hors de la philosophie est un épiphénomène, au moins en première analyse, de la

---

1. L'exclusion exprès *des femmes* hors du travail philosophique n'est pas nécessairement explicitement proclamée. Il n'en est pas de même de l'exclusion du féminin, nous y reviendrons.

distinction entre ce qu'il est convenable d'apprendre à une jeune fille et ce qu'un homme bien né doit savoir. De la même façon, l'instruction des filles de l'aristocratie au XVIIᵉ siècle se rattache essentiellement à l'idée d'« agrément » : leur donner l'esprit joli, la conversation agréable, leur apprendre l'italien et le chant, voilà l'important. Et lorsque Hegel écrira que « les femmes peuvent avoir de la culture, des idées, du goût, de la finesse, mais elles n'ont pas l'idéal », il reprendra sur le plan théorique un partage déjà inscrit dans les éducations réelles « féminines » et « masculines ». Ici d'ailleurs surgit une question que j'indiquerai seulement : y a-t-il une mutation historique du rapport des philosophes aux femmes vers le milieu du XVIIIᵉ siècle ? Platon n'avait pas éprouvé le besoin de « théoriser » la distinction sexuelle de l'éducation effective de son époque, et il ne se propose pas de la maintenir dans la cité juste. Vingt siècles plus tard, Thomas More est aussi « égalitaire » non seulement dans son utopie mais aussi dans l'éducation qu'il donne aux garçons et aux filles vivant dans sa maison. En revanche, il semble que les propos sur l'incapacité théorique des femmes se mettent à fleurir à partir du XVIIIᵉ. Toute cette période marque et re-marque partages et distinctions : partage littérature/ philosophie, techniques de l'agréable/art (*cf.* l'*Essai sur l'Origine des langues*, par exemple), idées/idéal, culture/ savoir. Comment un partage sexuel (des facultés, des aptitudes, des destinées intellectuelles) s'articule à ces différents clivages, et pourquoi cette répartition insiste particulièrement à cette époque (aujourd'hui elle se prolonge comme un « acquis » idéologique), voilà une question qui mériterait plus d'attention que je ne puis lui consacrer ici.

Revenons donc à la permissivité de ceux qui avaient vraiment compris ce qu'était la philosophie, et à ces quelques femmes qui se sont (mais comment, mais à quel degré ?) approchées de la philosophie. Remarquons d'abord ceci : bien qu'elles aient vécu à des époques fort différentes, elles offrent un point commun : ce sont de grandes amoureuses, et leur relation à la philosophie passe par la passion pour un homme, un philosophe particulier : « Hipparchia s'éprit si passionnément de la doctrine et du genre de vie de Cratès qu'aucun prétendant, fût-il riche, noble ou bien fait, ne put la détourner de lui. Elle alla jusqu'à menacer ses parents de se tuer si elle n'avait pas son Cratès ». C'est ainsi que s'ouvre le récit de Diogène Laërce. On sait qu'Héloïse connut une confusion analogue des relations amoureuses et des relations didactiques, confusion que le concept de transfert peut désigner. Les relations d'Élisabeth à Descartes, pour être plus discrètes, ne me semblent pas être d'une nature différente. Descartes est « celui qui sait », celui à qui on demande un savoir (et pas n'importe lequel ; vous qui savez tout, dites-moi comment être heureuse malgré la somme d'ennuis réels qui m'arrivent) et dont on tient à être la disciple privilégiée, la lectrice intelligente, la « bonne élève ».

Mince affaire psychologique ? Ce n'est pas si sûr. On peut déjà remarquer que ce transfert érotico-théorique (c'est-à-dire ce transfert tout court !) équivaut à une absence de relation directe des femmes à la philosophie. C'est seulement par la médiation d'un homme qu'elles ont pu avoir accès au discours théorique. Ici se retrouve une détermination générale de la condition féminine, qui est de ne pas pouvoir se passer d'une tutelle et d'un médiateur pour toute vie désignée comme sociale. Par ailleurs la nécessité de cette médiation me semble inscrite non tant dans un interdit dont serait directement frappée la philosophie pour les femmes, mais par une prohibition beaucoup plus simple, une exclusion plus radicale aussi : jusqu'à la Troisième République, les femmes n'avaient pas accès aux établissements d'enseignement de la philosophie. Quelle femme grecque « honnête », « bien née » aurait-elle pu s'inscrire dans une école, aller écouter les leçons de Platon ou d'Aristote ? Avant même de solliciter le droit d'y entrer, il aurait d'abord fallu pouvoir sortir du gynécée ; l'accès à la philosophie, tel qu'il était dispensé institutionnellement, aurait supposé la rupture avec le cadre matériel et coutumier de la condition féminine. Diogène mentionne bien le nom d'une femme, Thémista, dans la liste des disciples d'Épicure ; mais elle avait suivi au Jardin son mari, Léontyas de Lampsaque. Au Moyen Âge, les femmes sortaient davantage de la maison, mais les universités leur étaient fermées (je ne parle même pas des universités musulmanes), même à celles qui étaient destinées à être abbesses. C'est cela le point de départ de l'histoire de Pierre Abélard et d'Héloïse : il n'était pas question qu'Héloïse se mêle aux cinq mille auditeurs qui suivaient le cours d'Abélard à l'école du cloître de Notre-Dame. Abélard lui donna donc des leçons particulières de grammaire et de dialectique. Cet enseignement « privé » est évidemment beaucoup plus susceptible de dépasser le champ didactique qu'un cours public. Francine Descartes n'aurait pas pu entrer au collège de La Flèche. Il est assez drôle de voir Hegel écrire que « l'éducation des femmes se fait on ne sait comment, pour ainsi dire par l'ambiance des idées » et surtout de le voir rapporter cela à une nature féminine (nature végétale, botanique, baignant dans l'air du temps), alors que ce « on ne sait comment » n'est que l'effet de l'impossibilité d'entrer dans les collèges et les universités, où on sait comment (?) la transmission du savoir s'opère.

L'ÉCOLE DES FEMMES ?

Le mode singulier du transfert me paraît être d'abord la rançon de la position d'amateur à laquelle ces femmes sont condamnées. Seul un rapport institutionnel, trouvant place et sens dans un cadre réglé, peut éviter l'hypertrophie du rapport personnel entre maître et disciple. Mais pourquoi la didactique philosophique a-t-elle ainsi tendance à s'érotiser, pourquoi tend-elle à s'inscrire (sans déguisement) dans un champ pulsionnel, de telle sorte que seul un troisième terme extérieur (disons « l'école ») puisse la maintenir dans le champ du didactique ? Je dis que c'est la didactique philosophique qui a tendance à prendre figure de relation duelle transférentielle, et non, évidemment, que les femmes auraient tendance à pervertir cette relation, à la détourner vers un champ pulsionnel. Car, cette relation singulière des femmes à la philosophie une fois reconnue, on serait tenté, en portant son regard sur les hommes, d'en rayer la singularité. En effet, vous, Pierre, Paul ou Sébastien en compagnie de qui j'ai fréquenté la Sorbonne, préparé l'agrégation ou enseigné dans un lycée de banlieue, avez-vous procédé vraiment autrement qu'Hipparchia ? À vous fréquenter, il arrive toujours un moment où l'on pressent, dans un nœud de cravate, dans une coupe de cheveux, ou dans telle marotte, l'emblème de l'allégeance à tel ou tel choréphore. Il n'est d'ailleurs que de vous écouter raconter votre curriculum scolaire. Il y a toujours eu – au lycée, en faculté, en khâgne, le plus souvent d'ailleurs en khâgne – un enseignant autour de qui s'est cristallisé quelque chose d'analogue à l'admiration théorico-amoureuse des femmes dont nous parlons. Une chose me semble sûre : cet enseignant privilégié est celui qui vous a définitivement séduit à la philosophie, celui qui a capté votre désir pour en faire un désir de philosophie. Mais il y a une différence considérable entre ces compagnons d'études et Élisabeth ou Sophie Volland : généralement, la relation au « parrain » a ouvert au désir du disciple le champ entier de la philosophie, tandis que les relations transférentielles des femmes au théorique ne leur ont ouvert que le champ de la philosophie de leur idole. Je dis généralement, car pour les hommes il y a aussi des « échecs », et des disciples resteront philosophes d'écoles particulières (entendez, de chapelles), et ne sortiront pas du discours de la répétition. Ces répétitifs, loin d'être une monstruosité venue d'on ne sait où, ne sont qu'une variété limite d'une figure générale. Et le portrait singulier des femmes philosophantes n'est singulier que parce que certaines modalités de la didactique philosophique sont occultées et que le *Phèdre* n'est jamais entendu ou qu'il est régulièrement clivé-rejeté : c'étaient les Grecs, c'était la particularité de la doctrine platonicienne… alors qu'il faudrait peut-être le prendre au sérieux, comme figure générale d'un parcours philosophique, sans d'ailleurs pour autant le prendre à la lettre, ou au mot. Le *Phèdre* reste encore un texte à démêler et à déchiffrer, et d'abord à restaurer contre toutes les stratégies d'aseptisation, de désamorçage ou d'euphémisation auxquelles la tradition universitaire s'est livrée à son égard.

Ce qui permet aux hommes (d'aujourd'hui comme d'hier) le dépassement du transfert initial, ce qui fait que la composante amoureuse dudit transfert est d'entrée de jeu sublimée ou infléchie, de sorte qu'elle fasse retour au théorique, c'est que le cadre institutionnel où cette relation se joue fournit le troisième terme toujours indispensable à la cassure de la relation personnelle ; les femmes amateurs ont au contraire été rivées à la relation duelle parce qu'une relation duelle ne produit pas la dynamique qui fait qu'on en sorte. La conséquence de cet emprisonnement dans une telle relation, c'est que les femmes-philosophantes n'ont pas eu accès à la philosophie, mais seulement à une philosophie particulière, ce qui me semble très différent. Leur rapport au philosophique était borné, de l'extérieur du champ théorique, par la relation dont il n'était pas question, de se détacher. Être définitivement inféodé à une pensée particulière me paraît être la négation de l'entreprise philosophique. « La femme ne doit avoir d'autre religion que celle de son mari » n'empêche pas que cette religion soit religion, bien au contraire, et Rousseau a raison sur ce point. Une femme a la philosophie de son précepteur-amant : elle n'est plus alors dans l'entreprise philosophique, dans la mesure où lui est évité (interdit) un certain rapport au manque, à ce manque particulier d'où la philosophie procède à mon sens, manque radical qu'autrui ne pourrait combler. Qu'on se souvienne, par exemple, du *Phédon*, ou du *Discours de la méthode*. Dans les deux cas, l'exposé d'une déception, d'une frustration d'enseignement nous est donné : « je me figurais avoir découvert l'homme qui m'enseignerait… mais j'en ai été frustré » (97c-99d). Cette déception amorce le récit des « multiples peines » que le sujet s'est alors données pour tenter de combler le manque. Rien de pareil dans la relation des femmes du temps jadis à la philosophie de leur maître : il sait tout, sa pensée a réponse à tout. Hipparchia, Héloïse, Élisabeth ont connu, non le manque philosophique, mais le manque « ordinaire », « classique », « psychologique » pour tout dire, celui où l'Autre est visé comme susceptible de combler [1]. Plus de

---

1. Si ce qui est cherché, c'est une simple description, on peut s'en tenir là. Cependant, comme le terme de « manque » a été assez largement fétichisé ces dernières années, je tiens à préciser que je n'en fais pas une ontologie : c'est le modèle d'un défaut d'insertion sociale, ou d'adhésion à une formation culturelle préexistante que j'ai en vue, défaut susceptible de constituer le ressort dialectique de ce qu'on peut appeler la créativité

place alors pour de « multiples peines » : ces femmes n'ont pas été condamnées à philosopher – ni à écrire.

On commence alors à comprendre la permissivité des plus malins, de ceux qui avaient compris ce que philosopher veut dire, car on commence à comprendre pourquoi ces femmes ont été nécessaires à leurs maîtres (encore que le besoin que ces hommes avaient d'elles ait pu produire des sentiments ambivalents ; c'est notamment le cas de Cratès). La dévotion théorique d'une femme est bien réconfortante pour qui fait l'expérience de son propre manque ; car ce n'est pas seulement l'enseignement d'Anaxagore ou des Jésuites qui est objet de déception : le discours de Socrate ou de Descartes réitère le manque à savoir. Être visé comme une plénitude quand on est dans l'inachevé ou la déception, comment cela pourrait-il ne pas être gratifiant ? On sourit encore de la cour de femmes qui se pressaient autour de Bergson, mais on omet régulièrement de se demander si cette cour ne répondait pas au (n'était pas suscitée par le)

---

du migrant. On se souviendra du fait que les grands hommes de théâtre du XXᵉ siècle auront été, de façon générale, des exilés. Les théoriciennes du féminisme (Mary Wollstonecraft ou Simone de Beauvoir, les animatrices de *La Fonde*...) ont pour point commun d'être des déclassées. On sait aussi que les fondateurs de la sociologie contemporaine ont souvent combiné l'exil, le déclassement et la marginalité. Sans se dissimuler le caractère flou de cette approche, on peut dire que tout se passe comme si la création était une issue possible de l'inidentification à un système de valeurs préexistant. Cette issue du manque d'insertion sociale n'est évidemment pas jouée d'avance. Sans évoquer les issues les plus dramatiques de ce manque, on remarquera que l'incomplétude peut mener à la simple fascination pour une catégorie sociale valorisée, et ce par l'intermédiaire d'une fascination pour l'Autre. *Martin Eden*, de Jack London, est très subtilement construit sur un balancement entre les deux issues de la non-installation sociale que sont l'amour fou et l'écriture. Joe, le camarade de Martin, en connaît, lui, successivement deux autres, l'alcoolisme et le vagabondage.

désir de Bergson. Que cette cour ait été composée de femmes qui suivaient les conférences du Collège de France en amateur (sans en espérer de peaux d'ânes, de diplômes universitaires monnayables) me semble significatif.

Hipparchia et ses arrière-nièces ne nous intéresseraient pas si ces femmes ne pouvaient nous fournir un négatif de la situation actuelle, ou de ce que pourrait être la situation actuelle. À faire de l'histoire mécanique, on pourrait penser que, maintenant que les femmes ont un accès institutionnel à la philosophie, le blocage dans la féminitude transférentielle n'a plus lieu d'être, et que donc il n'existe plus. Tel n'est pas le cas : le risque d'amateurisme et la position particulière qu'il implique, subsistent, la seule différence étant que nos aînées y étaient condamnées et que nous y sommes seulement exposées. Virginia Woolf disait que pour qu'une femme écrive, il lui faut au minimum un chambre à elle et cinq cents livres de rente. Je dirais que, pour qu'une femme philosophe, il faut qu'elle ait une chambre à elle et qu'elle soit placée dans la nécessité de gagner sa vie en philosophant (qu'elle n'ait pas éludé cette possibilité). Il faut aujourd'hui un système de contraintes réelles pour faire contrepoids à un autre système subtil de prohibitions et de découragements. Une femme qui pourrait ne pas s'intégrer aux contraintes universitaires et professionnelles du métier de philosophe aurait de fortes chances d'occuper une place qui est toute prête pour elle.

TON ATROPHIE, MA PLÉNITUDE

Ce système de découragements s'articule d'abord à l'anti-féminisme philosophique. Il serait trop facile de constituer un gros livre à partir des horreurs que les philosophes, notamment à partir du XVIIIe, ont énoncées à propos des femmes [1]. Je ne citerai ici que trois textes : « La recherche des vérités abstraites et spéculatives, des principes, des axiomes dans les sciences, tout ce qui tend à généraliser les idées n'est point du ressort des femmes, leurs études doivent se rapporter toutes à la pratique ; c'est à elles à faire l'application des principes que l'homme a trouvés, et c'est à elles de faire les observations qui mènent l'homme à l'établissement des principes ... Ils philosopheront mieux qu'elle sur le cœur humain ; mais elle lira mieux qu'eux dans le cœur des hommes. C'est aux femmes à trouver pour ainsi dire la morale expérimentale, à nous à la réduire en système. La femme a plus d'esprit, et l'homme plus de génie ; la femme observe, et l'homme raisonne. » (*Émile*, p. 488 édition Garnier). « Les femmes peuvent bien être cultivées, mais elles ne sont pas faites pour les sciences plus hautes, pour la philosophie et certaines productions de l'art qui exigent l'universalité. Les femmes peuvent avoir des idées, du goût, de la finesse, mais elles n'ont pas l'idéal. La différence entre l'homme et la femme est celle de l'animal et de la plante ; l'animal correspond au caractère de l'homme, la plante à celui de la femme, car elle est davantage déploiement tranquille dont le principe est l'unité indéterminée du sentiment. Si les femmes sont à la tête du gouvernement, l'État est en danger, car elles n'agissent pas selon les exigences de l'universalité, mais d'après les penchants et les opinions accidentelles. L'éducation des femmes se fait on ne sait comment, pour ainsi dire par l'ambiance des idées – plus par la vie que par l'acquisition des connaissances cependant que l'homme atteint sa position seulement par la conquête de la pensée et par de nombreux efforts techniques. » (Hegel, *Principes de la philosophie*

---

1. Le titre de ce travail est emprunté à Schopenhauer.

du droit, § 166, *Zusatz*). Et enfin, Auguste Comte, que certains aujourd'hui essayent à toute force de mettre à la mode, ce qui est paradoxal – car, qu'on le lise ou non, il inspire inconsciemment maint discours et pas seulement sur les femmes : « C'est afin de mieux développer sa supériorité morale que la femme doit accepter avec reconnaissance la juste domination pratique de l'homme… Comme mère d'abord, et bientôt comme sœur, puis comme épouse surtout, et enfin comme fille, accessoirement comme domestique, sous ces quatre aspects naturels, la femme est destinée à préserver l'homme de la corruption inhérente à son existence pratique et théorique. Sa supériorité affective lui confère spontanément cet office fondamental, que l'économie sociale développe de plus en plus en dégageant le sexe aimant de toute sollicitude perturbatrice, active ou spéculative. » (*Système de politique positive*, tome II).

Cet antiféminisme peut s'analyser de plusieurs manières. Si on insiste sur la date de ces textes, on peut y voir l'affirmation de valeurs bourgeoises contre la toute relative permissivité de l'aristocratie à l'égard de la culture féminine au XVIIIe siècle. Resterait à expliquer pourquoi c'est la bourgeoisie qui a eu le souci d'enfermer la femme dans la sphère du *sentiment* (« l'amour est une anecdote dans la vie des hommes et l'histoire toute entière de la vie des femmes ») alors que la psychologie de l'âge royal (Racine) n'avait pas posé d'inégalité fondamentale entre l'homme et la femme à l'égard de la *passion* (dans le *Traité des passions* Descartes ne fait pas intervenir la différence sexuelle). Cependant, on peut relever que cet enfermement dans le sentiment est corrélatif de l'énoncé d'une incapacité spéculative, philosophique, ce en quoi cette pseudo-anthropologie déborde le cadre de l'histoire sociale et doit aussi s'interpréter en fonction de l'implication du

philosophique en cette affaire. Avant le XVIIIᵉ siècle, il
n'était peut-être pas nécessaire de développer cette défense
de la philosophie contre les femmes (ce n'est pas le problème
de Molière par exemple); mais les salons philosophiques,
puis quelqu'un comme Madame de Staël, sont peut-être
allés trop loin au goût des philosophes de l'époque : ces
hommes auraient bien pu être permissifs au point d'admettre
un rapport héloïsomorphe à la philosophie (cf. Julie, et
encore elle se reprend à temps), mais, à cause de la relative
offensive des femmes en direction du philosophique à
l'époque, ils sont contraints de se replier sur une position
beaucoup plus tranchée, de se crisper sur la vérité de
Théodore, de devenir des balourds de l'interdit; ce qui
sera tout bénéfice pour leurs successeurs qui, grâce à eux,
pourront prendre figure de libéraux. Mais pourquoi se
crispent-ils ? En quoi serait-il menaçant pour la philosophie
que les femmes en soient capables ? On pourrait alléguer
que c'est la prétendue souveraineté de la philosophie qui
est en jeu ici. La philosophie, reine des sciences... Quand
une activité valorisée se laisse féminiser, elle se dévalue :
ceci n'est pas le résultat d'une quelconque sociologie
rigoureuse et scientifique, c'est une théorie de la
« sociologie » intuitive et banale (voyez la médecine en
U.R.S.S. : depuis que ce sont les femmes qui l'exercent,
le métier de médecin n'a plus aucun prestige, il n'est plus
du tout estimé !). Ce serait la très haute dignité de la
philosophie qui en écarterait les femmes; inversement,
pour en maintenir la très haute dignité, il est nécessaire
d'en écarter les femmes. L'ectoplasme de Bachelard me
souffle qu'à présent que la philosophie ne règne plus qu'à
la manière de la reine d'Angleterre, on peut envisager
d'abroger la loi salique. À ce titre, le rapprochement opéré
par Hegel entre l'incapacité des femmes à gouverner et

leur inaptitude à philosopher serait significatif, à cela près
que le pouvoir politique, qu'il soit exercé par un homme
ou par une femme, reste un pouvoir, parce qu'il est fondé
sur des moyens réels de coercition ; tandis que l'hégémonie
du philosophique est plus fragile, ce qui oblige à en défendre
« l'ascendant » de manière plus énergique : serait significatif
aussi que les quelques femmes qui aient gouverné (Christine
de Suède, Catherine II) aient exigé d'avoir accès au
philosophique.

On pourrait encore alléguer que le manque d'où procède
l'entreprise philosophique est, aux yeux d'un homme,
inadmissible chez une femme. Il ne faut pas oublier que
le phallocentrisme contient aussi la théorie d'une
phallopanacée. Avoir un bon mari suffit à combler tons les
désirs d'une femme, c'est bien connu. À vrai dire, c'est le
désir des femmes qui a toujours été minimisé, puisqu'on
pense souvent que des hochets peuvent leur suffire.
Comment ! un homme ne suffirait pas à donner une
impression de complétude ? Il y aurait encore du manque
dont l'assomption ferait un désir de philosopher ? Et voilà
Madame de Staël perçue comme castratrice et vilipendée
par des générations de critiques. Voyez ce que Lagarde et
Michard disent de cette « raisonneuse », de cette « redoutable
intrigante » qui tenta « de jouer un rôle de premier plan »
malgré ses « vues superficielles », son « manque d'art »
et sa « laideur ». À relire *Les Femmes Savantes*, on peut
avancer que c'est quelque chose d'analogue que Clitandre
reproche à Armande (« Mais vos yeux n'ont pas cru leur
conquête assez belle »).

Toutes ces explications ne suffisent cependant pas.
L'exclusion de « la » femme est peut-être plus consubstantielle au philosophique, et moins historicisable que
nos citations du XVIII e et XIX e siècles pourraient le laisser

penser. Le XVIIIe a eu à exclure *les* femmes, des femmes
réelles, concrètes, qui avaient atteint la limite du permissible.
Mais ce combat historiquement daté fait resurgir des
éléments beaucoup plus anciens, qui jusqu'alors pouvaient
se permettre de rester implicites. Le *Phèdre* ne dit pas qu'il
faut exclure les femmes de l'entreprise dialectique. Mais
Zeus amoureux de Ganymède servant de modèle, il est
clair que ce n'est pas une affaire de femmes. D'ailleurs,
l'histoire de la petite servante thrace du *Théétète* (version
juvénile de Xanthippe ?) met en scène une vulgarité féminine
qui écarte très évidemment de la recherche désintéressée.
Ces éléments anciens, réactivés à la fin du XVIIIe, pourraient
se designer comme une tentative de masquer la nature du
philosophique, ou un effort pour réassurer sa positivité,
toujours problématique. Ce serait à titre fantasmatique que
« la » femme serait convoquée ici, comme altérité purement
négative, comme atrophie garantissant par contraste une
plénitude du philosophique. Je dis bien atrophie et non
négativité, puisque, dans la perspective hégélienne, c'est
d'une certaine manière le manque de négativité de la femme
qui est en cause. « La femme est femme en vertu d'un
certain manque de qualité » (Aristote) : la perspective
hégélienne ne s'écarte pas de cette désignation, à cela près
que le passage par le négatif est devenu la qualité qui fait
défaut. Et le tranquille déploiement botanique de la femme
en-deçà de tout déchirement, sert de repoussoir à la réelle
et substantielle plénitude du philosophique, qui, passé par
le travail, l'effort, la souffrance et la pensée comme conquête,
est, lui, au-delà de la déchirure. Les femmes font ici les
frais d'une défense, comme ailleurs l'enfant, le peuple,
l'homme du commun, ou « le primitif » (dont la figure n'a
pas été entièrement forgée par les ethnologues : elle doit
beaucoup à ce que les historiens de la philosophie ont pu
dire de « la débilité de la raison » chez les « pré-socratiques »).

Mais de quoi faut-il se défendre donc ? Peut-être bien d'en rester indéfiniment au moment de la déchirure, de ne produire aucun savoir à la hauteur de ses normes de validation. « Nous avons une impuissance de prouver, invincible à tout dogmatisme » (Pascal, Pensée 395). L'impuissance de la spéculation philosophique, la fragilité de toute construction métaphysique, la faille, la déchirure qui travaillent tout « système du monde » ne sont pas radicalement inconnues du philosophe. La référence à la femme (ou à tout autre sujet « inapte » à la philosophie) permet de méconnaître cette impuissance, puisque la voilà projetée, après avoir été radicalisée, sur un sujet qui se situe même en-deçà de la recherche des vérités spéculatives. Ou encore, que quelqu'un soit incapable de philosopher réconforte dans l'idée que la philosophie est capable de quelque chose. C'est peut-être ce rapport de la philosophie à la femme que nous retrouvons dans les transferts décrits plus haut. La dévotion théorique d'une femme est le miroir déformant qui transforme l'amertume en satisfaction. Mais alors l'interdit et la permissivité jouent le même rôle : dire que les femmes sont incapables d'accéder au savoir philosophique, ou bénéficier de l'écoute admirative de Sophie Volland dans le jardin du Palais Royal, c'est tout un.

IN VINO VERITAS

Ce serait donc d'abord une distribution des rôles opérée par la philosophie (et nécessaire au réconfort du philosophique) qui formerait le premier verrou à l'accès effectif des femmes au philosophique ; et si ce verrou existe encore, le tout relatif progrès constitué par l'accès des femmes à l'enseignement institutionnel de la philosophie est vain. Sans parler du portrait imaginaire de « la » femme,

pouvoir de désordre, nocturne, belle ténébreuse, continent
noir, sphinx de la dissolution, profondeur de l'inintelligible,
porte-parole des Dieux souterrains, ennemi intérieur qui
altère et pervertit sans lutte ouverte, lieu où toutes les
formes se perdent. Ce portrait-là n'est pas sans rapport
avec la plus vieille métaphysique. Dans la liste des
oppositions pythagoriciennes (liste donnée par Hegel,
Leçons sur l'histoire de la philosophie, tome I, p. 87), on
relève :

> limite et infini
> unité et multiplicité
> masculin et féminin
> lumière et obscurité
> bien et mal.

Cette liste (et les associations qu'elle propose) n'est
probablement pas démodée. Il y a sans doute chez beaucoup
d'hommes une répugnance inconsciente, quasi superstitieuse,
à voir les femmes approcher de la philosophie. Elles seraient
capables de faire tourner le vin des précieux tonneaux du
Gorgias. Mais d'où sort-il, cet imaginaire ? Il serait
beaucoup trop commode de l'expliquer par des « expériences
immédiates », archaïques, par un inconscient qui serait
constitué avant toute métaphysique, et qui comme une âme
« primitive » viendrait, à notre grand regret, se dire là où
il n'a pas à se dire. Cela reviendrait à innocenter la
métaphysique, ce qui ne paraît guère possible : quand on
se trouve en présence d'un « inconscient » structuré comme
une métaphysique, dont les schèmes sont congruents à des
enjeux philosophiques, il n'est pas possible, d'abord de
penser qu'il s'agisse d'un inconscient, et ensuite de ne pas
admettre qu'on est en présence d'un rejeton de ladite
métaphysique. Qu'il y ait un devenir de ce rejeton vers

l'imaginaire collectif, c'est une autre histoire[1]. Pour le
moment, contentons-nous d'imputer l'idée d'un « continent
noir », d'une féminitude chaotique à la métaphysique. Et
peut-être faut-il d'abord prendre au sérieux, avec quelques
modifications, ce passage de la *Phénoménologie* : « Tandis
que la communauté se donne sa subsistance seulement en
détruisant la béatitude familiale et en dissolvant la
conscience de soi dans la conscience de soi universelle,
elle se crée dans ce qu'elle réprime et qui lui est en même
temps essentiel, dans la féminité en général, son ennemi
intérieur. – Cette féminité – l'éternelle ironie de la
communauté – altère par l'intrigue le but universel du
gouvernement en un but privé… » (tome II, p. 41, traduction
Hyppolite). Je ne propose pas moins que de transposer ce
texte dans le champ de la question du philosophique, et
d'y ajouter aussi que le philosophique crée ce qu'il réprime.
Dans un premier temps, on devrait alors dire que le discours
qui se dit philosophique se crée par le fait qu'il réprime,
qu'il exclut, qu'il dissout (ou prétend dissoudre) un autre
discours, un autre savoir, quand bien même cet autre
discours ou cet autre savoir ne préexisteraient pas à
l'opération. Que le discours philosophique soit discipline,
c'est-à-dire discours obéissant (ou prétendant obéir) à un
stock fini de règles de procédure ou d'opérations, et qu'en

---

1. La zone d'influence du partage produit par la philosophie est
d'ailleurs très limitée. Cette idée de la femme comme sphinx et chaos
n'a sans doute cours aujourd'hui que dans certaines fractions de la classe
dominante. Dans les couches populaires, la femme est plutôt considérée
comme pouvoir d'ordre, « raisonnable », voire rabat-joie, le pôle de la
fantaisie, de l'insouciance étant supposé occupé par le masculin. Les
images des rôles masculin/féminin devraient faire l'objet d'une sociologie
fine – qui pourrait expliquer, outre les difficultés d'identité des femmes
ayant changé de milieu, l'incommunicabilité, au niveau de l'imaginaire,
entre différents groupes de femmes en lutte ou en mouvement.

tant que tel il représente une clôture, une délimitation
venant nier le caractère indéfini des modes de pensée
(même si ce caractère n'est que virtuel), un endiguement
venant restreindre le nombre d'énoncés possibles
(recevables), voilà qui n'est pas neuf. Le simple fait que
le discours philosophique soit discipline indique assez que
quelque chose y est réprimé. Mais qu'est-ce qui est réprimé ?
La réponse est ou trop facile ou très délicate. Trop facile
si on se contente de relever la liste des exclusives
historiquement variables de la philosophie : tour à tour,
la rhétorique, le discours séducteur, les syllogismes
non-concluants, l'occultisme (« qu'on ne m'accuse pas de
revenir aux formes occultes »), le raisonnement par analogie
ou l'argument d'autorité. Anecdotes que tout cela. Je préfère
avancer que ce quelque chose que la philosophie travaille
à laisser en dehors d'elle ne peut être déterminé proprement.
Il ne l'est pas, et ne peut pas l'être, soit parce qu'il est
précisément ce qui est indéfini, soit parce que la philosophie
se confond avec l'idée formelle qu'il faut qu'il y ait de
l'exclusion, qu'il y ait de la discipline dans le discours,
que les modes de pensée recevables ne peuvent pas être
indéfinis. Ce serait une forme générale d'exclusion
susceptible de recevoir un certain nombre de contenus,
mais elle-même non-solidaire d'un contenu particulier.
C'est pourquoi l'objet de l'exclusion n'est pas proprement
déterminable. Mais alors, ce sans-nom, cet indéfini, cette
altérité mal désignée, ne peut être dénoté que par métaphore,
j'entends par la capture d'un signifiant disponible, dont le
discours philosophique s'empare pour épingler une
différence. Un signifiant, c'est-à-dire évidemment le terme
d'une discrimination. C'est la différence homme/femme
qui est convoquée pour signifier l'opposition générale
défini/indéfini, c'est-à-dire validé/exclu, opposition dont

le couple logos/muthos représente une des figures car le muthos est un conte de bonne femme, « une histoire comme en raconterait une vieille », au mieux le récit inspiré d'une Diotime. Mais, en tant que ce geste de séparation, de partition, est créateur du philosophique (le champ est créé par ses exclusions), la philosophie se crée dans ce qu'elle réprime, et, ce refoulé lui étant essentiel, elle n'en finit jamais de s'en séparer, de se clore, de s'insulariser. Et les contes de bonnes femmes, les enseignements de nourrice viennent sans cesse « obscurcir » la claire lumière du concept. Non en raison d'une dynamique quelconque qui serait propre au refoulé en général, mais parce que le stock fini de procédures licites ne suffit pas. Toute pensée suppose une zone d'indétermination, un certain jeu des structures, une certaine liberté de flottement autour des procédures codifiées. L'ombre est alors dans le champ même de la lumière, et la femme est ennemie intérieure. Car, en se définissant par négation, le philosophique a créé son autre, il a engendré un contraire qui désormais aura rôle de principe hostile, d'autant plus hostile qu'il n'est pas question de s'en passer. La féminité ennemie intérieure ? ou plutôt le féminin, signifiant-support d'un quelque chose qui, d'avoir été engendré par la philosophie en en étant repoussé, travaille de l'intérieur comme un poids mort indispensable et non-dialectisable.

Autant dire brutalement que les femmes (réelles) n'ont pas à être concernées par cette féminité-là ; nous sommes *confrontées* continuellement à cette image, mais nous n'avons pas à nous y reconnaître. Je précise cela afin d'interdire qu'on répète, à propos de notre question, les « paradoxes » qui ont cours aujourd'hui à propos de la folie, à savoir que d'abord la raison exclut la déraison et qu'ensuite c'est encore la raison qui vient parler de la déraison. Il serait trop facile de dire, de la même manière, que le discours que je tiens est tenu du point de vue de la philosophie, que c'est encore un discours colonisateur et que la parole n'est pas plus donnée ici à la féminité que dans les textes de Hegel. À partir du moment où on considère cette féminité-là comme un rejeton fantasmatique de conflits à l'intérieur d'un champ de la raison assimilé à la masculinité, il est hors de question de s'attacher à lui laisser la parole. Nous ne parlerons pas petit nègre pour faire plaisir au colonisateur. C'est bien cela pourtant qui est attendu. Pour la rubrique « c'est dans les vieux pots qu'on fait les meilleures soupes », voyez par exemple *l'Ange* : « Il est temps de monter à nouveau en épingle la franchise grecque, de dire qu'en effet l'esclave et la femme sont sans raison ; que lorsqu'un esclave, en tant qu'esclave, une femme, en tant que femme, raisonnent sur l'esclave et la femme ; ils ne peuvent que déraisonner. Le pari que je veux tenir contre Freud, qu'il y a un discours autonome du rebelle, ne pourra être maintenu que si fait irruption aujourd'hui un discours inouï – même si toujours tenu – celui des sans-raison. Cela je le sais, mais je ne puis, moi, que l'annoncer raison- nablement » (Lardreau, p. 37, note 1). Extraordinaire. Moi, qui ne suis ni esclave, ni femme, je sais cependant (et sans doute, moi seul le sait, pas les femmes, pas les esclaves) de quelle nature doit être votre discours, à vous la femme et l'esclave. Le savoir sur la femme est propriété masculine depuis toujours (ce en quoi l'Ange « n'annonce » rien). Il est temps de revenir, non à la franchise grecque, mais à un matérialisme historique élémentaire pour rappeler que ce sont les sociétés esclavagistes qui disent que l'esclave est un être sans raison ; que les sociétés patriarcales répètent avec attendrissement que la femme est un cher être sans raison ; et que les sociétés colonialistes proclament que le nègre, ou le primitif, est un être sans raison. C'est faire la part un peu trop belle au pouvoir que de lui attribuer le privilège de la raison. Comme c'est faire preuve d'une complaisance assez injustifiée à l'égard de soi-même que de prétendre qu'on annonce « raisonnablement » quelque chose qui ne se soutient que par le bénéfice de plaisir qu'on y trouve. Les hommes tiendraient un discours raisonné ou raisonnable sur la femme, tandis que la femme en tant que femme (Monsieur Lardreau semble ici avoir inventé le fil à faire des coupures épistémo-ontologiques dans le continent noir, si bien que nous voilà schizées sans notre aveu) ne pourrait que déraisonner ! Je me contenterai d'opposer à ce vieux partage le fait qu'il suffit qu'une question concernant la condition féminine soit soulevée à l'Assemblée pour que les débats se transforment en un psychodrame où déferlent des fantasmes que leurs « auteurs » n'ont même pas l'idée de censurer. Le débat sur la contraception en 67 fut un modèle du genre. Est-il besoin de le rappeler ? C'était des hommes qui parlaient et qui déliraient avec une assurance parfaite, sans la moindre retenue, et sans l'ombre d'un *raisonnement.* Il en est probablement toujours ainsi quand les hommes antiféministes parlent des femmes : ils projettent leurs souhaits et leurs angoisses, et tâchent de faire prendre ce discours de désir et de défense pour un discours théorique raisonnablement tenu. Luce Irigaray l'a montré de façon exemplaire à propos de Freud.

L'INCOMPLÉTUDE OU LA TUTELLE

De quel lieu parler alors ? Pas de cet autre-lieu produit, comme réserve d'altérité purement négative, par la philosophie. Pas davantage de l'intérieur de la métaphysique, puisque c'est elle qui soutient le partage masculin-rationalité/

féminin-désordre. Mais cette alternative n'épuise pas le champ des possibles. Car le logocentrisme n'est pas le présupposé (ou l'hypothèse) inéluctable de toute position rationnelle. Je veux dire par là (et je ne suis pas la première à le dire) que, jusqu'à présent, le logocentrisme a marqué toute l'histoire de la philosophie, ce en quoi cette histoire se sépare de ce qui pourrait être une « histoire des idées », pour être réitération d'une thèse « fondamentale », celle du pouvoir du discours vrai. Est philosophique un discours qui dit le pouvoir de la philosophie (confondue avec la possession d'un savoir vrai). Cela se remarque, entre autres, dans les champs éthiques et politiques – voyez le concept de sagesse ou la figure du Législateur philosophe et providentiel. Même les matérialistes de l'Antiquité n'échappent pas à cette apologie du savoir vrai, ce par quoi d'ailleurs ils ont été reconnus comme philosophes et ce en quoi leur matérialisme achoppe. Aujourd'hui il est possible de penser la rationalité autrement que sur le mode hégémonique. Possible, mais non facile ou évident. C'est l'enjeu d'une lutte et non un acquis historique immédiatement disponible. Cette lutte a été ouverte par le matérialisme historique, en tant qu'il est rationalisme qui a renoncé à la thèse de la toute-puissance de la connaissance. On peut désormais dessiner une nouvelle figure de la philosophie comme compagnon de route de conflits qui s'inaugurent hors de son champ et qui se résoudront (s'ils se résolvent) également hors d'elle, par des moyens qui ne relèvent pas de son pouvoir à elle. Ce qui n'est pas, pour autant, prononcer une extinction de l'entreprise philosophique, mais proprement une mutation assez difficile à penser.

Reste que cette mutation est susceptible de changer les imbrications du « philosophique » et du « féminin », car il est désormais possible de ne plus souhaiter masquer le caractère d'incomplétude de toute théorisation. Que le savoir est toujours en défaut, mais qu'il est cependant nécessaire (« l'ignorance n'a jamais servi personne », dit un jour Marx en claquant une porte historique) permet de faire l'économie de la fantasmagorie logocentrico-phallocratique. Mais cette nouvelle position à l'égard du savoir est encore loin d'être acquise. Puisque depuis vingt-cinq siècles les philosophes comparent le monde à un théâtre et la philosophie à une tragédie, en rapportant cette métaphorique à la clôture de la représentation qui fait de la pièce un « tout » bien défini, je dirai que l'avenir d'une philosophie qui ne se fait plus antiféministe se joue quelque part du côté de la dramaturgie brechtienne qui (je ne suis pas la première à le dire) produit des pièces inachevées auxquelles il manque toujours un acte et qui sont, de ce fait, béantes sur l'histoire. Insister sur le manque de la philosophie, en faisant de ce manque non un défaut mais la condition de son insertion dans le réel historique, permet de déplacer la philosophie vers un lieu où l'alternative entre une raison hégémonique et une révolte de la raison prend figure d'opposition mythique, c'est-à-dire de connivence ou de complicité entre des formes qui se disent contraires.

En attendant qu'une telle position à l'égard du savoir ait conquis une place autre que marginale dans la pratique philosophique, il reste le discours encore aujourd'hui dominant d'une science philosophique au-dessus de tout soupçon. Et pour les femmes la partie est loin d'être gagnée. Le fait que la permissivité archaïque se maintienne m'en parait être le signe. Bergson est mort, mais le besoin de dévotion théorique n'a pas été enterré avec lui : les mandarins ont encore besoin d'être objets de transfert, et pas seulement eux, d'ailleurs. Je n'apprendrai rien ici aux femmes qui ont fait des études de philosophie : elles se souviennent surement de ces condisciples masculins qui

cherchaient à nous prendre en tutelle. Et moins nous avons
besoin d'un tel soutien (plus nous cherchons à nous
débrouiller sans maître), plus cette tutelle nous est proposée
avec insistance. Face à une femme, l'étudiant de philosophie
tente souvent d'occuper la place de « celui qui sait », qui
sait quels livres il faut lire, ce qu'il faut penser de la lecture
proposée par tel commentateur sur tel grand philosophe,
quels cours valent la peine d'être suivis, etc. Qu'une femme
puisse entretenir des relations directes avec la philosophie
(et même avec l'enseignement de la philosophie), voilà
qui semble difficile à imaginer pour les candidats-
protecteurs. Une telle attitude peut être désignée comme
reproduction de la relation qu'ils entretiennent avec celui
qui est leur maitre privilégié ou comme tentative pour
devenir maîtres à leur tour. Comme si devenir objet d'un
transfert était le seul moyen de sortir de son propre transfert.
Et c'est ainsi qu'on voit beaucoup de jeunes femmes
abdiquer définitivement, au cours de leurs études, toute
« autodétermination » conceptuelle et se laisser guider par
un condisciple qui passe pour plus brillant qu'elles. J'espère
ne pas me leurrer en ajoutant qu'on en voit, semble-t-il,
moins aujourd'hui qu'il y a dix ans. Les femmes résistent
peut-être mieux aux gestes d'annexion dont elles font
l'objet. Si cela est, c'est à la diffusion de la lutte des femmes
qu'il faut l'attribuer [1]. Mais pour que ces relations

1. C'est-à-dire qu'un événement surgi de l'extérieur du champ de
la philosophie vient créer une contradiction. Dans un département de
philosophie de faculté, les relations masculin/féminin ne sont pas régies
seulement par la conception régnante du savoir. S'y rencontrent des
acteurs réels qui ont d'autres implications ailleurs. Il n'y a donc pas lieu
de compter seulement ou principalement sur une mutation du philosophique
pour que les femmes qui en sont partie prenante cessent d'en être aliénées.
Mais il faut compter avec cette mutation pour espérer liquider le problème.

transférentielles en forme d'impasse ou de voie de garage disparaissent, c'est la conception même de la philosophie qu'il nous faudra changer – ce « nous » ne renvoyant plus ici seulement aux femmes, mais à tous ceux qui sont prêts à assumer jusqu'au bout (y compris dans la perte de satisfactions narcissiques) ce que modernité veut dire.

On dira peut-être que j'invente cette survivance de relations héloïsomorphes à la philosophie. « "À partir de maintenant, je vous prends en main", me dit-il quand il m'eut annoncé mon admissibilité à l'agrégation. » Combien de Jean-Paul qui ne devinrent jamais des Sartre ont-ils dit cela à des Simone qui ne devinrent jamais féministes ? Le caractère monstrueux de la fin des *Mémoires d'une jeune fille rangée* passe souvent inaperçu. On trouve cela normal. Cette « prise en main » théorique [et son corrélat : le fait que Simone de Beauvoir ait été enfermée dans la féminité, c'est-à-dire qu'elle ait reçu une philosophie toute faite, ou que, recevant l'existentialisme comme une doctrine constitué, elle ait été rejetée hors de l'entreprise philo-sophique] me paraît, il est vrai, « normale », c'est-à-dire surdéterminée par des conditions philosophiques et historiques. Mais ce que j'ai beaucoup de mal à comprendre c'est que Simone de Beauvoir raconte, des années plus tard, cet épisode sans l'ombre d'un retour critique, et ce, après avoir écrit *Le Deuxième Sexe*.

Avant de quitter ce problème du transfert, je voudrais ajouter que c'est peut-être la menace d'inféodation comme rançon de l'amateurisme qui expliquerait pourquoi certaines femmes ont une attitude si peu aristocratique, si conformiste, à l'égard des sanctions universitaires. Ce conformisme (le souci d'acquérir des titres des universitaires, la préférence accordée aux travaux codifiés, du type thèse de doctorat, au détriment de recherches moins académiques) est peut-être inconsciemment conçu comme antidote commode, comme moyen de résister à la force qui tend à faire de nous de grandes lectrices ou de précieuses admiratrices. Investir au maximum sur l'institution peut aussi prendre figure de conquête, si c'est le rapport institutionnel à la philosophie qui a été longtemps interdit. Le drame, c'est que le chantier philosophique n'est pas situé aujourd'hui du côté des travaux académiques, et que cette conquête est peut-être une relégation. Mais il faut plus de culot pour aller proposer un manuscrit à un éditeur que pour déposer un sujet de thèse. Après avoir été coincées dans des relations duelles, les femmes risquent de s'ensevelir dans le rapport à l'institution étroitement universitaire. Par ailleurs, la valeur d'« antidote » du rapport institutionnel est fort problématique. Sublimation ou dénégation des relations transférentielles ? Pour aborder cette question, il nous faudrait affiner les catégories de « transfert » et de « relation duelle » que nous avons utilisées (notamment nous demander si le transfert ne se maintient pas de façon déguisée quand la relation duelle est répudiée ou (?) refoulée).

L'ANTIFÉMINISME AUX CONCOURS

En tout état de cause, on ne peut pas dire que l'institution les accueille à bras ouverts (sauf dans le rôle héloïsomorphe décrit plus haut), c'est-à-dire les reconnaisse dans leurs capacités philosophiques. Par exemple, on voit souvent les « maîtres » (qu'ils enseignent en classe préparatoire ou en faculté) élire des « poulains », c'est-à-dire renvoyer à certains élèves une image gratifiante d'eux-mêmes. Cette attitude fait partie d'un processus important de sur-stimulations qui organise la future relève, et qui désigne, de façon souvent précoce, ceux qui se sentiront « appelés » (et ils le sont en effet) à jouer un rôle dit de premier plan dans l'entreprise philosophique. Les préjugés sexistes (comme les préjugés sociaux-culturels) des enseignants prennent une importance considérable dans ce moment de l'apprentissage philosophique. Beaucoup de femmes font état de l'injustice inconsciente de nombreux enseignants : ce sont de jeunes hommes qui sont élus comme poulains, souvent d'ailleurs pour des raisons obscures, tandis que les femmes sont obligées de se battre constamment pour se faire reconnaître. Par parenthèses, l'implication personnelle des enseignants dans cette recherche du « dauphin » serait à analyser. Il s'agit peut-être encore d'un avatar, cette fois « d'homme à homme », du manque qui déchire le maître et qui suscite, « d'homme à femme », la recherche d'admiratrices. Il faut certes dénoncer cette répartition sexiste des préjugés favorables, mais il faut dénoncer d'abord la simple existence de ce type de procédés. Il serait par ailleurs bon d'étudier précisément à quel moment du cursus scolaire et universitaire les préjugés sexistes des enseignants prennent toute leur efficace comme instrument de la sélection. J'ai l'impression que cela joue plus tard que la sélection par critères sociaux-culturels.

Cet aspect capital des études de philosophie reste cependant officieux, et les rejets qu'il opère exigeraient d'abord un travail réel d'établissement des faits. En revanche, les résultats de concours de recrutement, eux, s'ils réclament aussi une analyse, proposent des « faits » d'une extrême brutalité : depuis 1974 que C.A.P.E.S. et agrégation de philo sont mixtes, la proportion de femmes reçues est très faible. Les antiféministes ont beau jeu de prétendre qu'à présent que les concours sont communs, on voit ce qu'on devait voir : la très nette infériorité (quasi substantielle) des femmes par rapport à leurs camarades masculins.

Même à expliquer, comme le font certains, cette infériorité théorique par des données matérielles (une pauvre agrégative a une double journée, son phallocrate de mari ou de concubin lui laissant assumer toutes les corvées ménagères), ou, ce qui est inacceptable, par une neuro-endocrinologie fantaisiste (plus exactement, mythologique) [1] la disparité des résultats entre les hommes et les femmes ne laisse pas de faire problème. Je n'allèguerai pas, pour appuyer mes dires, l'expérience d'enseignants chargés de la préparation à ces concours, enseignants qui n'ont jamais, au cours de l'année de préparation, l'occasion de constater cette inégalité dite de « niveau », et qui sont toujours surpris par les résultats : ce genre de témoignage ne se verrait surement pas conférer valeur de preuve. Je me contenterai de renvoyer au rapport de l'agrégation 1971. Cette année-là, le concours n'était pas mixte, et le ministère avait fixé deux nombres de postes, l'un pour les hommes, l'autre pour les femmes ; mais les deux jurys s'étaient amalgamés si bien que, par un jeu de permutations, il n'y avait eu en fait qu'un seul jury. Cet unique jury constata (et c'est tout compte fait à son honneur) une disparité entre le « niveau » des hommes et celui des femmes de fin de liste, disparité en faveur des femmes. Une disparité telle qu'il crut de son devoir d'enlever quelques postes aux hommes pour les attribuer aux femmes. C'était en 71. En 74, pour la première fois, le concours fut

1. Souvenir personnel : en 1974, après les résultats de l'agrégation de philosophie, j'allai voir quelques membres du jury pour leur demander comment ils expliquaient qu'il y ait si peu de femmes parmi les reçus. L'un d'eux me répondit ceci : « Vous savez bien. Mademoiselle, qu'une candidate sur deux, un jour d'épreuve, a des ennuis typiquement féminins. » Ce « savoir bien » qui appelle une connivence en dit long sur la certitude qu'avait cette personne d'énoncer non une opinion personnelle, mais une idée reçue – une idée recevable, en tout cas.

mixte, et la proportion de femmes dérisoire. Quelle mutation hormonale (ou conjugale) s'est-il donc produit en trois ans ? Est-ce que l'éducation des petites filles nées après 1950 a été si différente de celle que les gamines nées dans l'immédiat après-guerre ont reçue ? J'ai bien peur que les explications qu'on pourrait chercher du côté des candidates soient peu satisfaisantes. Il serait aussi contestable d'expliquer la disparité actuelle par de séculaires préjugés antiféministes (plus ou moins inconscients) du jury : car on ne comprendrait pas comment le jury de 71 aurait pu, lui, échapper aux effets de cet inconscient phallocratique. Je préfère dire que le contexte historique et social a légèrement varié en trois ans, et que sa variation a renforcé une préférence (qui en était arrivée, en 71, à son point d'exténuation) virilophile. Un membre de jury est d'abord un agent social, comme tout le monde : il met en œuvre des options historiques qui peuvent très bien échapper à son conscient. Il ne s'agit donc pas de faire un procès d'intentions à des personnes, mais de tenter d'indiquer dans quelles circonstances l'antiféminisme peut refleurir. Que s'est-il donc passé entre 71 et 74 ? Jusqu'en 71, sauf erreur, le nombre de postes mis en concours a suivi une courbe ascendante. Je me demande (ce genre d'hypothèses fera peut-être sourire les historiens) si les mini-périodes historiques propres à installer une croyance dans la positivité du temps ne créent pas une légère euphorie du futur qui rendrait les agents historiques relativement progressistes, dans le domaine, tout au moins, où cette croyance peut se déployer. Et si en revanche les périodes de régression, de menace de dislocation, ne rendent pas les agents sociaux (en position de pouvoir) plus rétrogrades, plus farouchement hostiles à toute ouverture vers le nouveau, plus désireux de protéger une tradition avec toutes les exclusives qu'elle comporte. Idée bizarre peut-être, mais a-t-on jamais entendu autant de discours hostiles à toute modernité (philosophique ou pédagogique) que depuis que l'enseignement de la philosophie est explicitement menacé ? « Revenez aux cours magistraux, ayez le courage d'avoir de l'autorité, et surtout ne parlez pas de Freud. » Voilà les directives conservatrices qu'on reçoit de plus en plus. La coupure entre le chantier philosophique et le pouvoir universitaire n'existait pas, du moins de cette façon, il y a dix ans : Georges Canguilhem, inspecteur général et président du jury d'agrégation, a concrètement soutenu les recherches de Lacan et de Foucault. Aujourd'hui en revanche, un rêve de retour à l'âge d'or (le temps d'Alain ?) est manifeste et se dit à la fois d'un point de vue théorique (Descartes plutôt que Freud) et d'un point de vue pédagogique (soyez magistraux). Dans une telle position, l'antiféminisme a doublement sa place : si l'enseignant de philosophie doit avoir, aujourd'hui plus qu'hier, de l'autorité, il est évident qu'on fera plus confiance à un homme qu'à une femme. D'ailleurs, c'est bien par leur ton d'autorité que les copies ou les interrogations d'agrégatifs se repèrent comme masculines. Cela s'assortit à un désir général (qui n'est pas propre à la discipline philosophique) de déféminiser l'enseignement. Et puis l'antiféminisme philosophique est lié, j'ai essayé de le montrer, à la prétention de la philosophie à s'afficher comme un savoir mettant son détenteur en position de force. Que le retour au dogmatisme philosophique (et tout retour crispé à une position antérieure, toute stratégie de défense des arrières est de l'ordre du dogmatisme) s'assortisse d'une vague d'antiféminisme n'est alors pas pour nous surprendre. On reverrouille certaines interrogations à l'égard du statut de la philosophie, à l'égard de béances survenues à la philosophie du fait d'une certaine modernité, et en même temps on forclot à nouveau le féminin dans la féminitude. Des livres comme *L'Ange* ou *La cuisinière et le mangeur d'homme* contribuent d'ailleurs aujourd'hui à rendre les femmes très coopératives dans ce mouvement qui se fait à leur détriment.

Soyons justes : les préférences virilophiles n'expliquent pas, elles seules, la mutation. Les candidates de 71 avaient passé une licence « ancien régime », licence standard, la même pour tous. Les candidates de 74, elles, avaient passé une licence par « unités de valeur ». Ce dernier système, laissant « le choix » aux étudiants, laisse surtout libre cours à l'autoévaluation au moment du choix des U.V. En tant que tel, il constitue une forme sournoise de la sélection sociale et sexuelle. J'aimerais disposer de statistiques sur les choix masculins et féminins. Je présume qu'ils sont différents et que les femmes choisissent plus souvent les U.V. réputées faciles, tandis que les hommes optent pour les U.V. « nobles », c'est-à-dire « difficiles » et « formatrices ». Car ils présument plus de leurs forces, quand elles sous-estiment leurs possibilités.

On peut être juste sans être dupe : c'est à l'écrit surtout que les femmes sont éliminées. Comme on ne colle pas sur les copies de gommettes roses ou bleues pour compenser l'anonymat, d'aucuns pourraient alléguer que la préférence sexiste n'a aucun moyen de s'exercer. Quiconque a corrigé des copies sait cependant qu'on peut déterminer deux profils d'écriture philosophique, l'un masculin et l'autre féminin, et que ces deux profils renvoient bien, dans, la plupart des cas, au sexe de l'état civil. Pour aller vite, disons qu'une copie se repère comme masculine par son ton d'autorité, par un primat de la grille de lecture sur l'écoute du texte (c'est sur des commentaires que j'ai travaillé), ce qui donne, selon les cas, ou une lecture décisive et approfondie, ou de fabuleux contre-sens. Les femmes sont au contraire tout ouïe, et leurs copies se repèrent par une sorte de respect poli du morcellement du discours de l'autre (ce qu'on appelle « de la finesse dans le commentaire de détail, mais pas de vue d'ensemble »), par une grande timidité (tout se passe comme si elles faisaient confiance au texte pour dire lui-même son sens) et aussi par un certain talent pour ce que j'appellerai le « rapprochement célébrant ». Telle séquence du *Discours sur l'origine de l'inégalité* amène le rappel de telle lettre de *La Nouvelle Héloïse*. Rappel sur un mode assez curieux. Tout se passe comme dans un salon où un invité aurait fait allusion à un de ses titres de gloire : une bonne maîtresse de maison relève immédiatement l'allusion, rappelle le titre de gloire en quelques termes flatteurs, offrant ainsi à l'invité le plaisir qu'on l'entretienne de lui-même. Les hommes tutoient le texte et le bousculent gaiement; les femmes font à son égard preuve d'une gentillesse où l'éducation qu'on donne aux jeunes filles a sa part de responsabilité. Quand le souci de célébration et la timidité ne sont pas trop forts, cette forme de lecture produit cependant, à mon sens, de grandes réussites, une certaine écoute distante permettant seule de déceler ce qui, dans un texte, reste implicite, ou de relever les « blancs » d'une théorisation. La question serait de savoir si c'est parce qu'une telle lecture n'est pas prisée que les femmes se font recaler ou si c'est parce qu'elle est perçue comme féminine qu'elle n'est pas prisée. J'opte pour cette deuxième hypothèse, en précisant que le féminin est rejeté parce qu'associé à l'idée de manque d'autorité. En tout cas, si un texte est immédiatement repéré comme masculin ou féminin, il est certain que l'anonymat n'est qu'une plaisanterie. Et ce repérage risque d'être d'autant plus efficace qu'il n'est pas toujours conscient.

LES VESTALES ET APRÈS

J'aurais encore voulu aborder la question du rapport des femmes à l'écriture philosophique, et de la lecture, par tout un chacun, des livres philosophiques de la douzaine de femmes qui ont publié leurs travaux. La place me manquant, je signalerai seulement un point particulier : il est un secteur où les femmes sont tout à fait admises aujourd'hui : celui des travaux classiques d'histoire de la philosophie. Personne ne considère comme « ouvrages de dames », à lire avec indulgence et condescendance, les études de Marie Delcourt, de Geneviève Rodis-Lewis ou de Cornelia de Vogel. Est-ce parce que ces femmes se sont imposé « l'austère nécessité d'une discipline », trouvant ainsi le « troisième terme » sur lequel il faut s'appuyer pour infléchir le désir de philosopher vers le champ théorique ? Comment interpréter le fait que nos aînées aient réussi à se faire estimer et reconnaître pour des travaux de commentaire ou d'édition, mais qu'aucune n'ait produit de textes analogues à *La Phénoménologie de la perception* ou à *La Critique de la raison dialectique ?* Que les femmes soient admises dans le champ de l'histoire commémorative de la philosophie me paraît d'abord être le signe de l'idée commune de ce qu'« est » un commentaire. Qui, mieux qu'une femme, sait faire preuve de fidélité, de respect et de mémoire ? On peut faire confiance à une femme pour perpétuer la lettre du Grand Discours : elle n'y mettra pas du sien. Chacun sait que, plus on est philosophe soi-même, plus la lecture que l'on fait des autres philosophes est déformante. Voyez comment Leibniz lit Malebranche, comment Hegel lit Kant ! Ils ne peuvent avoir le respect de la pensée de l'autre, car ils sont déjà trop dans la leur. Ils bousculent tout, forcent les textes, leur font dire ce qu'ils ont envie qu'ils disent, sans scrupule. Naturellement on ne peut leur en vouloir : leurs incompréhensions sont à la mesure de leur originalité ! Si Hegel fait des misères au kantisme, c'est à inscrire à son crédit ! C'est qu'il est Hegel. – Une nouvelle force qui s'empare des textes brisés pour les soumettre à ses fins propres. En revanche le commentaire fidèle est réservé à celui qui n'a pas de fin ou de pensée propres. Nietzsche disait que l'objectivité du savant était symptôme de son manque d'instinct. Comment une femme pourrait-elle forcer un texte, violer un discours ? Vestale du discours que le temps risquerait d'éteindre, infirmière des textes disloqués, guérisseuse des œuvres meurtries par les éditions fautives, ménagère[1] dont on espère qu'elle époussettera la pellicule grise que les lectures successives ont déposée sur le bel objet, elle est chargée de l'entretien des monuments, des formes que l'esprit a désertées. Et desservante d'un dieu, consacrée à un grand homme mort. Cette fantasmagorie du commentaire a permis, dans une certaine mesure, aux femmes de trouver une place dans le travail philosophique. Place mineure cependant : il en va du commentaire comme de la cuisine, les travaux de grande classe restant réservés à Hyppolite et à Bocuse. Il est vrai qu'Hyppolite ne s'est pas contenté d'« expliquer » Hegel. Mais d'Hipparchia aux historiennes de la philosophie, y a-t-il progrès dans l'émancipation ?

Pour l'instant, nous sommes encore tous, plus ou moins, prisonniers de cette fantasmagorie du commentaire – commentaire pris dans l'alternative du viol et de la

---

1. « Comme la couche de poussière sur les meubles mesure la négligence des femmes de manage, la couche de poussière sur les livres mesure la frivolité des femmes de lettres » G. Canguilhem, « Mort de l'homme ou épuisement du cogito ? », *Critique* 1967.

fidélité. Quand ce qui prend nom de commentaire aura été déchiffré, et que la représentation fantasmagorique de cette pratique aura été analysée, on pourra peut-être cesser d'assigner aux femmes cette place « subordonnée » dans le partage des taches théoriques.

Interdites de séjour dans le lieu philosophant, ou « bénéficiaires » de permissivités plus ou moins rusées, les femmes n'ont pas encore gagné la bataille qui devait leur donner le droit à la philosophie. Pour l'instant, il importerait de savoir contre qui et avec qui cette lutte peut se mener. Il nous faudra mettre à l'épreuve les deux propositions que voici :

1) S'il est possible de faire renoncer le travail philo-sophique à son souhait d'être une spéculation qui ne laisse aucune place pour le non-savoir, de lui faire accepter l'incomplétude qui est sienne, ou de produire un rationalisme non hégémonique, alors la philosophie n'aura plus besoin d'un système de défense qui passe par l'exclusion des femmes – ou des enfants. Le compte rendu d'une expérience d'enseignement philosophique en 5ᵉ, de notre ami Alain Delorme, pourrait bien aller dans le même sens. En effet, on peut relever dans ce compte rendu deux déplacements sans doute solidaires : la démonstration de la possibilité pour les enfants de philosopher, et l'idée d'un discours philosophique inachevé, jamais refermé, jamais conclu, l'abandon de toute visée totalisatrice donc. Il est possible que seule une pratique philosophique qui ne considérerait plus son incomplétude comme un élément tragique, serait capable d'éviter de projeter une incapacité théorique sur des enfants, les femmes… ou les pré-socratiques. Cette hypothèse est sûrement trop schématique pour être recevable comme telle ; il importera de la travailler.

2) Est-il possible de transformer la relation du sujet à l'entreprise philosophique, ou l'implication personnelle des individus dans cette entreprise ? Car, jusqu'aujourd'hui, le sujet de la recherche philosophique se donne comme une personne, c'est Aristote, Spinoza ou Hegel. Et la dialectique philosophique s'opère aussi entre deux pôles personnels, un maître qui sait et un élève qui « ne sait pas encore ». Cette association du sujet du savoir philosophique à la personne (association fort complexe, car l'idée d'un détenteur du savoir philosophique a contribué à la production historique de la notion de personne) n'est pas sans produire nombre d'effets théoriques et pédagogiques. Puisque arrivée à ce point mes idées s'embrouillent, j'ouvre une œuvre de Leibniz ou de Hegel. Et je me surprends à penser : « quel culot, tout de même ! Il faut un toupet invraisemblable pour prétendre ainsi maîtriser intellectuellement tout ce qu'il y a dans le ciel et sur la terre – et dans la pratique des hommes. Une femme n'oserait jamais » [1]. Mais ce toupet, s'il est fortement connoté de masculinité, est bien plus encore marqué au coin d'une nécessité : comme la personne est le sujet du savoir, ce que « je sais » (ou prétends savoir) se confond avec ce qu'« on sait », voire avec ce qu'il est possible de savoir. Le toupet métaphysique (et logocentrique) de tel ou tel « grand philosophe » est ce qui soutient l'idée de l'existence d'un savoir. Que le philosophe se dérobe, alors il n'y aura plus personne pour savoir, et il n'y aura

1. Non parce que je suppose une nature féminine qui compterait nécessairement l'humilité au nombre de ses déterminations, mais parce que je pense que tout individu issu d'une classe ou d'un groupe social culturellement dominé a quelques chances de se maintenir hors d'une telle position théorique. Je me trompe peut-être. Tant de femmes font leur le discours sexiste qu'on ne peut même pas espérer qu'elles se déprennent spontanément d'un discours hégémonique qui ne peut se passer d'invectives à l'égard des femmes.

plus de savoir. Mais si le sujet de l'entreprise n'est plus une personne, ou mieux, si chaque personne engagée dans l'entreprise n'est plus en position de sujet de cette entreprise, mais en position de travailleur, partie prenante donc d'une entreprise qui est d'emblée reconnue comme collective, il me semble que le rapport au savoir – et aux manques du savoir – peut être transformé. Ici encore, il n'est pas facile de décrire la révolution que pourraient opérer une forme collective du travail philosophique et la reconnaissance du fait que de toute façon, l'entreprise échappe à l'initiative personnelle. Toujours aussi embarrassée, j'ouvre à présent Pascal. Et soudain j'entrevois pourquoi, si étrangères que me soient par ailleurs les conceptions religieuses de cette œuvre, je me sens plus « chez moi » dans les *Pensées* que dans n'importe quel autre texte classique. C'est que la perspective religieuse y trace cette frange de non-savoir (frange qui n'a rien à voir avec de quelconques limites de la raison) que les métaphysiques ont déniées. Voilà une écriture qui ne prétend pas tout reconstruire et tout expliquer, qui glisse au bord d'un impensé, qui ne se déploie qu'en se greffant sur une autre parole, et qui accepte d'en être tributaire. On dira peut-être qu'il est scandaleux de deviner une « autre écriture » future possible (où les femmes pourraient se réinsérer) dans une œuvre qui enroule ses méandres et ses « blancs » dans son rapport à des dogmes et à un certain mystérisme. Mais remplacez l'obédience à ces dogmes (ou à une autre parole déjà commencée) par la reconnaissance que « je ne fais pas tout tout seul », que je suis tributaire d'un discours et d'un savoir collectifs qui m'ont produit plus que je ne contribuerai à continuer à les produire ; et remplacez le mystérisme par la reconnaissance du caractère nécessaire lacunaire de toute théorisation. Qu'obtiendrons-nous alors, sinon la seule représentation aujourd'hui correcte du rapport du sujet au savoir ? et aussi la seule attitude psychothéorique qui rende possible et nécessaire un travail collectif – dont la « collectivité » dépasse largement, faut-il le souligner, le « groupe » de personnes travaillant ensemble. Le refus de prétendre à une parole inaugurale, tel qu'on le trouve dans *L'Ordre du discours*, pourrait servir à épingler la position qui tente aujourd'hui d'émerger, et si le renvoi à Pascal gêne les lecteurs, qu'ils le remplacent par une référence à Foucault, référence plus dangereuse cependant, car elle risque d'organiser à nouveau ce transfert qu'il faut dénoncer.

La croyance qui a surgi de ma pratique encore récente de travail collectif est celle-là : que l'avenir des luttes de femmes pour l'accès au philosophique se joue quelque part du côté du travail pluriel. D'autant que les groupes de travail sont susceptibles d'acquérir un pouvoir structurant (de jouer le rôle de « troisième terme » et de système de contraintes propre à contrebalancer le découragement issu du narcissisme négatif) analogue ou équivalent à celui de l'institution : ils permettent d'éviter la position héloïsomorphe (probablement par un transfert sur le groupe des pairs et c'est pourquoi il faudrait affiner la catégorie de transfert mise en œuvre ici) et son envers, aussi peu souhaitable, qu'est le sur-investissement dans « l'universitaire » ou « l'institutionnel » du désir de philosopher. C'est dans une pratique où je rencontre à chaque instant un amont, un aval et les rives de ma parole que j'ai eu l'impression d'avoir, dans une certaine mesure, expérimenté le rapport à un nouveau logos, un logos où l'on peut réintroduire la relation à l'impensé.

NANCY BAUER

LA PHILOSOPHIE FÉMINISTE EST-ELLE UN OXYMORE ? LA PHILOSOPHIE PREMIÈRE, *LE DEUXIÈME SEXE* ET LA TROISIÈME VAGUE *

Si la plupart d'entre nous a accepté sur le plan politique l'idée d'une philosophie féministe, il est clair que dans l'ensemble ni les féministes ni les philosophes ne sont disposés à l'approuver pleinement sur le plan intellectuel[2]. Chez les féministes, l'hésitation vient du fait que la philosophie – dans la mesure où elle insiste sur la pensée dépassionnée, la raison, l'objectivité, l'universalité, les essences, etc. – est le paroxysme d'une façon de penser le monde qui est intrinsèquement et désespérément faite pour servir les intérêts des hommes et contrarier ceux des femmes. De l'autre côté, pour les philosophes, leur hésitation

---

* N. Bauer, « Is Feminist Philosophy a Contradiction in Terms ? First Philosophy, The Second Sex, and the Third Wave », *Simone de Beauvoir, Philosophy, and Feminism*, p. 19-45. Traduction M. Garcia.

2. Mon utilisation du pronom « nous » ici – et « vous » plus loin dans ce chapitre – cherche à signaler non pas que je considère la composition du groupe de gens auxquels je m'adresse comme une évidence, mais au contraire que l'une de mes ambitions dans ce livre est précisément de trouver qui sont ces gens.

tient à ce que la philosophie a pour fondement une méthode, celle de l'interrogation sans préjugés incompatible avec la « théorie » féministe qui, selon eux, est par définition sous-tendue par des partis-pris politiques. De part et d'autre, par conséquent, la « philosophie féministe » apparaît comme une contradiction dans les termes.

Pourtant des philosophes de toutes allégeances ferment les yeux sur ce qui apparaît comme une tension fondamentale entre le féminisme et la philosophie. Il y a évidemment des raisons respectables à cela[1]. Par exemple, la plupart des philosophes hommes rejettent au moins l'idée d'une inégalité entre les sexes et, lorsqu'ils se rendent compte que les femmes ont été terriblement sous-représentées dans la discipline, ils sont prêts à passer sur ce qui les dérange dans l'association de la philosophie et d'un « -isme ». Par ailleurs, pour de nombreuses féministes, la philosophie moderne, depuis ses débuts au XVIIe siècle, s'est construite sur une distinction désastreuse entre le corps et l'esprit, distinction qui affirme, sans fondement, que le corps dans son immanence – et donc la différence sexuelle – n'a aucune pertinence pour penser les grandes questions philosophiques. Or il va de soi que se demander comment le fait pour l'être humain d'avoir un corps influe sur ces questions[2] est une entreprise importante. Et cette entreprise,

1. Le mot « respectable » a pour fonction d'exclure ceux qui tolèrent l'intervention féministe en philosophie simplement parce qu'ils n'ont pas le pouvoir de l'empêcher et risqueraient d'apparaître comme « politiquement incorrects » s'ils s'y attaquaient directement.

2. Je ne veux pas sous-entendre ici qu'aucun écrit philosophique pré-féministe n'a exploré cette possibilité. Bon nombre de philosophes ont défendu l'idée que la constitution corporelle des femmes les empêchait de penser de manière rigoureuse ; et d'autres – le plus célèbre d'entre eux étant sans doute John Stuart Mill dans son remarquable *De l'assujettissement des femmes* – ont rejeté cette idée. En outre, des

et la possibilité qu'elle contient de révolutionner la philosophie (une nouvelle fois), a coïncidé de manière heureuse avec un sentiment grandissant, de part et d'autre de la division analytique-continentale, que la philosophie moderne avait fait son temps [1].

Cela étant, en eux-mêmes l'omniprésence du sexisme et la minimisation de l'importance du corps dans l'histoire de la pensée moderne ne dissipent pas la tension inhérente à la philosophie féministe. Sans doute, des philosophes peuvent remédier à ces problèmes sans adopter un agenda spécifiquement féministe. On n'a pas besoin d'être féministe pour admettre que les femmes peuvent faire de la philosophie et que leur exclusion de la tradition est à tout le moins regrettable ; et nombre d'empiristes et de physicalistes ont affirmé avec force que Descartes et les siens avaient mal compris la relation entre l'âme et le corps. En outre, la désolante histoire des femmes et de la philosophie n'incite pas les féministes à redoubler d'efforts pour avoir leur mot à dire en philosophie. On pourrait affirmer – et beaucoup

phénoménologues, de Hegel à Merleau-Ponty (dans ce qui constitue, comme je le montrerai ailleurs, un aspect particulièrement peu étudié de son travail, notamment dans la *Phénoménologie de la perception*) se sont, au moins de manière tacite et parfois ouvertement, inquiétés du corps comme, au moins, l'interface de l'esprit et du monde. Et bien sûr une foule de philosophes, même analytiques, ont dit quelque chose de la nature du sexe et de l'amour. Ce qui n'a pas été pris au sérieux – jusqu'au féminisme – est l'idée que certaines caractéristiques du corps de quelqu'un pourraient bien avoir une influence décisive non seulement sur l'état d'esprit de cette personne mais sur ce qui devrait être vu comme une vérité philosophique.

1. Robert Pippin, dans *Modernism as a Philosophical Problem*, examine ce sentiment grandissant et affirme, de manière convaincante à mes yeux, que le « postmodernisme » représente moins une révolte contre le modernisme que son approfondissement. R. Pippin, *Modernism as a Philosophical Problem*, 2ᵉ édition, Malden, Blackwell, 1999.

l'*ont* fait – que théoriser, loin d'améliorer la vie des femmes, a en réalité freiné le mouvement des femmes, à la fois parce que cela a détourné des femmes de talent de l'action politique féministe et parce que cela a renforcé l'idée politiquement débilitante qu'être une féministe requiert d'adopter un radicalisme idéologique autodestructeur. Dans un autre contexte, je pourrais contester ces deux arguments. Ici, mon but est d'attirer l'attention sur l'étonnant manque de travail sérieux sur la question de savoir comment la philosophie et le féminisme sont censés aller ensemble. Expliquer pourquoi se confronter à cette tension est une tâche singulièrement rebutante me détournerait trop de mon but, mais je noterai quand même que cette aversion doit avoir à faire avec, d'un côté, la peur qu'ont les philosophes non féministes d'apparaître comme misogynes et, de l'autre côté, le refus des philosophes féministes de perdre du temps à justifier leurs positions auprès d'hommes peu compréhensifs.

J'ai peu de tolérance pour les philosophes, hommes ou femmes, favorables ou hostiles, qui sont condescendants vis-à-vis de l'idée d'une philosophie féministe. D'expérience, ils ont rarement lu plus d'un ou deux articles, généralement tristement célèbres, de théorie féministe – juste assez pour pouvoir se féliciter d'être conventionnels. Les philosophes féministes ne devraient pas perdre de temps à répondre au scepticisme de leurs collègues condescendants. Mais il y a une différence entre organiser son travail, par docilité ou par névrose, autour du fantasme de convertir les opposants et s'investir dans une réflexion qui doit être menée pour son bien propre. À mon avis, c'est une grave erreur pour les féministes de fermer les yeux sur ce qui apparaît comme une tension fondamentale entre le féminisme et la philosophie, et l'ambition de ce chapitre est de montrer pourquoi. En bref, ma thèse est qu'une fois que l'on prend au sérieux cette contradiction, on voit qu'un travail philosophique authentiquement féministe – ou, si l'on préfère, un féminisme authentiquement philosophique – non seulement a le potentiel de révolutionner la philosophie, mais surtout exige une réévaluation, de fond en comble, de ce que c'est que d'être un être humain, pensant et sexué.

Cette thèse souffre sur le plan philosophique du fait qu'elle est excessive et vague. Mais avant d'essayer de vous convaincre qu'elle pourrait bien être vraie, il me faut rapidement spécifier ici ce que je ne veux pas qu'elle semble présupposer. Je ne veux pas laisser entendre par là que le travail philosophique fait par des féministes et qui contourne l'apparente contradiction entre féminisme et philosophie – soit la majeure partie du travail philosophique féministe – n'a pas de valeur. Au contraire, je défends l'idée que la valeur ou la vérité de la philosophie féministe est souvent déformée ou obscurcie par le spectre de cette apparente contradiction. La deuxième chose que je ne veux pas que ma thèse sous entende – ma thèse, une fois encore, que tout mariage entre le féminisme et la philosophie doit être un mariage révolutionnaire – est qu'il n'y aurait qu'une seule façon de se marier. Je vais bien sûr défendre dans ce chapitre et dans ce livre l'idée que *Le Deuxième Sexe* de Simone de Beauvoir fournit un exemple des résultats très forts que l'on obtient lorsque l'on prend en charge cette contradiction. Mais si je pensais que Beauvoir avait épuisé les possibilités de la philosophie féministe, ou que la transformation que je pense que le féminisme et la philosophie requièrent l'un de l'autre pouvait être accomplie une fois pour toutes, alors ce que j'ai à dire dans ce chapitre et dans ce livre aurait peu d'intérêt philosophique. Je propose ici non seulement une *façon* très générale de faire quelque chose que je vous demande de reconnaître comme étant productivement féministe *et* productivement philosophique, mais aussi quelque chose comme un ensemble de termes pour évaluer l'efficacité – sinon la valeur ou la vérité – du travail philosophique féministe.

La foi que j'ai dans *Le Deuxième Sexe* comme écrit philosophique productivement féministe peut vous sembler anachronique. Bien sûr, comme le veut l'objection bien connue, que l'on a appris il y a bien longtemps ce qu'il y avait à apprendre de Simone de Beauvoir et que l'on a dépassé depuis longtemps les confins de sa compréhension bornée des vies des femmes. Nous savons tou.te.s désormais que Beauvoir dans *Le Deuxième Sexe* a une conception très restrictive du concept de « femme », issue uniquement de ce que cela signifie d'être une femme blanche et bourgeoise dans la culture occidentale contemporaine. Cette accusation est généralement liée à l'observation – parfois critique, parfois amicale – que *Le Deuxième Sexe* est plein de contradictions, contradictions dont, comme on le souligne régulièrement, Beauvoir elle-même semble n'avoir pas du tout été consciente [1]. On pense souvent que ce que *Le Deuxième Sexe* peut au mieux nous offrir est une occasion de séparer le bon grain de l'ivraie entre l'ethnocentrisme, le biais de classe et le racisme – sans oublier le « masculinisme » – et, de l'autre côté, les morceaux utilisables de l'analyse beauvoirienne de la « situation » des femmes.

---

1. Différentes versions de l'idée selon laquelle Beauvoir se contredit se trouvent dans les travaux, par exemple, de Kristiana Arp, Toril Moi et Michèle Le Dœuff (qui affirment toutes que les contradictions qu'elles voient dans *Le Deuxième Sexe* sont souvent surprenamment riches et productives), et de Penelope Deutscher et Mary Evans (qui ne sont pas de cet avis).

Une version particulièrement négative de cette vision de Beauvoir est exprimée de manière mémorable dans l'attaque sans merci qu'Elizabeth Spelman livre contre *Le Deuxième Sexe* dans son livre *Inessential Woman*. Beauvoir, selon Spelman, méprise « les populations qu'elle oppose aux "femmes" » et

> ne réfléchit pas sur ce que sa propre position théorique suggère fortement et ce que son langage reflète : à savoir que les différentes personnes de sexe féminin sont construites comme différents types de « femmes » ; que sous certaines conditions, certaines personnes de sexe féminin comptent comme des « femmes », d'autres non [1].

S'il y a le moindre mérite dans cette offensive – et il doit y en avoir au vu de la variété d'éminent.e.s lecteur.rice.s qui ont au moins des sympathies pour l'idée de Spelman que le texte beauvoirien chancèle dangereusement sur ses fondations instables et tissées de contradictions – alors on ne devrait pas s'étonner de ne pas trouver *Le Deuxième Sexe* sur le bureau de la plupart des féministes de la troisième vague. Nous, féministes de la troisième vague, sommes dans la position difficile (que l'on pourrait même qualifier, avec mauvais esprit, d'auto-contradictoire) de vouloir faire de la philosophie – c'est-à-dire à un niveau ou à un autre, de faire des généralisations sur la façon dont les choses se passent pour les femmes – mais précisément sans faire de généralisations sur La Façon Dont les Choses Se Passent Pour Les Femmes. C'est-à-dire nous voulons faire des généralisations, mais pas du type de celles que les philosophes font traditionnellement.

---

1. E. V. Spelman, *Inessential Woman : Problems of Exclusion in Feminist Thought*, Boston, Beacon Press, 1988, p. 68.

Il me semble que cette position ne peut avoir du sens que si nous mesurons qu'elle n'appelle pas simplement de nouvelles méthodes et de nouvelles stratégies philosophiques mais en réalité une réévaluation sérieuse de ce qu'est la philosophie – ce que sont la généralisation et l'universalisation et quelles caractéristiques de la généralisation et de l'universalisation permettent de faire ce que le travail philosophique fait traditionnellement, quoi que l'on pense de ce travail. Ce que je veux affirmer ici est que, assez ironiquement, ce qui est peut-être la réussite majeure du *Deuxième sexe* – réussite dont, soit dit en passant, je pense que Beauvoir était tout à fait consciente – est précisément de repenser ce qu'est la philosophie. Par conséquent, il n'y a pas de meilleure manière, pour nous philosophes féministes de la troisième vague, de décider comment prendre en compte les caractéristiques particulières et communes dans notre travail que de comprendre ce que Beauvoir fait dans *Le Deuxième Sexe.*

En affirmant cela, je ne néglige pas les moments du livre que d'autres philosophes ont conceptualisé principalement en termes de « contradiction ». C'est plutôt que je veux rendre compte de ces moments en repensant ce que *Le Deuxième Sexe* réussit sur le plan – qui est à mon sens le plus important – de l'avancée de notre compréhension de ce que la philosophie peut et doit aspirer à être. Dans les chapitres qui suivent, je défends en détail l'idée que le livre monument que Beauvoir consacre aux femmes ne fait rien de moins que de mettre la philosophie au défi de se transformer, de l'intérieur et de fond en comble. Je situe également le surprenant pouvoir que *Le Deuxième Sexe* a en tant que document féministe et humaniste précisément dans la façon qu'a Beauvoir d'exiger et de forger cette nouvelle conception de la philosophie. Ici, mon but est simplement de défendre l'idée que nous, féministes de la troisième vague, nous sommes fixé une tâche qui requiert que nous forgions une nouvelle conception de la philosophie et d'indiquer pourquoi *Le Deuxième Sexe* est un point de départ prometteur pour notre recherche.

Je vais commencer par esquisser et évaluer quatre types bien connus de tentatives visant à tenir ensemble féminisme et philosophie. On arrivera à la conclusion que toutes ces tentatives échouent à rendre compte de la contradiction apparente entre féminisme et philosophie : elles sont parfois féministes, parfois philosophiques mais jamais les deux à la fois. Cet échec met en doute l'idée même de philosophie féministe et tend à obscurcir les vertus du travail qu'il entache ; d'importantes idées féministes sont éclipsées par le spectre de cette apparente contradiction. Par conséquent, il est important de comprendre ce qui fait que dans chaque cas la contradiction échoue à être résolue. Je suggérerai que la raison pour laquelle féminisme et philosophie tendent à ne jamais vraiment coïncider dans ces types de tentatives n'est *pas* que le concept même de « philosophie féministe » est irrémédiablement oxymorique. Le problème est plutôt que la plupart des féministes inscrivent leur travail dans certaines conceptions standard de la philosophie qui n'ont tout simplement pas les ressources pour proposer une explication convenable de la signification et de l'importance de la sexualité et de la différence sexuelle, ainsi que des ramifications de ces dimensions de base de la vie humaine. Si les féministes doivent faire ce qui peut authentiquement être reconnu comme de la philosophie, ce doit être parce que nous sommes convaincu.e.s que théoriser à un niveau d'abstraction relativement élevé va améliorer la situation des femmes (et, beaucoup d'entre nous diront, des hommes). La tâche est de trouver un moyen de travailler à ce niveau d'abstraction sans, d'une part, oublier nos buts sociaux et politiques, et sans, d'autre part, essayer de recouvrir nos manifestes polémiques d'un vernis philosophique[1].

Quand j'utilise le mot « philosophie », je veux parler (en suivant plus ou moins Wittgenstein, j'imagine) d'une activité marquée par une certaine sublimation de l'ordinaire – par une certaine transformation des interrogations quotidiennes en interrogations métaphysiques[2]. Si cette activité est satisfaisante, elle a aussi ses écueils puisque lorsque nous faisons de la philosophie nous mesurons que nous nous sommes déliés de nos attaches, de nos préoccupations quotidiennes qui nous avaient mené.e.s à la philosophie et que nous avons perdues. Si nous sommes des gentleman philosophes, si nous avons tout le temps du monde pour la contemplation, cette déliaison est regrettable. Mais lorsque nous faisons de la philosophie féministe – quand il y a une forme d'urgence dans les questions quotidiennes que nous posons – cette déliaison n'est rien moins que catastrophique. L'enjeu pour celles et ceux d'entre nous qui veulent faire de la philosophie, par conséquent, est de voir si nous pouvons mettre au point une nouvelle

1. Je suis pour les manifestes politiques. Mon argument est qu'ils sont à n'en pas douter plus efficaces lorsqu'ils sont écrits pour et vers le public, et non pour un petit public de philosophes de profession.

2. Comme cela va apparaître clairement plus loin dans ce chapitre, je crois que le type de sublimation dont je parle se produit dans les conceptions les plus *anti*métaphysiques de la philosophie ; prendre position philosophiquement contre la « métaphysique » est en général le fait de la métaphysique. Cressida Heyes, dans *Line Drawings*, s'inspire aussi dans la discussion qu'elle propose de beaucoup de questions dont je parle ici (en particulier dans la discussion que je propose plus loin du débat féministe entre essentialisme et anti-essentialisme) de Wittgenstein, même si son approche et ses conclusions sont significativement différentes des miennes. C. Heyes, *Line Drawings : Defining Women Through Feminist Practice*, Ithaca, Cornell University Press, 2000.

façon de faire de la philosophie, une façon suffisamment rigoureuse et généralisée pour être de la philosophie mais qui soit aussi correctement amarrée aux problèmes quotidiens, réels, de sexisme qui sont la raison d'être du féminisme.

Chaque exemple de philosophie féministe que je vais examiner manifeste une des quatre façons de concevoir la manière dont les préoccupations féministes et les méthodes philosophiques sont censées s'accorder :

1. Le féminisme peut utiliser des outils philosophiques préexistants pour *justifier* certaines positions politiques féministes.

2. Le féminisme peut rendre la philosophie plus rigoureuse en mettant en évidence les points aveugles sexistes de son histoire et de la pratique philosophique contemporaine.

3. Le féminisme peut fournir une position unique (orientée vers les femmes ou pro-femmes) à partir de laquelle traiter les questions philosophiques traditionnelles ou du moins relativement tradition-nelles. Cette approche est généralement appelée philosophie du « point de vue [standpoint] féministe ».

4. Le féminisme peut nous fournir une nouvelle conception métaphysique de la personne, conception dont la mission est d'expliquer des distinctions, ou d'apparentes distinctions, entre les mâles et les femelles humains et dont les découvertes vont se ramifier à travers la philosophie, de l'épistémologie à l'éthique, de la philosophie de l'esprit à, selon certains, la logique.

Dans la vie réelle, il arrive évidemment que ces quatre catégories se recoupent. Mais pour des raisons de clarté, je vais les traiter séparément ici. Je vais ensuite commencer à indiquer, en anticipant le travail détaillé que je fais dans le reste du livre, pourquoi et comment la stratégie philosophique de Simone de Beauvoir représente une alternative puissante aux quatre que j'examine ici.

STRATÉGIE 1 : PHILOSOPHIE FÉMINISTE APPLIQUÉE

Comme on peut s'y attendre, nombre de féministes se sont servi d'arguments philosophiques pour justifier certaines positions politiques. Je pense ici principalement à un certain type de travail sur les questions sociales qui touchent principalement les femmes, c'est-à-dire le contrôle des naissances, l'avortement, la famille, la discrimination sexuelle, le harcèlement et le viol[1]. Dans ce type de travaux, la philosophie joue les servantes du féminisme : on se sert de la boîte à outils philosophique pour construire des arguments qui renforceront des positions féministes. Je ne veux pas être injuste ; je ne dis ni que tout travail en « éthique féministe » conçoit ainsi la philosophie, ni qu'il serait intrinsèquement mauvais d'utiliser la philosophie pour renforcer des positions féministes. Je le répète, mon but est de montrer pourquoi cette stratégie échoue à dissiper l'impression de contradiction qui entoure l'idée de philosophie féministe. Le problème avec ce que j'appellerai l'approche « éthique appliquée » de la philosophie féministe, du moins depuis la perspective de mon enquête, c'est qu'il n'y a pas en elle de relation inhérente entre l'engagement

1. Ceci n'est pas une liste exhaustive. Parmi les livres importants en éthique féministe ces dernières années – livres qui ne sont pas à chaque page un exemple de l'approche qui me préoccupe dans ce passage du chapitre – il y a de R. Rong, *Feminine and Feminist Ethics*, de L. Shrage *Moral Dilemmas of Feminism*, de B.-A. Bar On et A. Ferguson le recueil *Daring to Be Good*, de P. DiQuinzio et I. M. Young le recueil *Feminist Ethics and Social Policy*, de V. Held le recueil *Justice and Care*.

féministe et l'engagement philosophique. Il n'y a pas de garantie que l'analyse philosophique traditionnelle produira des résultats qui coïncideront avec l'expérience que l'on fait du sexisme ni que s'engager à concevoir cette expérience comme une expérience de quelque chose appelé sexisme soit compatible avec une application rigoureuse des méthodes d'analyse de la philosophie traditionnelle. En d'autres termes, il n'y a pas de garantie que la philosophie donne la « bonne réponse » féministe, ni que la bonne réponse féministe soit clairement philosophique. Et si la philosophie fournit une réponse correcte sur le plan féministe, ce n'est qu'une coïncidence.

Qui plus est, même lorsque l'on tombe sur une telle coïncidence, rien ne prouve que ce résultat aura une importance dans le monde réel. C'est une idée que Richard Rorty a défendue dans une *Tanner lecture* de 1990 intitulée « Féminisme et Pragmatisme ». Comme les philosophes, féministes ou non, qui font de l'éthique appliquée, Rorty conçoit la philosophie comme un ensemble d'outils conceptuels. Mais il pense que ces outils sont par essence inutiles pour les féministes, qui doivent se souvenir, dit-il, qu'elles ne sont pas simplement en train de bricoler avec l'ordre social actuel mais qu'elles sont engagées dans un mouvement utopique de changement politique et social. Du point de vue du féminisme, selon Rorty, la seule chose qui compte c'est la façon dont les choses changent et l'ampleur du changement. La question de savoir comment on obtient ce changement n'a pas d'importance. En particulier, utiliser ou non la philosophie n'a pas d'importance. En effet, Rorty défend de manière convaincante l'idée que la meilleure manière d'obtenir que les choses changent n'est pas d'essayer de fournir des arguments philosophiques pour justifier la nécessité du changement. Cela s'explique par le fait que ce qui enferre les gens sexistes dans leur sexisme, ce n'est pas qu'ils manquent d'arguments en faveur des positions féministes mais que leurs propres conceptions sexistes sont profondément ancrées en eux. Selon Rorty, cet ancrage est dans une large mesure le produit de la façon dont on parle actuellement du monde, y compris la façon dont on construit actuellement des arguments philosophiques. Donc ce dont on a besoin pour renverser le sexisme est de créer des conditions dans lesquelles ce que Rorty appelle un « nouvel idiome » a des chances de pouvoir émerger. Ce nouvel idiome, cette nouvelle manière de parler ne va pas venir d'efforts de groupe mais plutôt d'individus inspirés que Rorty appelle des « prophètes ». Le ou la prophète, selon la définition qu'en donne Rorty « parvient à faire en sorte que les gens soient indifférents ou satisfaits là où ils bondissaient d'indignation, et qu'ils ressentent révulsion et rage là où il n'y avait auparavant qu'indifférence ou résignation » ; il/elle « change les réactions émotionnelles instinctives » en créant « un nouveau langage qui facilite de nouvelles réactions »[1].

Rorty pense ici à des gens comme la théoricienne féministe du droit et activiste Catharine MacKinnon, qui, en développant la notion de « harcèlement sexuel » par exemple, a effectivement conduit à des changements de grande ampleur sur la façon dont les femmes peuvent penser et décrire certaines attitudes toxiques de leurs employeurs

---

1. R. Rorty, « Feminism and Pragmatism », *Michigan Quarterly Review*, vol. 30, no. 2, Printemps 1991, p. 231-258, p. 232. Je vais passer sur le fait, qui n'est pourtant pas sans importance, que Rorty cherche à nous convaincre de la nécessité d'une prophétie dans un nouvel idiome en déployant ses arguments dans l'ancien idiome.

ou de leurs enseignants [1]. MacKinnon est également célèbre pour sa façon provocatrice de présenter les choses, comme lorsqu'elle déclare sans aucune précaution dans la plupart de ses travaux de théorie féministe que « pour de nombreuses femmes, [le rapport sexuel] est un viol » [2]. Selon Rorty, MacKinnon dans ces moments prend volontairement le risque d'avoir l'air folle aux yeux de l'opinion pour essayer de fournir aux féministes une façon réellement puissante de changer les choses.

Si vous êtes d'accord sur le fait que la philosophie n'est qu'un ensemble d'outils utilisés pour construire des arguments, vous allez avoir le plus grand mal à réfuter le pessimisme de Rorty quant à l'utilité de la philosophie pour le féminisme. Rorty a bien sûr raison de penser qu'une voix puissante parlant un nouvel idiome puissant lui aussi a plus de chances de donner lieu à un changement féministe du monde qu'un ensemble d'arguments philosophiques austères. Si vous pensez, comme Rorty, que la philosophie est fondamentalement un ensemble d'outils conceptuels, alors je vous mets au défi de dire comment et pourquoi Rorty a tort lorsqu'il insiste sur le fait que la seule tâche de la philosophie – tâche qu'il semble penser mener à bien – est « de laisser la place aux prophètes et aux poètes, de rendre la vie intellectuelle un peu plus simple et plus sûre pour les visionnaires de communautés nouvelles » [3] et « de débarrasser la philosophie dépassée du plancher de ceux qui manifestent un courage et une imagination hors du

---

1. Le traitement le plus systématique que Catherine MacKinnon propose du harcèlement sexuel se trouve dans son livre *Sexual Harrassment of Working Women*, New Haven, Yale University Press, 1979.

2. C. MacKinnon, *Toward a Feminist Theory of the State*, Cambridge, Harvard University Press, 1989, III.

3. Rorty, « Feminism and Pragmatism », art. cit., p. 240.

commun » [1]. Peut-on nier le fait que du point de vue des résultats, la rhétorique tape-à-l'œil triomphera toujours dans les faits de l'argumentation pédante ? La philosophie n'a-t-elle pas été sur ses gardes à ce sujet depuis Socrate ? (D'ailleurs, est-ce que la défense de la philosophie, depuis Socrate, n'a pas consisté à reconcevoir la philosophie précisément comme autre chose qu'un ensemble d'outils conceptuels [2] ?).

Même si son admiration constante des buts du féminisme tels que les articule un de ses avocats universitaires les plus radicaux – admiration exprimée avec véhémence dans une *Tanner Lecture*, rien que ça ! – est pour le moins impressionnante, la façon paternaliste qu'a Rorty de conseiller aux féministes de garder leurs distances avec la philosophie, comme s'il protégeait sa petite sœur des avances de son meilleur ami – d'un autre lui-même, pour utiliser l'expression d'Aristote – me semble suspecte. Ma suspicion est renforcée par le fait que l'argument de Rorty est formulé d'une manière que Nancy Fraser a joliment appelé une « demande en mariage » – à savoir un plaidoyer développé pour que les féministes abandonnent la philosophie traditionnelle « universaliste » et acceptent les services de ceux qu'il appelle « nous les pragmatistes », des hommes qui, suggère-t-il, sont contents de rester à la maison et de faire les tâches philosophiques pendant que les femmes féministes visionnaires qu'ils cherchent à soutenir vont crier dans la nature [3].

1. Rorty, « Feminism and Pragmatism », art. cit., p. 256, note 26.

2. Je veux transmettre l'observation d'Hilary Putnam qu'une manifestation particulièrement intéressante de cette façon de reconcevoir la philosophie se trouve chez Pierre Hadot, dans *La Philosophie comme art de vivre*, Paris, Le Livre de Poche, 2003.

3. N. Fraser, « From Irony to Prophecy to Politics : A Response to Richard Rorty », *Michigan Quarterly Review*, vol. 30, no. 2, Printemps 1991, p. 259-266, p. 259-260.

Mais pourquoi penser la philosophie comme un ensemble d'outils conceptuels, comme Rorty et certaines philosophes féministes de la tendance « éthique appliquée », le font ? Pourquoi la philosophie ne pourrait-elle pas être, par exemple, une *forme* de ce que Rorty appelle prophétie ? C'est une façon de demander pourquoi Rorty ne peut pas voir que Catharine MacKinnon, sa prophète féministe par excellence, puise dans un pouvoir qui est aisément reconnu comme philosophique dans certains des grands moments rhétoriques de son travail. Par exemple, au milieu de son essai, Rorty gronde MacKinnon parce qu'elle définit le féminisme comme la croyance que « les femmes sont des êtres humains sur le plan de la vérité mais pas dans la réalité sociale » [1]. Le problème ici, selon Rorty, c'est que MacKinnon en appelle à une notion métaphysique de « vérité ». C'est problématique pour Rorty à deux égards. Premièrement, MacKinnon semble s'abaisser au niveau du débat métaphysique, niveau qui, aux yeux de Rorty, est fait de blabla sur la façon dont les choses sont « en vérité », ce qui masque le fait que la façon dont les choses sont est principalement un produit de la façon dont nous choisissons de les décrire. Deuxièmement, le fait que MacKinnon se laisse aller au langage de la métaphysique dissimule, selon Rorty, la radicalité rhétorique de son idée, qui serait supposément mieux exprimée si elle avait simplement dit « les femmes ne sont pas des êtres humains ».

Ce que Rorty ne voit pas c'est que pour MacKinnon, qui est une femme, déclarer à la fois qu'elle est et n'est pas un être humain est très clairement philosophiquement intéressant. Sa déclaration pose des questions sur ce que

---

1. Rorty, « Feminism and Pragmatism », art. cit., p. 236. Il cite C. MacKinnon, *Feminism Unmodified : Discourses on Life and Law*, Cambridge, MA, Harvard University Press, 1987, p. 126.

ça signifie de dire que quelqu'un n'est pas traité comme
un être humain, sur ce que c'est que de s'identifier soi-même
comme être humain quand la culture nous dénie ce statut,
sur ce que c'est que d'utiliser le discours pour observer
que l'on n'est pas reconnu comme être de langage. C'est
précisément pour ce type de questions – questions, selon
moi, que la philosophie doit reconnaître comme faisant
partie de son champ – qu'une philosophie féministe viable
doit créer un espace. Mais pour voir ce dont je parle, il
faut être ouvert.e à la possibilité d'une conception de la
philosophie moins pauvre que celle de Rorty. Si je partage
l'enthousiasme de Rorty pour MacKinnon, c'est précisément
parce que son travail fournit des aperçus de ce à quoi
pourrait ressembler une conception plus riche de la
philosophie. Et pourtant ces moments se trouvent au milieu
d'une écriture qui se voit comme refusant radicalement la
philosophie. Un exemple de ce refus se trouve dans
l'insistance de MacKinnon sur la vérité fondamentale de
certaines de ses idées les plus controversées. « L'objectivité,
déclare-t-elle de manière catégorique, est la position
épistémologique dont l'objectification [des femmes] est
le processus social »[1]. De telles phrases contiennent
implicitement un refus de la philosophie, ce qui fait de
l'écriture de MacKinnon un mauvais candidat pour la
résolution de notre apparente contradiction.

STRATÉGIE 2 : DÉRACINER LE SEXISME
DE LA PHILOSOPHIE

Dans son refus catégorique de ne serait-ce que considérer
l'utilité que pourrait avoir pour les femmes une notion
philosophique d'objectivité, MacKinnon s'expose à la

1. C. MacKinnon, *Toward a Feminist Theory of the State*, p. 114.

fureur de Martha Nussbaum, qui dans un essai de 1994 dans la *New York Review of Books* dépeint pour nous ce qui sera une seconde stratégie, proche de la première, pour faire de la philosophie féministe. Le but de l'essai de Nussbaum est de lancer une polémique contre les féministes qui mettent en question l'utilité de la philosophie traditionnelle pour le féminisme et d'affirmer, en outre, que les féministes doivent utiliser les méthodes philosophiques traditionnelles pour combattre le sexisme. Selon Nussbaum, l'ancrage du sexisme dans notre culture est assuré par ce qu'elle appelle la « convention » et l'« habitude », et pour l'extirper il faut combattre ces choses avec l'arme la plus efficace contre eux, à savoir ce qu'elle appelle la raison. « L'appel à la raison et à l'objectivité, dit-elle, revient à demander que l'observateur refuse d'être intimidé par l'habitude, et cherche des arguments pertinents, fondé sur des preuves passées au crible pour s'assurer de leur absence de biais [1]. » Si l'habitude est en partie responsable du sexisme, et si la raison est notre meilleure arme contre l'habitude, il s'ensuit que la philosophie telle que nous la connaissons est un outil non seulement utile mais même absolument essentiel pour le féminisme. Dans son essai, qui prend en grande partie la forme d'une polémique contre les féministes qui remettent en question l'utilité de la philosophie traditionnelle pour le féminisme, Nussbaum va jusqu'à dire que le rejet par les féministes des méthodes philosophiques traditionnelles « est une position théorique périlleuse pour les féministes, et les laisse dépourvues des ressources nécessaires pour proposer une critique radicale convaincante des sociétés injustes » [2].

---

1. M. Nussbaum, « Feminists and Philosophy », *The New York Review of Books*, 20 Octobre 1994, p. 59-63, p. 59.

2. *Ibid.*, p. 62.

Selon elle, on peut trouver ces ressources en faisant de la philosophie exactement de la manière dont on en a toujours fait, seulement un peu mieux. Comme elle l'écrit vers la fin de son essai

> Faire de la philosophie féministe n'est pas vraiment quelque chose de différent de faire de la philosophie. [...] Faire de la philosophie féministe c'est seulement continuer le difficile travail consistant à élaborer des théories d'une manière rigoureuse et minutieuse, mais sans les points aveugles, l'ignorance et le moralisme obtus qui ont caractérisé une grande partie de la pensée philosophique au sujet des femmes, du sexe, de la famille et de l'éthique dans une profession dominée par les hommes[1].

Je pense que personne ne contesterait le fait que purger la philosophie de ses points aveugles, de son ignorance et de son moralisme obtus soit une bonne chose. Mais en défendant la philosophie féministe comme ce qui est censé opérer cette purge, Nussbaum soulève au moins trois questions. Premièrement, elle ne dit pas ce qui, dans le féminisme, devrait ou pourrait nous faire imaginer que celles et ceux qui le pratiquent seraient moins susceptibles de points aveugles, d'ignorance ou de moralisme obtus

---

1. M. Nussbaum, « Feminists and Philosophy », art. cit., p. 62. Outre Nussbaum, les philosophes féministes qui tiennent à l'idée, pour le dire de la manière la plus modérée, qu'il est bien trop tôt pour abandonner les méthodes philosophiques traditionnelles en faveur de stratégies spécifiquement féministes incluent Louise Antony, Helen Longino et Charlotte Witt, qui toutes ont écrit des articles dans le volume d'essais qui est l'occasion de l'article de Nussbaum dans la *New York Review* (*A Mind of One's Own*, dirigé par Antony et Witt). Cela ne signifie bien sûr pas que ces penseuses souscriraient à la vision que Nussbaum développe dans son article de la *New York Review of Books*. Antony et Witt ont de fait dirigé le volume que Nussbaum passe en revue, même si Nussbaum exclut leurs articles (et celui de Longino) de son attaque.

que qui que ce soit d'autre. En réalité, dans les premières pages de son essai, elle dénonce précisément ces traits chez celles des féministes à la formation philosophique dont elle déplore le travail, en particulier ces féministes qui remettent en question la neutralité de l'engagement philosophique envers des choses comme la raison et l'objectivité. Mais évidemment, ces philosophes féministes font l'objet du mépris de Nussbaum en ce qu'elles essaient de fournir un moyen de corriger les points aveugles, l'ignorance, et le moralisme obtus que l'on trouve dans le travail philosophique traditionnel. Elles considèrent simplement que ces points aveugles, etc., se trouvent à une place plus fondamentale que celle où Nussbaum les situe. Nussbaum, elle, semble aveugle à l'idée kantienne que la philosophie peut se critiquer elle-même, y compris aux niveaux les plus profonds, et être tout de même profondément philosophique. Et elle semble également aveugle à la façon dont Hegel et Marx se sont approprié cette idée, eux qui voyaient que certaines personnes se trouvant dans certaines positions – les maîtres, par exemple, ou les capitalistes – pourraient être *systématiquement* aveugles à la vérité, de sorte que scruter les erreurs dans leur vision du monde ne suffirait jamais à révéler l'injustice qui constitue la base de leur pouvoir [1].

Cela conduit à la seconde question que pose Nussbaum, à savoir la question de savoir quelle est la profondeur du biais masculin en philosophie. On trouve clairement au fondement de sa conception de la philosophie l'idée que le sexisme en elle est purement superficiel, qu'il est simplement le produit de points aveugles, etc. que nous, ou au moins les féministes, sommes désormais en position

1. Je remercie Bill Bracken et Ken Westphal de m'avoir, indépendamment l'un de l'autre, aidé à expliquer cette idée ainsi.

de corriger. On pourrait dire que la position de Nussbaum fait l'hypothèse que nous n'avons pas besoin d'utiliser notre raison pour réfléchir à la possibilité de points aveugles concernant ce que nous appelons raison. Mais c'est exactement cette idée de la philosophie que beaucoup de féministes – qui souhaitent à tout le moins explorer la possibilité que le sexisme soit d'une certaine manière fondamentalement une part de la pratique philosophique telle que nous la connaissons – contestent. Si nous stipulons que la philosophie féministe ne doit pas être essentiellement différente de la philosophie en elle-même, alors nous ne laissons apparemment aucun espace pour ce type d'investigation.

En soulevant la question de la profondeur du sexisme en philosophie, on peut aussi penser que Nussbaum soulève une troisième question, intimement liée à la précédente, celle de savoir comment nous pouvons faire la distinction entre les points aveugles, l'ignorance des faits et le mora-lisme obtus irrémédiablement problématiques et ceux auxquels il est possible de remédier. Pour clarifier ce à quoi je fais allusion ici, je vais prendre un exemple tiré de Hegel, non pas parce que je veux le distinguer comme plus ou moins sexiste que d'autres philosophes mais parce que je pense que cet exemple attire l'attention sur l'intérêt potentiel qu'ont les féministes à opérer des distinctions entre les instances profondes et superficielles de sexisme. Je vais donc me tourner vers des lignes malheureuses que l'on trouve dans l'addition au paragraphe 166 des *Principes de la philosophie du droit* :

> Les femmes peuvent bien être cultivées, mais elles ne sont pas faites pour les sciences supérieures, pour la philosophie et pour certaines productions de l'art qui réclament un élément-universel. Les femmes peuvent

avoir des inspirations, du goût, de l'élégance, mais elles
ne possèdent pas l'idéal. La différence entre homme et
femme est celle de l'animal et de la plante : l'animal
correspond plus au caractère de l'homme, la plante plus
à celui de la femme car elle est plutôt un déploiement
tranquille qui admet pour principe l'union plus
indéterminée du sentiment. Si des femmes se trouvent à
la tête du gouvernement ; l'État est en danger, car elles
n'agissent pas seulement d'après ce que requiert
l'universalité, mais selon l'inclination contingente et
l'opinion. La formation des femmes se fait on ne sait
comment, pour ainsi dire grâce à l'atmosphère de la
représentation, plus par la vie que par l'acquisition des
connaissances, tandis que l'homme n'accède à sa position
que par l'acquisition de la pensée et grâce à maints efforts
d'ordre technique [1].

Je suis sûre que je ne suis pas la seule à m'être sentie
obligée, en plusieurs occasions, de fournir une réponse
sérieuse à un.e étudiant.e désabusé.e me demandant
pourquoi et comment nous devrions lire les écrits de
quelqu'un capable de tels propos. Une réponse possible
est que nous pouvons lire ces textes pour voir s'ils ne
contiendraient pas en eux-mêmes un moyen de comprendre
la cause et l'importance de ce qu'ils ont d'offensant. C'est-
à-dire que nous pouvons essayer de voir si la philosophie
même de l'auteur fournit un étalon à l'aune duquel on
pourrait évaluer ses propres manquements. Je fais
l'hypothèse qu'il est en fait possible de formuler ce que
serait un tel étalon dans le cas de Hegel, et en particulier
dans l'image que l'on obtient, dans la *Phénoménologie de
l'esprit*, du sujet humain comme entité constamment

1. Hegel, *Principes de la philosophie du droit*, trad. fr. J.-Fr. Kervégan,
Paris, P.U.F., 2013, p. 672.

contrainte à reconnaître les contradictions existentielles insupportables entre l'image qu'il a du monde et ses propres croyances. Dans le cas de Hegel, pour donner une esquisse de ce qui me permet de faire cette prédiction, il y a une contradiction entre la théorie générale qu'il offre de ce qu'un être humain peut aspirer à être, théorie qui n'exclut pas du tout les femmes, du moins en principe, et son jugement spécifique, dans ce passage, que les femmes sont systématiquement incapables d'une pensée authentique. Pour le dire autrement, il y a une contradiction entre l'image générale que propose Hegel de l'être humain comme auto-contradictoire et le fait qu'il exclue spécifiquement les femmes de la possibilité d'une pensée authentique – ou, semble-t-il, de la capacité de se contredire elles-mêmes. Et puisque le projet d'ensemble de Hegel est de formuler des thèses sur la structure et l'évolution de la rationalité humaine – ce qu'est la pensée, quelles sont ses normes, ce qu'elle peut aspirer à être – alors évaluer Hegel avec ses propres critères c'est se demander si ces théories ont besoin d'être surpassées, sublatées pour utiliser le mot de Hegel. Dans la mesure où la compréhension hégélienne de la rationalité a des traits en commun avec d'autres conceptions importantes de la rationalité, il apparaît que l'évaluer, même avec ses propres critères, consiste à se demander si le concept philosophique de « rationalité » est intrinsèquement problématique. Pour ainsi dire, cela requiert une volonté de mettre en questions la nature même des normes philosophiques. Il est bien sûr vrai que Nussbaum, qui pense que la philosophie féministe devrait être semblable au reste de la philosophie, serait d'accord avec l'idée de purger la philosophie du sexisme de Hegel. Mais selon moi il est difficile de voir comment elle pourrait *justifier* quelque projet que ce soit qui correspondrait à ce que j'ai esquissé, puisqu'elle refuse dès l'abord de mettre en cause les normes philosophiques de base.

STRATÉGIE 3 : LA PHILOSOPHIE
DU POINT DE VUE FÉMINISTE

J'ai suggéré que Nussbaum pourrait bien être elle-même aveugle à l'intuition hégélienne que, du fait de leur position sociale, certaines personnes risquent d'être de manière systématique incapables de voir la vérité. C'est cette intuition, en particulier dans sa forme marxiste, qui est derrière l'idée que les philosophes féministes devraient travailler depuis ce que l'on appelle un « point de vue [standpoint] féministe ». La philosophie du point de vue féministe procède à partir de deux hypothèses jumelles selon lesquelles l'objectivité parfaite est impossible et nous, philosophes féministes, devons nous efforcer de développer et d'utiliser une conception cohérente de ce qui compte comme étant une subjectivité spécifiquement féministe – sachant que cette position va donner lieu à des repositionnements intellectuels plus ou moins radicaux. Cette position, selon ses défenseur.e.s, sera, paradoxalement, plus objective, au sens où elle fournira une meilleure vision de l'état réel des choses que n'importe quelle position masculine ou masculiniste. Bien sûr, les hommes philosophes peu convaincus pourraient être tentés de rejeter cette évidente partialité du point de vue féministe comme étant ouvertement antiphilosophique. Mais il est au moins plausible que déclarer au préalable d'où l'on vient et contre qui on se bat permette de réduire l'impact de nos propres biais sur notre travail – un biais comme celui que l'on voit

à l'œuvre dans le passage de Hegel que je viens de citer
– et donc de le rendre plus scrupuleux.

Certaines philosophes du point de vue féministe,
cependant, ne se contentent pas de dire que leur travail est
plus scrupuleux que celui des philosophes traditionnels
mais elles vont jusqu'à dire qu'il est mieux situé pour
fournir une description *vraie* de la façon dont sont les
choses. Cette revendication dérive de la distinction que
fait Marx (elle-même dérivée d'une distinction de Hegel)
entre le point de vue de la bourgeoisie, aveuglée par ses
intérêts de classe, et le point de vue du prolétariat, qui est
structurellement dans une meilleure position pour voir les
choses telles qu'elles sont vraiment. Une des premières
défenseures de la philosophie du point de vue féministe
fut la philosophe Nancy Hartsock, qui dans un article
important (écrit dans les années 1970) suggère que :

> semblables aux vies de prolétaires selon la théorie
> marxiste, les vies des femmes rendent disponible un point
> de vue particulier et privilégié sur la suprématie mâle,
> point de vue qui peut être au fondement d'une critique
> puissante des institutions et de l'idéologie phallocratique
> qui constituent la forme capitaliste du patriarcat[1].

Que l'on trouve les théories de Marx sur le prolétariat
convaincantes ou non, et que l'on soit d'accord ou non
avec l'idée que la seule façon de désavouer sa propre
partialité est d'en partir, l'utilisation que Hartsock fait du
modèle de Marx pour justifier le fait de privilégier un point
de vue féministe pose certaines questions très difficiles.

1. N. Hartsock, « The Feminist Standpoint : Developing the Ground
for a Specifically Feminist Historical Materialism », *in* S. Harding,
M. Hintikka (dir.), *Discovering Reality : Feminist Perspectives on
Epistemology, Metaphysics, Methodology, and Philosophy of Science*,
Dordrecht, Kluwer Academic Publishers, 2003, p. 283-310, p. 284.

Par exemple, qu'est-ce qu'on peut considérer comme un point de vue « féministe » ? Qui décide ? comment fait-on la différence entre un point de vue qui est partial d'une bonne façon et un point de vue qui est partial d'une façon inappropriée ? Quand savons-nous que nous n'avons plus besoin du point de vue féministe, c'est-à-dire, y a-t-il des circonstances spéciales dans lesquelles un tel point de vue est nécessaire et d'autres dans lesquelles ce n'est pas le cas ? Est-ce que la philosophie féministe, prenant l'aspect de la philosophie du point de vue féministe, n'est qu'une mesure palliative de court terme ? Même si on pouvait répondre à ces questions, on pourrait à tout le moins avoir des doutes au sujet de la thèse de Hartsock que « les vies des femmes donnent un point de vue particulier et privilégié sur la domination masculine ». Y a-t-il assez de points communs entre les vies des femmes pour pouvoir penser qu'elles rendent disponible un point de vue privilégié ? Est-ce que ce point de vue est plus privilégié que celui de certains hommes opprimés par la culture, par exemple les hommes de couleur ou les hommes gay ? Pourquoi privilégier le point de vue appelé « féministe », si tant est que l'on a raison de parler d'un tel point de vue, plus que celui de tout autre mouvement de peuples opprimés ?

Ce scepticisme sur la possibilité d'un point de vue « féministe », auquel on doit ce type de questions a bien sûr été formulé par ces philosophes, hommes ou femmes, conservateurs et féministes, qui trouvent l'idée d'une philosophie spécifiquement féministe incohérente et par ailleurs profondément problématique. Mais des objections similaires ont aussi été soulevées par certaines critiques internes à la philosophie féministe, qui la considèrent comme dominée par des universitaires blanches privilégiées qui revendiquent insidieusement de parler pour les femmes de toutes les couleurs et de toutes les classes [1]. Ces deux groupes de sceptiques, même s'ils ont des motivations différentes, remettent en question l'intuition fondatrice de la philosophie du point de vue féministe, à savoir l'idée qu'il y a une distinction *philosophiquement* fondamentale et importante entre (toutes les) femmes et (tous les) hommes. Ce qui est sujet à critique, cela dit, n'est pas l'idée que les expériences des femmes puissent différer de celles des hommes ou même l'idée qu'elles puissent différer de façon systématique et spécifiable. L'objection porte plutôt sur l'idée que ces différences sont philosophiquement pertinentes. Toutes les différences entre les sexes, selon les deux types de sceptiques à l'encontre du point de vue féministe, doivent être investiguées (ou rejetées) comme des résultats de la culture, comme des phénomènes devant être étudiés par des activistes, des politiciens, des anthropologues, des sociologues, des critiques littéraires ou des psychanalystes. Cette objection, par conséquent, n'est pas une objection au féminisme en soi mais à l'idée d'une *philosophie* spécifiquement « féministe ». Et, tout particulièrement, le problème est que toute philosophie digne de ce nom – c'est-à-dire une philosophie qui n'est pas juste une science sociale déguisée – est condamnée à adopter une forme de thèse *métaphysique* sur les différences essentielles entre les sexes. C'est-à-dire qu'elle est condamnée, pour utiliser le terme utilisé dans les cercles féministes, à être

---

1. Voir par exemple E. V. Spelman, *Inessential Woman*; Maria C. Lugones and Elizabeth V. Spelman, « Have We Got a Theory for You! Feminist Theory, Cultural Imperialism, and the Demand for "The Woman's Voice." » ; b. hooks, *Talking Back*; J. Walton, « Re-placing Race in (White) Psychoanalytic Discourse » ; J. Okely, *Simone de Beauvoir*; et U. Narayan, *Dislocating Cultures*.

essentialiste[1]. Et si l'on tient pour vraie une vision essentialiste de la différence sexuelle, alors on prête le flanc à toutes ces questions irrémédiablement problématiques que selon moi les opposant.e.s à cette philosophie du point de vue ne manquent pas d'adresser à la philosophie féministe.

Mais ce qui est bizarre à propos de l'essentialisme de cette philosophie du point de vue féministe, c'est que la plupart de ses avocates sont elles-mêmes mal à l'aise avec l'idée que les femmes soient d'une façon essentielle et métaphysique différentes des hommes. Elles préféreraient adopter la thèse plus modeste, qui a lancé la seconde vague du féminisme il y a trente ou quarante ans, selon laquelle aussi loin que l'on puisse remonter, la culture humaine a toujours été marquée par l'oppression des femmes. Dans leur effort pour désavouer ce qu'il y a de problématique dans l'essentialisme, nombre de philosophes féministes s'efforcent de construire leur travail non pas comme une alternative mais comme un *correctif* apporté à la tradition philosophique. Invoquant les « féministes de la différence » comme Carol Gilligan[2], elles affirment que la tradition philosophique est marquée par certains biais récurrents qu'elles identifient au sens large comme étant « masculinistes », des biais qui doivent être corrigés, au nom de

---

1. Il y a une immense littérature sur l'« essentialisme » en philosophie féministe et, évidemment, en philosophie en général. Le terme « essentialisme » (ainsi que son alter ego « anti-essentialisme » et son proche cousin « construction sociale ») n'est pas utilisé d'une manière concordante dans les débats féministes. J'utiliserai le terme « essentialisme » de la manière que j'ai spécifiée ci-dessus : pour faire référence à l'idée qu'il y aurait un trait philosophiquement pertinent qui unirait toutes les femmes entre elles et les rendrait différentes des hommes.

2. Le livre de Carol Gilligan qui a eu le plus d'influence est *Une voix différente : pour une éthique du care*, trad. fr. A. Kwiatek, revue par V. Nurock, Paris, Flammarion, 2008.

l'intérêt que la philosophie a pour la vérité et pour l'objectivité, en prenant en compte les aspects de l'expérience
qu'elles identifient – encore une fois, au sens large – comme
« féministes »[1]. Cette thèse plus modeste ne consiste pas
à dire que tous les hommes manifestent ces biais ou que
toutes les femmes, ou même toutes les féministes, partagent
des expériences sur la base desquelles des correctifs à ces
biais sont offerts. La thèse est que certaines expériences
tendent à être plus présentes dans les vies des hommes que
dans celles des femmes, ou vice versa. Et ses partisans se
prémunissent contre le risque de sur-généralisation que
comportent leurs usages des distinctions de sexe en se
cramponnant à une intuition philosophique centrale à la
philosophie du point de vue féministe, qui est qu'atteindre
la vérité et l'objectivité requiert que le ou la philosophe
reconnaisse qu'il y a une dimension inhérente de *subjectivité*
dans ses propres mots. Il ou elle ne doit pas présupposer
que son expérience en tant qu'acteur ou actrice, que savant.e
ou que penseur.euse, l'expérience qui informe sa pratique
philosophique, est universelle. Mais le problème ici c'est
qu'aucune explication n'est donnée de la raison pour
laquelle le travail qui en résulte devrait compter comme
philosophique. Comment un travail fait d'un point de vue
explicitement subjectif pourra-t-il compter comme de la
philosophie ? Je ne cherche pas à dire ici qu'une telle chose
est impossible ; en réalité, je vais défendre, et assez
longuement, l'idée que *Le Deuxième Sexe* explique de
manière puissante comment cela peut être le cas. Mais se
contenter de nier la possibilité de l'objectivité (ou, comme
cela peut être le cas, présenter l'objectivité comme rien de

---

1. Voir par exemple L. Code, *What Can She Know ?* et S. Bordo,
« Feminist Skepticism and the "Maleness" of Philosophy ».

plus qu'une sorte de collection ou d'intersection de subjectivités) revient, selon moi, à nier la possibilité de la philosophie.

Puisqu'il est bien sûr trop tôt pour nier que l'oppression des femmes puisse être un sujet pour la philosophie – puisque, pour le dire autrement, on sait comparativement peu de choses à propos du phénomène d'oppression et peut-être encore moins au sujet du genre de choses qui comptent comme des « sujets » pour la philosophie – la tâche doit être de trouver comment parler de cette oppression sans tomber dans l'essentialisme. Or cela est, je pense, étonnamment difficile[1]. D'une part, les termes du débat tombent sous l'emprise de la métaphysique dès lors que l'on se sent obligé de soutenir ses positions politiques féministes par une explication philosophique du concept de « femme » – et à ce moment-là il n'y a plus de moyen, ou du moins de moyen évident, de retourner au niveau de l'intuition, de retourner à l'expérience de se sentir opprimée sur la base de son sexe. Si l'on cherche à fournir une telle explication, alors il y aura invariablement un groupe de femmes qui vous expliquera que votre explication est incorrecte. Si vous répondez que ces contestataires sont aveugles à la vérité, on vous accusera, à raison, de paternalisme. Si, de l'autre côté, vous affirmez que vous ne pouvez pas donner d'explication métaphysique du concept de « femme » parce que les femmes ne sont pas essentiellement semblables les unes aux autres selon quelque critère que ce soit – cette position, il faut le noter,

---

1. Dans le chapitre 2 de ce livre, j'étudierai le diagnostic que propose Simone de Beauvoir, ou ce que je lis comme son diagnostic, des raisons pour lesquelles une telle entreprise est difficile, pourquoi il est difficile de parler de « la question de la femme », comme on la qualifiait à l'époque, sans avancer de thèses métaphysiques.

implique que vous pensez que l'idée de donner une telle explication est au moins cohérente – alors vous vous retrouvez avec le problème de savoir comment justifier l'existence d'un système politique qui repose sur l'oppression des femmes. C'est le problème auquel se confrontent les opposants de l'essentialisme que l'on appelle dans le jargon actuel les « anti-essentialistes ». Ce débat entre essentialistes et anti-essentialistes domine en ce moment la théorie politique. C'est un débat sur la question de savoir, pour le dire simplement, si et dans quelle mesure les « femmes » (quoi que veuille dire le terme) existent.

STRATÉGIE 4 : ANTI-ESSENTIALISME

Un moment charnière dans la vague grandissante de sympathie de ces dernières années pour l'anti-essentialisme (vague intensifiée par le caractère de plus en plus évident des problèmes que l'essentialisme entraîne dans son sillage) fut la publication en 1990 du livre *Trouble dans le genre*, écrit par la philosophe Judith Butler, dont il est difficile de surestimer l'influence sur la philosophie féministe universitaire de ces dernières années [1]. Comme beaucoup de féministes, Butler rejette l'idée que nos normes de genres – ce que l'on considère, sur le plan normatif, comme « masculin » ou « féminin » – sont d'une certaine manière naturelles. Mais elle ne se contente pas de l'idée, aujourd'hui

---

1. Mon but ici n'est évidemment pas de fournir une explication ou une évaluation précises des idées de Butler. Cela signifie, à mon grand regret, qu'il n'y aura pas la place dans ma brève étude de Butler, pour discuter de l'effet incroyablement galvanisant qu'elle a eu, en particulier sur les *queer studies*. Ce dont je vais parler ici se limite à la façon dont son travail nous aide à évaluer la viabilité, comme philosophie féministe, de ce que l'on pourrait appeler philosophie du sexe et du genre.

familière même si elle reste contestée, qu'il serait faux de supposer que les femelles humaines « normales » partageraient ou devraient partager certains traits particulièrement « féminins », tandis que les mâles humains « normaux » partageraient ou devraient partager des traits particulièrement « masculins » : elle rejette également l'idée communément admise que la division des êtres humains en deux sexes biologiques est inévitable. Butler conteste la tendance même des êtres humains à se concevoir comme nécessairement mâles ou femelles – c'est-à-dire, en d'autres termes, comme destinés à s'identifier à l'un ou l'autre pôle d'une opposition inévitablement binaire entre les deux sexes. Selon Butler, l'idée qu'il n'existe pas deux sexes biologiques clairement distincts est suggérée par des phénomènes empiriques comme l'hermaphrodisme, les constitutions génétiques inhabituelles (par exemple, les gens avec un appareil génital masculin et deux chromosomes X), le transsexualisme médicalement assisté, etc. Ces phénomènes, à ses yeux, montrent de manière flagrante le fait que le sexe biologique est du même ordre que la couleur de cheveux biologique : il y a un continuum naturel et la façon dont on choisit de voir ce continuum n'est pas déterminée par quoi que ce soit qui lui soit inhérent. Par conséquent il n'y a rien du nom de « sexe » ou de « genre » qui précède nos propres concepts. Nous n'appliquons pas les concepts de masculinité ou de féminité à un ensemble de qualités qui soit déjà là. En effet, Butler veut dire que notre utilisation de ces concepts *crée* le sexe et le genre, qui apparaissent ensuite insidieusement comme s'ils avaient déjà été là. Et notre échec à voir que nos normes de sexe et de genre sont construites et non naturelles – que, par exemple, il n'y a pas quelque chose qui soit une

« femme » en dehors de notre construction du concept – opprime systématiquement tous les êtres humains[1].

Mais si la catégorie même de « femme » est intrinsèquement oppressive, comme le sont, selon Butler, toutes nos références au sexe biologique, alors s'identifier comme femme devrait avoir l'effet paradoxal de renforcer son oppression systématique – et celle des autres avec. Donc comment, si nous sommes Butlérien.ne.s, pouvons-nous de manière cohérente fonder notre activisme féministe sur le fait d'être des femmes ? Butler nous exhorte à subvertir les normes de sexe et de genre en essayant de nous révéler à nous-mêmes la façon dont elles servent à la fois à nous opprimer et à couvrir leurs origines véritables. Elle suggère également qu'il est tout à fait raisonnable de « déployer » le concept de « femme » de façon stratégique dans certains contextes politiques, même si nous ne pouvons pas, sur le plan logique, utiliser les termes de sexe et de genre de façon non problématique dans nos efforts théoriques pour surmonter l'oppression qu'ils enracinent. Butler nous recommande d'essayer de subvertir ces termes en les « citant » de manière parodique, comme elle le dit dans son livre *Ces corps qui comptent*[2], au lieu de leur obéir. Par exemple, nous pouvons utiliser le mot « *queer* » comme

1. Pour une discussion passionnante de cette décision déconcertante de Butler de déconstruire plutôt d'ignorer ce que l'on appelait, depuis la publication de l'essai décisif de Gayle Rubin *Marché aux femmes*, la « distinction sexe/genre », voir T. Moi, *What Is a Woman? and Other Essays*, New York, Oxford University Press, 1999, p. 30-59.

2. Voir en particulier le chapitre 8 « *Critically queer* ». Voir aussi la réponse que fait Judith Butler à la critique selon laquelle sa pensée aurait pour effet paradoxal d'affaiblir l'idée que les « femmes » sont opprimées dans « Response to Bordo's "Feminist Skepticism and the 'Maleness' of Philosophy" », *Hypatia*, vol. 7, n°3, 1992, p. 162-165 ; et voir aussi la note suivante.

un épithète d'éloge plutôt que de condamnation. Ou nous pouvons discréditer la signification conventionnelle de genre de nos propres corps en les habillant de manière *drag*, en comptant sur ce que Butler appelle, dans un autre texte « la resignifiabilité non anticipée de termes hautement investis »[1] – la capacité de choc – pour faire le travail subversif. (Ainsi on trouve dans cette thèse hautement métaphysique un écho du conseil donné par Rorty dans sa tentative de convaincre les féministes de *contourner* la métaphysique – c'est-à-dire le conseil de parler dans un nouvel idiome).

La réponse que Butler donne à l'inquiétude que sa théorie fasse tomber le vent des voiles féministes s'appuie sur une image métaphysique de nos concepts – en particulier ces concepts que nous avons au sujet de la différence sexuelle – comme étant le produit d'une convention sociale et, par conséquent, en principe, complètement malléables. C'est une idée que Butler dérive en large part de sa lecture de la lecture que Lacan fait de Freud, dans laquelle Lacan affirme, comme le fait Butler, que le sujet humain est complètement constitué par et à travers sa culture. Mais Lacan, invoquant l'interprétation que Freud donne du mythe d'Œdipe, complexifie cette image d'une manière que ne reprend pas Butler : il souligne à quel point nous sommes condamnés à être ambivalents dans la subversion des structures même par lesquelles nous arrivons à l'existence – dans ce cas, nos structures conceptuelles, notre langage. Pour Lacan, ce n'est rien de moins que notre connexion au monde qui est menacée dans le souhait de subversion de ces structures. C'est une conséquence des

---

1. D. Hall, A. Jagose (dir.), *The Routledge Queer Studies Reader*, Oxon, Routledge, 2013, p. 28.

idées de Butler que celle-ci, en particulier dans ses moments prescriptifs, semble vouloir constamment minimiser. Elle ne reconnaît pas suffisamment le risque considérable et réel qu'il y a pour une féministe dans l'idée de cesser de se battre pour les « femmes », d'abandonner l'utilisation directe de ce terme et de limiter son activisme à des gestes subversifs comme celui de remplir son placard avec des habits d'homme. Il n'est pas surprenant qu'un des résultats du travail du Butler soit de provoquer une réaction violente contre lui de la part des féministes, précisément pour cette raison. Il vaut mieux risquer sa philosophie, selon des féministes comme la philosophe Susan Bordo, que de mettre en danger tout ce pour quoi on a œuvré en tant que féministe [1].

La raison pour laquelle une philosophie butlérienne du sexe et du genre ne constitue pas un candidat prometteur pour la résolution de notre contradiction apparente est qu'en se concevant comme une enquête purement métaphysique elle est, dès le début, paradoxalement forcée de nier l'*expérience* qui donne naissance au féminisme – à savoir le sentiment d'être opprimée parce que vous êtes quelque chose que l'on appelle une femme. Je vais essayer de rendre cette idée aussi claire que possible. Le problème de qui voudrait enquêter sur la nature de la différence sexuelle et d'une façon à la fois philosophique et féministe, c'est de trouver comment le faire sans nier le fait social de la différence sexuelle. Il faut pouvoir en même temps questionner ce que c'est qu'une femme *et* s'identifier comme une femme – ou éventuellement comme un homme. Il faut opérer à la fois au niveau des concepts ordinaires

---

1. Voir par exemple S. Bordo « Feminist Skepticism and the "Maleness" of Philosophy ». L'article de Butler cité ci-dessus dans la note 2, p. 110 est une réponse à celui-ci.

– le niveau, après tout, auquel le féminisme se situe – et
au niveau de la philosophie – où ces concepts ordinaires
sont remis en question. C'est quelque chose qu'aucun des
candidats à une philosophie féministe viable que je viens
de passer en revue ne fait. Typiquement, les travaux qui
se présentent comme étant de la philosophie féministe sont
des travaux faits de moments de féminisme et de moments
de philosophie, mais non de moments qui sont à la fois
féministes et philosophiques.

Vous vous direz peut-être que, par définition, un moment
ne peut être à la fois féministe dans un sens quotidien et
philosophique – que le quotidien doit être délimité, si l'on
veut, comme exactement ce qui n'est pas la philosophie.
Mais je suggère que ce paradoxe doit être surmonté pour
qu'il y ait une résolution authentique de la contradiction
apparente dans le concept de philosophie féministe. Et
nous sommes maintenant à un point où il m'est possible
de commencer à expliquer pourquoi je trouve un candidat
potentiel pour cette résolution dans ce qui est souvent vu
comme le texte fondateur du mouvement féministe
contemporain, *Le Deuxième Sexe* de Beauvoir. Je pense
que ce livre, dans sa volonté de garder en jeu une certaine
relation naturelle – je veux dire, une relation qui naît
naturellement lorsque nous, en tant qu'êtres sexués, pensons
à la différence sexuelle – entre le quotidien et le
métaphysique, est un exemple paradigmatique de la
possibilité d'une authentique philosophie féministe. Et je
veux conclure ce chapitre en jetant les bases de ce qui sera
la thèse, que je développerai particulièrement dans les
chapitres 2 et 7, selon laquelle cette négociation entre le
quotidien et le philosophique est une des grandes réussites
du *Deuxième Sexe*, une des réussites qui explique son
pouvoir reconnu de galvanisation dans le combat contre
l'oppression liée au sexe.

Beauvoir et la philosophie féministe

On trouve un aperçu de la volonté qu'a Beauvoir de garder ce que j'appelle une certaine relation naturelle entre le quotidien et le métaphysique dans les premières pages de l'introduction du *Deuxième Sexe*, en particulier au moment suivant. Beauvoir écrit :

> Si sa fonction de femelle ne suffit pas à définir la femme, si nous refusons aussi de l'expliquer par "l'éternel féminin" et si cependant nous admettons que, fût-ce à titre provisoire, il y a des femmes sur terre, nous avons donc à nous poser la question : qu'est-ce qu'une femme ? L'énoncé même du problème me suggère aussitôt une première réponse. Il est significatif que je le pose. Un homme n'aurait pas idée d'écrire un livre sur une situation singulière qu'occupent dans l'humanité les mâles. Si je veux me définir, je suis obligée d'abord de déclarer : « je suis une femme » ; cette vérité constitue le fond sur lequel s'enlèvera tout autre affirmation [1].

On voit ici Beauvoir lancer sa recherche en posant ce qui apparaît comme une question métaphysique – qu'est-ce qu'une femme ? – et en suggérant immédiatement une réponse du quotidien : Moi. Cela pose une certaine limite à ce qui va pouvoir valoir comme une réponse philosophique acceptable à la question : une telle réponse doit rendre compte de l'identité de Beauvoir comme femme. Mais il faut noter que cette limite ne vient pas d'une position politique de Beauvoir – de fait, beaucoup de féministes des années 1970 étaient embarrassées que Beauvoir ne se soit pas définie comme féministe jusqu'à la fin des années 1960, soit des décennies après que la publication du

---

1. S. de Beauvoir, *Le Deuxième Sexe*, vol. I, Paris, Folio-Gallimard, 1949, p. 15-16.

Deuxième Sexe a joué un rôle clé dans le lancement du mouvement féministe. En réalité, la limite de ce qui comptera comme une réponse à la question philosophique « qu'est-ce qu'une femme ? » vient des critères quotidiens que l'on a en utilisant ce mot. C'est-à-dire que ce n'est pas une position politique, mais plutôt son expérience quotidienne, son expérience comme femme, le fait qu'elle se trouve obligée de s'identifier elle-même comme ce que le mot « femme » nomme, quoi qu'il nomme, qui encadre l'enquête philosophique de Beauvoir.

Pour Beauvoir, aucune réponse à la question métaphysique « Qu'est-ce qu'une femme ? » ne suffira si elle ne reconnaît pas comme origine de la question son sens ordinaire d'elle-même comme étant, en premier lieu et avant tout, une femme. En réponse à une question qui lui est posée dix ans après la publication du *Deuxième Sexe* sur ce qui l'a poussée à écrire ce livre, Beauvoir dit :

> [L'idée du *Deuxième Sexe*] m'est venue très tard. Hommes ou femmes, je pensais que chacun peut tirer sa propre épingle du jeu ; je ne me rendais pas compte que la féminité est une situation. J'ai écrit trois romans, des essais, sans m'inquiéter de ma condition de femme. Un jour, j'ai eu envie de m'expliquer sur moi-même. J'ai commencé à réfléchir et je me suis aperçue avec une sorte de surprise que la première chose que je devais dire, c'était : je suis une femme [1].

Et dans l'autobiographie que Beauvoir s'est sentie capable de commencer à écrire une fois qu'elle avait fini

---

1. « Une interview de Simone de Beauvoir par Madeleine Chapsal », dans C. Francis, F. Gontier (dir.), *Les Écrits de Simone de Beauvoir*, Paris, Gallimard, 1979. Pour plus de détails sur l'utilisation par Beauvoir du terme de « situation », voir les chapitres 5 à 7.

son étude de la féminité qui devint *Le Deuxième Sexe*, elle décrit ainsi l'impulsion qui a donné lieu à cette étude : « J'ai dit comment ce livre fut conçu : presque fortuitement ; voulant parler de moi, je m'avisais qu'il me fallait décrire la condition féminine »[1]. Parce que l'étude philosophique que fait Beauvoir de la question du sexe est liée dès l'abord à son désir de comprendre son identité quotidienne de femme, toute transformation de cette question en une autre – disons en une question purement métaphysique – est, à tout le moins, freinée. C'est comme si elle gardait son étude sur la bonne voie en insistant sur sa portée existentielle aussi bien que philosophique – et dans mon désir de manifester mon agacement devant les analyses des prouesses de Beauvoir comme n'étant que dérivées de celles de Jean-Paul Sartre, je détourne volontairement le terme « existentiel » ici pour dénoter l'investissement personnel de Beauvoir dans son travail.

Il ne s'agit pas cependant de dire qu'il y aurait des réponses particulières à la question de Beauvoir, réponses qui ressembleraient à celles que j'ai étudiées ici, qui seraient exclues par avance. Il est tout à fait possible, par exemple, qu'au cours de son enquête Beauvoir puisse être submergée, comme Butler, par l'idée que les « femmes » n'existent pas au sens profond. Mais cela ne se présentera pas simplement comme une découverte philosophique abstraite, déduite d'une conception figée de notre relation à nos concepts. Au contraire, cela se présentera comme une découverte concrète de Beauvoir au sujet de sa propre vie. « Qu'est-ce qu'une femme ? » demande-t-elle dans le passage que j'ai cité de l'introduction du *Deuxième Sexe*.

---

1. S. de Beauvoir, *La Force des choses*, Paris, Gallimard, 1963, p. 257.

Sa réponse est qu'*elle* en est une. Cela signifie qu'une partie de l'étude sur la question de ce qu'est une femme va être une étude sur ce que c'est que de dire qu'on est une femme, de dire qu'on est, pour le dire de manière plus pédante, une instanciation d'un concept général. Mais cela veut dire aussi que cette étude va devoir répondre à cette affirmation particulière d'être une femme, faite par cette femme particulière. En philosophant comme elle le fait, Beauvoir met sa propre identité en jeu, non seulement en manifestant une volonté que la philosophie effectue une transformation de cette identité mais, de façon plus importante, en n'offrant rien moins qu'elle-même comme l'objet de l'investigation philosophique. En personnalisant ainsi la question philosophique de la différence sexuelle, Beauvoir est en mesure d'éviter les termes du débat essentialisme/anti-essentialisme. Elle ne demande pas : « Y a-t-il une similarité essentielle entre les femmes et une différence essentielle entre les sexes ? », mais plutôt, « Que faire du fait que je suis une femme ? ».

Selon moi, il s'agit là d'une question à la fois féministe et philosophique. Dans *Le Deuxième Sexe*, la façon dont Beauvoir prend cette question en charge consiste à commencer par montrer qu'on ne lui trouve pas de réponse dans l'histoire de la philosophie, histoire dont les artefacts ont été bien sûr produits presque exclusivement par des hommes. Ensuite, elle n'utilise pas ni ne rejette ces artefacts, ces thèses, méthodes et outils philosophiques mais se les approprie au service d'une investigation aussi personnelle que philosophique. Ce à quoi ressemble cette appropriation occupe les chapitres 3 à 7 mais ce que je veux esquisser ici c'est ce que je veux dire en utilisant ce terme. On en trouve un très bon exemple dans la façon dont Beauvoir retravaille le concept d'« Autre », terme auparavant déployé

par Hegel, Heidegger, Lacan et Sartre. Beauvoir explore
la question de savoir ce que cela signifie pour elle de faire
un travail intellectuel quand les conceptualisations variées
de ce terme dans le travail de ces philosophes – son
compagnon non mis à part – semblent invariablement
reléguer les êtres de son sexe dans la position de l'« Autre »,
position dans laquelle on apparaît simplement comme un
objet d'utilisation ou de fascination pour un vrai sujet, un
sujet qui semble toujours être de sexe masculin. À travers
quelque chose comme le cogito cartésien – « je *pense* au
fait d'être consignée au statut d'objet ; donc je ne peux
pas, ontologiquement, *être* seulement un objet » – Beauvoir
déduit que dans la mesure où elle et, par conséquent,
d'autres femmes, se pensent néanmoins comme l'Autre,
comme non pleinement humaines, cela doit être parce
qu'elles emploient leur agentivité en partie au service de
l'acceptation de ce statut. Mais pourquoi les femmes
font-elles cela ? En se posant cette question, Beauvoir
examine les motifs de Hegel lorsqu'il remet l'accent sur
le concept d'esclave, une des manifestations que l'Autre
prend dans son travail, de sorte que la position d'esclave
est vue par certains aspects comme plus désirable, du moins
d'un point de vue progressiste, que la position de celui
qu'il appelle le maître. Et ensuite Beauvoir elle-même
re-module cette conception positive de l'esclave en fonction
de sa propre expérience sexuée. Ce faisant, elle suit en
réalité les stratégies de Judith Butler sans utiliser quoique
ce soit de semblable à la métaphysique détachée de Butler.
La façon dont Beauvoir ré-accentue les concepts en réponse
à sa propre expérience d'être sexuée, stratégie majeure
que j'appelle son récit de la femme, fournit un modèle qui,
selon moi, est à la fois féministe et philosophique.

Ce modèle re-conçoit la philosophie non comme un ensemble d'outils, de méthodes, de problèmes, de textes, ou de quoi que ce soit d'autre qui soit fixé mais plutôt comme un mode de transformation de soi et d'expression de soi dont la force et les faiblesses tiennent à son caractère unique – ou si l'on veut sur son originalité, ou sa particularité – et à sa représentativité : c'est-à-dire le degré auquel sa particularité peut être prise comme une instance de quelque chose d'universel. Elle sert les intérêts des féministes dans la mesure où elle insiste sur l'importance fondamentale de l'expression des voix particulières, ce qui est crucial pour les femmes si, pour revenir aux mots de Catharine MacKinnon, elles doivent devenir des êtres humains en vérité et dans la réalité sociale. Et du point de vue de la philosophie, elle offre une façon de lier sa pensée aux motivations qui lui ont donné naissance – de l'empêcher de se détacher de ses propres intérêts. Ce modèle vient d'un texte qui a engendré un mouvement politique. Même si ce n'est pas un accident, on n'est pas obligé de s'intéresser au féminisme pour s'intéresser à ce modèle. Mais si on s'intéresse déjà au féminisme – par exemple parce qu'on est une femme qui essaie d'être philosophe, et qu'on veut comprendre pourquoi les mots que l'on emploie nous sont renvoyés par notre profession comme étant les mots d'un femme – alors découvrir ce modèle peut donner l'impression, pour la première fois, d'une invitation à parler.

ÉPISTÉMOLOGIES FÉMINISTES

FEMMES, SCIENCE ET RAISON

La sous-représentation des femmes dans les domaines scientifique, littéraire, philosophique est régulièrement mise au compte d'une nature féminine qui conduirait les femmes à s'intéresser aux émotions plus qu'à la vérité, à la famille plus qu'à la science. Si les étagères de philosophie dans les bibliothèques comprennent si peu de femmes, ce ne serait pas tant lié à l'histoire millénaire de la domination masculine, qui a privé les femmes d'éducation et marginalisé les travaux des femmes philosophes, d'Hypatie d'Alexandrie à Élisabeth de Bohème et Harriet Taylor, mais à une nature émotive, affective des femmes qui les éloignerait de l'abstraction.

La philosophie féministe invite à se méfier d'un tel essentialisme en montrant que la naturalisation des hiérarchies sociales est souvent un moyen d'en masquer la dimension historique et politique. La production de savoir s'articule à des rapports de pouvoir et la façon dont les inégalités de genre structurent les normes, les vertus et les rôles sociaux permettent d'expliquer que les femmes aient en moyenne plus de difficulté, encore aujourd'hui, à accéder aux professions scientifiques et intellectuelles les plus prestigieuses.

Une partie de la philosophie féministe s'attelle aux questions suivantes : que faire de l'idée selon laquelle la philosophie et la pratique scientifique requièrent une rationalité qui semble parfois être sinon l'apanage des hommes du moins plus intéressante pour les hommes que pour les femmes ? est-ce que la différence des genres dans la société donne aux hommes un avantage dans la quête de la vérité ? L'idée qu'il y aurait quelque chose dans la vérité elle-même qui la rendrait plus accessible ou plus intéressante pour les hommes que pour les femmes est contre-intuitive : après tout, « 2 + 2 = 4 » est vrai que l'on soit un homme ou une femme et si une proposition est vraie lorsqu'elle dit quelque chose qui correspond à la réalité du monde, la vérité devrait être la même pour tou.te.s. La branche de la philosophie féministe consacrée à l'étude de la connaissance étudie l'impact des conceptions socialement construites du genre sur la production et la réception du savoir et montre que cette conception de la vérité est trop simplificatrice.

Ces travaux, inspirés du marxisme, du postmodernisme, mais aussi de la philosophie analytique contemporaine, ont participé à un renouvellement de la philosophie de la connaissance et de la philosophie des sciences en montrant notamment que la situation sociale dans laquelle on se trouve affecte ce que l'on connaît et la façon dont on le connaît ; les valeurs et les biais des scientifiques se reflètent dans la connaissance, même empirique ; les rapports de pouvoir façonnent contenus et modalités de la connaissance. Historiquement, la sphère publique en général et la production de connaissance en particulier ont été le domaine réservé des hommes et la science reflète ce privilège masculin : en raison de leur point de vue de dominants, il y a des phénomènes que les hommes ne voient pas ou voient différemment des femmes, par exemple l'organisation sexiste de la société. En raison de la domination que les hommes exercent sur les femmes, il y a des choses qu'on ne sait pas parce qu'elles ne peuvent être dites ou entendues [1]. Par exemple, la douleur des femmes est structurellement moins prise au sérieux que celle des hommes par les médecins. Autre exemple des injustices épistémiques créées par la domination masculine : la tendance des femmes, et en particulier des femmes de milieux défavorisés, à ne pas porter plainte en cas de viol, par peur de n'être pas crues. Enfin, en raison de la prééminence des valeurs masculines, il y a des choses qu'on ne sait pas parce qu'elles ne correspondent pas à ces valeurs : par exemple, le travail domestique est quasiment totalement absent des analyses économiques jusque dans les années 1960.

L'épistémologie féministe, comme le montre Elizabeth Anderson, est une branche de l'épistémologie sociale, qui étudie l'impact des facteurs sociaux sur la production de savoir. L'épistémologie féministe est « la branche de l'épistémologie sociale qui étudie l'impact des *conceptions socialement construites du genre, des normes de genre, des intérêts genrés et des expériences genrées* sur la production de savoir » [2]. On peut y distinguer quatre types d'études [3] :

1. On se référera avec profit aux débats actuels sur les injustices épistémiques, notamment M. Fricker, *Epistemic Injustice : Power and the Ethics of Knowing*. Oxford, Oxford University Press, 2007 ; J. Medina, *The Epistemology of Resistance : Gender and Racial Oppression, Epistemic Injustice, and Resistant Imaginations*, Oxford, Oxford University Press, 2013 ; K. Dotson, « Conceptualizing Epistemic Oppression », *Social Epistemology*, vol. 28, n°2, p. 115-138.

2. E. Anderson, « Feminist Epistemology : An Interpretation and a Defense », *Hypatia*, vol. 10, n° 3, 1995, p. 54.

3. *Ibid.*, p. 57-58.

– premièrement, les études sur les *structures de genre*, qui montrent comment le contenu des théories est affecté par les discriminations historiques à l'égard des femmes ;

– deuxièmement, les études du *symbolisme de genre* qui étudient l'impact de la représentation des phénomènes non humains ou inanimés comme masculins ou féminins en fonction de stéréotypes de genre ;

– troisièmement, les études des conséquences scientifiques de l'*androcentrisme*, c'est-à-dire de ce qui se produit lorsque les théories établissent les normes à partir des vies des hommes ou de la « masculinité », de sorte que les femmes sont simplement ignorées ou représentées comme déviantes ;

– quatrièmement, l'étude du *sexisme* des théories. Les théories peuvent être sexistes dans leur contenu lorsqu'elles affirment que les femmes sont inférieures ou naturellement subordonnées aux hommes, ou dans leur application, lorsqu'elles sont utilisées pour renforcer la subordination des femmes.

Les épistémologies féministes n'affirment pas que tous les savoirs se valent ou qu'il n'y aurait pas de vérité, ni d'objectivité. Elles montrent que les pratiques scientifiques majoritaires ont des aspects problématiques qui entravent la recherche de la vérité notamment parce que les femmes y sont structurellement désavantagées : l'exclusion des scientifiques femmes et les biais en faveur des styles cognitifs considérés comme masculins entravent le progrès scientifique, les modes de connaissance considérés socialement comme « féminins » sont disqualifiés comme manquant d'objectivité ce qui prive la recherche de la vérité de sources fort précieuses, les théories scientifiques sont souvent androcentriques, c'est-à-dire qu'elle établissent les normes à partir des vies des hommes ou de la « masculinité », de sorte que les femmes sont simplement ignorées ou représentées comme déviantes. Enfin, les théories scientifiques sont parfois sexistes ou dans leur contenu, lorsqu'elles affirment que les femmes sont inférieures ou naturellement subordonnées aux hommes, ou dans leur application, lorsqu'elles sont utilisées pour renforcer la subordination des femmes.

L'article de Sandra Harding est un des textes canoniques l'épistémologie féministe qui précise et défend l'idée d'épistémologie du point de vue situé, ou du positionnement, dont Harding est une des figures majeures.

L'article de Sally Haslanger prend au sérieux l'hypothèse que la raison serait masculine et ce qui peut en apparaître comme le corrélat, à savoir que les femmes devraient se méfier de la raison et de son postulat d'objectivité parce que cette objectivité serait intrinsèquement liée à l'oppression des femmes et en particulier à leur objectivation par les hommes.

L'article de Geneviève Fraisse retrace son parcours intellectuel de philosophe féministe et défend une méthodologie particulière, celle de « colporteuse ».

SANDRA HARDING

REPENSER L'ÉPISTÉMOLOGIE DU POSITIONNEMENT : QU'EST-CE QUE « L'OBJECTIVITÉ FORTE » ? [*][1]

> Objectivité féministe signifiant alors
> tout simplement savoirs situés [2]

DEUX FAÇONS DE FAIRE

Depuis presque deux décennies les féministes se sont engagées dans une conversation complexe et lourde d'enjeux à propos de l'objectivité. On s'est demandé quels genres

*S. Harding, « Rethinking Standpoint Epistemology : What is "Strong Objectivity" ? », *in* L. Alcoff, E. Potter (eds.), *Feminist Epistemologies*, New York, Routledge, 1993. Traduction C. Brousseau, T. Crespo, L. Védie.

1. Le terme de *standpoint epistemology* est généralement traduit soit par l'expression « épistémologie du point de vue », soit par « épistémologie du positionnement ». Nous privilégions ici la seconde traduction : si le terme de « point de vue » insiste plutôt sur la notion de perspective, celui de « positionnement » privilégie l'idée d'une situation, au sens d'un ancrage topographique au sein d'un espace – en l'occurrence, social. Dans ce texte, comme souvent chez Harding, le vocabulaire topographique prime sur le vocabulaire perceptif et visuel. Elle se distingue à ce titre d'une autrice comme Haraway, qui fonde son épistémologie sur une notion de perspective partielle largement nourrie de métaphores visuelles. Le terme de positionnement semble donc dans ce contexte plus adapté.

2. D. Haraway, « Savoirs situés : question de la science dans le féminisme et privilège de la perspective partielle », trad. fr. D. Petit établie avec N. Magnan, dans D. Haraway, *Manifeste cyborg et autres essais : sciences, fictions, féminismes*, Paris, Exils, 2007, p. 115. Je remercie Linda Alcoff et Elizabeth Potter pour leurs commentaires précieux sur une version plus ancienne de cet article qui apparaît aussi dans L. Alcoff et E. Potter (éd.), *Feminist Epistemologies*, New York, Routledge, 1993.

d'entreprises de connaissance peuvent y prétendre, lesquelles ne le peuvent pas et pourquoi elles ne le peuvent pas ; mais aussi, si les nombreux féminismes en ont besoin, pourquoi, et s'il est possible de les obtenir, comment [1]. Ce dialogue a été nourri par des écrits pré-féministes complexes et lourds d'enjeux qui ont tendance à se retrouver coincés dans les débats entre les empiristes et les intentionnalistes, les objectivistes et les interprétationnistes,

---

1. Des travaux importants qui incluent S. Bordo, *The Flight to Objectivity : Essays on Cartesianism & Culture*, Albany, SUNY P, 1987 ; A. Fausto-Sterling, *Myths of Gender*, New York, Basic, 1985 ; E. Fee, « Women's Nature and Scientific Objectivity », *in* M. Lowe, R. Hubbard (dir.), *Woman's Nature : Rationalizations of Inequality*, New York, Pergamon P, 1981 ; D. Haraway, « Situated Knowledges », vol. 14, n°3, 1988, p. 575 et *Primate Visions : Gender, Race and Nature in the World of Modern Science*, New York, Routledge, 1989 ; R. Hubbard, *The Politics of Women's biology*, New Brunswick, Rutgers UP, 1990 ; E. Keller, *Reflections on Gender and Science*, New Haven, Yale UP, 1984 ; H. Longino, *Science as Social Knowledge*, Princeton, Princeton UP, 1990 ; L. Hankinson Nelson, *Who Knows : From Quine to a Feminist Empiricism*, Philadelphia, Temple UP, 1990. Ceux-ci sont juste une *part* des importants travaux sur le sujet ; de nombreux autres auteurs/trices ont apporté leur contribution à la discussion. J'ai abordé ces questions dans *The Science Question in Feminism*, Ithaca, Cornell University Press, 1986 et dans *Whose Science ? Whose Knowledge ? Thinking from Women's Lives*, Ithaca, Cornell University Press, 1991 ; voir également les articles dans S. Harding et M. Hintikka (dir.), *Discovering Reality*. Une discussion parallèle intéressante existe dans la littérature jurisprudentielle féministe dans le corpus des critiques des conceptions conventionnelles de ce qu'un « homme rationnel » devrait faire, « l'observateur objectif » devrait voir, et de la manière dont un « juge impartial » devrait raisonner ; voir, par exemple, la plupart des articles dans le numéro spécial du *Journal of Legal Education on Women in Legal Education—Pedagogy, Law, Theory, and Practice*, vol. 39, n° 1-2,1988, édité par C. Menkel-Meadow, M. Minow, D. Vernon ; K. T. Bartlett, « Feminist Legal Methods », *Harvard Law Review*, vol. 103, n° 4, 1990.

les réalistes et les socio-constructivistes (post-structuralistes inclus-e-s)[1].

La plupart de ces discussions féministes ne sont *pas* venues de tentatives, au sein de disciplines particulières, pour trouver de nouvelles voies, critiquer ou au contraire prolonger l'agenda de recherches. Très souvent, les problématiques de ces discussions féministes n'ont pas été les problématiques habituelles au sein de ces disciplines. Au lieu de ça, ces discussions ont émergé essentiellement à partir de deux préoccupations différentes mais liées. Premièrement, comment expliquer l'immense prolifération de résultats de la recherche en biologie et en sciences sociales, empiriquement et théoriquement solides, qui ont découvert ce qui n'était pas censé exister, à savoir les biais sexistes et androcentriques rampants – « de la politique » ! – dans les description et explications scientifiques (et populaires) dominantes de la nature et de la vie sociale ? Pour dire les choses autrement, comment expliquer le fait surprenant que des programmes de recherche politiquement orientés ont été capables de produire des résultats moins partiaux et déformés que ceux supposément guidés par l'objectif de neutralité axiologique ? Deuxièmement, comment les féministes peuvent-elles créer des recherches qui sont faites *pour* les femmes, au sens où elles procurent des réponses moins partiales et déformées aux questions

1. Cette littérature est désormais énorme. Pour un échantillon de ses implications, voir R. Bernstein, *Beyond Objectivism and Relativism*, Philadelphia, University of Pennsylvania Press, 1983, M. Hollis, S. Lukes (dir.), *Rationality and Relativism*, Cambridge, Harvard UP, 1982 ; M. Krausz, J. Meiland (dir.), *Relativism : Cognitive and Moral*, Notre Dame, University of Notre Dame Press, 1982 ; S. Aronowitz, *Science as Power : Discourse and Ideology in Modern Society*, Minneapolis, University of Minnesota Press, 1988.

qui émergent non seulement de la vie des femmes, mais aussi à propos du reste de la nature et des relations sociales ? Les deux préoccupations sont liées car les pratiques de recherche préconisées dans le futur doivent être informées par les meilleures explications des succès scientifiques passés. Autrement dit, la manière dont on répond à la seconde question dépend de ce que l'on pense être la meilleure réponse à la première.

Nombre de féministes, comme nombre de penseurs/ ses dans les autres mouvements d'émancipation, considèrent désormais non seulement comme désirable mais aussi comme possible cette apparente contradiction dans les termes – un savoir socialement situé. Selon les conceptions conventionnelles, les croyances socialement situées comptent seulement pour des opinions. Afin d'acquérir le statut de connaissance, les croyances sont censées s'émanciper de – transcender – leurs liens originels aux intérêts socio-historiques, aux valeurs et aux agendas politiques. Cependant, ainsi que Donna Haraway l'a montré, il s'avère possible « d'avoir *en même temps* une prise en compte de la contingence historique radicale de toutes les prétentions au savoir et de tous les sujets connaissants, une pratique critique qui permette de reconnaître nos propres "technologies sémiotiques" de fabrication des significations, et aussi un engagement sans artifice pour des récits fidèles d'un monde "réel" » [1].

Les épistémologues du positionnement – et en particulier les féministes qui ont le plus pleinement articulé ce type

1. D. Haraway, « Savoirs situés », p. 112. Dans l'expression « une pratique critique qui permette de reconnaître nos propres "technologies sémiotiques" », elle soulève aussi le problème troublant de la réflexivité, auquel je reviendrai.

de théorie de la connaissance – disent avoir fourni un guide de base ou une « logique » pour accomplir la chose suivante : « commencer à penser depuis les vies marginalisées » et « considérer la vie ordinaire comme problématique »[1]. Cependant, ces instructions sont faciles à lire de travers si on ne comprend pas les principes qui ont servi à les établir. Les critiques des théories du positionnement ont eu tendance à refuser cette invitation à « avoir le beurre et l'argent du beurre » en acceptant l'idée que le vrai savoir est socialement situé. Au lieu de ça, elles ont assimilé les thèses des épistémologies du positionnement soit à de l'objectivisme ou à quelque sorte de fondationnalisme conventionnel, soit à de l'ethnocentrisme, du relativisme, ou une approche phénoménologique en philosophie et en sciences sociales.

Je vais essayer de montrer ici pourquoi assimiler les théories du positionnement à ces théories épistémologiques plus anciennes est en réalité un contre-sens, et que cela déforme ou efface les ressources propres qu'elles offrent. Je le ferai en distinguant nettement entre ce que recom-

---

1. D. Smith, *The Everyday World as Problamatic : A Feminist Sociology*, Boston, Northeastern UP, 1987 ; et *The Conceptual Practices of Power : A Feminist Sociology of Knoweldge*, Boston, Northeastern UP, 1990 ; N. Hartsock, « The Feminist Standpoint : Developing the Ground for a Specifically Feminist Historical Materialism », *in* S. Harding et M. Hintikka (dir.), *Discovering Reality* ; H. Rose, « Hand, Brain and Heart : A Feminist Epistemology for the Natural Sciences », *Signs*, vol. 9, n° 1, 1983, et ma discussion de ces écrits dans le chapitre 6 de *Science Question*. Alison Jaggar développe également une proposition influente de l'épistémologie du positionnement dans le chapitre 11 de *Feminist Politics and Human Nature*, Totowa, Rowman & Allenheld, 1983. Pour des développements plus récents sur la théorie du positionnement, voir P. H. Collins, chapitres 10 et 11 de *La Pensée féministe noire : savoir, conscience et politique de l'empowerment*, Montréal, Éditions du Remue-Ménage, 2016, et les chapitres 5, 6, 7 et 11 de mon *Whose Science ?*

mandent les épistémologies du positionnement comme
fondements pour la connaissance et comme type de sujet/
agents de connaissance, d'une part, et ceux qui ont la
préférence des épistémologies plus anciennes, de l'autre.
Après quoi je montrerai pourquoi il est raisonnable de
penser que ces fondements et ces sujets socialement situés
des épistémologies du point de vue requièrent et génèrent
des critères d'objectivité plus forts que ne le font ceux qui
refusent de fournir des méthodes systématiques pour situer
la connaissance dans l'histoire. Le problème avec la
conception traditionnelle de l'objectivité n'est pas qu'elle
est trop « rigoureuse » ou trop « objectivante », comme
certain.e.s l'ont avancé, mais qu'elle n'est *pas assez
rigoureuse ou objectivante* : elle est trop faible pour
accomplir ne serait-ce que les objectifs pour laquelle elle
a été conçue, sans parler des projets plus difficiles appelés
par les féminismes et les nouveaux mouvements sociaux [1].

LES ÉPISTÉMOLOGIES DU POSITIONNEMENT FÉMINISTES
VERSUS LES ÉPISTÉMOLOGIES EMPIRISTES
ET FÉMINISTES SPONTANÉES

Parmi les féministes qui essaient d'expliquer le passé
et d'en tirer des leçons pour le futur de la recherche féministe
en biologie et dans les sciences sociales, toutes ne sont pas

---

1. Le chapitre 6 de *Whose Science ?*, « "L'objectivité forte" et les
savoirs socialement situés » s'occupe de certains des problèmes que je
soulève ici. Cependant, ici, je développe plus avant les différences entre
les « fondements » et le sujet de connaissance pour la théorie du
positionnement et pour les autres épistémologies. C'est en partie une
archéologie de l'épistémologie du positionnement – mettant en pleine
lumière des aspects méconnus de sa logique – et en partie une reformulation
de certaines de ses thèses.

des féministes du positionnement. Ce qui distingue les approches des féministes du positionnement peut être mis en valeur par contraste d'avec ce que j'appellerai « les épistémologies empiristes et féministes spontanées »[1].

Deux formes d'empirisme féministe ont été articulées : la version originelle « spontanée féministe-empiriste » et une version philosophique récente. Originellement, l'empirisme féministe est survenu comme la « conscience spontanée » des chercheuses féministes en biologie et dans les sciences sociales qui essayaient d'expliquer les points communs et les différences entre leurs recherches et les procédures habituelles dans leur champ[2].

---

1. Les scientifiques confondent parfois la philosophie des sciences appelée « empirisme » avec l'idée que c'est une bonne chose de collecter des informations au sujet du monde empirique. Toutes les philosophies des sciences recommandent cela. L'empirisme est l'explication de telles pratiques, associées paradigmatiquement à Locke, Berkeley et Hume, qui prétend que l'expérience sensorielle est la seule ou fondamentale source de connaissance. Cela contraste avec les explications théologiques qui étaient caractéristiques de la science européenne du Moyen Âge, avec le rationalisme, et avec la philosophie des sciences marxiste. Cependant, selon la théorie du positionnement, l'empirisme partage aussi des caractéristiques essentielles avec l'une ou l'autre de ces trois philosophies. Par exemple, il emprunte la voix monologique qui semble adéquate si on part du principe qu'il est nécessaire de postuler un sujet de connaissance unique et cohérent, comme elles le font toutes les trois.

2. Roy Bhaskar écrit que bien que le positivisme fantasme les mécanismes de la science, il y a néanmoins un certain degré de nécessité à cela en ce que cela reflète la conscience spontanée des laborantin.e.s – les principes du positivisme reflète comment il semble que la science se fait quand on rassemble des observations sur la nature. De façon similaire, pour les approches de l'épistémologie du positionnement, l'empirisme féministe « spontané » que je discute ici fantasme les mécanismes de la recherche féministe, bien qu'il y ait là une certaine nécessité dans la mesure où il a semblé à celles qui travaillent sur le féminisme à partir d'une approche empirique que le travail qu'elles

Elles pensaient qu'elles faisaient simplement de manière plus prudente et rigoureuse ce que n'importe quel.le bon.ne scientifique devrait faire ; le problème à leurs yeux était un problème de « mauvaise science ». Par conséquent elles n'ont pas donné de nom à leur philosophie de la science. Je lui ai donné ce nom de « féminisme empiriste » dans *The Science Question in Feminism*, dans le but de les opposer aux théories féministes du positionnement, étant donné leur insistance sur le fait que le sexisme et l'androcentrisme pourraient être éliminés des résultats de la recherche si les scientifiques suivaient plus rigoureusement et prudemment les méthodes existantes et les normes de recherches – qui, pour les scientifiques en exercice, sont fondamentalement empiristes.

Récemment, les philosophes Helen Longino et Lynn Hankinson Nelson ont développé des philosophies des sciences féministes empiristes sophistiquées et de grande valeur (Longino appelle la sienne « empirisme contextuel ») qui diffèrent à bien des égards de ce que la plupart des empiristes pré-féministes, et probablement la plupart des féministes empiristes spontanées, qualifieraient d'empirisme [1]. Ce n'est pas un hasard, puisque Longino et Nelson ont toutes deux l'intention de remanier l'empirisme, comme les féministes dans d'autres champs ont

menaient renversait les résultats d'une recherche pré-féministe supposément neutre. Voir R. Bhaskar, « Philosophies as Ideologies of Science : A Contribution to the Critique of Positivism », *Reclaiming Reality*, New York, Verso 1989. Toutes les formes d'empirismes ne peuvent pas être pensées raisonnablement comme des positivismes, bien sûr, mais les plus formes contemporaines les plus en vues le peuvent. L'empirisme féministe philosophique noté plus bas n'est pas positiviste.

1. H. Longino, *Science as Social Knowledge*, Princeton, NJ, Princeton University Press, 1990 ; L. H. Nelson, *Who Knows : From Quine to a Feminist Empiricism*, op. cit.

remanié avec succès d'autres approches théoriques – et bien sûr, comme les théoriciennes féministes du positionnement remanient les théories desquelles elles partent. Longino et Nelson incorporent dans leur épistémologie des éléments qui apparaissent aussi dans les conceptions de l'épistémologie du positionnement (dont beaucoup diraient qu'ils y ont été incorporés de force) – telle que l'influence inévitable et, aussi, parfois, positive des valeurs et des intérêts sociaux dans le contenu de la science – qui seraient inenvisageables pour les féministes empiristes spontanées de la fin des années soixante-dix et du début des années quatre-vingt aussi bien que pour celles qui leur succèdent aujourd'hui. Ces empirismes philosophiques féministes sont construits en opposition pour partie aux théories féministes du positionnement, pour partie aux arguments des féministes radicales qui exaltent le féminin et essentialisent « l'expérience de la femme » (arguments parfois attribués aux théoriciennes du positionnement), et pour partie aux empiristes pré-féministes.

Ce serait un projet intéressant et utile que de distinguer avec plus de détails ces importants empirismes féministes philosophiques avec, d'une part, les empirismes féministes spontanés et, d'autre part, les théories féministes du positionnement. Mais je poursuis un objectif différent dans cet article : montrer à quel point les réflexions féministes sur le savoir scientifique mettent au défi l'épistémologie pré-féministe et la philosophie des sciences dominante, que soutiennent tou.te.s celles et ceux qui, à l'intérieur et à l'extérieur des sciences, se demandent encore ce que sont, au juste, les idées à propos de la science et de la connaissance que les féministes ont à proposer. Selon moi, ce sont les épistémologies féministes du positionnement qui relèvent le mieux ce défi.

On peut considérer que l'empirisme féministe spontané et la théorie du positionnement féministe ont des explications différentes sur deux sujets – la méthode scientifique et l'histoire – pour rendre compte dans leur style propre des causes des résultats sexistes et androcentriques dans les recherches scientifiques [1]. Comme dit plus haut, les empirismes féministes spontanés pensent qu'une prudence et une rigueur insuffisante dans le suivi des méthodes et des normes existantes est la cause du sexisme et de l'androcentrisme des résultats de la recherche, et c'est dans ces termes qu'elles essaient d'expliquer de façon plausible pourquoi des résultats de recherche plus empiriquement et théoriquement adéquats ont été obtenus. Les théoriciennes du positionnement pensent que c'est seulement une partie du problème. Elles précisent que, rétroactivement, et avec l'aide des idées des mouvements féministes, on peut observer ces pratiques sexistes et androcentriques au sein des disciplines. Cependant, les méthodes et les normes de ces dernières sont trop faibles pour permettre aux chercheurs/ses d'identifier et d'éliminer *systématiquement* des résultats de leur recherche ces valeurs sociales, ces intérêts et ces programmes qui sont partagés par la communauté scientifique, toute entière ou presque. L'objectivité n'a pas été appliquée de telle façon que la méthode scientifique puisse détecter les présupposés sexistes et androcentriques que sont « les croyances dominantes d'une époque » – c'est-à-dire les croyances qui sont collectivement (et non seulement individuellement) soutenues. En ce qui concerne

---

1. Il y a de nombreuses théoriciennes du positionnement et de nombreuses féministes empiristes spontanées. Je présente ici les idéaux-types de ces deux théories de la connaissance. J'ai comparé ces deux théories dans de nombreux écrits précédents, le plus récemment dans les pages 111-137 de *Whose Science ?* Le passage suivant se trouve p. 111-120.

la méthode scientifique (et ses défenses empiristes féministes), le fait qu'une croyance culturelle assumée par la plupart des membres d'une communauté scientifique soit mise au défi par un élément de la recherche scientifique est complètement fortuit. La théorie du positionnement essaie de répondre à ce problème en produisant des critères de « bonne méthode » plus forts, des critères qui permettent de mieux guider nos efforts pour maximiser l'objectivité [1].

En ce qui concerne l'histoire, les empiristes féministes spontanées disent que les mouvements de libération tel que le mouvement féministe fonctionnent plutôt comme le petit garçon qui est le héros du conte populaire de l'Empereur et ses vêtements [2]. Ces mouvements « permettent aux personnes de voir le monde depuis une perspective plus large parce qu'ils retirent le voile et les œillères qui obscurcissent la connaissance et l'observation » [3]. Les théoriciennes féministes du positionnement sont d'accord

1. Je pense maintenant que Dorothy Smith avait raison d'insister (en réalité) sur l'idée que l'épistémologie du positionnement s'approprie et transforme la notion de méthode scientifique, et pas seulement l'épistémologie ; voir ses commentaires sur un de mes papiers dans l'*American Philosophical Association Newsletter on Feminism*, vol. 88, n° 3, 1989. C'est intéressant de noter qu'en 1989 même l'Académie Nationale des Sciences – il ne s'agit pas d'une critique anti-science séditieuse ! – prétend que les méthodes des sciences devraient être comprises de façon à inclure « les jugements que les scientifiques font à propos des problèmes qu'ils traitent ou quand ils concluent une investigation » et même « les manières que les scientifiques ont de travailler les uns avec les autres et d'échanger des informations », *On Being a Scientist*, Washington, National Academy Press, 1989, p. 5-6.

2. C'est une référence populaire qu'on trouve dans « Savoirs situés… » de Donna Haraway, cité tout au long de l'article.

3. M. Millman, R. M. Kanter, « Editor's Introduction », in *Another Voice : Feminist Perspectives on Social Life and Social Science*, New York, Anchor, 1975, VII. Réédité dans S. Harding (dir.), *Feminism and Methodology*, Bloomington, Indiana UP, 1987.

avec cette assertion, mais soutiennent que les chercheurs peuvent faire plus que d'attendre que les mouvements sociaux arrivent et d'attendre ensuite que leurs effets parviennent à atteindre le cœur de ces processus qui produisent des représentations causales maximalement objectives de la nature et des relations sociales. Les entreprises de connaissance peuvent trouver des moyens actifs incorporés à leurs principes de « bonne méthode » afin d'utiliser l'histoire comme une ressource, en situant socialement les entreprises de connaissance dans les situations historiques qui, d'un point de vue épistémologique et scientifique, sont les plus favorables. Plus qu'un obstacle ou la bienfaitrice « accidentelle » des entreprises qui produisent de la connaissance, l'histoire peut devenir la pourvoyeuse systématique de ressources scientifiques et épistémologiques [1].

C'est la grande force de l'empirisme féministe spontané que d'expliquer la production de résultats de recherche sexistes et non-sexistes, tout en ne remettant que minimalement en question la logique fondamentale de la recherche (telle que les scientifiques la comprennent) et la logique de l'explication (telle que la comprennent la plupart des philosophes des sciences). Les empiristes féministes spontanées essaient de faire coller le projet féministe à des critères pré-existants de « bonne science » et de « bonne philosophie ». Ce conservatisme permet à de nombreuses

1. Cette description semble impliquer que les scientifiques sont d'une manière ou d'une autre en dehors de l'histoire qu'ils utilisent – par exemple, capables de déterminer qui sont, en fait, les contextes historiques les plus scientifiquement et épistémologiquement favorables. Ce n'est pas le cas, bien sûr, et c'est pourquoi le projet réflexif auquel Haraway se réfère est si important.

personnes de saisir l'importance de la recherche féministe en biologie et dans les sciences sociales sans se sentir déloyales vis-à-vis des méthodes et des normes de leur tradition de recherche. L'empirisme féministe spontané semble même en appeler à une plus grande rigueur dans l'utilisation de ces méthodes et dans l'application de ces normes. Cependant, ce conservatisme est aussi une faiblesse philosophique : cette théorie de la connaissance refuse de reconnaître pleinement les limites des conceptions dominantes de la méthode et l'explication, ainsi que les manières dont ces conceptions restreignent et déforment les résultats de la recherche et la réflexion à son propos, et ce même quand elles sont les plus rigoureusement respectées. Néanmoins, sa nature radicale ne devrait pas être sous-estimée. Elle soutient de façon convaincante que les sciences ont été aveugles à leur propres résultats et pratiques de recherche sexistes et androcentriques. Et cela défriche ainsi le terrain pour la question qui suit : les logiques de recherche et d'explications existantes sont-elles aussi innocentes dans la perpétration du « crime » que le dit l'empirisme, ou en sont-elles une des causes[1] ?

L'histoire intellectuelle de la théorie féministe du positionnement est traditionnellement reliée aux réflexions de Hegel sur ce que l'on peut connaître de la relation

---

1. « Bien sûr ici et là on trouvera des scientifiques imprudents ou peu formé.e.s, mais aucun *vrai* scientifique, aucun *bon* scientifique, ne produirait des résultats de recherche sexistes ou androcentrés. » Cette ligne argumentative a pour conséquence qu'il n'y a pas eu de vrai ou bon scientifiques à l'exception des féministes ! Voir « What is Feminist Science ? » chapitre 12 de *Whose Science ?* Pour des discussions sur ce point et d'autres pour résister à l'idée que la science féministe est une parfaitement bonne science mais que refuser de reconnaître les composants féministes dans la bonne science obscurcit ce qui en fait une bonne.

maître/esclave depuis le positionnement de la vie de l'esclave par opposition à celle du maître, et à la façon dont Marx, Engels et Lukács ont par la suite développé cette idée en forgeant la notion de « point de vue du prolétariat »[1] de laquelle sont parties les théories marxistes sur la façon dont la société de classes fonctionne[2]. Dans les années 1970, plusieurs penseuses féministes ont, chacune de leur côté, commencé à réfléchir sur la façon dont l'analyse marxiste pourrait être transformée pour expliquer comment les relations structurelles entre les hommes et les femmes ont des conséquences pour la production du savoir[3]. Cependant, il faudrait rappeler que même si les arguments du positionnement sont pour la plupart pleinement présentés comme tels dans les écrits féministes, ils apparaissent dans les entreprises scientifiques de tous les nouveaux

1. [NdT] On traduit ici « standpoint » par « point de vue » et non par « positionnement » car « point de vue » est la traduction utilisée pour traduire ce concept dans la tradition marxiste.

Lorsqu'il faut traduire une citation dont il existe une version francophone, nous nous y sommes tenu-e-s. Dans ce cas, nous précisons entre crochets l'édition francophone à laquelle nous nous référons. Ces précisions sont ouvertes par l'acronyme « NdT ».

2. Fredric Jameson a avancé que les théoriciennes féministes du positionnement sont les seul.e.s penseurs/seuses à pleinement apprécier l'épistémologie marxiste. Voir « *History and Class Consciousness* as an "Unfinished Project" », *Rethinking Marxism* 1, 1988, p. 49-72. Il convient de noter que les explications empiristes des idées marxistes sont banales : « Marx avait cette énigme… Il a fait une conjecture audacieuse avant d'essayer de la falsifier… Les faits allèrent dans son sens et résolurent l'énigme ». Cela rend les idées de Marx plausibles aux yeux des empiristes mais échoue à prendre à bras le corps tant l'épistémologie différente de Marx lui-même que « l'énigme » supplémentaire des causes historiques à l'origine de l'émergence de ces idées, ce sur quoi l'épistémologie marxiste attire notre attention.

3. Voir la note 6.

mouvements sociaux [1]. Une histoire *sociale* de la théorie du positionnement s'intéresserait à ce qui arrive quand les personnes marginalisées commencent à acquérir une voix dans l'espace public. Dans les sociétés où la rationalité scientifique et l'objectivité sont censées être hautement valorisées par les groupes dominants, les personnes marginalisées et ceux/celles qui les écoutent attentivement feront remarquer que depuis la perspective des vies marginales, les idées des dominant.e.s sont moins que maximalement objectives. Les connaissances sont toujours socialement situées, et l'échec des groupes dominants à interroger de manière critique et systématique leur situation sociale avantagée et l'effet de tels avantages sur leurs croyances fait que leur situation est scientifiquement et épistémologiquement désavantageuse pour produire de la connaissance. De plus, ces idées finissent par légitimer des « politiques pratiques » d'exploitation même quand ceux/celles qui les produisent ont de bonnes intentions.

Le point de départ de la théorie du positionnement – et son hypothèse qui est le plus souvent mal comprise – est que dans des sociétés hiérarchisées par la race, l'ethnicité, la classe, le genre, la sexualité, ou d'autres politiques de ce type qui façonnent profondément la structure de la société, les *activités* des personnes qui sont au sommet à la fois organisent et posent des limites à ce qu'elles peuvent comprendre au sujet d'elles-mêmes et du monde autour d'elles. « Il y a certaines perspectives sur la société depuis

1. *Cf.* par exemple E. W. Saïd, *L'Orientalisme*, Paris, Seuil, 2005 ; S. Amin, *Eurocentrism*, New York, Monthly Review Press, 1989 ; M. Wittig, *La Pensée straight*, Paris, Éditions Amsterdam, 2018 ; M. Frye, *The Politics of Reality*, Trumansburg, Crossing Press, 1983 ; C. Mills, « Alternative Epistemologies, », *Social Theory and Practice*, vol. 14, n° 3, 1988.

lesquelles, quelles que soient les bonnes intentions qu'on peut avoir, les relations réelles entretenues par les êtres humains les uns avec les autres et avec le monde naturel ne sont pas visibles »[1]. En revanche, les activités de ceux/ celles qui sont en bas de telles hiérarchies sociales fournissent des points de départ pour la pensée – pour la recherche et l'érudition de *tout le monde* – à partir desquelles les relations humaines entre les uns et les autres et le monde naturel peuvent devenir visibles. Cela s'explique par le fait que l'expérience et la vie des personnes marginalisées, telles qu'elles les comprennent, fournissent des *problèmes* particulièrement significatifs *à expliquer* ou des programmes de recherches. Ces expériences et ces vies ont été dévalorisées ou ignorées comme ressource pour le problème de la maximalisation de l'objectivité. Les solutions à ce problème ne doivent pas nécessairement être cherchées dans ces expériences et ces vies, mais aussi ailleurs, dans les croyances et les activités des personnes au centre, celles qui font les politiques publiques et sont impliquées dans les pratiques sociales qui façonnent les vies marginales[2].

1. N. Hartsock, « The Feminist Standpoint : Developing the Ground for a Specifically Feminist Historical Materialism », art. cit., p. 159. L'usage que fait Hartsock du terme « relations réelles » peut suggérer à certains lecteurs qu'elle et d'autres théoriciennes du positionnement sont désespérément embourbées dans une épistémologie et une métaphysique qui a été discrédité par les socio-constructivistes. Ce jugement échoue à apprécier les manières avec lesquelles les théories du positionnement rejettent *à la fois* les épistémologies et les métaphysiques purement réalistes et purement socio-constructivistes. Donna Haraway est particulièrement forte sur ce point. (Voir son « Savoirs situés »).

2. Nous reviendrons plus tard sur l'idée que pour les théoriciennes du positionnement les retours sur les expériences ou les vies marginalisées, ou les phénoménologies des « mondes vécus » des personnes marginalisées, ne sont pas les *réponses* aux questions soulevées à l'intérieur ou à

La situation sociale de quelqu'un.e est donc une condition de possibilité et une limite à ce que l'on peut connaître. Certaines situations sociales – celles des dominant.e.s, qui ne sont pas examinées de manière critique – limitent plus que d'autres à cet égard ; et ce qui fait qu'elles limitent davantage est leur incapacité à produire les questions les plus critiques à propos des croyances admises[1].

C'est dans ce sens que Dorothy Smith soutient que l'expérience des femmes est « la base » du savoir féministe, et qu'une telle connaissance devrait changer la sociologie comme discipline[2]. Les vies des femmes (nos nombreuses vies et expériences différentes !) peuvent fournir le point de départ pour poser de nouvelles questions critiques, non seulement à propos des vies des femmes, mais aussi à propos de celles des hommes et, plus important encore, des relations causales entre elles[3]. Par exemple, elle souligne que si nous commençons à penser depuis la vie des femmes, nous (quiconque) pouvons voir que les femmes sont assignées au travail que les hommes ne veulent pas faire eux-mêmes, notamment s'occuper du corps des autres – le corps des hommes, des bébés et des enfants, des vieilles

l'extérieur de ces vies, mais qu'elles sont nécessaires pour poser les meilleures questions.

1. Pour une exploration d'un certain nombre de différentes façons par lesquelles les vies marginalisées peuvent produire des questions plus critiques, voir le chapitre 5 de « What is Feminist Epistemology ? » in *Whose Science ?*

2. Voir, par exemple, D. Smith, *Conceptual Practices*, p. 54.

3. L'image de la recherche de la connaissance comme d'un voyage – « partant des pensées issues des vies des femmes » – est un correctif utile aux incompréhensions qui émergent plus facilement depuis la métaphore visuelle – « Penser depuis la perspective des vies des femmes ». La métaphore du voyage apparaît souvent dans les écrits de Hartsock, Smith et les autres.

personnes, des malades, et leurs propres corps. En outre, on leur a assigné la responsabilité des endroits où ces corps existent, puisqu'elles nettoient et prennent soin de leurs maisons et de leurs lieux de travail aussi bien que de ceux des autres [1]. Ce type de « travail de femme » autorise les hommes des groupes dominants à s'immerger dans le monde des concepts abstraits. Plus les femmes sont performantes dans ce travail concret, et plus il devient invisible aux hommes en tant que travail social à part entière. Le fait de prendre soin des corps et des lieux où ces corps existent se fond dans la « nature », comme, par exemple, dans les énoncés sociobiologiques à propos de la naturalité du comportement « altruiste » chez les femmes et sa non-naturalité pour les hommes, ou dans la réticence systématique de nombreux marxistes pré-féministes à analyser réellement qui fait quoi dans le travail sexuel, émotionnel et domestique quotidien et à intégrer ces analyses dans leurs explications du « travail de la classe ouvrière ». Smith soutient que nous ne devrions pas être surpris.es que les hommes peinent à voir les activités des femmes comme partie prenante de la culture et de l'histoire humaine dès lors que l'on remarque à quel point le caractère social de ce travail est invisible depuis la perspective de leurs activités. Elle souligne que si nous partons de la vie des femmes, nous pouvons commencer à nous demander pourquoi ce sont les femmes qui sont avant tout assignées à de telles activités, et quelles en sont les conséquences pour l'économie, l'État, la famille, le système éducatif, et

---

1. Certaines femmes sont davantage assignées à ce travail que d'autres, mais même des femmes riches et aristocratiques avec de nombreux/ses domestiques restent largement plus responsables de ce travail que leurs frères.

les autres institutions qui assignent le corps et le travail
émotionnel à un groupe et le travail de intellectuel à un
autre [1]. Ces questions mènent à une compréhension moins
partiale et déformée des mondes des femmes, des mondes
des hommes, et des relations causales entre eux, que les
questions émergeant uniquement de cette part de l'activité
humaine que les hommes des groupes dominants se
réservent pour eux-mêmes – le travail mental abstrait du
management et de l'administration.

L'épistémologie du positionnement pose la relation
entre la connaissance et la politique au centre de son
explication au sens où elle tente de fournir des explications
causales des effets que différentes sortes de politiques ont
sur la production de la connaissance. Bien sûr, l'empirisme
se préoccupe lui-aussi des effets que la politique a sur la
production de la connaissance, mais l'empirisme pré-
féministe conçoit la politique comme entièrement mauvaise.
L'empirisme essaie de purifier la science de toute cette
mauvaise politique en adhérant à ce qui est pris pour une
méthode rigoureuse de mise à l'épreuve des hypothèses.
Depuis la perspective de l'épistémologie du positionnement,
c'est *une stratégie bien trop faible* pour maximiser
l'objectivité des résultats de la recherche que l'empirisme

---

1. Bien sûr le travail corporel et le travail émotionnel requiert
également du travail intellectuel – contrairement à ce que la longue
histoire du sexisme, du racisme, et du classisme laisse entendre. Voir,
par exemple, S. Ruddick, *Maternal Thinking*, New York, Beacon Press,
1989. Et le type de travail intellectuel requis dans le travail administratif
et managérial – ce que Smith veut dire par « dirigeant » – implique
également un travail corporel et émotionnel, même s'il n'est pas reconnu
comme tel. Pensez à la part de l'éducation primaire des enfants de la
classe moyenne qui concerne en fait l'internalisation d'un certain type
de contrôle (différent selon le genre) des corps et des émotions.

appelle de ses vœux. Une réflexion qui part des vies des opprimées n'a aucune chance de voir ses questions critiques émises ou entendues dans le cadre d'une telle conception empiriste sur la façon de produire la connaissance. Les empiristes pré-féministes ne peuvent percevoir de telles questions que comme une intrusion de la politique dans la science, et, par conséquent, comme une détérioration de l'objectivité des résultats de la recherche. L'empirisme féministe spontané, quelles que soient ses vertus considérables, contient néanmoins des traces déformantes de ces présupposés, et ils empêchent cette théorie de la science de développer des critères maximalement forts afin de maximiser systématiquement l'objectivité.

Ainsi les thèses des théories du positionnement selon lesquelles toutes les tentatives de connaissance sont socialement situées et certaines de ces situations sociales objectives sont de meilleurs points de départ pour les programmes de recherche que d'autres, mettent au défi certaines des idées les plus fondamentales de la vision du monde scientifique et de la pensée occidentale – celle qui prend la science comme son modèle de production du savoir. Elles exposent une « logique de la découverte » rigoureuse dans l'intention de maximiser l'objectivité des résultats de la recherche, et ainsi de produire de la connaissance qui peut être *pour les* personnes marginalisées (et celles qui voudraient connaître ce que ces dernières peuvent savoir) plus que *pour* l'usage exclusif des groupes dominants dans leur projet d'administrer et de manager la vie des personnes marginalisées.

SUR QUOI NOS CONNAISSANCES REPOSENT-ELLES ?

Les théories du positionnement soutiennent qu'il faut « faire partir la réflexion » de la vie des personnes marginalisées, et que partir de ces situations déterminées et objectives au sein d'un ordre social quel qu'il soit donne lieu à des questionnements critiques éclairants qui n'émergent pas d'une réflexion initiée depuis la vie des groupes dominants. Commencer la recherche depuis la vie des femmes produit des analyses moins partiales et moins déformées, non seulement de la vie des femmes, mais aussi de celles des hommes et des structures sociales en général. La vie et les expériences des femmes fournissent les « bases » de cette connaissance, bien qu'elles ne fournissent clairement pas de fondement pour la connaissance en général, au sens philosophique conventionnel. Ces bases sont le lieu, les activités, depuis lesquelles les questions scientifiques émergent. Ces points de départ pour la recherche, épistémologiquement privilégiés, ne garantissent pas que le/la chercheur/se puisse maximiser l'objectivité de son analyse ; ces bases en fournissent seulement un point de départ nécessaire (et non pas suffisant). Il peut être utile de faire contraster les bases épistémologiques des théories du positionnement avec quatre autres types de bases : le « truc divin », l'ethnocentrisme, le relativisme, et l'aptitude exclusive des opprimé.e.s à produire de la connaissance.

Théories du positionnement contre « truc divin »

Tout d'abord, pour les théories du positionnement, les bases de la connaissance sont complètement saturées d'histoire et de vie sociale plutôt qu'elles n'en sont abstraites. Les projets épistémologiques issus des théories du positionnement ne prétendent pas provenir de problématiques humaines soi-disant universelles : elles n'affirment pas réaliser le « truc divin » [1]. Cependant, le fait que les énoncés féministes soient socialement situés ne les distingue pas en pratique de n'importe quel autre énoncé, qu'il soit produit au sein ou en dehors de l'histoire de la pensée occidentale et des disciplines actuelles : tous portent la trace des communautés qui les produisent. Toute pensée humaine part de vies socialement déterminées. Comme Dorothy Smith l'explique, « la perspective des femmes, telle que je l'ai analysée ici, discrédite la prétention de la sociologie à constituer un savoir objectif indépendant de la situation du/de la sociologue. Elle considère que ses procédures conceptuelles, ses méthodes et ses significations organisent son objet depuis une position déterminée dans la société » [2].

Il est illusoire – et cette illusion est historiquement identifiable – de considérer que la pensée humaine puisse complètement effacer les traces qui révèlent son processus de production. Grâce aux conventions méthodologiques traditionnelles de la science, ces intérêts et valeurs sociales sont relativement bien éliminés du résultat de la recherche par les scientifiques quand ils varient *au sein* de la communauté scientifique. En effet à chaque réitération des expériences par divers.e.s observateurs/ices, les variations dans leurs valeurs sociales respectives (à titre individuel

---

1. Selon l'expression de Haraway dans « Savoirs situés ». [NdT] : traduction de « God trick », qui exprime l'idée qu'on pourrait prendre un point de vue de nulle part, détaché de notre position humaine limitée, située.
2. D. Smith, « Women's Perspective as a Radical Critique of Sociology », dans S. Harding (dir.), *Feminism and Methodology*, Bloomington, Indiana UP, 1987.

ou en groupes issus d'équipes de recherche différentes) et leur influence dans le résultat de leurs recherches ressortent vis-à-vis de l'uniformité du phénomène rapportée par d'autres chercheurs/ses [1]. Mais la méthode scientifique ne fournit aucune règle, procédure ou technique pour ne serait-ce qu'identifier, sans parler d'éliminer, les intérêts sociaux qui sont partagés par tou.te.s les observateurs/ices (ou pratiquement), et n'encourage pas à aller chercher des observateurs/ices dont les croyances sociales varient de manière à augmenter l'efficacité de la méthode scientifique. Ainsi des présupposés culturels *qui n'ont pas été critiqués au sein du processus de recherche scientifique* sont transposés dans les résultats de la recherche, rendant visible l'historicité des énoncés scientifiques spécifiques aux personnes d'autres époques, d'autres lieux, ou encore d'autres groupes au sein du même ordre social. Nous pourrions dire que les théories du positionnement ne se contentent pas de reconnaître le caractère socialement situé qui est le lot de toutes les activités de recherche de connaissance, mais aussi, plus important, le transforment en une ressource scientifique systématiquement disponible.

1. J'idéalise ici l'histoire des sciences comme l'ont montré des travaux récents sur la fraude, la négligence et les biais inconscients qui ne sont pas détectés. Voir par ex. S. J. Gould, *La Mal-mesure de l'homme*, Paris, Odile Jacob, 1997 ; L. Karmin, *The Science and Politics of IQ*, Erlbaum, Taylor & Francis, 1974 ; W. Broad, N. Wade, *La Souris truquée*, Paris, Seuil, 1987. Le problème semble ici concerner les erreurs des individus, ce qui est le cas. Mais bien plus important, c'est un problème qui concerne le manque de volonté et l'impuissance des institutions scientifiques à contrôler leurs propres pratiques. Elles *doivent* le faire, car toute autre alternative est moins efficace. Mais les institutions scientifiques ne voudront pas ou ne seront pas compétentes à le faire tant qu'elles ne seront pas intégrées à des projets sociaux plus démocratiques.

Théories du positionnement contre ethnocentrisme

Les universalistes, traditionnellement, n'ont été capables d'imaginer que deux positions possibles contre la « vue de nulle part » qui selon eux/elles fonde les énoncés universels : l'ethnocentrisme et le relativisme. Ils/elles pensent donc que l'épistémologie du positionnement doit soutenir (ou être condamnée à) l'une ou l'autre de ces positions. Existe-t-il une interprétation raisonnable selon laquelle la théorie féministe du positionnement repose sur des bases épistémologiques ethnocentriques ?

L'ethnocentrisme est la croyance que son groupe ethnique ou de sa culture est intrinsèquement supérieure [1]. Les théories féministes du positionnement défendent-elles que la vie de leur *propre groupe* ou que leur *propre culture*

---

1. La position de Richard Rorty est inhabituelle lorsqu'il défend que puisque le fait d'être situé socialement est le lot de tous les projets humains de connaissance, nous pourrions tout aussi bien accepter notre ethnocentrisme dans notre recherche d'une conversation humaine. Sa défense de l'ethnocentrisme est une défense d'une sorte de fatalisme selon lequel il serait impossible de jamais transcender sa situation sociale ; en un sens cela se résume, et cela converge avec la définition standard de l'ethnocentrisme qui est au centre de mon argumentation ici (je remercie Linda Alcoff de m'avoir aidée à clarifier ce point). Il n'imagine pas qu'on puisse effectivement changer sa « situation sociale », par exemple en participant à un mouvement féministe, en lisant et en produisant des analyses féministes, etc. Du point de vue de cet argument, la manière dont une femme (ou un homme) peut devenir féministe est mystérieuse puisque notre « situation sociale » est d'abord d'être contraint.e par les institutions, les idéologies, etc., patriarcales. Comment John Stuart Mill ou Simone de Beauvoir en sont venu.e.s à avoir les réflexions qu'il et elle ont eues ? Voir son ouvrage *Objectivisme, relativisme et vérité*, Paris, PUF, 1994.

fournit une *meilleure* base pour la connaissance [1] ? Au premier regard, on pourrait penser que c'est le cas, si l'on remarque que c'est avant tout les femmes qui ont défendu qu'il fallait partir de la vie des femmes. Cependant, ce serait une erreur d'en conclure que la théorie féministe du positionnement est ethnocentrique, et ce pour plusieurs raisons.

D'abord, les théoriciennes du positionnement affirment elles-mêmes explicitement que les vies marginalisées qui ne sont pas les leurs fournissent de meilleures bases pour certains types de connaissance. Ainsi, quand des femmes affirment que la vie des femmes fournit un meilleur point de départ à la réflexion sur les systèmes de genre, ce n'est pas la même chose que d'''affirmer que *leur propre vie* est le meilleur point de départ. Elles ne nient pas que leurs propres vies puissent fournir des ressources importantes à une telle entreprise, mais elles défendent que la vie d'autres femmes, différentes et parfois en opposition avec la leur, fournissent elles aussi de telles ressources. Par exemple, les femmes qui ne sont pas prostituées et qui n'ont pas été violées défendent que partir des expériences et des activités des femmes qui sont dans ces situations révèle que l'État est masculin, puisqu'il envisage la vie des femmes comme le font les hommes (mais pas comme le font les femmes). Dorothy Smith écrit à propos de l'utilité qu'il y a à initier la réflexion depuis une certaine situation sociale qu'elle décrit comme étant celle des vies de

---

1. Bien sûr, le genre n'est pas une ethnicité. Pourtant les historien.ne.s et les anthropologues parlent de culture des femmes, si bien que ce ne serait peut-être pas une trop grande extrapolation que de penser la culture des femmes en termes d'ethnicité. C'est ce qu'ont fait certaines des critiques des théories du positionnement.

personnes autochtones au Canada[1]. Bettina Aptheker a
défendu que le fait de commencer à réfléchir depuis la vie
quotidienne de survivantes de l'Holocauste, d'ouvrières
de conserverie Chicanas[2], de femmes noires esclaves, de
survivantes de camps de concentration japonaises-
américaines, et d'autres femmes ayant une vie différente
de la sienne, augmentait notre capacité à mieux comprendre
la manière déformée dont les groupes dominants
conceptualisent la politique, la résistance, la communauté,
et d'autres notions clés en histoire et en sciences sociales[3].
Patricia Hill Collins, sociologue africaine-américaine, a
affirmé qu'initier la réflexion depuis la vie de femmes
africaines-américaines pauvres et dans certains cas illettrées
révélait d'importantes vérités tout aussi bien au sujet de
la vie des intellectuel.le.s, Africain.e.s Américain.e.s comme
Européen.ne.s-Américain.e.s, qu'à propos de ces
femmes-là[4]. De nombreuses théoriciennes qui ne sont pas
mères (et de nombreuses théoriciennes qui le sont) ont
défendu qu'initier la pensée à partir du travail maternel
donnait lieu à d'importants questionnements à propos des
structures sociales. Bien sûr, certaines femmes défendent
sans aucun doute que leur propre vie fournit l'unique
meilleur point de départ à tous les projets épistémologiques,
mais ce n'est pas ce que la théorie du positionnement

1. D. Smith, « Women's Perspective as a Radical Critique of
Sociology », art. cit.

2. NdT : le terme de Chicana renvoie à l'identité culturelle de certaines
femmes Mexicano-Américaines. Il est en général péjoratif, mais a fait
l'objet d'une réappropriation par les personnes concernées.

3. B. Aptheker, *Tapestries of Life : Women's Work, Women's
Consciousness, and the Meaning of Daily Experience*, Amherst, University
of Massachussets Press, 1989.

4. P. H. Collins, *La Pensée féministe noire : savoir, conscience et
politique de l'empowerment*.

soutient. Ainsi, bien qu'il ne soit pas accidentel qu'un si grand nombre de femmes aient soutenu les méthodes de l'épistémologie féministe du positionnement, cela ne constitue pas une preuve du caractère ethnocentrique de ses énoncés.

Deuxièmement, et c'est lié, des penseurs dotés d'une identité « centrale » ont eux aussi défendu que les vies marginalisées étaient de meilleurs point de départ pour poser des questions sur les causes de l'ordre social et pour en proposer un questionnement critique. Après tout, Hegel n'était pas un esclave, bien qu'il ait défendu que c'est depuis la perspective de l'activité de l'esclave que la relation maître/esclave pouvait être la mieux comprise. Marx, Engels et Lukács ne pratiquaient pas le type de travail dont ils défendent qu'il fournit le point de départ pour développer leurs théories à propos de la société de classes. Des hommes ont défendu l'avantage épistémique qu'il y a à débuter la réflexion depuis la vie des femmes, des Européen.ne.s- Américain.e.s ont défendu que l'on pouvait apprendre beaucoup en débutant la réflexion depuis la vie des personnes africaines-américaines, etc., et ce tant à propos de leur propre existence qu'à propos de celle de ces dernières [1].

Troisièmement, les vies des femmes sont façonnées par les règles de la féminité, et en ce sens elles « expriment une culture féminine ». Ceux/celles critiquent les théories du positionnement pensent peut-être que les féministes défendent la féminité et ainsi « leur propre culture ». Mais toutes les analyses féministes, y compris les écrits des théoriciennes féministes du positionnement, sont par

1. Les citations précédentes contiennent de nombreux exemples de ce type.

principe ambivalentes à propos de la valeur de la féminité. Les féministes la critiquent en arguant qu'elle est fondamentalement définie par l'entreprise conceptuelle d'exaltation de la masculinité, et que par conséquent elle en fait partie intégrante ; elle constitue l'« autre » par opposition auquel les hommes s'arrogent le monopole de l'humanité. La pensée féministe n'essaie pas de substituer une allégeance à la féminité à l'allégeance à la masculinité qu'elle critique dans la pensée traditionnelle. Elle critique plutôt toutes les allégeances de genre, en tant qu'elles ne peuvent produire pour la recherche que des résultats partiaux et déformés. Il s'agit cependant de mener cette critique tout en montrant également que la vie des femmes a été abusivement dépréciée. La pensée féministe est contrainte de « parler en tant que » et au nom de de cette même notion qu'elle critique et travaille à détruire – les femmes. Dans la nature contradictoire de ce projet réside à la fois son plus grand défi et sa principale source de créativité. C'est parce qu'à maints égards les conditions de vie des femmes sont moins bonnes que celles de leurs frères [1] que leur vie fournit de meilleures situations à partir desquelles questionner un ordre social qui tolère et par bien des aspects valorise grandement leurs mauvaises conditions de vie (la double journée de travail des femmes, l'épidémie de violences faites aux femmes, l'injonction culturelle à la « beauté », etc). Ainsi les procédures de recherche qui problématisent la manière dont les pratiques de genre façonnent les comportements et les croyances (qui interrogent et critiquent à la fois la masculinité et la féminité)

1. À maints égards, mais pas systématiquement. Des autrices africaines-américaines et latina ont défendu que dans la société étasunienne, au moins, un homme pauvre africain-américain ou latino n'est, par bien des aspects, pas mieux loti que sa sœur.

ont une meilleure chance d'éviter de telles allégeances de genre et les biais qu'elles produisent.

Quatrièmement, les féminismes sont pluriels, et ceci peut être compris comme le fait qu'ils font partir leur analyse des vies de différents groupes historiques de femmes. Le féminisme libéral a fait partir ses analyses des vies de femmes européennes et étasuniennes des XVIIIe et XIXe siècles, les féministes marxistes de celles de travailleuses salariées du XIXe siècle et des sociétés industrialisées ou « modernisées » du début du XXe siècle, le féminisme du Sud[1] des vies de femmes issues de pays non-occidentaux à la fin du XXe siècle, dont les parcours variés produisent eux-mêmes des féminismes différents. La théorie du positionnement soutient que les vies des femmes de chacun de ces groupes sont un bon point de départ pour expliquer certains aspects du monde social. Il n'y a pas de vie de femme idéale depuis laquelle ces théories recommandent de partir. Il faut plutôt considérer toutes les vies marginalisées de différentes manières par les systèmes de stratification sociale en vigueur. Les différents féminismes se façonnent les uns les autres ; nous pouvons apprendre de chacun d'entre eux et changer nos schémas de croyances.

Enfin, il faut souligner que, depuis la perspective des vies marginalisées, ce sont les énoncés produits par les groupes dominants qu'il faut considérer comme ethnocentriques. Il est relativement simple de voir que des

1. [NdT] L'expression « Third World » pour qualifier « feminism » ou « lives » n'a pas d'équivalent exact en Français : l'expression « tiers-monde » a un caractère péjoratif et « Third World » peut de toute façon caractériser un espace géographique (les pays non-occidentaux) ou un espace social (les personnes non-blanches et/ou racisées au sein des pays occidentaux). Nous avons donc traduit « Third World feminism » par « féminisme du Sud » et « Third World descent » par « issues de pays non-occidentaux ».

énoncés ouvertement racistes, sexistes, classistes, et
hétérosexistes ont pour effet d'affirmer que la culture
dominante est supérieure. Mais il se trouve également que
les prétentions à produire des croyances universellement
valides – des principes éthiques ou anthropologiques, des
épistémologies, des philosophies des sciences – sont
ethnocentriques. Seuls les membres des groupes dominants
dans des sociétés hiérarchisées sur la base de la race, de
l'ethnicité, de la classe, du genre et de la sexualité peuvent
imaginer que leurs critères de connaissance et les
affirmations résultants de l'adhésion à ces derniers doivent
être considérées préférables par toutes les créatures
rationnelles, passées, présentes et futures. C'est ce que
montrent les travaux de Smith, Hartsock, et des autres
théoriciennes déjà discutées ici. De plus, la théorie du
positionnement est elle-même un produit de l'histoire.
C'est pour de bonnes raisons qu'elle n'a pas émergé à
d'autres moments de l'histoire ; et il ne fait aucun doute
qu'elle sera remplacée par d'autres épistémologies plus
utiles dans le futur – c'est le destin de toute production
humaine [1].

1. Quelles sont les limites matérielles des théories du positionnement ?
Rétroactivement, nous pouvons constater qu'elles requièrent le contexte
d'une culture scientifique ; autrement dit, elles concentrent leurs thèses
sur les questions d'une plus grande objectivité, de la possibilité et de la
désidérabilité du progrès, de la valeur des explications causales pour les
projets de société, etc. Elles semblent également requérir que les barrières
entre dominant.e et dominé.e ne soient pas absolument rigides, il doit y
avoir un certain degré de mobilité sociale. Des personnes marginalisées
doivent pouvoir être en mesure d'observer ce que font celles qui sont au
centre, des personnes qui sont au centre doivent pouvoir être suffisamment
familières avec la vie des personnes marginalisées afin d'être capables
de se représenter la manière dont la vie sociale fonctionne depuis la
perspective de leur existence. Ainsi un changement historique vers des
systèmes anti-scientifiques ou totalitaires rendrait les théories du

Théories du positionnement contre relativisme, perspectivisme et pluralisme

S'il n'existe pas un unique critère transcendantal pour trancher entre des affirmations contradictoires, alors certain.e.s disent qu'il ne peut y avoir que des critères locaux et historiquement situés, chacun étant valide selon sa propre perspective mais n'ayant aucun droit contre les autres. La littérature sur le relativisme cognitif est aujourd'hui immense, et il ne s'agit pas ici de la passer en revue [1]. La théorie du positionnement, cependant, ne défend pas le relativisme, et elle n'y est pas condamnée. Elle combat l'idée selon laquelle toutes les situations sociales fournissent des ressources également utiles pour découvrir le monde, et l'idée que toutes dressent des limites également fortes à la connaissance. Contrairement à ce que pensent les universalistes, la théorie du positionnement n'est pas conduite à une telle position comme conséquence de son rejet de l'universalisme. Les théories du positionnement fournissent des arguments en faveur de l'affirmation selon laquelle certaines situations sociales sont meilleures d'un point de vue scientifique que d'autres pour entreprendre la recherche, et ces arguments doivent être réfutés pour que cette accusation de relativisme gagne en crédibilité [2].

---

positionnement moins utiles. Il ne fait aucun doute qu'il existe d'autres changements historiques qui limiteraient les ressources que les théories du positionnement peuvent fournir.

1. Voir Bernstein, Hollis et Lukes, Krausz et Meiland, Aronowitz.

2. Toutes les théoriciennes et scientifiques du positionnement féministe insistent pour distinguer leurs positions de positions relativistes. J'ai traité de la question du relativisme à plusieurs endroits, mes écrits les plus récents à ce propos sont les chapitres 6 et 7 de *Whose Science? Whose Knowledge? Thinking from Women's Lives*.

Le relativisme du jugement (ou relativisme épistémologique) est inenvisageable pour tout projet scientifique, et les projets scientifiques féministes ne font pas exception [1]. Contrairement à ce que diverses théories scientifiques sexistes et androcentriques ont défendu, les propositions suivantes ne sont pas aussi vraies que leur négation : que l'utérus des femmes se promène dans leur corps lorsqu'elle prennent des cours de mathématiques, que seul l'Homme-Chasseur a fait d'importantes contributions à l'histoire naturelle humaine, que les femmes sont biologiquement programmées à être de bonnes mères et à être incapables de participer comme les hommes au gouvernement de la société, que les modes privilégiés de raisonnement moral chez les femmes sont inférieurs à ceux des hommes, que les victimes de viol et de violences doivent porter la responsabilité de ce qui leur arrive, que les abus sexuels et physiques que les enfants rapportent ne sont que le fruit de leur imagination, etc. Les énoncés féministes et préféministes sont habituellement non pas complémentaires mais contradictoires, tout comme l'affirmation selon laquelle la terre est plate est contradictoire avec celle selon laquelle elle est ronde. Le relativisme *sociologique* nous permet de reconnaître que des personnes différentes ont des croyances différentes, mais ce qui est en jeu lorsqu'on repense l'objectivité, est un problème différent, celui du relativisme du jugement, ou relativisme épistémologique.

---

1. Voir S. P. Mohanty, « Us and Them : On the Philosophical Bases of Political Criticism », *Yale Journal of Criticism*, vol. 2, n°2, 1989, et D. Haraway, « Savoirs situés : la question de la science dans le féminisme et le privilège de la perspective partielle », pour des discussions particulièrement lumineuses sur la manière dont le relativisme peut paraître séduisant à de nombreux/ses penseurs/ses à ce moment précis de l'histoire, et pourquoi il faut néanmoins résister à ce cadre d'analyse.

Les théories du positionnement n'y adhèrent pas ni n'y sont condamnées.

Le relativisme du jugement, qu'il soit moral ou cognitif, a une histoire bien définie : il se pose comme un problème intellectuel à certaines époques de l'histoire, dans certaines cultures seulement et seulement pour certains groupes de personnes. Le relativisme n'est pas fondamentalement un problème qui émerge de la pensée féministe, ou de toute autre pensée qui provient des vies marginalisées ; c'est un problème qui émerge de la pensée des groupes dominants. Le relativisme du jugement est parfois tout ce que les groupes dominants peuvent supporter d'accorder à leurs critiques – « d'accord, tes affirmations sont valides pour toi, mais les miennes sont valides pour moi » [1]. Reconnaître l'importance de réfléchir à qui appartient un tel problème – d'identifier sa localisation sociale – est l'un des avantages de la théorie du positionnement.

Théorie du positionnement contre capacités singulières des opprimé.e.s à produire du savoir

C'est là une autre manière de formuler l'accusation selon laquelle les théories du positionnement, contrairement aux théories conventionnelles de la connaissance, sont ethnocentriques. Cependant, sous cette forme, cette position a tenté de nombreuses féministes, comme elle a tenté des acteurs/ices d'autres entreprises de connaissance

---

1. Mary F. Belenky et ses collègues soulignent que « c'est mon opinion » a un sens différent pour les jeunes hommes et les jeunes femmes qu'ils et elles ont étudié. Pour les hommes, cette expression signifie « j'ai le droit d'émettre une opinion », mais pour les femmes cela signifie « c'est juste mon opinion ». M. F. Belenky, B. M. Clinchy, N. R. Goldberger, J. M. Tarule, *Women's Way of Knowing : The Development of Self, Voice and Mind*, New York, Basic Books, 1986.

émancipatrices [1]. On peut penser que cette affirmation soutient des entreprises de « science identitaire » – des connaissances qui soutiennent et sont soutenues par des « politiques de l'identité ». Selon les mots employés par le Combahee River Collective [2] dans la critique qu'il adresse à la pensée libérale et à la pensée marxiste (féministe aussi bien que pré-féministe) pour avoir échoué à situer socialement les arguments anti-oppression : « C'est dans le concept de politique de l'identité que s'incarne notre décision de nous concentrer sur notre propre oppression. La politique la plus profonde et potentiellement la plus radicale émane directement de notre propre identité – et non pas de luttes pour en finir avec l'oppression d'autres personnes » [3] (Elles étaient fatiguées d'entendre qu'elles devraient être soucieuses d'améliorer la vie des autres, et comment les autres allaient améliorer la leur).

Pour aller plus loin, nous allons examiner qui exactement est le « sujet de connaissance » des théories du position-nement. Mais nous pouvons pour préparer cette discussion nous remémorer encore une fois que Hegel n'était pas un esclave, bien qu'il ait formulé une compréhension critique des relations entre maître et esclave qui n'est devenue disponible qu'en faisant partir sa pensée de l'activité de

1. Les critiques des théories du positionnement attribuent habituel-lement cette position à ses théoriciennes. Parmi l'éventail des théories féministes, l'affirmation selon laquelle seules les femmes peuvent produire de la connaissance est le plus souvent faite par les féministes radicales.

2. Fondé à Boston par Barbara Smith et d'autres militantes en 1974, actif jusqu'en 1980, le Combahee River Collective est une organisation féministe-lesbienne noire.

3. « Déclaration du Combahee River Collective », dans E. Dorlin (dir.) *Black Feminism : anthologie du féminisme africain-américain, 1975-2000*, Paris, L'Harmattan, 2008, p. 63.

l'esclave ; et que Marx, Engels et Lukács n'étaient pas des prolétaires. Ces exemples soulèvent deux questions : quel est le rôle des expériences marginalisées dans les connaissances situées (*standpoint projects*) produits par les membres des groupes dominants ? Et quelles sont les ressources spécifiques, mais aussi les limites, que les vies des personnes dans les groupes dominants fournissent en produisant les connaissances plus objectives que les théories du positionnement appellent de leurs vœux ? Nous aborderons ces points dans la prochaine section.

Pour conclure, les vies marginalisées fournissent les problèmes scientifiques, les programmes de recherche, mais pas les solutions, pour les théories du positionnement. Faire partir la réflexion de ces vies fournit des questionnements nouveaux à propos de la manière dont l'ordre social fonctionne, et des questionnements plus critiques que ceux qui font partir la réflexion des vies non-examinées des membres des groupes dominants. La plupart des scientifiques en sciences naturelles et en sciences sociales (et la plupart des philosophes !) sont eux/elles-mêmes membres de ces groupes dominants, que ce soit par naissance ou par mobilité ascendante dans des carrières scientifiques et professionnelles. Ceux/celles qui sont payé.e.s pour enseigner et faire de la recherche reçoivent une part disproportionnée des bénéfices de ce même ordre social et naturel qu'ils tentent d'expliquer. Réfléchir à partir des vies marginales nous conduit à questionner l'adéquation du cadre conceptuel que les sciences naturelles et sociales ont créé afin de rendre compte d'elles-mêmes (à elles-mêmes) et du monde autour d'elles. C'est en ce sens que les vies marginales constituent la base de la connaissance pour les méthodes du positionnement.

NOUVEAUX SUJETS DE CONNAISSANCE

Pour l'épistémologie empiriste, le sujet ou l'agent.e de la connaissance – celui/celle qui a les « meilleures connaissances » du moment – est censé.e posséder un certain nombre de caractéristiques qui le/la distinguent. Premièrement, ce sujet de connaissance est culturellement et historiquement désincarné ou invisible parce que la connaissance est par définition universelle. On nous dit : « la science dit que… ». La science de qui, pouvons-nous demander ? Celles des industries du tabac et du médicament ? Celle du ministre de la santé ? Celle de l'institut national de la santé ? La science de celles et ceux qui en ont critiqué les biais racistes et sexistes ? L'empirisme défend que la connaissance scientifique n'a pas de sujet historique spécifique. Deuxièmement, il y a une différence de nature entre le sujet de la connaissance, en ce sens, et les objets dont le savoir scientifique décrit et explique les propriétés. Troisièmement, bien que le sujet de la connaissance scientifique soit, pour les empiristes, transhistorique, la connaissance est initialement produite (« découverte ») par des individus et des groupes d'individus (ce qui se reflète dans la pratique des prix scientifiques et des titres honorifiques), pas par des sociétés spécifiques, culturellement déterminées, ou les sous-groupes d'une société, telles qu'une certaine classe, un certain genre ou une certaine race. Quatrièmement, le sujet est homogène et unitaire, puisque la connaissance doit être cohérente. Si on admettait que le sujet de la connaissance soit multiple et hétérogène, alors la connaissance produite par de tels sujets serait plurielle et contradictoire, et donc incohérente.

Les sujets de connaissance selon les théories du positionnement diffèrent sur ces quatre points. D'abord, ils sont incarnés et visibles, puisque les vies à partir desquelles la réflexion a été initiée sont toujours présentes et visibles dans le résultat de cette réflexion. Ceci est vrai même si la manière dont la méthode scientifique est mise en œuvre parvient généralement à retirer toutes les traces personnelles ou individuelles dans le résultat de la recherche. Mais les traces personnelles ne sont pas le problème que la théorie du positionnement se propose de résoudre. La pensée d'une époque est *datée*, et l'illusion selon laquelle notre pensée peut échapper à sa situation historique n'est qu'une des convictions typiques des groupes dominants à notre époque comme aux autres. La « vision du monde scientifique » est, de fait, une vision (celle des dominants) des sociétés modernes occidentales, comme le montre l'histoire des sciences. Les théories du positionnement sont simplement en désaccord avec la thèse encore plus anhistorique et incohérente selon laquelle le contenu de la pensée scientifique « moderne et occidentale » est aussi, paradoxalement, inchangé par sa situation historique.

Deuxièmement, le fait que les sujets de connaissance sont incarnés et socialement situés a pour conséquence qu'ils ne sont pas fondamentalement différents des objets de la connaissance. Nous devons supposer une symétrie causale au sens où les mêmes types de forces sociales qui façonnent les objets de connaissance façonnent aussi (sans pour autant les déterminer) les sujets de connaissance et leurs projets scientifiques, .

Ceci peut paraître vrai seulement des objets des sciences sociales, et non des objets que les sciences naturelles étudient. Après tout, les arbres, les rochers, l'orbite des planètes, et les électrons ne constituent pas eux-mêmes des acteurs historiques. Ce qu'ils sont ne dépend pas de ce qu'ils pensent être ; ils ne pensent pas et n'effectuent aucune des autres activités qui distinguent les communautés humaines des autres éléments du monde qui nous entoure. Cependant, cette distinction se révèle n'être pas pertinente puisque les scientifiques, dans les faits, ne peuvent jamais étudier les arbres, les rochers, l'orbite des planètes, ou les électrons qui sont « devant nous » et non affectés par les affaires humaines. Ils sont plutôt voués à étudier quelque chose de différent (mais, on l'espère, méthodiquement lié à ce qui est « devant nous ») : la *nature-comme-objet-de-connaissance*. Les arbres, les rochers, l'orbite des planètes et les électrons ne se présentent aux scientifiques que comme déjà socialement constitués, à peu près comme les êtres humains et leurs groupes sociaux sont déjà socialement constitués pour le/la chercheur/se en sciences sociales. De tels objets sont déjà effectivement « soustraits à la nature pure » et transférés dans la vie sociale (ce sont des objets sociaux), en premier lieu par les significations culturelles générales de l'époque que ces objets ont pour tout le monde, y compris la communauté scientifique dans son entier [1]. Ils deviennent en outre des objets de connaissance socialement constitués à travers les formes et les significations qu'ils acquièrent pour le/la scientifique en raison des discussions scientifiques à leur sujet dans les générations passées. Les scientifiques n'observent jamais

---

1. Par exemple, les modèles mécaniques de l'univers ont des significations différentes pour les critiques de Galilée et pour les astronomes modernes, ou, plus tardivement, pour les écologistes contemporain.e.s, comme Carolyn Merchant et d'autres historien-ne-s des sciences le soulignent. Voir C. Merchant, *The Death of Nature : Women, Ecology and the Scientific Revolution*, New York, Harper and Row, 1980. Pour prendre un autre cas, les « animaux sauvages » et, plus généralement, la « nature » sont définis différemment par les primatologues japonais, allemands, et anglo-américains comme Haraway l'a montré dans *Primate Visions* (cité dans la note 3). Le caractère culturel de la nature-comme-objet-de-connaissance est un thème récurrent dans l'œuvre de Haraway.

la nature abstraction faite de ces traditions ; même lorsqu'ils/ elles critiquent certains de leurs aspects, ils/elles doivent en endosser d'autres pour pouvoir mener la critique. Ils/ elles ne pourraient pas faire de la science sans tout à la fois emprunter à ces traditions et les critiquer. Leurs hypothèses sur ce qu'ils/elles voient sont toujours façonnées par des « conversations » qu'ils ont avec les scientifiques du passé. Enfin, leurs propres interactions avec ces objets constituent aussi ces derniers d'un point de vue culturel : traiter un élément naturel avec respect, violence, dégradation, curiosité ou indifférence, c'est contribuer à la constitution culturelle d'un tel objet de connaissance. À cet égard, la nature-comme-objet-de-connaissance reproduit la vie sociale, et les processus scientifiques eux-mêmes contribuent significativement à ce phénomène. Ainsi, pour les sciences naturelles non plus, le sujet et l'objet de la connaissance ne sont pas significativement différents. Les types de forces sociales qui constituent les sujets constituent également, de ce fait, leurs objets de connaissance.

Troisièmement, par conséquent, ce sont les communautés, et non les individus, qui produisent avant tout la connaissance. D'une part, ce que je pense avoir pensé par moi-même (que *je* sais, dans *mon* esprit), d'une croyance personnelle, ne devient une connaissance que lorsqu'il est socialement légitimé. De manière tout aussi importante, ma société finit par endosser tous les énoncés que je produis et qui ne sont soumis à un regard critique ni par moi ni par la société. Elle endosse les croyances eurocentrées, androcentrées, hétérosexistes et bourgeoises que je n'examine pas de manière critique comme une partie de ma recherche scientifique et qui, par conséquent, forment ma pensée et se manifestent comme une partie de ma connaissance. Il s'agit là de quelques types de traits desquels les époques suivantes (et que d'Autres aujourd'hui) vont dire qu'ils rendent ma pensée caractéristique de mon époque, de ma société, de ma communauté, de ma race, de ma classe, de mon genre ou de ma sexualité. La pensée des meilleur.e.s scientifiques d'aujourd'hui n'est pas différente à cet égard de la pensée de Galilée ou Darwin : dans toutes, on peut trouver non seulement des idées brillantes d'abord exprimées par des individus et ensuite légitimées par des communautés, mais aussi des présuppositions que nous considérons aujourd'hui comme fausses ; elles étaient caractéristiques de leur époque historique particulière et n'étaient pas identifiées comme faisant partie des « preuves » utilisées dans les faits par les scientifiques pour sélectionner les résultats de la recherche [1].

Quatrièmement, les sujets/agent.e.s de connaissance selon la théorie féministe du positionnement sont multiples, hétérogènes, et contradictoires ou incohérent.e.s, et non unitaires, homogènes et cohérent.e.s comme ils/elles le sont pour les épistémologies empiristes [2]. La connaissance

1. Les arguments de Longino et de Nelson sont particulièrement virulents contre l'individualisme de l'empirisme. Voir le chapitre 6 de *Who Knows : From Quine to a Feminism Empiricism*, de Nelson, et de nombreux chapitres de *Science as a Social Knowledge* de H. Longino, en particulier les chapitres 8, 9 et 10, où elle montre comment la sous-détermination des théories par les preuves garantit que les « croyances d'arrière-plan » fonctionnent comme si elles en étaient.

2. Voir E. V. Spelman, *Inessential Woman : Problems of Exclusion in Feminist Thought*, Boston, Beacon Press, 1988, pour une critique particulièrement acerbe des tendances essentialistes dans la littérature féministe. La plus grande partie de cette section figure également dans « Subjectivity, Experience and Knowledge : An Epistemology From/For Rainbow Coalition Politics », à paraître dans J. Roof et R. Weigman (dir.), *Questions of Authority : The Politics of Discourse and Epistemology in Feminist Thought*. J'ai aussi discuté de ces questions en de nombreuses autres occasion dans mes travaux.

féministe est partie des vies des femmes, mais elle est partie de vies de nombreuses femmes différentes : il n'y a pas de vie de femme typique ou essentielle depuis laquelle les féminismes débutent leurs réflexions. De plus, ces différentes vies de femmes sont dans une mesure non-négligeable opposées les unes aux autres. La connaissance féministe a émergé de femmes européennes et africaines, de femmes économiquement privilégiées et de femmes pauvres, de femmes lesbiennes et de femmes hétérosexuelles, de chrétiennes, de juives et de musulmanes. Le racisme et l'impérialisme, les structures locales et globales de l'économie capitaliste, l'homophobie institutionnalisée et la contrainte à l'hétérosexualité, et les conflits politiques entre des groupes ethniques et religieux produisent des récits féministes multiples, hétérogènes, et contradictoires. Néanmoins, les réflexions initiées depuis chacun de ces différents types de vie peuvent donner lieu à des récits moins partiaux et moins déformés de la nature et de la vie sociale.

Cependant, le sujet/agent.e de la connaissance féministe est multiple, hétérogène, et souvent contradictoire en un second sens, qui reflète la situation des femmes comme classe. C'est l'intellectuelle dont la conscience est dédoublée, la marginale de l'intérieur, la personne marginale qui se situe désormais au centre[1], celle qui est investie dans deux types d'engagements qui sont eux-mêmes au moins partiellement conflictuels – les féministes libérales, les féministes socialistes, les féministes sandinistes, les féministes islamiques, ou les scientifiques féministes – qui ont produit des sciences féministes et de nouveaux savoirs.

---

1. Ces manières de décrire ce type de sujet de connaissance figurent dans les travaux respectifs de Smith, Collins, et bell hooks (*De la marge au centre : Théorie féministe*, Paris, Cambourakis, 2007).

C'est le fait d'initier la pensée depuis une position sociale contradictoire qui produit une connaissance féministe. La logique de cette consigne, « partir des vies des femmes », requiert donc que l'on fasse partir la pensée des multiples vies qui sont, de multiples manières, en conflit les unes avec les autres, chacune d'entre elles ayant elle-même des engagements pluriels et contradictoires. Cela peut apparaître comme une exigence écrasante, voire impossible, puisque la pensée occidentale a requis la fiction selon laquelle nos vies, depuis lesquelles nous pensons, seraient cohérentes et unitaires. Mais le défi que constitue le fait d'apprendre à penser depuis la perspective de plus d'une vie lorsque ces vies sont en conflit les unes avec les autres est familier aux anthropologues, historien.ne.s, médiateur/ices, travailleurs/ses domestiques, épouses, mères, et de fait, à la plupart d'entre nous dans presque chaque contexte quotidien.

La philosophie empiriste et le marxisme ont pu tous les deux maintenir la fiction qu'un sujet de connaissance unitaire et cohérent devait être privilégié, en définissant simplement un groupe social particulier comme sujet idéal de la connaissance, et en défendant que tous les autres sont dépourvus des caractéristiques qui en font un groupe idéal. Ainsi, la philosophie libérale associée à l'empirisme a défendu que c'est la possession de la raison qui rend les êtres humains capables de connaître le monde tel qu'il est, et a ensuite défini comme non pleinement rationnel.le.s les femmes, les Africain.e.s, les classes populaires, les Irlandais.es, les Juifs/ves, les peuples méditerranéens, etc. On considérait qu'aucun individu de ces groupes n'était capable de l'exercice dépassionné, désintéressé de la morale et de la raison individuelle qui était la condition nécessaire pour devenir des sujets idéaux de connaissance. De la même manière, le marxisme orthodoxe défend que seuls les prolétaires industriels possèdent les caractéristiques du sujet idéal de l'économie politique marxiste. Le travail des paysan.ne.s, des esclaves, et des femmes, tout comme les activités bourgeoises, font de la vie de ces gens de moins bons points de départ pour générer la connaissance de l'économie politique [1]. Par contraste, la logique de la théorie du positionnement conduit au refus d'essentialiser ses sujets de connaissance.

Cette logique de sujets multiples conduit à reconnaître que le sujet d'une connaissance féministe émancipatrice doit aussi être, dans un sens important quoique controversé, le sujet de toute autre entreprise de recherche à visée émancipatrice. C'est vrai dans le sens collectif de « sujet de connaissance » car, puisque les femmes lesbiennes, les femmes pauvres et les femmes marginalisées par la race sont toutes des femmes, toutes les féministes auront à analyser comment le genre, la race, la classe et la sexualité se construisent mutuellement. Il faut cela pour que le féminisme soit une entreprise émancipatrice pour les femmes marginalisées, mais aussi s'il veut éviter que les femmes des groupes dominants se fassent des illusions sur leur/notre propre situation. Sans cela, il n'y aurait aucun moyen de distinguer entre le féminisme et les intérêts personnels du groupe dominant des femmes – de la même façon que la pensée androcentrée conventionnelle ne donne

---

1. Par conséquent, l'une des principales stratégies de l'agenda politique des nouveaux mouvements sociaux a été d'insister sur le fait que les femmes, que les gens d'ascendance africaine, que les pauvres, etc., possèdent le type de raison nécessaire pour être des « hommes rationnels » ; que le travail des femmes, que le travail industriel ou agricole fait de ces groupes aussi des « travailleurs » et que de leur vie laborieuse peuvent être tirées des conceptions moins partiales et moins déformées de l'économie locale et globale.

aucun critère pour distinguer entre les « meilleures croyances » et celles qui servent les intérêts personnels des hommes en tant qu'hommes. (La pensée bourgeoise ne donne aucun critère pour identifier les intérêts spécifiquement bourgeois, comme la pensée raciste n'en donne aucun pour identifier les intérêts racistes, etc.)

Mais le sujet de chacun des autres mouvements émancipateurs doit aussi apprendre, afin de mener à bien son projet, comment le genre, la race, la classe et la sexualité se construisent mutuellement. C'est-à-dire que les analyses des relations de classe doivent aussi s'efforcer de procéder en partant de la perspective des vies des femmes. Les femmes, elles aussi, ont des positions de classe, et ce ne sont pas les mêmes que celles de leurs frères. De plus, comme de nombreuses critiques l'ont montré, les programmes de gauche doivent prendre en compte le fait que les patrons tentent régulièrement et avec beaucoup trop de succès de diviser la classe ouvrière en son sein en jouant sur les hostilités de genre. Si les femmes sont obligées d'accepter des salaires plus bas et des doubles journées de travail, les employeurs peuvent licencier les hommes et engager des femmes pour faire plus de profit. Les mouvements antiracistes doivent aussi examiner leurs problèmes depuis la perspective des femmes racisées, etc. Tout ce que la pensée féministe a besoin de savoir doit aussi informer la pensée de tous les autres mouvements d'émancipation, et *vice versa*. Ce n'est pas seulement aux femmes, dans les autres mouvements, de produire de la connaissance depuis leur perspective. Tout le monde doit suivre cette règle si ces mouvements veulent atteindre leurs buts. Cela exige surtout que les femmes en dirigent activement les programmes. Mais cela exige aussi que les hommes au sein de ces mouvements soient capables de produire une connaissance féministe originale depuis la perspective des femmes, comme, par exemple, John Stuart Mill, Marx et Engels, Frederick Douglas et d'autres hommes féministes après eux l'ont fait [1].

Cependant, si tous les mouvements à visée émancipatrice doivent produire une connaissance féministe, les femmes ne peuvent pas être la seule source de cette connaissance. Elles ne peuvent pas revendiquer cette capacité comme leur étant exclusive, et les hommes ne peuvent pas se dédouaner de l'obligation de produire des analyses pleinement féministes simplement en disant qu'ils ne sont pas des femmes. Ils doivent eux aussi contribuer à des formes distinctes de connaissance féministe depuis leur propre situation sociale. La pensée des hommes aussi doit partir de la vie des femmes, de toutes les manières que la théorie féministe, avec ses tendances riches et contradictoires, nous a tou-te-s – les femmes comme les hommes – permis de saisir. C'est à partir de là que l'on pourra obtenir des cadres de pensée les plus objectifs possibles, dans lesquels les hommes pourront commencer à décrire et expliquer à la fois leur vie et celle des femmes de façon moins partiale et déformée. Cela est nécessaire pour que les hommes puissent produire autre chose, à propos d'eux-mêmes et du monde dans lequel ils vivent, que les croyances populaires masculinistes que les féministes réfutent. Les femmes aussi ont dû apprendre à substituer la production de la pensée féministe au « nativisme du genre » que les cultures androcentrées encouragent. Les femmes ne naissent pas féministes, elles le deviennent. Les hommes doivent

---

1. Je ne dis pas que ces penseurs sont des féministes parfaits – ils ne le sont pas, et personne ne l'est. Mais ici et là, on peut les voir produire une connaissance féministe originale, lorsqu'il pensent depuis la perspective de la vie des femmes, comme les femmes le leur ont enseigné.

également apprendre à endosser la responsabilité historique de la position depuis laquelle ils parlent.

Patricia Hill Collins a souligné l'importance, dans le développement de la pensée féministe Noire [1], d'un authentique dialogue à travers les différences et de coalitions avec d'autres groupes afin de rendre ce dialogue possible :

> Bien que la pensée féministe Noire ait pu émerger des intellectuelles féministes Noires, elle ne peut pas s'épanouir isolée des expériences et des idées d'autres groupes. Le dilemme est que nous, femmes intellectuelles Noires, devons placer nos propres expériences et notre propre conscience au centre de tous les efforts sérieux de développement d'une pensée féministe Noire, sans pour autant que cette pensée ne devienne séparatiste et excluante (…).
>
> En défendant, affinant et diffusant la pensée féministe Noire, d'autres groupes – comme les hommes Noirs, les femmes blanches, les hommes blancs, et d'autres personnes racisées – prolongent son développement. Les femmes Noires peuvent produire une version atténuée de la pensée féministe Noire sont séparées des autres groupes. Les autres groupes ne peuvent pas produire une pensée féministe Noire sans femmes africaines-américaines. De tels groupes peuvent, cependant, développer une connaissance auto-définie, réfléchissant (à) leurs propres positionnements. Mais la pleine élaboration de la pensée féministe Noire requiert une

---

1. [NdT] La majuscule à « Noire » correspond à la pratique de Patricia Hill Collins qui parle de « Black Feminism » en mettant une majuscule pour indiquer qu'il s'agit du féminisme émanant et s'originant dans une communauté, ayant ses conditions d'existence particulières et son identité propre, et non pas simplement une variante du féminisme (comme lorsqu'on dit « féminisme empiriste »). L'usage est moins étrange en anglais qu'en français, c'est pourquoi nous indiquons là qu'il ne s'agit pas d'une erreur de traduction.

entreprise collaborative, où les femmes Noires sont au centre d'une communauté basée sur des coalitions de groupes autonomes [12].

Il me semble que Collins offre une analyse forte des relations sociales nécessaires au développement de croyances moins partiales et déformées dans toute communauté épistémique.

Loin de donner carte blanche aux Américain.e.s-Européen.ne.s pour s'approprier la pensée africaine-américaine, ou d'autoriser les hommes à s'approprier la pensée des femmes, cette approche met au défi les membres des groupes dominants de se préparer à s'engager dans des entreprises collectives, collaboratives et démocratiques avec des personnes marginalisées. Un tel projet requiert d'apprendre à écouter attentivement ces personnes marginalisées ; de s'éduquer sur leurs histoires, leurs accomplissements, les modes de relations sociales qu'elles préfèrent, leurs espoirs pour le futur ; cela requiert de payer de notre personne pour « leurs » causes jusqu'à ce qu'elles deviennent les nôtres ; d'examiner de façon critique les croyances et pratiques institutionnelles dominantes qui les désavantagent systématiquement ; de s'auto-examiner de façon critique pour découvrir comment l'on participe inconsciemment à la reproduction de ces inégalités... et plus encore.

1. P. Hill Collins, *Black Feminist Thought, Knowledge*, p. 35-36. Les chapitres 1, 2, 10 et 11 de ce livre offrent un développement particulièrement riche et stimulant de la théorie du positionnement.

2. [NdT] P. Hill Collins, *Black Feminist Thought, Knowledge, Consciousness and the Politics of Empowerment*, Boston, Hyman, 1990. La version de Collins que cite Harding est celle de la première édition en 1990. Diane Lamoureux a proposé une traduction de la seconde édition de 1999 en 2016. Étant données les variations qui existent entre les deux versions, nous proposons ici notre propre traduction.

Heureusement, il existe autour de nous aujourd'hui et à travers l'histoire de nombreux modèles de personnes appartenant aux groupes dominants et qui ont appris à penser depuis la vie des personnes marginalisées et à agir à partir de cela. Nous pouvons choisir de quelles lignées historiques nous voulons nous revendiquer.

Pour conclure cette section, on peut dire que puisque les analyses du positionnement expliquent comment et pourquoi le sujet de la connaissance apparaît toujours dans les représentations de la nature et de la vie sociale comme une part de leur objet de connaissance, ces approches ont dû apprendre à systématiquement s'appuyer sur le caractère socialement situé des sujets de connaissance pour maximiser l'objectivité. Elles ne se contentent plus de considérer le caractère inévitablement socialement situé des énoncés scientifiques comme quelque chose à dénoncer comme un problème ou à reconnaître comme un fait inévitable ; elles le théorisent comme une ressource *systématiquement accessible* en vue de maximiser l'objectivité.

CRITÈRES POUR MAXIMISER L'OBJECTIVITÉ

À partir de cette discussion sur ce qu'il y a de novateur à propos des fondements et du sujet de connaissance dans les théories féministes du positionnement, nous sommes maintenant en mesure d'exposer les très solides standards de maximisation de l'objectivité que ces théories requièrent et génèrent. L'objectivité forte exige que le sujet de connaissance soit placé sur le même plan critique et causal que les objets de la connaissance. Ainsi, l'objectivité forte exige ce que nous pouvons appeler une « réflexivité forte ». En effet, les croyances tenues pour vraies par toute une culture (ou presque toute cette culture) fonctionnent comme

des preuves à toutes les étapes de l'enquête scientifique :
dans la sélection des problèmes, la formation d'hypothèses,
la conception de la recherche (y compris l'organisation de
communautés de recherche), la collection des données,
l'interprétation et le tri des données, le choix du point
d'arrêt de la recherche, la façon de présenter les résultats,
etc. Le sujet de connaissance – l'individu et la communauté
sociale historiquement située dont les membres ont
probablement, pour ainsi dire sans le savoir, des croyances
non examinées – doit être considéré par la méthode
scientifique comme une partie de l'objet de la connaissance.
Toutes les procédures de maximisation de l'objectivité qui
se concentrent sur la nature et/ou les relations sociales
constituant l'objet direct de l'observation et de la réflexion
doivent aussi se concentrer sur ceux/celles qui produisent
ces observations et ces réflexions – les scientifiques et
l'ensemble de la société dont ils/elles partagent les
présupposés. Mais une étude la plus critique possible des
scientifiques et de leur communauté ne peut être menée
que depuis la perspective des personnes dont la vie a été
marginalisée par les mêmes communautés. Ainsi,
l'objectivité forte exige que les scientifiques et leur
communauté soient intégrées dans des projets visant le
progrès de la démocratie, pour des raisons aussi bien
scientifiques et épistémologiques que morales et politiques.

Depuis la perspective de ces arguments tirés de la
théorie du positionnement, les critères de l'empirisme
semblent faibles. L'empirisme ne propose que cet
« objectivisme » qui a si largement été critiqué de tous les
côtés [1]. L'objectivisme diminue ses chances de maximiser

---

1. Voir Bernstein, Hollis et Lukes, Krausz et Meiland, Aronowitz.
Le terme « objectivisme » a été employé pour identifier la notion, réfutable,
par Bernstein, Keller, et Bordo, parmi d'autres.

l'objectivité quand il se détourne de la tâche d'identifier de manière critique tous ces désirs, valeurs et intérêts socio-historiques largement répandus qui ont façonné les programmes, les contenus et les résultats des sciences, autant qu'ils façonnent le reste des affaires humaines.

Regardons d'abord comment l'objectivisme définit de manière trop étroite les procédures de maximisation de l'objectivité [1]. L'idéal d'une recherche dénuée de valeurs et de passions, impartiale, est censé permettre d'identifier toutes les valeurs sociales et de les éliminer des résultats de la recherche. Pourtant, il a été défini de tel sorte qu'il n'a servi qu'à identifier et éliminer les valeurs et intérêts sociaux qui diffèrent entre les chercheurs/ses et les expert.e.s que la communauté scientifique estime compétent.e.s pour prononcer de tels jugements. Si la communauté de chercheurs/ses et d'expert.e.s « compétent.e.s » exclut systématiquement tou.te.s les Africain.e.s Américain.e.s et les femmes de toutes les races, et si la culture au sens large est hiérarchisée par la race et le genre, sans qu'il n'y ait de critiques fortes de cette hiérarchisation, il est difficilement imaginable que les intérêts et valeurs racistes et sexistes puissent être identifiés par une communauté de scientifiques entièrement composée de personnes qui bénéficient – intentionnellement ou non – du racisme et du sexisme institutionnalisés. Ce type d'aveuglement est soutenu par la croyance conventionnelle que la part véritablement scientifique de la recherche de la connaissance – la part contrôlée par les méthodes de recherche – ne concerne que le contexte de justification. Le contexte de

---

1. Les arguments suivants sont extraits des p. 143-148 de mon livre *Whose Science ?*

découverte, dans lequel on identifie quels problèmes sont pertinents pour l'enquête scientifique, où les hypothèses sont formulées et où les concepts clés sont définis, cette part du processus scientifique est conçue comme ne pouvant pas être examinée au sein de la science par des méthodes rationnelles. Dès lors, la « vraie science » est limitée à des processus contrôlables par des règles méthodologiques. Les méthodes de la science – ou, plutôt, des sciences particulières – sont restreintes à des procédures destinées à tester des hypothèses déjà formulées. Restent intouchés par ces méthodes les valeurs et intérêts enracinés dans le choix même du problème sur lequel on enquête et dans les concepts qui sont favorisés dans les hypothèses que l'on soumet au test. L'histoire récente des sciences témoigne de nombreux cas dans lesquels des présupposés sociaux n'avaient que peu de chance d'être identifiés ou éliminés par les meilleures procédures épistémologiques de l'époque [1]. Ainsi, l'objectivisme ne définit les procédures centrales à la notion d'objectivité que d'une manière trop étroite, qui ne permet pas d'atteindre la recherche libérée des valeurs qu'il prétend obtenir.

Mais l'objectivisme conceptualise aussi de manière trop large la neutralité axiologique tant désirée de l'objectivité. Les objectivistes affirment que l'objectivité réclame l'élimination de *tous* les intérêts et valeurs sociales du processus et des résultats de la recherche. Il est clair, cependant, que toutes les valeurs sociales et intérêts n'ont pas les mêmes effets négatifs sur ces résultats. Les valeurs visant le progrès de la démocratie ont systématiquement

---

1. En plus de ceux/celles déjà cité.e.s, voir Gould.

généré des croyances moins partiales et déformées que les autres [1].

Les standards plutôt faibles de l'objectivisme pour maximiser l'objectivité font de celle-ci une notion mystifiante, et son caractère mystificateur est largement responsable de son inutilité et de sa popularité auprès des groupes dominants. Il offre l'espoir que les scientifiques et les institutions de la science, que l'on reconnaît être historiquement situés, puissent produire des énoncés qui seront considérés comme objectivement valides sans avoir à examiner de manière critique leur prise historique propre, depuis laquelle – intentionnellement ou non – ils construisent activement leur recherche scientifique. Cela autorise les scientifiques et les institutions de la science à ne pas se sentir concernés par les origines ou les conséquences de leurs problèmes et de leurs pratiques, ou par les intérêts et valeurs sociales que ces problèmes et pratiques soutiennent. Cela offre le faux espoir de faire advenir ce que Francis Bacon avait promis à tort concernant la méthode de la science moderne : « Au reste, notre méthode

---

1. De nombreux/ses Américain.e.s – même (surtout ?) des personnes très éduquées – soutiennent des notions fondamentalement totalitaires de ce qu'est la démocratie, l'associant à une loi de la populace, ou du moins à un principe de représentation globalement peu pertinent, mais jamais avec un authentique dialogue au sein de la communauté. (Un.e physicien.ne m'a demandé si, par démocratie, je voulais dire que les projets de recherche nationaux en physique devraient être dirigés par, disons, cinquante-deux personnes, après un tirage au sort d'une personne par État ! Cela me fit penser au sage désir de William Buckley d'être gouverné par les 100 premières personnes de l'annuaire téléphonique de Boston, plutôt que par les gouvernants que nous avons.) Un bon point de départ pour penser la façon de faire progresser la démocratie est la proposition de John Dewey : ceux/celles qui subiront les conséquences d'une décision devraient avoir un rôle proportionnel dans la prise de cette décision.

d'invention des sciences laisse bien peu de place à la pénétration et à la rigueur des talents et met presque à égalité tous les talents, tous les entendements ». Sa « méthode d'invention des sciences tend à égaliser les talents et laisse peu à leur excellence propre : elle accomplit tout par les règles et les démonstrations les plus sûres » [1]. Par contraste, les approches du positionnement requièrent une objectivité forte qui puisse considérer le sujet, comme l'objet, de connaissance comme un objet nécessaire d'explications critiques, causales – scientifiques ! – et sociales. Ce programme d'objectivité forte est une ressource pour l'objectivité, à la différence de l'obstacle que la réflexivité a *de facto* posé à l'objectivité faible.

Quelques féministes et penseurs/ses d'autres entreprises de connaissance émancipatrices ont soutenu que la notion même d'objectivité devrait être abandonnée. Ils/elles disent que celle-ci est irréductiblement corrompue par son usage dans des projets scientifiques racistes, impérialistes, bourgeois, homophobes et androcentrés. De plus, elle est liée à une théorie de la représentation et du concept du soi ou du sujet qui met en avant une barrière rigide entre le sujet et l'objet de la connaissance – entre le soi et l'Autre – barrière que le féminisme et d'autres mouvements sociaux récents considèrent comme étant distinctement androcentrée ou eurocentrée. Enfin, la notion conventionnelle d'objectivité institutionnalise une sorte de zone de non-droit au cœur de la science, si l'on peut dire, en refusant de théoriser tout

1. Cité dans D. Werner Van den, « The Social Construction of Science », *in* E. Mendelsohn, P. Weigart, R. Whitley (dir.), *The Social Production of Scientific Knowledge*, Dordrecht, Reidel, 1977, p. 34. [NdT : Pour la traduction française, nous nous référons à celle de M. Malherbe, J.-M. Pousseur, Francis Bacon, *Novum Organum*, Paris, P.U.F., 1986, Livre I, Aphorismes 61 et 122)]

critère interne aux buts scientifiques pour distinguer entre
la méthode scientifique, d'un côté, et des actes moralement
aussi répugnants que la torture ou la destruction écologique,
de l'autre. Les scientifiques et les institutions scientifiques
désapprouvent ces actes, luttent politiquement contre eux
et instaurent des comités spécifiques pour protéger tout
projet scientifique de telles conséquences néfastes.
Cependant, tout ceci reste des mesures *ad hoc*, extrinsèques
à la logique conventionnelle de la recherche scientifique.

Néanmoins, il n'y a pas qu'une façon légitime de
conceptualiser l'objectivité, pas plus qu'il n'y a qu'une
seule façon de conceptualiser la liberté, la démocratie, ou
la science. La notion d'objectivité a une histoire politique
et intellectuelle précieuse, et, alors qu'elle est transformée
en « objectivité forte » par la logique des épistémologies
du positionnement, elle conserve certaines caractéristiques
centrales de son ancienne conception. Notamment, le
domaine de la production de la connaissance ne devrait
pas être régi par la loi du plus fort, pas plus que dans
l'éthique. Nous comprendre et comprendre le monde autour
de nous nécessite de comprendre ce que les autres pensent
de nous et de nos croyances et actions, pas seulement ce
que nous pensons de nous-mêmes et d'eux/elles [1]. Enfin,
la question de l'objectivité est un débat non seulement
entre la science et les projets scientifiques féministes et
pré-féministes, mais aussi entre tout programme de
recherche féministe et d'autres programmes à visée
émancipatrice. Il existe de nombreux féminismes, dont
certains soutiennent des énoncés qui déforment les relations

1. David Mura présente l'argument ainsi dans « Strangers in the
Village », *in* R. Simonson, S. Walker (dir.), *The Graywolf Annual Five :
Multi-Cultural Literacy*, St. Paul, Graywolf Press, 1988, p. 152.

de race, de classe, de sexualité et de genre dans la société. Quelle version produit des représentations de la réalité moins partiales et déformées, et laquelle en produit de plus partiales et déformées ? La notion d'objectivité est une façon utile de penser le décalage qui doit exister entre ce que tout individu ou groupe veut que le monde soit, et ce qu'il est de fait [1].

RÉPONSE À UNE OBJECTION

« Pourquoi ne pas conserver l'ancienne notion d'objectivité comme exigeant une neutralité axiologique et affirmer plutôt que le problème soulevé par le féminisme est celui de la façon dont l'objectivité s'obtient, et non l'idée que le concept lui-même devrait être modifié ? Pourquoi ne pas objecter que c'est la notion de méthode scientifique qui doit être transformée, et non celle d'objectivité ? »

Cette position alternative est attirante pour plusieurs raisons. D'une part, les théoriciennes féministes du positionnement, de même que d'autres féministes, souhaitent clairement éliminer tout biais sexiste et androcentré des résultats de la recherche. Elles veulent des résultats qui ne soient pas « fidèles au genre » – féminin ou masculin. Dans ce sens, ne veulent-elles pas maximiser la neutralité axiologique – c'est-à-dire, une objectivité vieille école – dans les résultats de la recherche ?

De plus, à de nombreux égards, une épistémologie et une méthode de recherche au sens large du terme ont les

---

1. Ces arguments en faveur de la conservation de la notion d'objectivité complètent ceux que j'ai présentés plusieurs fois, le plus récemment dans *Whose Science ?* p. 157-161.

mêmes conséquences, ou, du moins, sont profondément impliquées l'une par l'autre. Quel serait l'intérêt d'une théorie de la connaissance qui ne donnerait pas de prescriptions sur la méthode de la connaissance ? Quel serait l'intérêt d'une prescription *sur la méthode de la connaissance* qui ne découlerait pas d'une théorie sur la façon dont la connaissance peut être et a été produite ? Alors pourquoi ne pas s'approprier et transformer ce que les sciences considèrent comme une méthode scientifique mais laisser la notion d'objectivité intacte ? Pourquoi ne pas dire que les théories du positionnement ont finalement achevé la quête d'une « logique de la découverte », amorcée et puis abandonnée par les philosophes il y a quelques décennies ? Ces théories en appellent à une « opération-nalisation » de la méthode scientifique qui inclue le contexte de découverte et les pratiques sociales de justification dans le domaine approprié, celui de ses règles et des procédures qu'elle recommande [1]. La méthode scientifique doit être comprise comme prenant son départ dans le contexte de découverte où les « problèmes » scientifiques sont identifiés et où des hypothèses audacieuses sont posées. Dès lors, « partir des vies marginalisées » fait désormais partie de la méthode consistant à maximiser l'objectivité axiologique-ment neutre. Cette possibilité pourrait être soutenue par le fait que certaines théoriciennes du positionnement parlent invariablement de leur travail comme étant, de façon interchangeable, une épistémologie et une méthode pour la recherche [2].

---

1. L'Académie Nationale des Sciences recommande une telle expansion, comme indiqué plus tôt.
2. Par exemple, Smith et Hartsock.

Bien que cette alternative soit séduisante, je pense qu'elle ne l'est pas assez pour nous convaincre que seule la méthode, sans le concept d'objectivité, doive être reconceptualisée. D'une part, cette stratégie fait passer pour raisonnable le fait de penser qu'il serait possible de gagner en neutralité axiologique dans les résultats de la recherche. Cela implique que les idées humaines puissent curieusement échapper à leur situation dans l'histoire humaine. Mais cette position ne paraît plus être plausible dans les nouvelles approches sociales de la science.

Deuxièmement, et de façon conjointe, cette stratégie nous éloigne du projet d'analyser le fait que nos croyances, qu'on les considère comme vraies ou comme fausses, ont des causes sociales, et, par conséquent, et nous rapproche du présupposé d'une différence cruciale entre les sujets et les objets de connaissance. Cela ferait apparaître ces résultats de la recherche, qui sont jugés maximalement objectifs par la communauté scientifique, comme n'ayant pas de causes sociales, comme étant le résultat seulement des impressions de la nature sur nos esprits, enfin devenus ces miroirs parfaitement lisses et sans aspérités. Les objets de la connaissance deviennent, une fois de plus, dissemblables des sujets de connaissance. Les sujets de la connaissance véritable, à la différence des sujets qui n'expriment que de simples opinions, sont désincarnés et socialement invisibles, alors que leurs objets de connaissance, naturels et sociaux, sont fermement situés dans l'histoire sociale. Ainsi, l'approche de la « méthode forte » détachée de l'« objectivité forte » laisse intacte l'opposition entre sujets et objets – une opposition qui à la fois déforme la réalité et présente une longue histoire d'exploitation des personnes marginalisées. L'approche de l'« objectivité forte » situe cette différence supposée entre le sujet et l'objet de la connaissance dans l'histoire sociale ; elle réclame également une explication scientifique de ce présupposé.

Troisièmement, cette stratégie fait de la réflexivité un problème perpétuel plutôt que la ressource que les théoriciennes du positionnement en ont fait. Les observateurs/rices changent effectivement le monde qu'ils/ elles observent. Cependant, lorsque l'on refuse de renforcer la notion d'objectivité, la réflexivité ne cesse de menacer l'objectivité, plutôt que d'en faire une ressource pour maximiser cette dernière.

Enfin, il est pour le moins paradoxal et très certainement susceptible d'être source de confusion que l'approche de la « méthode forte uniquement » doive activer dans le processus de la production de connaissance ces mêmes valeurs, intérêts et opinions politiques qu'elle considère impensables pour les résultats de la recherche. Il est pour le moins étrange d'inciter de potentiel.le.s agent.e.s de connaissance à sortir et à réorganiser la vie sociale – comme chacun.e doit faire pour accomplir des actions aussi interdites (et difficiles) que le fait de partir des vies marginalisées. Les approches du positionnement veulent éliminer les intérêts et les valeurs des groupes dominants des résultats de la recherche, ainsi que les intérêts et les valeurs des minorités qui ont été colonisées avec succès – la fidélité à la féminité aussi bien qu'à la masculinité doit être éliminée au cours de la recherche féministe. Mais cela n'en rend pas les résultats neutres axiologiquement parlant. Il s'agira toujours de la pensée de cette époque, qui repose sur divers présupposés distincts que les générations futures et les autres aujourd'hui nous montreront.

Tout compte fait, ces désavantages l'emportent sur les avantages de l'approche de la « méthode forte uniquement ».

QU'EST-CE QUE « L'OBJECTIVITÉ FORTE » ?   187

Les nouveaux mouvements sociaux peuvent-ils avoir le beurre et l'argent du beurre ? Peuvent-ils avoir une connaissance qui soit entièrement située socialement ? Nous pouvons conclure en reformulant la question : s'ils ne le peuvent pas, quel espoir reste-t-il pour quiconque de maximiser l'objectivité de *leurs* croyances ?

Sally Haslanger

OBJECTIVITÉ ET OBJECTIFICATION *

Introduction

Un des thèmes récurrents de la recherche féministe de cette dernière décennie est l'idée que la raison serait « genrée » – plus spécifiquement, que la raison serait « masculine ». Même si les féministes ont interprété et soutenu cette idée de manière différente, la conclusion générale est que la théorie féministe devrait se garder de se consacrer à la raison et à la rationalité, du moins telles qu'elles sont traditionnellement conçues. Par exemple, nous devrions éviter toute épistémologie qui privilégierait la raison ou le point de vue de la raison ; nous devrions éviter les théories du sujet qui considèrent que la rationalité en est un trait définitionnel ; et nous devrions éviter de souscrire aux idéaux moraux et politiques qui glorifient la raison et la « personne » raisonnable (lire : l'homme).

La résistance féministe aux idéaux de la raison a au moins deux courants différents. Selon le premier, donner

* Sally Haslanger, « On Being Objective and Being Objectified » *in* Louise M. Anthony, Charlotte E. Witt (eds.), *A Mind of One's Own : Feminist Essays on Reason and Objectivity*, Boulder CO, Westview Press, 1993, p. 85-125. Traduction Manon Garcia.

à la raison une prééminence est problématique en raison de ce que cela laisse de côté ; nos idées (et nos vies) sont déformées par notre incapacité à reconnaître et à estimer ce que l'on a traditionnellement conçu comme « féminin ». Ce n'est pas qu'il faille nécessairement s'opposer à la raison, mais se concentrer sur l'importance de la raison reflète un biais en faveur des hommes, ou du « masculin », que le féminisme doit combattre [1]. Ainsi, nous devrions chercher, dans notre activité théorique, à intégrer des perspectives et des attributs « féminins » qui ont été opposés à la raison, ou nous devrions reconnaître une raison « féminine » alternative, en plus de la raison traditionnelle « masculine » [2].

Selon le second courant, la raison elle-même est plus profondément impliquée dans notre oppression : le problème

1. Il existe une énorme quantité de recherches féministes critiquant le biais masculin dans les disciplines traditionnelles. Parmi les anthologies importantes qui se concentrent sur les critiques des projets philosophiques traditionnels, il y a S. Harding, M. Hintikka (dir), *Discovering Reality : Feminist Perspectives on Epistemology, Metaphysics, Methodology, and Philosophy of Science*, Dordrecht, D. Reidel, 1983 ; C. Gould (dir.), *Beyond Domination : New Perspectives on Women and Philosophy*, Totowa, Rowman and Littlefield, 1984 ; C. Pateman, E. Gross (dir.), *Feminist Challenges : Social and Political Theory*, Boston, Allen and Unwin, 1986 ; E. Kittay, D. Myers (dir.), *Women and Moral Theory*, Totowa, Rowman and Littlefield, 1987 ; A. Garry, M. Pearsall (dir.), *Women, Knowledge, and Reality*, Boston, Unwin Hyman, 1989 ; A. Jaggar, S. Bordo (dir.), *Gender/Body/Knowledge : Feminist Reconstructions of Being and Knowing*, New Brunswick, Rutgers University Press, 1989.

2. Un exemple paradigmatique de ce dernier projet est C. McMillan, *Women, Reason, and Nature*, Princeton, Princeton University Press, 1982. Voir aussi S. Ruddick, « Maternal Thinking », *Feminist Studies*, n° 6, 1980, p. 342-367. Cette stratégie générale a été largement adoptée dans le contexte des théories du raisonnement moral, souvent inspiré par Carol Gilligan, *Une voix différente : Pour une éthique du care*, 1982, trad. fr. A. Kwiatek, revue par V. Nurock, Paris, Flammarion, 2008.

ne peut pas être résolu par un changement d'attention, c'est-à-dire par une nouvelle appréciation du féminin. Il est difficile d'offrir une caractérisation positive de ce courant car il contient des idées significativement différentes quant au rôle que joue la raison et ce que nous devrions faire à ce sujet. Mais l'idée centrale est qu'une position rationnelle est en soi une position d'oppression ou de domination, et que ce que l'on tient pour les idéaux de la raison à la fois reflètent et renforcent les rapports de pouvoir qui avantagent les hommes blancs privilégiés[1]. Selon cette perspective, la question n'est pas d'équilibrer les valeurs rationnelles et les valeurs féminines, mais de remettre en cause notre attachement aux idéaux de la raison.

À première vue, il peut paraître malvenu de la part des féministes de s'attaquer à de tels problèmes. Depuis longtemps, le féminisme cherche à s'opposer à l'association entre les femmes et le « féminin », et à remettre en question les catégories mêmes de « masculin » et « féminin ». Si

---

1. Cette ligne de pensée est relativement commune chez les féministes françaises et les féministes postmodernes. Voir, par exemple, E. Marks, I. de Coutivron (dir.), *New French Feminisms : An Anthology*, Amherst, Universty of Massachusetts Press, 1980 ; L. Irigaray, *Spéculum de l'autre femme*, Paris, Minuit, 1974 ; S. Bordo, « The Cartesian Masculinization of Thought », *Signs*, n° 11, 1986, p. 439-456 ; J. Benjamin, « Master and Slave : The Fantasy of Erotic Domination », *in* A. Snitow, C. Stansell, S. Thompson (dir.), *Powers of Desire*, New York, Monthly Review Press, 1983, p. 280-299 ; E. Fox Keller, *Reflections on Gender and Science*, New Haven, Yale University Press, 1985. Des commentaires utiles expliquent les thèmes importants de cette ligne de pensée dans T. Moi, *Sexual/Textual Politics*, New York, Methuen, 1985 et C. Weedon, *Feminist Practice and Poststructuralist Theory*, Oxford, Basil Blackwell, 1987. Pour une approche différente du même problème, voir S. Griffin, *Woman and Nature : The Roaring Inside Her*, New York, Harper and Row, 1978 et M. Daly, *Gynecology : The Metaethics of Radical Feminism*, Boston, Beacon Press, 1978.

les féministes s'occupent maintenant de revaloriser le féminin, est-ce que l'on ne se retrouve pas à renforcer les stéréotypes traditionnels au lieu de les combattre? Est-ce qu'on ne devrait pas se méfier des idéaux de la féminité qui ont été définis dans le contexte de la domination masculine[1]?

En outre, même s'il est clair que la rhétorique de la raison est souvent utilisée pour marginaliser les femmes et les réduire au silence, en appeler à la valeur du débat raisonné est aussi une manière d'ouvrir une discussion critique des hypothèses standards. Parce qu'un élément important de la conception traditionnelle de la raison est la valeur qu'elle accorde au débat public honnête et à l'autocritique, insister sur les standards de la raison devrait être une des façons pour les femmes de combattre le dogmatisme qui nourrit le patriarcat. Si l'on rejette la valeur de la réflexion rationnelle et de la discussion raisonnée, alors quelles méthodes acceptables reste-t-il pour critiquer

---

1. De nombreuses féministes ont mis en garde contre la théorisation d'une autre forme de raison alternative et « féminine ». En particulier, G. Llyod, *The Man of Reason : « Male » and « Female » in Western Philosophy*, Minneapolis, University of Minnesota Press, 1984, en particulier p. 105 ; R. Pargetter et E. Prior, « Against the Sexuality of Reason », *Australasian Journal of Philosophy*, supplément au vol. 64, juin 1986, p. 107-119 ; J. Flax, « Postmodernism and Gender Relations in Feminist Theory », *in* L. Nicholson, *Feminism/Postmodernism*, New York, Routledge, 1990, p. 39-62 ; C. DiStefano, « Dilemmas of Difference », *in* L. Nicholson, *Feminism/Postmodernism*, p. 63-82. Une réponse alternative à l'idée de « raison féminine » a été de situer à la place un « point de vue féministe » qui offre une solution alternative à l'idéal de « raison masculine » ainsi qu'à une critique de la féminité. Voir, par exemple, N. Hartsock, *Money, Sex, and Power*, Boston, Northeastern University Press, 1984 ; A. Jaggar, *Feminist Politics and Human Nature*, Totowa, Rowman and Allenheld, 1983. Cette stratégie a elle aussi fait l'objet de critiques soutenues. Voir S. Harding, *The Science Question in Feminism*, Ithaca, Cornell University Press, 1986.

les positions bien ancrées et pour arbitrer entre des points de vue contraires ? Comment allons-nous construire et évaluer nos propres positions féministes ? Même s'il y a des défauts dans les compréhensions traditionnelles de la raison, devons-nous en conclure qu'elles sont absolument et définitivement fautives [1] ?

Ce rapide aperçu de certaines des questions qui surgissent lorsque l'on étudie l'idée que la raison serait genrée montre que nous nous trouvons face à deux pierres d'achoppement majeures : la première est le concept de raison, la seconde le concept de genre. Les deux sont des concepts très contestés : tout effort pour les analyser conduit à de profonds désaccords. La conception de la raison ou du genre qui est en discussion dans un contexte donné est rarement clairement explicitée, ce qui rend les questions de savoir qui parle à qui, où est le désaccord et où il n'est pas, tout aussi obscures. Étant donné la vaste littérature interdisciplinaire sur le sujet, littérature qui s'appuie sur différentes traditions et qui parle à différents publics, faire le tri semble être une tâche impossible.

Dans ce qui suit, je vais adopter la stratégie suivante. Dans la première partie de l'essai, je considère ce que c'est pour un concept ou un point de vue d'être « genré ». À partir de l'idée que le genre devrait être défini en termes de rapports sociaux, je commence avec l'idée que les concepts

---

1. Parmi les importants travaux d'évaluation des critiques féministes de la rationalité et de reconstruction des conceptions de la raison, il y a Helen Longino, « Feminist Critiques of Rationality : Critiques of Science or Philosophy of Science », *Women's Studies International Forum*, n° 12, 1989, p. 261-269 et *Science and Social Knowledge*, Princeton, Princeton University Press, 1990 ; M. Hawkesworth, « Feminist Epistemology : A Survey of the Field », *Women and Politics*, n° 7, 1987, p. 115-127 et « Knowers, Knowing, Known : Feminist Theory and Claims of Truth », *Signs*, n° 14, 1989, p. 533-557.

ou les attributs sont genrés dans la mesure où ils fonctionnent comme des normes ou des idéaux appropriés pour ceux qui se trouvent dans ces rapports sociaux. Après avoir modifié et développé cette idée, je me demande si et dans quelle mesure les normes de rationalité sont spécifiquement adaptées au rôle qui définit la catégorie sociale d'hommes. Pour progresser dans la réponse à cette question, nous avons besoin au moins d'une définition temporaire du genre.

Dans la seconde partie de cet essai, je commence par prendre en compte ce que propose Catharine McKinnon pour définir les relations sociales qui constituent le genre. Selon elle, le genre est défini en termes d'objectification sexuelle : en substance, les femmes, comme classe, sont ces individus qui sont considérés et traités comme des objets en vue de la satisfaction du désir des hommes. En bref, les femmes sont les êtres sexuellement objectifiés, les hommes les objectificateurs. Elle affirme, en outre, que la rationalité, conçue comme une position d'objectivité, est un idéal qui soutient l'inégalité de pouvoir dont dépend l'objectification sexuelle. On a souvent reproché à la conception du genre de MacKinnon de se concentrer de manière trop étroite sur une forme spécifique d'oppression de genre. Mais même si l'on concède qu'il y a une pluralité de différents rapports qui constituent le genre, le travail de MacKinnon fournit néanmoins une analyse puissante de l'un d'entre eux. De plus, travailler avec l'analyse concrète que MacKinnon propose du genre nous permet d'explorer en détail les connexions entre l'objectification et l'objectivité.

En m'appuyant sur sa critique de l'objectivité, j'entreprends d'analyser un ensemble de normes épistémiques et pratiques qui, dans des conditions de hiérarchie sociale, légitiment et soutiennent l'objectification.

J'affirme qu'il y a un idéal qui prescrit la « neutralité » et l'« aperspectivité » et dont la satisfaction à la fois contribue au succès dans le rôle de l'objectificateur et suffit pour fonctionner comme un collaborateur dans l'objectification. Cependant, je m'oppose à la thèse plus forte de MacKinnon selon laquelle la satisfaction de cet idéal suffit pour fonctionner dans le rôle social d'homme. Je conclus que cet idéal est contextuellement « genré » et qu'il constitue donc un sujet d'inquiétude légitime pour les féministes, quoi qu'il ne soit pas « masculin » au sens fort.

Avant de continuer, qu'il me soit permis d'insister sur le fait que pendant la majeure partie de cet essai, je vais m'efforcer d'être aussi neutre que possible sur la question de savoir ce qu'est la raison ou la rationalité. Ma stratégie ici est d'approcher la question de savoir si la raison est genrée au moyen d'une meilleure compréhension du genre. S'il y a des idéaux épistémiques ou pratiques qui sont genrés, nous devrions déterminer quels ils sont ; savoir si ces idéaux sont « vraiment » ce qu'on a traditionnellement voulu dire par « rationalité », ou s'ils sont ce que l'on entend actuellement par « rationalité » est une question importante mais ce n'est pas mon souci immédiat.

Je devrais aussi mentionner que, dans mon esprit, il y a quelque chose d'étrange dans le fait de se lancer dans une discussion et un débat raisonné sur la valeur, la légitimité, ou la réalité de la raison et de la réalité. S'il y a quelque chose qui ne va pas dans nos engagements envers la raison, je doute qu'on s'en rende compte de cette façon-là (et je ne sais pas ce qu'on pourrait faire si on y arrivait). Mais c'est juste pour dire que dans cet essai, je ferai l'hypothèse qu'il y a au moins une conception minimale du raisonnement et des normes minimales de la rationalité qui ne sont pas en jeu dans cette discussion.

GENRE ET CONSTRUCTION SOCIALE

Pour comprendre l'attaque selon laquelle la raison est
« masculine » ou « genrée », il est important de peindre à
grands traits une partie du travail qui a été fait sur le genre[1].
Ce n'est pas une tâche facile, puisque qu'il y a des
désaccords profonds entre les théoricien.ne.s sur la question
de savoir quelle explication précise on doit donner du genre
ou si l'on devrait même chercher à en donner une explication.
Certaines inquiétudes ont même conduit à suggérer que le
concept de genre « n'est plus un outil théorique utile, ce
qui a à son tour donné lieu au spectre du "post-féminisme[2]". »
Le projet de cet essai est (fort heureusement) en amont de
cette ligne de crête, puisque l'attaque selon laquelle la
raison serait « genrée » ou « masculine » vient de positions
féministes qui acceptent que la notion de genre est au
moins adéquate dialectiquement. Je vais donc commencer
par examiner certaines distinctions et certains thèmes sur

---

1. Les articles utiles sont J. Scott, « Genre : Une catégorie utile
d'analyse historique », *Les Cahiers du GRIF*, 1988, n°37-38, p. 125-153 ;
J. Flax, « Gender as a Social Problem : In and For Feminist Theory »,
Amerikastudien/America Studies, 1986, n°31, p. 193-213 et
« Postmodernism and Gender Relations » ; D. Haraway, « "Gender" for
a Marxist Dictionary », in *Simmians, Cyborgs, and Women : The
Reinvention of Nature*, New York, Routeledge, Chapman and Hall, Inc.,
1991, p. 127-48. En ce qui concerne les premières tentatives pour définir
le genre en termes de relations sociales, voir aussi G. Rubin, « Le Marché
aux femmes : "Économie politique" du sexe et systèmes de sexe/genre »,
dans *Surveiller et jouir. Anthropologie politique du sexe*, trad. fr. R. Mesli,
Paris, EPEL, 2010, p. 23-81 ; S. Ortner, « Is Female to Male as Nature
to Culture ? », *in* M. Rosaldo, L. Lamphere (dir.), *Women, Culture, and
Society*, Palo Alto, Stanford Univ. Press, 1974, p. 67-87.

2. Voir par exemple, S. Bordo, « Feminism, Postmodernism, and
Gender Scepticism », *in* L. Nicholson, *Feminism/Postmodernism*,
p. 133-156 ; C. DiStefano, « Dilemmas of Difference », en particulier
p. 73-78.

lesquels s'appuie la critique de la raison, afin de situer la discussion plus détaillée qui suivra.

Sexe et genre

Pour l'instant, restreignons-nous à parler d'êtres humains. Utilisons les termes « mâle » et « femelle » pour indiquer une classification d'êtres humains sur la base de différences anatomiques. Pour notre propos, il n'est pas important de spécifier exactement quelles différences anatomiques comptent, même si les caractéristiques sexuelles primaires sont un bon point de départ. Admettons que la distinction entre mâles et femelles n'est ni exhaustive ni exclusive et que les termes peuvent être vagues – c'est-à-dire que, étant donné que les êtres humains manifestent une variété anatomique étendue, nous pouvons admettre qu'il y a des individus qui n'entrent pas clairement dans l'une ou l'autre classe tandis que d'autres entrent dans les deux. De plus, gardons ouverte la question de savoir si cette classification anatomique est « naturelle » ou « sociale », « réelle » ou « nominale ». Et disons que deux individus sont de *sexe* différent dans le cas où chacun entre dans une et une seule des deux classes et où ils n'entrent pas dans la même classe [1].

1. L'idée que le sexe puisse ne pas être une classification binaire et qu'il puisse être socialement construit apparaît évidemment chez Foucault; voir par exemple M. Foucault, *Histoire de la sexualité. Vol. 1. La Volonté de Savoir*, Paris, Gallimard, 1976. Cette idée a également été adoptée par nombre de théoriciennes féministes. Pour des discussions utiles, voir M. Wittig, « On ne naît pas femme » (1981) et « La catégorie de sexe » republiés dans *La Pensée Straight*, Paris, Éditions Amsterdam, 2007, p. 35-52; J. Butler, « Variations on Sex and Gender : Beauvoir, Wittig, and Foucault », *in* S. Benhabib, D. Cornell (dir.), *Feminism as Critique*, Minneapolis, University of Minnesota Press, 1987, p. 128-142; and D. Haraway, « Manifeste cyborg : science, technologie et féminisme socialiste à la fin du XXᵉ siècle », dans *Le Manifeste Cyborg et autres essais*, Paris, Exils, 2007, p. 29-105.

L'idée qu'il faut distinguer le sexe du *genre* est un lieu commun de la recherche féministe [1]. Dans la continuité de cette recherche, utilisons les termes « homme » et « femme » pour indiquer la différence (en admettant que les garçons fassent partie du genre *homme* et les filles du genre *femme*). Même s'il *serait possible* que les distinctions de sexe et de genre aient la même extension – c'est-à-dire que toutes les femelles et seulement les femelles soient des femmes et tous les mâles et seulement eux des hommes – le fondement de la classification de genre n'est pas anatomique ; au contraire, son fondement se trouve dans les rapports sociaux.

Pour comprendre l'idée générale, il est utile d'étudier d'autres exemples évidents de distinctions fondées sur des rapports sociaux. Prenons un bouc émissaire. Un individu est un bouc émissaire non pas en raison de qualités intrinsèques mais en vertu de ses relations aux autres : n'importe qui, quelles que soient ses qualités corporelles, son caractère, etc. peut fonctionner comme un bouc émissaire dans les circonstances adéquates. Ce qui fait qu'on est un bouc émissaire c'est le rôle qu'on joue dans

---

1. Ce « lieu commun » cependant n'est pas aussi évident qu'il pourrait sembler et ne fait pas l'unanimité. La disctinction entre sexe et genre a été remise en cause au nom du fait qu'elle présuppose et renforce une opposition problématique entre « nature » et « culture ». Voir par exemple M. Gatens, « A Critique of the Sex/Gender Distinction », *in* J. Allen, P. Patton (dir.), *Beyond Marxism ? Interventions after Marx*, Sydney, Intervention Publications, 1983, p. 143-63 ; D. Haraway, « "Gender" for a Marxist Dictionary », en partic. p. 133-34 ; et Butler, « Variations on Sex and Gender ». Cela dit, il ne va pas du tout de soi qu'en établissant une distinction entre sexe et genre, on revendique l'idée que le sexe serait une catégorie naturelle ; ce qui m'importe ici est de souligner le caractère social du genre, étant entendu que la différence sexuelle doit aussi faire l'objet d'une analyse sociale, analyse qui est vraisemblablement interdépendante de l'analyse du genre.

un groupe social. Prenons un propriétaire immobilier. On est un propriétaire en vertu du rôle que l'on a dans un large système de rapports sociaux et économiques qui inclut des locataires, la propriété, etc. Même s'il s'avérait que tous les propriétaires et seulement eux avaient une boucle fermée au centre de l'empreinte digitale de leur pouce droit, ce qui fonde le fait d'être considéré comme un propriétaire est différent de ce qui fonde le fait d'être compté parmi les gens qui ont ce type d'empreinte. De la même façon pour le genre, on n'est pas une femme en vertu de ses qualités intrinsèques (par exemple, son type de corps), mais en vertu du rôle que l'on joue dans un système de rapports sociaux qui inclut, entre autres, des hommes [1]. Le genre est une propriété relationnelle ou extrinsèque des individus, et les rapports en question sont sociaux [2]. Si le genre repose ainsi sur l'organisation de la vie sociale, nous devrions au moins envisager la possibilité que de même

1. Pour le dire rapidement, une propriété intrinsèque de x est une propriété que x a par la simple vertu d'être lui-même, indépendamment des propriétés des autres choses. Par exemple, x pourrait avoir cette propriété même s'il était la seule chose à exister. Les propriétés intrinsèques ne sont pas nécessairement essentielles et peuvent être temporaires. Une propriété extrinsèque de x est une propriété que x n'a pas par la simple vertu d'être lui-même ; le fait qu'il ait cette propriété dépend aussi des propriétés des autres choses.

2. À ce stade, en disant que les relations sont « sociales », je veux simplement dire qu'elles concernent certaines relations que les individus ont les uns avec les autres en raison de leur place dans un système social. Mon argument ne prend pas position sur la question de savoir si nous devrions ou non être réalistes au sujet des propriétés ou si nous devrions penser que toutes les propriétés sont « purement conventionnelles ». Tout nominalisme ou conventionnalisme aura, s'il est plausible, les ressources pour distinguer les propriétés et relations sociales des autres. Voir I. Hacking, « World-Making by Kind-Making : Child Abuse as an Example », *in* M. Douglas (dir.), *How Classification Works*, Edinburgh, University of Edinburgh Press, 1992, sections 1-2.

qu'un changement des rapports sociaux pourrait avoir pour résultat qu'il n'y ait plus ni propriétaires ni locataires, il pourrait y avoir un changement des rapports sociaux qui aurait pour résultat qu'il n'y aurait plus ni hommes ni femmes, même s'il continuait à y avoir des mâles et des femelles.

Il est naturel de se poser ensuite la question suivante : quels sont les rapports sociaux qui constituent le genre ? C'est ici que les choses deviennent théoriquement difficiles, car même s'il semble plausible que la différence de genre se manifeste à travers les cultures et à travers l'histoire, nous devons au moins accepter la possibilité que les rapports sociaux spécifiques qui constituent le genre diffèrent en fonction des cultures. Mais la reconnaissance de larges différences sociales pose la question de savoir si le genre peut bel et bien être considéré comme un phénomène unitaire [1]. En outre, il semble acquis chez les féministes

---

1. Parmi, les travaux importants au sujet des tendances ethnocentriques et impérialistes dans les conceptions féministes du genre, voir C. Moraga, G. Anzaldúa (dir.), *This Bridge Called My Back : Writings by Radical Women of Color*, Watertown, Persephone, 1983 ; b. hooks, *Ne suis-je pas une femme ? Femmes noires et féminisme*, 1981, trad. fr. O. Potot, Paris, Cambourakis, 2015 ; A. Lorde, *Sister/Outsider*, Trumansburg, Crossing Press, 1984 ; M. C. Lugones, E. V. Spelman, « Have We Got a Theory for You : Feminist Theory, Cultural Imperialism, and the Demand for "The Woman's Voice" », *Women's Studies International Forum*, vol. 6, 1983, p. 573-581 ; E. V. Spelman, *The Inessential Woman : Problems of Exclusion in Feminist Thought*, Boston, Beacon Press, 1988 ; E. Weed (dir.), *Coming to Terms : Feminism, Theory, Politics*, New York, Routledge, 1989 ; G. Spivak, « Explanation and Culture : Marginalia » et « Feminism and Critical Theory », in *In Other Worlds : Essays in Cultural Politics*, New York, Routeledge, Chapman and Hall, 1988, p. 103-117 et 77-92. Pour une discussion utile des biais ethnocentriques dans la critique féministe de la rationalité, voir par exemple U. Narayan, « The Project of Feminist Epistemology : Perspectives from a Nonwestern Feminist », *in* A. Jaggar, S. Bordo (dir.), *Gender/Body/Knowledge*, p. 256-269.

que les rapports sociaux qui donnent naissance aux distinctions de genre sont des rapports de domination – en particulier, qu'ils sont des rapports oppressifs pour les femmes [1]. Cependant, l'oppression de genre ne se produit pas de manière isolée par rapports aux autres formes d'oppression ; les rapports sociaux qui constituent le genre vont faire partie d'un système de rapports sociaux et de tels systèmes servent aussi à établir d'autres distinctions, comme celles de race ou de classe. Qu'est-ce qui distingue les rapports sociaux qui constituent le *genre* ? Sur quelle base (s'il en est une) pouvons-nous de manière significative isoler le genre des autres distinctions sociales hiérarchiques, et l'oppression de genre des autres formes d'oppressions ? Les faits anatomiques concernant le sexe et la reproduction sont-ils importants pour distinguer le genre des autres catégories sociales, et l'oppression de genre des autres oppressions [2] ?

---

1. Pour une discussion importante de cette thèse, voir C. MacKinnon, *Feminism Unmodified : Discourses on Life and Law*, Cambridge, MA, Harvard University Press, 1987, chap. 2. Voir aussi, J. Flax, « Postmodernism and Gender Relations », en partic. p. 45 et 49 ; M. Wittig, « La Pensée Straight », dans *La Pensée Straight*, p. 53-63 ; « La Catégorie de sexe » et « On ne naît pas femme ». Il est important de noter que toutes les relations sociales ne sont pas hiérarchiques, par ex. être un ami ne l'est pas ; et toutes les relations hiérarchiques ne sont pas des relations de domination, par ex. même si les relations docteur/patient et mère/fille sont vraisemblablement hiérarchiques, elles ne sont pas des relations de domination. Malheureusement, on mélange parfois relations sociales, hiérarchiques et relations de domination.

2. Pour une discussion de l'interaction politique entre les catégories de sexe et de genre, voir les notes des pages 197 et 198. Voir aussi E. F. Keller, « The Gender/Science System : or, Is Sex to Gender as Nature is to Science ? », *Hypatia*, vol. 2, 1987, p. 37-49.

Normes de genre

Diverses stratégies pour affronter ces questions ont été proposées et critiquées dans la littérature féministe. Avant que je revienne à la question de savoir comment spécifier quelles relations constituent le genre, il faut examiner une distinction apparentée qui est celle entre les « normes de genre », la *masculinité* et la *féminité*. Les normes de genre sont des ensembles de caractéristiques et de capacités qui fonctionnent comme un standard en fonction duquel les individus sont jugés comme étant de « bons » exemples de leur genre, ils sont les « vertus » appropriées pour ce genre.

Comme la notion de « norme » est utilisée de différentes manières, on va illustrer cette notion par un exemple. Prenons un couteau de cuisine. On considère un objet comme étant un couteau de cuisine seulement s'il a des qualités qui lui permettent de remplir une certaine fonction : il doit être facilement utilisable par des humains pour couper et éplucher des fruits et des légumes. On peut cependant distinguer entre quelque chose qui remplit cette fonction à la marge et quelque chose qui la remplit excellemment. Un bon couteau de cuisine a une lame dure et aiguisée ainsi qu'un manche confortable ; un mauvais couteau de cuisine peut être un couteau à la lame tellement émoussée qui écrase les fruits au lieu de les couper, un couteau trop grand pour être facile à manier, etc. Ces qualités qui permettent à un couteau de cuisine d'être *excellent* dans sa fonction sont les « vertus » d'un couteau de cuisine. (Quelque chose qui fonctionne comme un bon couteau de cuisine peut fonctionner comme un mauvais tournevis et, quand rien d'autre n'est disponible, un bon tournevis peut marcher comme mauvais couteau de cuisine. Alors qu'avoir une lame pointue et aiguisée est une vertu du couteau de cuisine, une telle lame n'est pas une vertu pour le tournevis). En général, notre évaluation de la qualité d'un outil sera relative à sa fonction, son but, ou sa raison d'être, et la norme servira comme un idéal incarnant l'excellence dans la réalisation de cette fonction.

De la même manière, la masculinité et la féminité sont des normes ou des standards par lesquels les individus sont jugés comme étant des modèles de leur genre et qui nous permettent de fonctionner de manière excellente dans le rôle qui nous est alloué dans le système de rapports sociaux qu'est le genre. Je n'arriverai pas à rendre ces idées parfaitement précises, mais l'idée centrale est qu'au moins certains de ces rôles ont un but ou une raison. Pour citer quelques exemples assez clairs, prenons les rôles d'enseignant, cuisinier, médecin, pompier, rabbin, pilote, serveuse, plombier. Pour chacun de ces rôles, il y a des prestations qui seront considérées comme des succès et d'autres comme des échecs ; en général, on peut remplir ces rôles plus ou moins bien. L'idée est que les rôles de genre sont de cette nature ; les normes de genre saisissent la façon dont on doit se comporter et quels attributs sont appropriés si l'on veut excellent dans les rôles de genre tels qu'ils sont socialement sanctionnés.

Dans le scénario traditionnel, privilégié, blanc et occidental, pour être un bon homme (c'est-à-dire, être masculin), il faut être fort, actif, indépendant, rationnel, beau, etc. ; pour être une bonne femme, il faut être maternelle, sensible, coopérative, jolie, etc. Par exemple, je suis une femme parce que je suis dans des rapports aux autres qui sont constitutifs du genre (souvent que je le choisisse ou non) ; cependant, je ne suis pas au sens traditionnel une « bonne femme » parce que je ne me conforme pas à cet idéal de féminité. Quand on me juge à l'aune du standard que constituent ces normes de genres – c'est-à-dire quand on me juge sur la façon dont je fonctionne dans le rôle traditionnel de la femme – je n'excelle pas. Même si je n'aspire pas à satisfaire cet idéal, cela n'empêche pas les autres de me juger en ces termes.

J'ai noté ci-dessus qu'il est difficile de spécifier les rapports sociaux qui constituent le genre, en particulier si l'on cherche à le comprendre comme un phénomène interculturel ; ces difficultés sont amplifiées lorsque l'on cherche à spécifier le contenu des normes de genre. Il faut se méfier de la tentation de postuler qu'il y aurait une seule norme de genre pour les femmes à travers les cultures ou même dans un groupe culturel donné :

> Un coup d'œil aux magazines féminins, par exemple, révèle un éventail de rôles parfois contradictoires suggérés aux lectrices, de la businesswoman à l'héroïne romantique, de la bonne épouse et bonne mère à l'objet sexuel irrésistible. Ces différents rôles, que les magazines construisent dans leurs rubriques, publicité et récits, sont partie prenante de la bataille pour déterminer les pratiques quotidiennes dans la vie de famille, l'éducation, le travail et le loisir[1].

En outre, les normes de genre varient sensiblement en fonction de la race, de la classe et de l'ethnicité. Pour utiliser un exemple particulièrement pertinent dans le contexte de cet essai, certaines études suggèrent que alors que des capacités développées pour la pensée abstraite et l'activité intellectuelle font partie de la norme de genre masculine pour les groupes privilégiés d'hommes dans les

---

1. C. Weedon, *Feminist Practice and Postructuralist Theory*, p. 26.

communautés occidentales, ces éléments de la norme masculine ne persistent pas par-delà les classes sociales [1].

Comme nos valeurs et la structure de nos vies ont un effet les unes sur les autres, les normes et les rôles tendent à s'ajuster les unes aux autres. Pour les femmes, accepter de nouveaux rôles peut conduire à la reconnaissance de nouvelles « vertus féminines », et l'attrait de nouvelles normes peut conduire à des changements dans les rôles sociaux [2]. Mais nous devons garder à l'esprit que les normes et les rôles peuvent aussi être complètement en désaccord

---

1. Voir par exemple J. Grimshaw, *Philosophy and Feminist Thinking*, Minneapolis, University of Minnesota Press, 1986, p. 62.

2. Par exemple, dans certaines communautés occidentales fortunées, l'idéal de la « super-maman » a remplacé celui de la « femme au foyer » comme norme de genre pour les femmes (est-ce une nouvelle « féminité » ?). Il faut aussi noter que les normes de genre pourraient fonctionner différemment si les femmes prenaient en main la tâche de définir les relations sociales qui constituent le genre, c'est-à-dire que « être une "bonne" femme » dans une communauté de femmes peut nécessiter de satisfaire à des normes très différentes de celles que l'on considère traditionnellement comme « féminines ». La résistance féministe à la thèse selon laquelle les catégories de genre sont constituées par des relations de domination est parfois basée sur la pensée que la catégorie de « femmes » devrait être définie *par* et *pour* les femmes et ainsi être une conception de soi plus empouvoirante ; une telle définition ne serait vraisemblablement pas fondée sur des rapports de domination. Ce projet constructif est très contesté car il présente le danger clair de remplacer un ensemble de rôle (et de normes) de genre oppressifs par un autre. Une autre possibilité consiste à résister à la construction des catégories de genre et de même résister à la consolidation des normes de genre (au moins celles qui sont binaires). On pourrait à la place recommander une « recombinaison subversive des significations de genre » (J. Butler, « Gender Trouble, Feminist Theory, and Psychoanalytic Discourse », *in* L. Nicholson, *Feminism/Postmodernism*, p. 333 ; voir aussi T. de Lauretis, « Feminist Studies/Critical Studies : Issues, Terms, and Contexts », in *Feminist Studies/Critical Studies*, Bloomington, Indiana University Press, 1986, p. 1-19.

lorsque les normes restent rigides et que les rôles sociaux changent. Les normes sociales « se mettent souvent à vivre des vies et des histoires complexes qui leur sont propres, qui souvent ressemblent peu à leurs racines fonctionnelles »[1]. Au cours de ces histoires complexes, les normes peuvent se mettre à se contredire de l'intérieur, rendant ainsi impossible de vivre en phase avec elles ou d'organiser une vie cohérente autour d'elles[2]. Une telle incohérence des normes peut indiquer qu'elles ne reflètent plus les rôles sociaux assignés, ou peut refléter une incohérence des rôles eux-mêmes.

Dans les contextes où les rôles de genre sont bien ancrés, les normes qui leurs correspondent fonctionnent *de manière prescriptive* : non seulement elles servent comme base pour des jugements sur la façon dont les gens devraient être (agir, etc.), mais nous décidons aussi comment agir, quoi rechercher, à quoi résister, à la lumière de ces normes[3]. Cette force prescriptive est soutenue par des sanctions sociales. En poursuivant une norme de genre, on cherche à conformer son comportement à ces idéaux qui font qu'on est particulièrement adapté.e au rôle assigné ; si l'on ne poursuit pas cette norme ou si l'on ne parvient

1. C. DiStefano, « Dilemmas of Difference », p. 70.
2. Par exemple, l'idée qu'une « bonne » femme est asexuée, combinée à l'idée qu'une « bonne » femme est réactive au désir sexuel des hommes offre peu de place aux femmes pour construire une relation cohérente à la sexualité. Pour une discussion de ces contradictions dans le contexte de l'évaluation morale, voir K. Morgan, « Women and Moral Madness », *Canadian Journal of Philosophy*, vol. 13, 1987, p. 201-225.
3. Nous devrions cependant noter que les normes peuvent impliquer des traits que nous ne contrôlons pas du tout nécessairement ; d'où le fait que nos efforts pour nous conformer à la norme communément acceptée puissent être vains, voire tragiques. Le besoin souvent ressenti de satisfaire aux normes de genre donne parfois lieu à des conduites consistant à se mutiler ou s'affamer.

pas à s'y conformer, on s'attend à être critiqué.e, parfois légèrement, parfois sévèrement. En outre, ces rapports sociaux qui constituent le genre (y compris, par exemple, l'organisation de l'éducation des enfants) fournissent un contexte dans lequel les enfants en viennent à intérioriser les normes de genre en vigueur localement[1]. Ainsi, se conformer à son propre rôle de genre apparaît bon et juste et, ce qui est encore plus significatif, apparaît comme le résultat d'un désir personnel plus que d'un contrôle social. Par conséquent, nous devons nous attendre à ce que les normes de genre en vigueur dans une société *reflètent et renforcent* la structure des relations de genre de cette société.

Cependant, nous devons aussi noter que les propriétés qui constituent les normes peuvent également fonctionner *de manière descriptive* : certains individus ont les propriétés en question, d'autres ne les ont pas. Dans une société où les normes de genre font généralement l'objet d'un accord

---

1. Un grand éventail de féministes se sont efforcées de faire une place à l'idée que nos conceptions de nous-mêmes et du monde porteraient les marques du genre, en large part à cause des expériences de la petite enfance. En internalisant les normes de genre adéquates, nous développons des « identités de genre » ; ces identités de genre représentent la réalité – le soi et le monde – sous une forme qui motive notre participation au rôle de genre qui nous est assigné. La littérature sur ce sujet est énorme. Voici quelques exemples importants : N. Chodorow, *The Reproduction of Mothering : Psychoanalysis and the Sociology of Gender*, Berkeley, University of California Press, 1978 ; D. Dinnerstein, *The Mermaid and the Minotaur : Sexual Arrangements and Human Malaise*, New York, Harper and Row, 1976 ; J. Flax, « Political Philosophy and the Patriarchal Unconscious : A Psychoanalytic Perspective on Epistemology and Metaphysics », *in* S. Harding, M. Hintikka, *Discovering Reality*, p. 245-281 ; E. Fox Keller, *Reflections on Gender and Science* ; N. Scheman, « Individualism and the Objects of Psychology », *in* S. Harding, M. Hintikka, *Discovering Reality*, p. 225-244. Pour une discussion critique importante de ce travail, voir J. Butler, « Gender Trouble ».

et sont bien ancrées, et où les individus arrivent globalement à s'y conformer, les généralisations correspondantes sur les hommes et les femmes, voire sur les mâles et les femelles, peuvent être valables sur le plan descriptif[1]. Quand on constate ces généralisations, on a évidemment tendance à en conclure qu'une femme est « par nature » ou « essentiellement » féminine (et un homme masculin). En bref, on ne reconnaît pas le rôle prescriptif des normes et on tient les différences de genre pour naturelles ou inévitables[2]. Mais cette inférence est fautive : même si les généralisations sont justes, leur justesse peut être le simple reflet de l'impact de ces normes et de l'organisation

1. Cependant, il est important de noter que lorsque les normes de genre sont bien ancrées, on perçoit souvent les individus comme adaptés à ces normes même quand ce n'est pas le cas : il arrive qu'on pense qu'une femme est maternelle, faible ou dépendante alors même qu'elle ne l'est pas. (Ces hypothèses peuvent être faites par les autres mais aussi par elle-même).

2. Une autre tentation produite par les généralisations sur le fait que les femmes seraient féminines et les hommes masculins, est de définir les catégories sociales de genre en termes de conformité avec des normes de genre idéalisées, c'est-à-dire de considérer que la classe sociale des femmes consiste dans toutes celles qui sont féminines. Il s'agit aussi d'une erreur mais pour des raisons différentes. Dans cette théorie, on reconnaît de manière juste que les différences de genre résultent des forces sociales ; mais en considérant la féminité comme la marque au nom de laquelle quelqu'un a le droit de faire partie de la catégorie « femme », l'analyse perd l'essentiel de son pouvoir de critique des hypothèses patriarcales au sujet des femmes. Délimiter la classe des femmes en fonction des standards de féminité traite les femmes non féminines comme n'étant pas « vraiment » des femmes et est aveugle à la possibilité d'une résistance des femmes à la norme ; pire encore, parce que les conceptions socialement acceptées de la féminité vont refléter des biais raciaux, classistes, hétérosexistes, religieux et ethniques, en définissant les femmes comme celles qui sont féminines nous courons le danger de répéter l'exclusion et la marginalisation que le féminisme s'efforce de réparer.

des rapports sociaux qui garantit l'acceptation de ces normes[1].

Par contraste, le cadre théorique que j'ai esquissé insiste sur le rôle prescriptif des normes de genre et souligne le fait que le genre est fondé sur de vastes arrangements sociaux. Les traits, normes et identités particuliers, lorsqu'on les considère en dehors de leur contexte social, ne peuvent pas être classés comme masculins ou féminins. La classification des caractéristiques en masculines et féminines est *dérivée*, et en particulier, elle dépend de classifications *sociales* antérieures. Par exemple, prenons l'idée que le fait d'être sensible aux rapports interpersonnels est un trait féminin. Lorsqu'on examine cette idée, nous ne devons pas considérer qu'une telle sensibilité est intrinsèquement féminine ou que son statut comme féminine est déterminé biologiquement, psychologiquement, ou en raison de son inclusion dans un archétype de la Femme qui serait extrasocial (que ce soit « naturel » ou « métaphysique »). Non seulement une telle réification ne parvient pas à rendre compte des vastes différences culturelles quant au contenu des idéaux de genre ; pire encore, s'appuyer sur de tels archétypes masque le fait que le fait que des idéaux soient considérés comme masculins ou féminins repose sur une organisation de la vie sociale en termes de rôles et de fonctions « convenables »[2]. Ces idéaux sont genrés parce

---

1. Cette idée a été soutenue de manière répétée à travers les siècles. Voir par exemple J. S. Mill, *L'Asservissement des femmes*, trad. M.-F. Cachin, Paris, Payot, 2005. Nous y reviendrons plus bas pour discuter certains des mécanismes qui trop souvent rendent cette idée obscure.

2. Pour une discussion convaincante et captivante de cette idée, voir C. Delphy, « Protoféminisme et Antiféminisme », *L'Ennemi principal* 1, p. 207-244. Voir aussi, I. M. Young, « Is Male Gender Identity the Cause of Male Domination », in *Throwing Like a Girl and Other Essays in Feminist Philosophy and Social Theory*, Bloomington, Indiana University Press, 1990, p. 36-61.

que les rôles pour lesquels ils servent d'idéal constituent le genre.

J'insiste sur cette dépendance des idéaux genrés vis-à-vis des arrangements sociaux parce que cela met en lumière une difficulté lorsque l'on justifie ces arrangements sociaux. Les idéaux se présentent comme des standards ou des formes d'excellence à valoriser; si l'on fait l'hypothèse que les « bons » idéaux sont donnés par autorité (par exemple, par la nature ou par Dieu), il est alors tentant de justifier une distribution des rôles sociaux au nom des possibilités qu'ils ouvrent d'atteindre les dits idéaux. Si l'affection est une forme d'excellence intrinsèquement féminine et le courage une forme d'excellence intrinsèquement masculine, alors il peut sembler justifié de distribuer les rôles sociaux d'une manière qui facilite les occasions pour les femmes de faire preuve d'affection et pour les hommes de courage. Mais si nous prenons en compte que ces idéaux sont fonctionnellement ancrés dans les rôles et les activités, cette stratégie perd sa force. Un excellent esclave est un esclave obéissant; un excellent maître est un maître qui commande. Mais de tels idéaux ne justifient pas l'institution de l'esclavage parce que ces idéaux ne tiennent leur force prescriptive que d'un contexte dans lequel on admet le caractère approprié (ou inévitable) des rôles sociaux de maître et d'esclave. En bref, un idéal est approprié seulement dans la mesure où il y a de bonnes raisons d'être en accord avec le rôle social pour lequel il fonctionne comme idéal; à l'inverse, l'idéal ne justifie pas le rôle.

Cet argument a pour cible principale ceux qui affirmeraient que des idéaux de masculinité et de féminité « donnés » naturellement et transcendentalement justifieraient une division genrée de la vie sociale. Mais il a aussi pour but de montrer qu'il y a de bonnes raisons de se soucier du fait qu'on ne peut pas facilement séparer la valeur que nous accordons à la masculinité et à la féminité de la valeur que nous donnons aux rôles de genre correspondants. Si ces rôles de genre sont oppressifs et constituent un système de domination masculine, alors nous devrions être attentifs lorsque nous nous approprions des vertus féminines ou masculines, même si nous avons l'intention de construire un nouvel idéal de vertu humaine.

RATIONALITÉ MASCULINE

Dans la tradition philosophique occidentale, la capacité à raisonner est un élément crucial des conceptions du sujet, et les idéaux de rationalité constituent d'importants éléments dans les explications normatives de la connaissance et de la moralité. Il est également clair que ces idéaux de rationalité et de sujets rationnels ont été définis par contraste avec ce que l'on tenait pour être les traits et les capacités caractéristiques des femmes : les femmes sont guidées par l'émotion ou le sentiment plutôt que par la raison ; les femmes ne sont pas capables d'impartialité ou de pensée abstraite ; les femmes sont plus intuitives et plus proches de la nature que les hommes, et cætera [1]. En outre, quiconque manifeste une tendance à s'écarter des idéaux rationnels (ou en réalité quoi que ce soit qui fasse cela) est considéré

---

1. Voir G. Llyod, *The Man of Reason : « Male » and « Female » in Western Philosophy*.

comme féminin [1]. Il est frappant de voir que même des conceptions très différentes de la rationalité s'accordent sur leur contraste avec des attributs considérés comme « féminins ». L'importance de ce contraste soutient l'hypothèse selon laquelle en dépit des efforts pour faire de la rationalité un idéal « humain », c'est en réalité un idéal masculin. Cette idée que la rationalité est masculine est explicitement affirmée par certains philosophes, et cette hypothèse forme la toile de fond des conceptions occidentales communes de la différence de genre qui ont une influence profonde sur la vie quotidienne.

Dans la mesure où des théories prétendument non genrées de la connaissance, de la moralité, et du statut de personne fournissent des idéaux qui sont définis par contraste avec la féminité, le patriarcat fait là un de ses meilleurs tours de passe-passe. En faisant passer des idéaux masculins pour des idéaux humains, on s'assure que les efforts que quelqu'un peut faire pour être féminine saperont toujours les efforts qu'elle pourra faite pour être une bonne personne (et de la même façon pour atteindre les idéaux de moralité et de connaissance). Les femmes sont face à un impossible choix qui les expose à la critique dans tous les cas : être une bonne personne et une mauvaise femme, ou être une bonne femme et une mauvaise personne. Ceci n'est pas sans conséquence. Comme l'écrit Judith Butler

---

1. À peu près tout peut être (et a été) interprété comme illustrant les normes de féminité et de masculinité. Des exemples utiles de la projection des normes de genre sur les individus d'autres espèces est disponible dans les travaux féministes en sciences (en particulier en biologie). Voir par exemple H. Longino, R. Doell, « Body, Bias, and Behavior : A Comparative Analysis in Two Areas of Biological Science », *Signs*, vol. 9, 1983, p. 206-227 ; et D. Haraway, *Simmians, Cyborgs, and Women*, parties I-II.

> Les contraintes sociales sur le respect des normes de genre et sur la déviation sont telles que la plupart des gens se sentent profondément blessés si on leur dit qu'ils exercent leur masculinité ou leur féminité d'une mauvaise façon. Dans la mesure où l'existence sociale requiert d'être sans ambiguïté d'un genre ou d'un autre, il n'est pas possible d'exister d'une manière socialement significative en dehors des normes de genre établies. [...] Si l'existence humaine est toujours une existence genrée, alors s'écarter du genre établi est d'une certaine manière remettre en cause sa propre existence[1].

Au début, il est tentant de penser qu'on pourra aisément remédier aux erreurs de cette tradition en retirant les affirmations problématiques qui sont faites sur les femmes et la féminité. On pourrait par exemple avancer que les conceptions que l'on a de ce que sont des êtres rationnels et les idéaux de rationalité ne devraient pas avoir besoin d'être définis par contraste avec la féminité. Ils se suffisent à eux-mêmes comme idéaux aussi bien pour les femmes que pour les hommes. Cette proposition reconnaît que les idéaux rationnels ont été et sont associés aux hommes et considérés comme masculins. Mais elle va plus loin et affirme que nous devrions simplement rejeter ces associations et ces présupposés. Les conceptions traditionnelles de la féminité sont fondées sur des erreurs : être une bonne femme (ou un bon homme) consiste simplement à être une bonne personne (quel que soit le sens qu'on donne à cette idée). En bref, le sexisme de la tradition n'est pas intrinsèque à ses conceptions de l'être ou du rôle de la raison : au contraire, son sexisme se trouve dans une incapacité à avoir que, en réalité, ses conceptions s'appliquent bien à tous.

1. J. Butler, « Variations on Sex and Gender », p. 132.

Mais le travail féministe sur le genre soulève des interrogations sur cette stratégie apologétique. Si les idéaux de rationalité ont été définis par contraste avec les idéaux de la féminité, alors on a de bonnes raisons de penser que sous ces idéaux nous allons trouver une division des rôles de genre. Comme je l'ai déjà dit, les normes ne sont pas genrées par le simple fait d'être associées aux hommes ou aux femmes ; elles sont genrées en ce qu'elles fournissent des idéaux qui sont en adéquation avec les rôles qui constituent le genre [1]. Les normes masculines sont les idéaux qui conviennent au rôle social des hommes, et les identités masculines sont les conceptions de l'être et du monde qui justifient la place que l'on a et les activités qui sont les siennes dans ce rôle en présentant ces activités comme appropriées, bonnes, naturelles ou inévitables. Si nous nous contentons d'étendre les normes masculines à tous et à prendre la conception masculine de l'être et du monde pour l'appliquer généralement, nous aurions l'air de faire nôtre l'idée que tout le monde devrait occuper le rôle social (et donc adopter la perspective sur la vie sociale) qui pendant longtemps n'a été donné qu'aux hommes. En

---

1. Malheureusement, nombre de théoriciennes féministes parlent comme si un concept était masculin par le simple fait d'être « associé » avec les hommes : « La thèse de base de la critique féministe de la connaissance peut être exprimée très simplement : privilégier le mode de pensée rationnel est intrinsèquement sexiste parce que, au moins depuis Platon, le rationnel a été associé au masculin, l'irrationnel au féminin. » (Hekman, « The Feminization of Epistemology », p. 70.) Il devrait être clair, à partir de ce que j'ai dit jusqu'à maintenant, que je trouve cette façon d'« exprimer simplement » la thèse trop faible pour rendre justice à la profondeur de la critique féministe ; au minimum, il faut dire davantage de la nature de cette association, montrer qu'elle est plus qu'une « simple » association, pour soutenir cette remise en cause féministe.

effet, faire cela implique que ce qui était un modèle de vie pour une seule catégorie parmi d'autres peut (et devrait) devenir un modèle pour nous tous.

Le souci premier est que si la raison elle-même est masculine, alors accepter par principe que les idéaux de rationalité s'appliquent parfaitement à tou.te.s, quel que soit leur genre, reflète un biais en faveur des hommes. Nous pourrions demander : Si les idéaux de rationalité sont des idéaux adaptés au rôle social des hommes, de quel droit est-ce que nous étendons ces idéaux à des idéaux « humains » ? Que faire des idéaux adaptés au rôle social des femmes, en particulier ceux qui sont définis par contraste avec la rationalité ? De la même façon, si les conceptions philosophiques de l'être et du monde ne reflètent ces choses que depuis la position sociale qui est celle des garçons et des hommes, et *non* la façon dont les choses apparaissent depuis la position sociale des filles et des femmes, alors de quel droit nous attendons-nous à ce que tout le monde fasse sienne ces conceptions ? L'inquiétude ici est que les idéaux masculins semblent offrir au mieux un modèle seulement partiel de la vie humaine. Une question pressante est de savoir comment, ou si nous pourrions corriger un modèle si partial. Devrions-nous chercher à intégrer les différentes perspectives ?

Nous pouvons étendre et approfondir ces questions en notant qu'il n'est pas du tout évident de savoir s'il est justifié d'étendre le rôle social des hommes, et les idéaux de rationalité qui vont avec, à tout le monde. Savoir si une telle extension est même possible dépendra, évidemment, de comment on conçoit le genre et en particulier la façon dont les idéaux de rationalité sont fondés sur le genre. Mais notre inquiétude se précise si nous faisons attention à l'hypothèse susmentionnée selon laquelle les rôles de genre sont définis de manière relationnelle et hiérarchique – par exemple, de même que quelqu'un est propriétaire parce qu'il se trouve dans une certaine relation (hiérarchique) à un autre qui est locataire, quelqu'un est un homme parce qu'il se trouve dans une certaine relation (hiérarchique) à une autre qui est une femme. Comme les rôles de genre sont situés dans des arrangements sociaux complexes, nous ne pouvons pas nous contenter de supposer qu'il est possible ou justifié de généraliser les rôles masculins ou d'intégrer les idéaux masculin et féminin.

Par exemple, nous ne pouvons pas étendre de manière cohérente certains rôles sociaux à tout le monde : tout le monde ne peut pas assumer le rôle d'être un individu libre qui possède des esclaves. Par différentes raisons (très matérielles), il n'est pas possible pour tout le monde de vivre une vie de pure contemplation, « vierge » de tout travail domestique et non interrompue par les besoins des jeunes, des malades, des vieux[1]. Même si certains rôles peuvent être généralisés, nous devrions hésiter à le faire : même s'il est possible pour tout le monde de servir de bouc-émissaire pour un autre groupe, proposer que tout le monde serve de bouc-émissaire et faire siennes les valeurs qui vont avec cette fonction serait une erreur. Nous devons donc nous demander : Quels sont les rôles pour lesquels la rationalité est un idéal approprié ? Quels rôles sont motivés et autorisés par une conception des êtres rationnels ? en particulier, si la rationalité est un idéal pour le rôle social des hommes, et si le genre est défini relationnellement, alors pouvons-nous, de manière cohérente, promouvoir

1. Pour une discussion merveilleuse de la question de savoir si et dans quelle mesure les conceptions et idéaux philosophiques du sujet peuvent être étendus aux femmes, voir S. Okin, *Women in Western Political Thought*, Princeton, Princeton University Press, 1979.

la rationalité sans promouvoir ces relations sociales qui constituent le genre et sans promouvoir aussi un idéal opposé pour les femmes ?

Il faut noter que ces questions ont des corrélats concernant les normes et les idéaux féminins. Par exemple, si les normes féminines que sont « l'intuition », la « partialité », et le « caractère situé » offrent des idéaux particulièrement adaptés aux rôles genrés qui sont ceux des femmes, nous devrions nous demander si ces normes féminines peuvent être « dé-genrées » pour les libérer de ce qui les lient à l'organisation sociale de l'oppression de genre. Cette focalisation sur les idéaux féminins plutôt que masculins soulève des doutes sur les stratégies des féministes « gynocentriques » qui cherchent à corriger l'accent que la tradition occidentale met sur la raison en réévaluant ce que l'on considère traditionnellement comme les vertus féminines[1]. Comprendre que le genre et les normes de genre sont ancrées dans des relations sociales peut donner des raisons de remettre en cause non seulement les normes et les identités masculines mais aussi les normes et les identités féminines. Si les idéaux masculins et féminins ne peuvent être réalisés que dans des contextes sociaux organisés par les rapports de genre, ou si leur réalisation fonctionne d'une manière qui perpétue les relations de genre existantes, si alors les rapports de genre sont des rapports de domination, celles et ceux qui cherchent à mettre un terme à l'oppression de genre devraient rejeter les idéaux masculins et féminins.

---

1. Pour une discussion et une défense précieuse du féminisme « gynocentrique » qui est sensible à ces questions, voir I. M. Young, « Humanism, Gynocentrism, and Feminist Politics », in *Throwing Like a Girl*, p. 73-91.

À ce stade de la discussion, je n'ai pas encore proposé d'argument qui montre que la raison serait genrée. L'idée que j'ai notée plus haut dans cette section – celle que les analyses traditionnelles des idéaux de la raison les caractérisent par contraste avec la féminité – rend plausible l'idée que de tels idéaux seraient genrés. Mais il reste à montrer en quel sens, et dans quelle mesure, lorsque l'on soutient la raison on soutiendrait par là même les rôles de genre. Pour fournir un tel argument, il nous faut fournir une analyse plus détaillée du genre et de la raison. Je vais me consacrer à cette tâche dans un instant mais avant ça, il nous faut considérer avec plus de précision la relation entre les normes et les rôles.

Les questions soulevées ci-dessous pointent vers deux soupçons sous-jacents. Le premier est que ceux qui sont situés dans certains rôles problématiques ou oppressifs parviennent à leurs fins (par exemple, leurs activités sont menées à bien) en satisfaisant aux idéaux de la raison. Le second est que ceux qui remplissent les idéaux de la raison occupent par là même un rôle social oppressif ou problématique ; en d'autres termes, que satisfaire aux idéaux de la raison suffirait à endosser un rôle d'oppresseur. Quiconque se préoccupant de promouvoir un changement social aurait vraisemblablement, dans ces deux cas, des raisons de remettre en question la valeur de la raison. En outre, ces soupçons deviennent spécifiquement féministes si les rôles sociaux oppressifs en question sont des rôles genrés. Mais ces deux soupçons doivent être clarifiés sont l'on veut avoir un dossier solide contre les idéaux de la raison.

Jusqu'à présent, j'ai suggéré de manière répétée que des normes ou des idéaux sont « convenables » ou « appropriés » à certains rôles sociaux spécifiques. Mais ces notions restent obscures ; comme première étape de clarification, il est utile d'introduire une série de distinctions qui vont jouer un rôle crucial dans les arguments à venir. Comme je l'ai dit, je fais l'hypothèse que certains rôles ont une raison d'être et qu'on peut les endosser d'une manière qui sera considérée comme un succès, d'une autre comme un échec. En outre, je fais l'hypothèse qu'être excellent dans un rôle qui dure requiert une disposition à agir avec succès. En se fondant sur ces idées, on peut dire qu'une norme est *adaptée* à un rôle social si remplir ce rôle donne plus de chance de réussir à satisfaire cette norme ; en d'autres termes, satisfaire la norme permettrait de ou contribuerait à réussir dans ce rôle. Ainsi, une norme « adaptée » à un rôle est une norme dont la satisfaction va, toutes choses égales par ailleurs, vous permettre de passer d'une adaptation minimale aux conditions du rôle, au fait de l'endosser d'une manière excellente.

Promouvoir l'excellence dans les rôles sociaux oppressifs est quelque chose que nous devrions vouloir éviter. Nous ne devrions pas cependant faire l'hypothèse que la valeur d'une norme peut être jugée simplement à l'aune de sa contribution à l'excellence d'un rôle social donné. Prenons l'exemple des rôles de maître et d'esclave. Il est plausible que les « bons » maîtres soient ceux qui – entre autres choses – sont gentils et pleins de compassion à l'égard de leurs esclaves. Une telle gentillesse de la part des bons maîtres peut en effet participer à maintenir l'institution sociale qu'est l'esclavage en encourageant les esclaves à la loyauté et au travail. Mais le fait que cette gentillesse contribue au succès du rôle du maître ne devrait pas nous conduire à rejeter la vertu de gentillesse en général ; ni ne devrions nous conclure que ce n'est pas bien pour ceux qui sont maîtres, d'être gentils et pleins de compassion à l'égard de leurs esclaves, suggérant ainsi peut-être qu'ils devraient être cruels et sans cœur à la place. Pour autant, nous devons reconnaitre que la gentillesse du maître est problématique en tant qu'elle permet la perpétuation de l'institution de l'esclavage. Et qu'il y a quelque chose de clairement mauvais à encourager des individus à être de bons maîtres. Pour être un bon maître, il faut être un maître, et nous avons des raisons de rejeter ce rôle.

Pour résoudre ces difficultés, on peut noter que certaines normes sont séparables du rôle pour lequel elles sont adaptées et d'autres non. On peut avoir des qualités qui rendraient bon.ne dans un rôle donné sans avoir ce rôle et sans que ce rôle soit même socialement disponible. Par exemple, supposons que nous caractérisions un bon locataire comme celui qui paie le loyer en temps et en heure et qui respecte les autres (ne dérange pas ses voisins, ne détruit pas la propriété des autres, etc.). Ces qualités sont adaptées au rôle de locataire et elles servent de critères pour évaluer les locataires. Cependant, un des éléments de cet idéal du locataire – respecter les autres – peut être séparé des relations qui constituent la catégorie sociale de locataire. Satisfaire cette norme n'implique pas que l'on participe au rôle de locataire puisqu'on peut respecter les autres sans être locataire. En revanche, on ne peut satisfaire à la condition de payer son loyer en temps et en heure que si l'on est locataire ; en satisfaisant cette norme, on satisfait par là même les conditions pour être locataire. Si l'on n'est pas locataire, alors non seulement cet idéal est inadapté, mais il n'y a aucun moyen de le satisfaire sans être locataire. De la même manière, un bon enseignant informe et guide les autres dans leur apprentissage, écoute attentivement et encourage un enthousiasme pour le sujet. Écouter attentivement est séparable du rôle d'enseignant mais informer et guider les autres dans leur apprentissage ne l'est pas.

On ne peut satisfaire au deuxième critère qu'en étant enseignant (en faisant, bien sûr, l'hypothèse qu'on peut être enseignant sans être enseignant de profession).

Ces exemples illustrent deux points. Premièrement, certaines normes sont telles que les satisfaire implique que l'on participe à un rôle social particulier ; ces normes sont *fondées de manière constitutive* dans un rôle social ; mais dans le cas de normes ou d'idéaux conjonctifs, même si comme un tout elles sont fondées de manière constitutive dans un rôle social, ils peuvent avoir des éléments qui sont séparables de ce rôle[1]. Deuxièmement, si une norme est fondée de manière constitutive dans un rôle social défini relationnellement – comme, par exemple, le rôle de locataire est défini par rapport aux propriétaires – alors satisfaire la norme requiert que des arrangements sociaux fournissent de telles relations. En raison du caractère relationnel du rôle de locataire, satisfaire l'idéal du locataire requiert que quelqu'un soit un propriétaire. Si l'idéal du locataire est adapté à certain.e.s, alors il y a un idéal du propriétaire adapté à d'autres. Ainsi, on ne peut suivre une norme fondée de manière constitutive dans un rôle social relationnel que s'il existe un idéal corrélatif adapté.

Nous devons cependant noter qu'il y a un entre-deux entre les normes qui sont fondées de manière constitutive

---

1. Il faut noter qu'en définissant le fait d'être fondé de manière constitutive en termes d'implication, je ne distingue pas entre les cas dans lesquels ces conditions impliquées sont présupposées par les conditions impliquantes (comme dans le cas du propriétaire) de celles dans lesquelles elles ne sont pas présupposées mais comptent comme des conditions suffisantes (comme dans l'exemple de l'enseignant). Pour les tentatives classiques de caractérisation des différences entre présupposition et implication, voir P. F. Strawson, *Introduction to Logical Theory*, London : Methuen, 1952, et son « Reply to Mr. Sellars », *Philosophical Review*, vol. 63, 1954, p. 216-231.

dans un rôle social particulier et celles qui sont totalement séparable du rôle en question. Dans ma caractérisation des conditions pour qu'un rôle ou une norme soient fondés de manière constitutive, il est (conceptuellement) nécessaire que quiconque satisfait cette norme fonctionne dans ce rôle – de manière nécessaire, quiconque paie son loyer en temps et en heure est un locataire. Cependant, nous devons noter qu'être situé dans un rôle va souvent dépendre de facteurs contextuels ; par conséquent, satisfaire une norme peut suffire pour fonctionner dans un rôle dans certains contextes et pas dans d'autres [1].

Prenons d'abord un exemple relativement facile : la vie idéale de pure contemplation que l'on a mentionnée plus haut. Il n'y a rien dans le fait de satisfaire cet idéal, en lui-même, qui rende dépendant du travail des autres pour sa nourriture et sa survie. La vie de pure contemplation n'est pas fondée de manière constitutive dans le rôle de dépendant en vertu des concepts utilisés dans cet idéal : des anges pourraient y satisfaire sans être dépendants. Et pourtant, en raison des conditions matérielles de la vie humaine, tout adulte qui s'approche de la satisfaction de cet idéal va, ce faisant, fonctionner dans ce rôle de dépendant. C'est-à-dire que, étant données certaines conditions sous-jacentes, satisfaire cet idéal suffit à fonctionner dans le rôle social d'un dépendant.

---

1. Nous devrions noter qu'en déterminant si une norme est *appropriée à* un rôle, des questions parallèles surgissent : est-ce que satisfaire à la norme est requis dans n'importe quel contexte pour exceller dans ce rôle ? Ou est-ce que satisfaire à la norme contribue, dans un contexte donné, à l'excellence dans le rôle ? Parce qu'on reconnaît relativement couramment les facteurs contextuels dans la détermination du caractère approprié à une norme, ma discussion ici va se concentrer sur la distinction constitutive/contextuelle quant à la constitution.

Dans le cas de la contemplation pure, les conditions sous-jacentes que nous venons d'évoquer – par exemple, le besoin humain de nourriture et d'abri – sont générales et, au moins dans une certaine mesure, s'appliquent à nous tous ; mais d'autres conditions sous-jacentes seront socialement spécifiques. Prenons l'exemple du journaliste d'investigation. Il est plausible que pour être un excellent journaliste d'investigation, il faille « sans relâche » rechercher et publiciser les informations importantes pour le public. Notons, cependant, que les rôles sociaux de ceux qui remplissent cette norme vont varier largement en fonction du contexte social. Quelqu'un qui remplit cette norme sous une dictature où de tels efforts journalistiques sont interdits par la loi va par conséquent fonctionner dans le rôle de criminel et va être sujet à des poursuites. (De manière peut-être plus importante, ceux qui fonctionnent dans ce rôle dans ce tels contexte adoptent un rôle de résistance). Cependant, satisfaire à cette norme journalistique ne sera pas suffisant pour être un criminel ou un résistant dans une démocratie où la liberté de la presse est légalement protégée. Ainsi, on peut accomplir le même idéal, d'une manière identique, dans deux contextes sociaux différents et ce faisant fonctionner dans des rôles sociaux très différents [1].

Disons, en substance, qu'une norme ou un idéal est *fondé de manière constitutive* dans un rôle social uniquement

---

1. Il est clair que l'idéal journalistique peut être satisfait de différentes manières, par différentes actions. Deux journalistes peuvent se retrouver dans des rôles sociaux différents parce qu'ils réalisent la norme à travers différents types d'action. Cependant, ce que je dis ici est que même si un.e journaliste poursuivait le même type d'action qu'il/elle poursuit, mais dans un autre contexte, il/elle pourrait se retrouver dans un rôle social différent.

dans le cas où, étant donné les conditions sous-jacentes spécifiées, satisfaire à cette norme est ou serait suffisant pour fonctionner dans ce rôle [1]. Il ne fait pas de doute que déterminer si un idéal est fondé de manière constitutive dans un rôle social particulier va être un projet difficile qui va se fonder sur des hypothèses controversées sur le contexte en question. On ne se focalise généralement pas sur ces complications contextuelles quand on évalue des normes ou des idéaux ; à la place, on décrit les idéaux d'une manière largement indéterminée quant à qui et ce qui les satisfait, et en fonction de quoi et quand ils sont satisfaits (même si, comme les travaux féministes l'ont montré, des hypothèses sous-jacentes sexistes jouent souvent un rôle crucial dans nos évaluations). Nous pouvons admettre que lorsque l'on évalue une norme, il est important de déterminer la variété de façons dont elle peut, en principe,

1. En proposant cette condition, il faut noter qu'une attention philosophique significative a été portée au problème d'articuler et d'évaluer des conditionnels qui dépendent de la spécification de conditions sous-jacentes appropriées. Une formulation classique de ce problème apparaît dans Nelson Goodman, « Le problème des contrefactuels conditionnels », 1947, dans *Faits, fictions et prédictions*, trad. fr. M. Abran, Paris, Minuit, 1985 ainsi que le reste de l'ouvrage. Voir aussi R. Chisholm, « Law Statements and Counterfactual Inference », *Analysis*, vol. 15, 1955, p. 97-105 ; J. L. Mackie, « Counterfactuals and Causal Laws », *in* R. J. Butler (dir.), *Analytical Philosophy*, New York, Barnes and Noble, 1962, p. 66-80. La question de savoir comment établir des limites sur les conditions sous-jacentes présupposées de sorte que le conditionnel donne lieu à une exigence substantielle demeure un problème ; dans ce cas, le problème est celui de savoir comment établir des contraintes sur les conditions sous-jacentes pour éviter le résultat selon lequel toute norme est fondée sur un rôle social donné, sans pour autant décrire les contraintes de sorte que le conditionnel en question soit trivialement valide. Je ne vais pas m'efforcer de régler ce problème ici. Je pense que la validité de l'argument que je discute ci-dessous ne dépend pas de la résolution des détails de ce problème.

être réalisée, et les limites conceptuelles de sa réalisation. Mais c'est seulement en considérant comment les normes et les idéaux sont réalisés *en contexte* que l'on peut effectivement déterminer leurs conséquences, et leur valeur, pour nos vies pleinement situées [1].

Comme je l'ai dit plus haut, notre évaluation de normes est indissociable d'une évaluation des rôles dans lesquels elles sont fondées. À première vue, on pourrait penser que si une norme est fondée dans un rôle socialement problématique, alors on devrait rejeter la norme ; en rejetant la norme, on espère souvent décourager les autres d'assumer ce rôle. Cependant, si une norme est fondée de manière contextuelle dans un rôle social problématique, abandonner la norme n'est peut-être pas la chose à faire ; à la place, ce pourrait être de changer les conditions sous-jacentes qui connectent la norme au rôle. Par exemple, dans les contextes dans lesquels mener à bien l'idéal de journaliste d'investigation et ses normes fait de quelqu'un.e un criminel, nous devrions continuer à promouvoir le rôle de journaliste d'investigation et ses normes mais travailler à changer les conditions sociales qui rendent un journaliste criminel.

Maintenant que l'on a noté les différentes façons dont les normes et les idéaux peuvent être « appropriés à » ou « fondés sur » des rôles sociaux, nous pouvons enfin gagner

---

1. Il est important de garder à l'esprit que la fondation de manière contextuelle d'une norme dans un rôle n'a pas besoin de contribuer au succès dans ce rôle, et que la norme n'a pas besoin de compter comme faisant partie de l'idéal « pour » ce rôle, au sens ordinaire. Par exemple, ce qui fait de quelqu'un un excellent journaliste peut, dans certaines conditions, faire de cette personne un.e criminel.le, sans pour autant que ce soit un.e bon.ne criminel.le. Néanmoins, noter que les normes ne sont pas seulement fondées de manière constitutive mais aussi contextuelle dans les rôles souligne le fait que nos « vertus » peuvent nous mettre de manière imprévue dans des rôles pour lesquelles elle n'étaient pas prévues.

en précision au sujet de cette preuve d'une dimension masculine ou genrée de la raison. Dans la section 2, j'ai suggéré que des traits sont « genrés » dans la mesure où ils permettent d'être excellents dans les rôles genrés approuvés par la société. La discussion de cette section élargit et approfondit cette suggestion initiale. Je propose qu'une norme est *appropriée* à un rôle social dans le cas où satisfaire cette norme permettrait de ou contribuerait de manière significative à un fonctionnement avec succès dans ce rôle. En outre, plus largement, une norme est *fondée* dans un rôle social dans le cas où (en acceptant des conditions sous-jacentes restreintes) satisfaire cette norme suffit pour fonctionner dans ce rôle, avec succès ou non. Disons d'une norme est *faiblement genrée* si elle est appropriée pour un rôle de genre, et qu'elle est *fortement genrée* si elle est fondée – de manière constitutive ou contextuelle – dans un rôle genré.

Nous pouvons désormais revenir sur les deux « soupçons sous-jacents » qui ont donné lieu à cette discussion. Le premier soupçon était que celleux situés dans des rôles sociaux oppressifs réussissent – et que leurs rôles, en outre, soient perpétués – parce qu'iels satisfont les idéaux de la raison. Le second était que satisfaire les idéaux de la raison suffisait à vous situer dans un rôle social oppressif. Si nous faisons l'hypothèse que le rôle des hommes est problématique – qu'il oppresse les femmes – alors ces deux soupçons correspondent respectivement aux accusations selon lesquelles les idéaux de la raison seraient faiblement genrés et qu'ils seraient fortement genrés[1]. Mais les arguments

---

1. Cependant, nous devons ajouter une qualification. Il est difficile de déterminer si les traits qui promeuvent le succès dans un rôle social sont responsables de la perpétuation de ce rôle. Prenons les médecins : un « bon » médecin est un médecin qui soigne ses patients. Il est tentant de dire que soigner les patients, même si cela est requis pour le succès

que j'ai offerts montrent que nous devons faire attention lorsque nous tirons de larges conclusions sur la valeur, ou non, de la raison, en fonction d'affirmations sur son caractère genré.

Si nous établissons que les normes de rationalité sont faiblement genrées (que leur satisfaction contribue à la réussite des hommes dans leur rôles social), cela n'implique pas que nous devrions les rejeter en bloc ; ce pourrait être le cas, par exemple, que satisfaire les normes de rationalité serait séparable des rôles de genre et de leur valeur indépendante. Néanmoins, montrer que les normes de rationalité sont faiblement genrées a une portée politique importante. Reprenons l'exemple du maître gentil. Toutes louables que puissent être ces actions individuelles gentilles des maîtres, en tant qu'elles contribuent à la perpétuation de l'esclavage comme institution les conséquences politiques de ces actes sont abjectes. C'est un triste fait de la vie sociale que le bien que nous parvenons à accomplir peut, dans un contexte plus large, perpétuer des maux bien plus sévères ; et ces maux sont bien trop souvent masqués par les bonnes actions qui les perpétuent. Si satisfaire les normes de rationalité permet aux hommes d'exceller dans leur rôle social, et le fait d'une manière qui perpétue la domination masculine, alors savoir cela est important pour démasquer les forces qui empêchent le changement social.

---

d'un médecin, n'est pas responsable de la perpétuation du rôle de médecin ; c'est le fait que les gens tombent malade, en dépit des efforts des bons médecins, qui perpétue ce rôle. Cependant, nous devons aussi noter que le fait que les gens tombent malades ne peut pas être le seul facteur responsable de la perpétuation du rôle social de médecin, puisqu'il est facile d'imaginer comment, dans des contextes où les médecins seraient mauvais, le rôle pourrait perdre sa crédibilité et à terme disparaître. Ainsi, je suggère que les traits qui contribuent au succès dans un rôle vont, au moins indirectement, perpétuer ce rôle.

En outre, si l'on établit que la rationalité est faiblement genrée, il ne s'ensuit pas que celles et ceux qui sont rationnel.le.s se trouvent dans des relations genrées oppressives ; il ne s'ensuit pas non plus que promouvoir les idéaux de rationalité promeut aussi les rôles genrés oppressifs [1]. (On peut promouvoir la gentillesse sans promouvoir l'esclavage). Cependant, si les normes de rationalité sont fortement genrées, si, par exemple, elles sont fondées dans le rôle social des hommes, alors celui qui satisfait ces normes fonctionne par là même comme un homme. Si le fondement est contextuel, nous devrons regarder attentivement et les normes et les conditions sous-jacentes particulières qui lient ces normes au rôle. Mais si le rôle des hommes est un rôle de domination, alors en trouvant que la rationalité est fondée dans ce rôle, nous pouvons alors dire que dans les conditions sous-jacentes spécifiées, satisfaire aux normes de rationalité est oppressant.

Je vais maintenant me tourner vers une série d'arguments qui servent à montrer qu'il y a un idéal d'objectivité qui est à la fois faiblement et fortement genré – en particulier, masculin. Les arguments que j'analyse sont largement basés sur une interprétation du travail de Catharine MacKinnon, même s'il y a des moments où je reconstruis d'une manière assez libre sa ligne principale d'argumentation. Mon but n'est pas de rendre justice à toute la complexité

---

1. Cette possibilité théorique est importante parce qu'elle nous permet d'affirmer qu'il peut y avoir des idéaux appropriés au rôle social de femmes qui, néanmoins, sont séparables de ce rôle. De même que satisfaire certains des idéaux traditionnellement masculins peut ne pas suffire à mettre dans un rôle d'homme, satisfaire certains des idéaux traditionnellement féminins peut ne pas suffire à mettre dans un rôle de femme. On peut espérer que cela nous permette d'endosser certains des idéaux traditionnellement féminins sans soutenir les arrangements sociaux de l'oppression de genre.

des positions de MacKinnon, mais de m'appuyer sur ses idées pour développer une critique d'une conception de l'objectivité. Je commence par expliquer la façon dont MacKinnon rend compte de la relation qui constitue les catégories d'homme et de femme. Ensuite, je considère quelles normes sont adaptées au rôle défini pour les hommes. Suivant MacKinnon, je défends l'idée qu'il y a un ensemble de normes épistémiques et pratiques, idéal que je nomme « objectivité présupposée », qui contribue au succès dans le rôle des hommes et qui aide à maintenir une division genrée du monde social. Cela montre que l'idéal est faiblement masculin. J'évalue ensuite la thèse selon laquelle cet idéal d'objectivité présupposée est fondé contextuellement dans le rôle social des hommes ; en particulier, je demande si satisfaire cet idéal est suffisant, dans les conditions de domination masculine, pour fonctionner comme un homme. J'affirme que non. Même si je ne crois pas que les arguments de MacKinnon accomplissent le but de montrer que l'objectivité présupposée est fortement masculine, je suggère que cet idéal est fondé contextuellement dans un rôle social différent mais néanmoins problématique.

LES RELATIONS DE GENRE : MACKINNON SUR LE GENRE

En esquissant certaines des distinctions importantes de la théorie féministe récente, j'ai fait exprès d'éviter les questions controversées sur lesquelles il me faut maintenant m'arrêter. En particulier, si nous voulons donner un contenu substantiel à l'idée que la raison est genrée, nous avons besoin d'une explication des rapports sociaux qui constituent le genre. Dans la mesure où la catégorie de genre est contestée au sein de la théorie féministe, est-il possible de se frayer un chemin à travers certaines de ces controverses ?

Il y a une tendance grandissante dans la recherche féministe actuelle consistant à recommander, même si l'on utilise le concept de genre à des fins théoriques, de ne pas considérer le genre comme une catégorie unifiée [1]. Selon cette approche « pluraliste » du genre, on reconnaît que le genre est constitué à travers un ensemble varié de rapports sociaux, sans chercher à spécifier ce que ces relations ont en commun (en optant peut-être pour une idée wittgensteinienne d'« air de famille » ?). Et de fait, on considère que les rapports de genre englobent une classe irréductiblement disjonctive [2]. Que nous acceptions ou non ceci comme notre conclusion finale, il est raisonnable de convenir que, du moins à cette étape, on ferait bien de consacrer nos efforts théoriques à explorer l'ensemble relativement déterminé des relations qui constituent le genre ; en outre, nous pouvons concéder que le fait que le genre puisse faire l'objet d'une analyse unifiée n'est pas un critère de succès dans notre enquête.

Suivant cette stratégie, nous devrions nous atteler à proposer et employer des distinctions assurément partiales, temporaires et dépendantes du contexte de ce que c'est que le genre. Par conséquent, l'attaque selon laquelle la raison est genrée n'aura pas un unique et substantiel contenu ; son interprétation dépendra du type de rapports

1. Voir par exemple D. Haraway, « Manifeste cyborg » et « Savoirs situés » ; J. Butler, « Variations on Sex and Gender » et « Gender Trouble » ; T. de Lauretis, « Feminist Studies/Critical Studies ».

2. Par exemple, prenons la relation « est une mère de ». Si l'on emploie une approche pluraliste des relations maternelles on pourrait affirmer qu'on peut être la mère de quelqu'un ou bien en ayant donné l'ovule à partir duquel cette personne s'est développée, ou bien en lui donnant naissance, ou bien en l'adoptant, ou en jouant un certain rôle dans son éducation ; en effet, nous dirions que les conditions pour être une mère sont irréductiblement disjonctives et hétérogènes.

de genre en cause. Dans la discussion qui va suivre, je vais évaluer une version de cette attaque en employant la conception que propose MacKinnon du genre comme constitué par l'objectification sexuelle. Pour simplifier ma discussion, je vais souvent passer rapidement sur ces limites, en parlant comme si cette conception offrait une définition de la relation qui constitue les catégories sociales d'homme et de femme en tant que telles.

Le travail de Catharine MacKinnon sur le genre et l'objectivité fait partie d'un projet systématique de grande ampleur qui a de larges répercussions sur les débats politiques et légaux actuels[1]. Son travail est profondément ancré dans un engagement à ne jamais perdre de vue la réalité concrète terrible de la violence sexuelle contre les femmes. La conception qu'a MacKinnon du genre recoupe essentiellement la trame théorique spécifique que j'ai esquissée plus haut : les catégories de genre sont définies rationnellement – on est une femme (ou un homme) en fonction de sa position dans un système de rapports sociaux[2]. Donc le genre est une propriété extrinsèque et

1. MacKinnon développe sa position sur le genre et l'objectivité dans « Feminism, Marxism, Method, and the State : An Agenda for Theory », *in* N. O. Keohane, M. Z. Rosaldo et B. C. Gelpi (dir.), *Feminist Theory : A Critique of Ideology*, Chicago, University of Chicago Press, 1982, p. 1-30 (désormais FMMS-I), [originellement publié dans *Signs*, n°7, 1982, p. 515-544 ; « Feminism, Marxism, Method, and the State : Toward Feminist Jurisprudence », *Signs* n°8, 1983, p. 635-658 (désormais FMMS-II) ; *Feminism Unmodified*, Cambridge, Harvard University Press, 1987 ; et *Towards a Feminist Theory of the State*, Cambridge, Harvard University Press, 1989.

2. Je dis que la conception de Catherine MacKinnon recoupe « essentiellement » cette trame théorique parce qu'elle est plus critique face à la distinction sexe/genre que je ne l'ai été. Elle affirme que sexe et genre sont interdépendants et elle choisit d'utiliser les termes « mâle » et « homme », et « femelle » et « femme » de manière interchangeable.

si l'on fait l'hypothèse que l'on peut survivre à des changements dramatiques dans nos rapports sociaux, il n'est pas nécessaire que nous ayons le genre que nous avons maintenant, ni un genre tout court. MacKinnon ajoute à cela trois thèses majeures : 1) les relations qui constituent le genre sont, par définition, hiérarchiques. Le fait que les hommes dominent les femmes n'est pas une vérité contingente ; les relations de domination *constituent* les catégories d'homme et de femme ; 2) les rapports de genre sont définis par et pour les intérêts des hommes ; 3) Le genre est « sexualisé » [1]. Pour citer MacKinnon :

> Le masculin et le féminin sont créés à travers l'érotisation de la domination et de la soumission. La différence homme/femme et la dynamique domination/soumission se définissent l'une l'autre. Voilà la signification sociale du sexe et l'approche distinctement féministe de l'inégalité de genre [2].

Voir *Feminism Unmodified*, p. 263 note 5, et FMMS-II, p. 635 note 1. Même si je vais continuer à utiliser la terminologie homme/femme en parlant du genre, dans les citations je laisserai sa terminologie telle quelle.

1. Voir par exemple C. MacKinnon, *Feminist Theory of the State*, p. 113. Il faut noter que ce troisième élément dans l'analyse du genre, à savoir le fait que le genre est « sexualisé », est ce qui distingue l'analyse de MacKinnon de nombreuses autres analyses. Selon mon interprétation, nombre d'analyses inspirées par la pensée que la catégorie de femmes est définie comme « autre » des hommes, partagent avec MacKinnon à la fois l'idée que le genre est irréductiblement hiérarchique et que notre « altérité » est projetée sur les femmes par et pour les intérêts des hommes. L'accent mis par MacKinnon sur la sexualité semble offrir une façon de distinguer ses catégories hiérarchiques de genre d'autres catégories, par exemple la race, la classe, etc. mais cette façon de distinguer le genre (et l'oppression de genre) ne marchera pas si, comme MacKinnon le suggère parfois, toute hiérarchie est « sexualisée ».

2. C. MacKinnon, *Feminist Theory of the State*, p. 113-114. Voir aussi *Feminism Unmodified*, p. 50.

Le genre apparaît comme la forme figée de la sexualisation de l'inégalité entre les hommes et les femmes [1].

Une théorie de la sexualité devient méthodologiquement féministe dans la mesure où elle traite la sexualité comme une construction sociale du pouvoir des hommes : définie par les hommes, imposée aux femmes et constitutive de la signification du genre [2].

Pour dire les choses sans ménagement : on est homme par le fait de se tenir dans une position de domination érotisée par rapport aux autres ; on est femmes par le fait de se tenir dans une position de soumission érotisée aux autres. [3] Les modes et les formes de domination, de soumission et d'érotisation peuvent varier en fonction des cultures et des contextes [4] ; en outre, il n'est pas nécessaire

1. C. MacKinnon, *Feminism Unmodified*, p. 6.

2. C. MacKinnon, *Feminist Theory of the State*, p. 128.

3. Il faut noter que dans l'analyse de MacKinnon, l'érotisation de la domination/soumission est la définition du sexe, ou du moins du « sexe dans le système masculin », c'est-à-dire dans le patriarcat. (*Cf.* C. MacKinnon, *Feminist Theory of the State*, p. 140). Donc le sexe est la relation dans les termes de laquelle elle définit les catégories sociales d'homme et de femme. Cependant, il faut aussi reconnaître que dans son analyse, toute intimité physique amoureuse n'est pas du sexe (*Feminist Theory of the State*, p. 139), et que bien d'autres interactions « d'intimes à institutionnelles, d'un regard à un viol » peuvent remplir les conditions pour être du sexe selon sa définition (*Feminist Theory of the State*, p. 137). Si je reconnais l'importance de sa stratégie consistant à définir le sexe en termes de domination, je mets la sourdine ici sur sa théorie de la sexualité et de la pornographie afin de souligner d'autres aspects de sa théorie. Je regrette qu'en faisant cela mon exposé échoue à refléter de nombreuses connections importantes qu'elle opère..

4. C. MacKinnon n'adopte pas l'approche pluraliste que je viens d'esquisser ; elle considère pltôt que son analyse du genre saisit la structure de base de toutes les relations de genre. Cependant, elle accorde qu'il y a des variations culturelles dans la façon dont cette structure se manifeste. Voir C. MacKinnon, *Feminist Theory of the State*, p. 130-132, 151 ; *Feminism Unmodified*, p. 53 ; FMMS-I, p. 24 note 55.

d'être anatomiquement femelle pour être une femme ou anatomiquement homme pour être un homme, quoique ce soit, évidemment, la norme[1].

Mais dire cela ne suffit pas car on a besoin de mieux comprendre ce que c'est que cette domination/soumission érotisée pour connecter cette idée à celle d'objectification et au pouvoir qu'ont les hommes de définir les termes. Selon mon interprétation de MacKinnon, si la domination/soumission est érotisée, alors la participante soumise doit être vue, du moins par le participant dominant (et souvent par les deux participants) comme un objet pour la satisfaction du désir du dominant. Ce désir présente sa soumission à lui et sa domination sur elle, comme érotique. (Il faut garder à l'esprit que pour MacKinnon, ce n'est pas en raison d'un désir irrépressible « purement naturel » de l'homme pour la domination ou d'un élan de la femme pour la soumission que la subordination dans ses différentes formes est considérée comme érotique ou stimulante. Le désir est socialement conditionné ; localement, le véhicule le plus extrême et effectif de ce conditionnement est la pornographie[2].)

---

1. C. MacKinnon cite C. Shafer et M. Frye, « Rape and Respect », *in* M. Vetterling-Braggin *et al.* (dir.), *Feminism and Philosophy*, Totowa, Littlefield, Adams and Co., 1982, p. 334 : « Le viol est l'acte d'un homme, qu'il s'agisse d'un homme mâle ou femelle, et qu'il s'agisse d'un homme de façon relativement permanente ou relativement temporaire. », C. MacKinnon commente : « Être violable, position qui est sociale et non biologique, définit ce qu'est une femme. », *Feminist Theory of the State*, p. 178-179. Voir aussi, *Feminism Unmodified*, p. 52, 56.

2. Pour une discussion plus approfondie de ces questions, en relation avec l'analyse de MacKinnon, voir A. Dworkin, *Pornography : Men Possessing Women*, New York, Perigee, 1981, et *Coïts*, 1987, trad. fr. M. Dufresne, Paris, Syllepse, 2019.

Donc comment cette domination/soumission érotisée est-elle connectée à l'objectification ? Dans notre cadre, il y a deux points à souligner : premièrement, si la domination/soumission est érotisée, alors la participante soumise est à la fois *vue* et *traitée comme* un objet du désir du dominant [1]. Deuxièmement, la participante soumise est vue selon des termes fonctionnels : elle est *pour* la satisfaction de son désir à lui. Concentrons-nous d'abord sur le premier point (Je reviendrai sur le second dans la section suivante). Selon MacKinnon, la relation d'objectification qui constitue le genre requiert à la fois attitude et action. Le genre est une différence de pouvoir qui est à la fois *déduite* des femmes et *imposée* à elles : « les hommes traitent les femmes comme ils les voient [2]. » La catégorie de femmes est, en un sens, ce groupe d'individus sur lesquels les hommes projettent et agissent leur désir.

Cependant, nous devons noter tout particulièrement cette dimension d'action, dans la mesure où la domination inhérente au genre n'est pas juste dans le contenu du désir – par exemple, un souhait de dominer. Et la domination

---

1. Sur le problème de l'intentionnalité dans les abus sexuels, voir I. Hacking, « World-Making by Kind-Making ». L'article de Hacking est très utile pour comprendre comment les catégories sociales sont celles qui dépendent, au moins en partie, du fait d'être vues ou pensées comme des catégories. Il défend de manière convaincante qu'il est problématique d'étendre les catégories sociales à d'autres temps et d'autres contextes si l'on a des raisons de douter que les concepts adéquats aient été disponibles pour conceptualiser les catégories en question. Ainsi, pourrait-on dire, dans les contextes dans lesquels les concepts de désir, de soumission, etc. ne sont pas disponibles, il n'y a pas de genre. MacKinnon semble sensible à cette question quand elle défend (contre les Freudiens) qu'« on ne peut pas dire que [les nourrissons] possèdent une sexualité » dans le sens où elle emploie ce mot (*Feminist Theory of the State*, p. 151).

2. C. MacKinnon, *Feminism Unmodified*, p. 172.

n'est pas non plus simplement une question de projection, il ne s'agit pas seulement de voir certains individus au prisme du désir de les dominer. Parce que cette projection « n'est pas simplement une illusion, un fantasme ou une erreur. Elle devient *incorporée* parce qu'elle est imposée[1]. » Selon MacKinnon, celui qui objectifie un autre a le pouvoir d'imposer à cet autre le respect de cette vision qu'il a de cet autre[2]. Le pouvoir et la force sont socialement réels : aux États-Unis en 1989, selon des rapports du FBI, une femme était violée en moyenne toutes les 6 minutes et 9 femmes assassinées sur 10 l'étaient par des hommes[3] ; et selon la Coalition nationale contre la violence domestique,

1. C. MacKinnon, *Feminism Unmodified*, p. 119.

2. Pour une formulation particulièrement claire de cette thèse, voir *Feminism Unmodified*, p. 233-234 note 26. MacKinnon distingue l'objectification, qui requiert le pouvoir effectif de dominer, avec le stéréotypage qui n'en a pas besoin « l'objectification est la dynamique de subordination des femmes. L'objectification est différente du stéréotypage, qui agit comme si tout était dans la tête. » *Feminism Unmodified*, p. 118f. Voir aussi *Feminism Unmodified*, chap. 2. Je pense que les femmes peuvent stéréotyper les hommes mais que les femmes n'objectifient pas les hommes (ou du moins pas aussi normalement ou pas aussi facilement) parce que nous n'en avons pas le pouvoir social. Même s'il est important de fournir une analyse du pouvoir social pour développer l'analyse que MacKinnon propose du genre, je n'en fournirai pas ici.

3. Federal Bureau of Investigation, *Uniform Crime Reports for the United States*, 1989, n°6, p. 15. Selon ce rapport, il y a eu 94,504 viols par usage de la force (p. 10), où le viol par usage de la force est défini par « la connaissance charnelle d'une femme de manière forcée et contre sa volonté. Les agressions et tentatives de commettre un viol par la force ou la menace de la force sont inclus, en revanche les délits d'atteinte sexuelle sur mineurs (sans force) et les autres atteintes sexuelles ne sont pas incluses » (p. 14). Nul besoin de préciser que les viols ne sont pas toujours signalés. Les estimations crédibles dépassent de loin les statistiques du FBI que je cite ici ; certaines suggèrent qu'il faudrait multiplier les chiffres du FBI par dix.

une femme était battue en moyenne toutes les quinze secondes[1].

Dans les cas individuels, le dominant qui objectifie sexuellement un autre n'a pas besoin d'exercer ce pouvoir directement ; la force qui assure l'obéissance de la soumise peut bien avoir été exercée dans d'autres contextes et de manière indirecte. En outre, le dominant peut avoir, et peut conserver, le pouvoir d'imposer cette obéissance même si parfois il essaie d'utiliser la force et échoue ; le pouvoir ne garantit pas le succès. Mais le fait que le dominant ait un pouvoir réel est une condition nécessaire de l'objectification. Parce que cette inégalité de pouvoir est une condition de l'objectification, et parce que le genre est défini en termes d'objectification, le genre est, par définition, hiérarchique. Ceux qui fonctionnement socialement comme des hommes ont le pouvoir sur celles qui fonctionnent socialement comme des femmes.

Même si le genre est défini relationnellement en termes de rôles sociaux qui pourraient en principe être assumés par des individus différents à des moments différents, socialement ces rôles sont figés : c'est un groupe particulier d'individus qui se voit assigné le statut d'« homme » et un autre groupe le statut de « femme ». Pour faire simple, les hommes sont masculins, les femmes féminines, et les masculins ont le pouvoir de dominer les féminines[2].

1. National Coalition Against Domestic Violence, fiche d'information, in « Report on Proposed Legislation S2754 », p. 27. Dans les archives du comité judiciaire du Sénat américain.
2. Selon MacKinnon, la pornographie est ce qui conditionne, au moins localement, la dynamique sexuelle particulière au sein de laquelle la domination des *femelles* est érotique. Pourtant, elle dit étonnamment peu de choses pour expliquer pourquoi les femelles ont dans l'ensemble été considérées comme des femmes. Son idée semble être que parce que la domination est rationalisée par la différence biologique, les corps des

Cependant, il est important de noter que l'objectification n'est pas « la cause » de la domination masculine ». Le fait que les hommes objectifient les femmes présuppose que les hommes ont du pouvoir sur les femmes ; cela découle des conditions d'objectification. En outre, les *attitudes* objectifiantes – par exemple, les attitudes qui représentent les femmes comme des « objets sexuels » – peuvent bien fonctionner socialement d'une manière qui perpétue l'inégalité de pouvoir, mais abolir de telles attitudes ne suffit pas en soi à donner du problème. L'analyse du genre que propose MacKinnon n'a pas l'intention de fournir une explication causale des origines de la domination masculine. Il s'agit plutôt d'une explication qui situe le genre dans un système de relations sociales hiérarchiques ; comme nous le verrons, mettre en lumière l'objectification permet notamment d'expliquer comment, dans certains contextes, la domination masculine parvient à se perpétuer.

Donc, selon les termes de MacKinnon, la catégorie sociale de femmes est ce groupe d'individus qui sont vus fonctionnellement comme des objets en vue de la satisfaction du désir des hommes, quand ce désir est conditionné à trouver la subordination excitante, et où les hommes ont le pouvoir d'imposer la conformité de celles qu'ils perçoivent ainsi à la façon dont ils les voient [1]. La suprématie

femmes en viennent à être le « lieu » où le genre se manifeste (voir par exemple *Feminist Theory of the State*, p. 54-59) ; cela dit, comme il y a une tendance générale à rationaliser la domination de manière biologique, d'autres différences incarnées (la race, l'âge, le poids, etc.) peuvent en fournir d'autres lieux (*Feminist Theory of the State*, p. 179).

1. En utilisant la relation d'objectification sexuelle, la structure de cette définition du genre semble être (en gros) la suivante : *x est une femme* ssi il y a un y tel que y objectifie sexuellement x ; *x est un homme* ssi il y a un y tel que x objectifie sexuellement y. La suprématie masculine est plus difficile à définir. On pourrait commencer par : un système social

masculine garantie à un groupe d'individus particulier ce pouvoir sur les autres. Il faut noter que selon cette théorie, les femmes ne sont *pas* définies comme celles qui *sont* soumises, ou comme celles qui satisfont *effectivement* à la conception masculine de ce qui est désirable ; les femmes ne sont pas non plus définies comme celles qui ont one identité féminine ou qui satisfont aux normes de féminité (même si cette explication va nous permettre d'expliquer pourquoi tant de femmes le font). De fait, ce que nous partageons, en tant que femmes, est le fait que nous sommes perçues et traitées comme sexuellement subordonnées. Ce que nous avons en commun est dans l'œil, la main et le pouvoir de celui qui nous observe.

Une analogie entre le concept de genre et celui de viande rend ce dernier point évident. Ce que l'on considère comme de la viande varie d'une culture à l'autre ; la distinction entre viande et non-viande n'est pas marquée simplement par le type de chair animale que les humains peuvent digérer (quoi que dans certains cas la distinction puisse en être coextensive). Cette classe de choses qu'un groupe de gens donné tient pour de la viande est déterminé par leurs attitudes, leurs désirs, leurs appétits. Qu'est-ce que le cerf, le thon et l'agneau ont en commun que n'ont pas le cheval, le dauphin et le chaton ? les premiers sont (au moins localement) des objets de l'appétit humain socialement entraîné ; ils sont vus et traités comme des objets pour la consommation humaine et de ce fait leurs vies sont en danger. La catégorie de viande n'est pas une

S *est un système de suprématie masculine* si pour toute femme x et tout homme y de S, le fait que x soit une femme justifie (par les normes, les institutions, la division du travail, etc. de S) toute objectification sexuelle que y fait de x et le fait que y soit un homme ne justifie pas toute objectification que x fait de y.

catégorie « naturelle » ; comme le genre, elle est sociale,
relationnelle et hiérarchique. Comme le genre, la catégorie
de viande est une « fiction » que les humains ont le pouvoir
de mettre en œuvre et ainsi de rendre réelle à travers des
pratiques de domestication, de chasse, de pêche. De même
que les végétarien.ne.s ont pour ambition (pour nombre
d'entre eux) qu'un jour plus rien ne tombe plus dans la
catégorie de viande, les féministes ont pour ambition (pour
nombre d'entre elles) qu'un jour plus personne ne tombe
dans la catégorie de femmes [1].

L'analyse que MacKinnon propose du genre, comme
d'autres qui définissent le genre de manière hiérarchique,
a pour conséquence que le féminisme cherche à saper la
distinction même dont il dépend. Si le féminisme réussit,
il n'y aura plus de distinction de genre en tant que telle
– ou, si l'on accorde qu'une pluralité de relations servent

---

[1]. Je ne cherche pas à défendre ici qu'un.e féministe cohérent.e
devrait aussi être végétarien.ne (même si je pense qu'il est mal dans la
plupart des circonstances de manger des animaux). Je ne suggère pas
non plus que cette analogie est parfaite ; il y a effectivement des différences
importantes entre les femmes et la viande. Je ne dis pas non plus qu'on
ne devrait jamais considérer et traiter les choses comme des objets en
vue de la satisfaction de nos désirs ; cela dépendra sûrement des types
de choses et des types de circonstances dont il est question. L'analogie,
cependant, soulève la possibilité que, comme je l'ai expliqué, l'analyse
de MacKinnon échoue à fournir une condition suffisante pour être membre
de la catégorie de femmes : si l'on trouve que la cuisine est érotique,
alors peut-être qu'on objectifie sexuellement la nourriture. Mais si nous
définissons les femmes comme celles qui sont sexuellement objectifiées,
cela risque, selon moi, d'être une conséquence indésirable. MacKinnon
mentionne que le sexe est comme la cuisine, même si elle ne suggère
pas qu'un repas puisse fonctionner socialement comme une femme
(*Feminist Theory of the State*, p. 132). Une stratégie pour commencer à
résoudre ce problème serait d'ajouter des conditions à l'analyse de
l'objectification sexuelle qui requièrent l'intentionnalité (c'est-à-dire le
fait d'avoir certaines attitudes) du participant soumis.

à constituer le genre et une pluralité de projets féministes, nous pouvons dire qu'un des buts du féminisme est de lutter contre la subordination sexuelle qui constitue ces catégories d'hommes et de femmes. « Refuser de devenir ou de rester un homme ou une femme "genrés" [...] c'est insister politiquement pour émerger du cauchemar bien trop réel qu'est le récit imaginaire du sexe et de la race[1]. » « Refuser d'être une femme, cependant, ne veut pas dire que ce soit pour devenir un homme[2]. »

OBJECTIVITÉ ET OBJECTIFICATION

En travaillant avec la conception MacKinnonienne du genre et des relations sociales qui constituent les hommes et les femmes, pouvons-nous construire un argument en faveur de la thèse selon laquelle la raison serait genrée ou, plus spécifiquement, masculine ? Comme je l'ai esquissé ci-dessus, je vais diviser cette question en deux[3] : d'abord, est-ce que la rationalité est masculine au sens faible ? C'est-à-dire, considérant ceux qui fonctionnent en tant qu'hommes, est-ce que cela contribue spécifiquement à leur succès comme hommes ? si oui, comment ? Deuxièmement, est-ce que la rationalité est masculine au sens fort ? C'est-à-dire, est-ce que celui qui satisfait aux normes de rationalité fonctionne par là même comme un homme ?

---

1. D. Haraway, « "Gender" for a Marxist Dictionary », p. 148.
2. M. Wittig, « On ne naît pas femme », p. 46.
3. Il est important de garder ces étapes distinctes. Même si nous sommes capables d'établir la thèse forte selon laquelle : si quelqu'un est un homme, alors il est un homme « bon » ou « accompli » *par le simple fait* d'être rationnel, nous ne pouvons toujours pas en conclure que : si l'on est rationnel, alors on fonctionne comme un homme, c'est-à-dire que la rationalité est fondée dans le rôle social des hommes. Cette dernière thèse nécessite une argumentation séparée..

MacKinnon n'utilise pas souvent le terme de
« rationalité », mais lorsqu'elle le fait elle semble le prendre
pour un équivalent d'« objectivité ». Et le plus souvent
elle applique ces termes aux positions ou points de vue :
un point de vue est rationnel si et seulement s'il est objectif,
si et seulement s'il est « neutre », « distancé » ou « non-
situé ». [1] Dans ce passage qui résume de manière synthétique
sa position, MacKinnon écrit :

> Le contenu de la théorie féministe de la connaissance
> commence avec sa critique du point de vue masculin en
> critiquant la posture qui a été considérée dans la pensée
> politique occidentale comme celle du « connaissant »
> […] [Cette posture] est la posture neutre, que j'appellerai
> objectivité – c'est-à-dire le point de vue distancé, non
> situé. J'affirme qu'il s'agit socialement du point de vue
> masculin et je vais essayer de dire pourquoi. Je vais
> montrer que la relation entre l'objectivité comme position
> à partir de laquelle le monde est connu et le monde qui
> est appréhendé de cette manière est la relation
> d'objectification. L'objectivité est la position
> épistémologique dont l'objectification est le processus
> social, et dont la domination masculine est la forme
> politique, la pratique sociale mise en œuvre. C'est-à-dire
> que regarder le monde de manière objective consiste à
> l'objectifier. L'acte de contrôle, dont ce que j'ai décrit
> est le niveau épistémologique, est lui-même érotisé dans
> le contexte de la suprématie masculine [2].

1. Pour les usages que fait MacKinnon du terme de « rationalité »,
voir par exemple *Feminist Theory of the State*, p. 96-97, p. 114, p. 162,
p. 229, p. 232 ; FMMS-II, p. 636 note 3, p. 645. Pour les connexions
entre objectivité, neutralité et aperspectivité, voir par exemple *Feminism
Unmodified*, p. 50 ; *Feminist Theory of the State*, p. 83, p. 97, p. 99,
p. 114, p. 162-64, p. 211, p. 213, p. 232, p. 248. Je vais faire l'hypothèse
que x est objectif ssi la position de x est objective ssi x satisfait les normes
d'objectivité.
2. C. MacKinnon, *Feminism Unmodified*, p. 50.

Ici, MacKinnon dit que la position d'objectivité est la position de ceux qui fonctionnent socialement comme des hommes[1]. On dirait donc qu'on peut lui attribuer la thèse selon laquelle quelqu'un fonctionne socialement comme un homme si et seulement s'il satisfait les normes de l'objectivité. Il me semble qu'on peut de manière charitable reformuler sa position en termes de condition de faible et fort genrage : l'objectivité est fortement masculine parce que satisfaire les normes d'objectivité est suffisant, au moins sous les conditions de domination masculine, pour être un objectificateur sexuel. Et l'objectivité est faiblement masculine puisque ceux qui fonctionnent comme hommes réussissent dans ce rôle, du moins en partie, parce qu'ils sont objectifs.

Dans les sections suivantes, je vais me concentrer sur l'idée que l'objectivité est faiblement masculine et je me tournerai ensuite vers la question de savoir si l'objectivité est fortement masculine. Donc notre question maintenant est la suivante : si quelqu'un est un objectificateur sexuel, quelles sont les conditions pour qu'il ait un succès fiable dans ce rôle[2] ? En répondant à cette question, mon accent

1. Voir aussi, C. MacKinnon, *Feminist Theory of the State*, p. 114, p. 121-24, p. 199, p. 213, p. 248-49 ; *Feminism Unmodified*, p. 50-52, p. 54-55, p. 150-51, p. 155 ; FMMS-I, p. 23-25, p. 27 ; FMMS-II, p. 636, p. 640, p. 644-45, p. 658.

2. Il y a plusieurs points auxquels il faut être attentif quand on considère l'objectificateur idéal. Premièrement, étant donné que l'objectification requiert à la fois des façons de penser et d'agir, l'excellence dans l'objectification va requérir que l'on remplisse les standards qui gouvernent à la fois la pensée et l'action. Ainsi, on devra s'attendre à ce que la norme d'objectification en question contienne des éléments épistémologiques aussi bien que pragmatiques. Deuxièmement, on remplit au mieux l'idéal de ces rôles qui sont définis en termes de *pouvoir* d'agir lorsque l'on *exerce* ce pouvoir ; par exemple, un médecin est quelqu'un qui est capable de soigner les autres, mais un médecin est plus pleinement un médecin lorsqu'il soigne effectivement quelqu'un. En outre, celui ou

va se porter sur la question de savoir ce qui fait de quelqu'un un objectificateur idéal, mettant entre parenthèses le fait que les hommes ne sont pas seulement des objectificateurs mais des objectificateurs *sexuels*. (Lorsque nous nous pencherons sur la question de savoir si l'objectivité est fortement masculine, je devrai par conséquent étudier la façon dont la sexualité prend place dans cette question).

L'épistémologie de l'objectification

Comme je l'ai souligné, si quelqu'un objectifie quelque chose (ou quelqu'un), il le voit et le traite comme un objet en vue de la satisfaction de son désir ; mais ce n'est pas tout, puisque on parle d'objectification lorsqu'on fait l'hypothèse qu'il y a une relation de domination dans laquelle celui qui objectifie a aussi le pouvoir d'imposer sa vision. L'objectification n'est pas que « dans la tête » ; elle est concrétisée, incarnée, imposée aux objets du désir. Donc si l'on objectifie quelque chose, ce n'est pas seulement qu'on le voit comme quelque chose qui satisferait notre désir, c'est aussi que l'on a le désir de lui faire avoir les propriétés que l'on voudrait qu'il ait. Un bon objectificateur va, en cas de besoin – c'est-à-dire quand l'objet n'a pas

---

celle qui excelle dans un tel rôle doit avoir de manière fiable le pouvoir d'agir et doit pouvoir entretenir ce problème ; par exemple, un bon médecin soigne ses patients de manière fiable et entretient ce pouvoir de soigner. Troisièmement, on a plus de chances de réussir dans les rôles qui requièrent de maintenir une procédure (et un ensemble d'attitudes) si les actions (et les attitudes) que l'on a sont guidées par des normes ou des principes qui les légitiment ; par exemple, même si un bon médecin s'appuie parfois sur des intuitions ou des suppositions, cela ne fonctionne que parce qu'il s'appuie en toile de fond sur sa connaissance et sa pratique de la médecine. Ce dernier point est important parce que nous évaluons des attitudes et des actions comme « bonnes » ou « justifiées » à la lumière de leur relation aux principes utilisés pour les justifier.

les propriétés voulues – exercer son pouvoir pour faire en sorte que l'objet ait les propriétés qu'il désire. Donc si on remplit bien le rôle d'objectificateur, on va attribuer à l'objet des propriétés qu'il aura de ce fait. La pensée ne suffit pas à le rendre ainsi, il faut la pensée et le pouvoir. « Les croyances du puissant deviennent une preuve, en partie parce que le monde s'arrange effectivement pour affirmer ce que le puissant veut voir. Si l'on voit ça comme un processus, on l'appelle la force[1]. » Ou, comme le dit Monique Wittig, « Ils/elles sont *vus* noirs, par conséquent ils/elles *sont* noirs ; elles sont *vues* comme des femmes, par conséquent elles *sont* des femmes. Mais avant d'être *vu.e.s* de cette manière, il a bien fallu qu'il/elles soient *fait(e)s* noir(e)s, femmes[2]. »

Cela suggère qu'un objectificateur idéal est dans la position épistémique d'avoir (au moins) certaines croyances vraies ou justes au sujet de ce qu'il a objectifié[3]. De telles croyances attribuent à l'objet des propriétés qu'il a, et ces

1. C. MacKinnon, *Feminism Unmodified*, p. 164.
2. M. Wittig, « On ne naît pas femme », p. 46.
3. Il est intéressant de se demander si être un objectificateur accompli ou idéal place dans une position épistémique privilégiée en ce qui concerne les conséquences de l'objectification. Considérons un argument selon lequel un tel objectificateur est incorrigible : S est incorrigible au sujet de p ssi (de manière nécessaire) si S croit que p, alors p est vrai. Imaginons que S soit un objectificateur accompli, et que S, en objectifiant x, considère x comme F. Puisque S est par hypothèse accompli, si x n'est pas F, alors il exerce son pouvoir pour faire en sorte que x soit F ; donc la croyance de S que x est F est (ou va bientôt être) vraie. Il semblerait donc que (de manière nécessaire) si S est un objectificateur idéal vis-à-vis de w, et S croit que x est F, alors x est F. En bref, si S croit que x est F et que x n'est pas (au moins à terme) F, alors S ne peut pas être un objectificateur idéal. Il y a sans doute des qualifications temporelles qui perturbent l'argument et nous détournent des notions standard d'incorrigibilité mais cette suggestion fournit matière à réflexion.

attributions (post hoc) auraient l'air aussi empiriques et accessibles par tous qu'on pourrait le souhaiter[1]. Nous devons noter que la possibilité d'une description juste n'est pas ce qui distingue la position de l'objectificateur, ou la posture objective, des autres : « Parce que le pouvoir masculin a créé en réalité le monde auquel les idées féministes, lorsqu'elles sont justes, se réfèrent, nombre de nos observations vont capturer cette réalité, en exposant simplement pour la première fois en quoi elle est spécifiquement masculine[2]. » Donc nous pouvons accepter qu'il y ait *quelque chose* de juste dans la façon dont l'objectificateur (idéal) voit les choses ; en outre, on n'a pas besoin d'être un objectificateur pour reconnaître de telles observations comme justes ou, plus généralement, pour faire des observations justes nous-mêmes.

Selon ma lecture de la position de MacKinnon sur l'objectification, cependant, il y a un aspect de l'illusion qui a lieu dans l'objectification que nous n'avons pas encore saisi. L'illusion de la part de celui qui objectifie (une illusion souvent partagée par les objets de son objectification) est que ces attributions après coup sont vraies en vertu de la *nature* de l'objet et non en vertu du fait qu'elles ont été imposées. La distinction importante ici est celle qu'il y a entre les propriétés qui font partie de (ou qui viennent de) la « nature » de l'objet, et celles qui sont de simples accidents. Cette distinction a une histoire longue et complexe en philosophie occidentale mais il y a trois thèmes qui

1. Voir C. MacKinnon, *Feminist Theory of the State*, p. 100 : « Bien sûr, des données objectives documentent les difficultés et les inégalités de la situation des femmes. »
2. C. MacKinnon, *Feminism Unmodified*, p. 59 ; *Feminist Theory of the State*, p. 125.

s'appliquent à nos objectifs ici[1] : 1) Tous les objets ont une nature ou une essence ; être un objet est, dans un sens significatif, avoir une nature ; c'est en vertu de leur nature que les objets appartiennent à des sortes (*kinds*) ou à des espèces. Cela n'empêche pas qu'il y a aussi d'autres classifications légitimes des objets en termes de similitudes accidentelles ou de propriétés partagées, mais nous devons distinguer ces classifications de celles qui regroupent les choses en fonction de leur nature. 2) Les natures déterminent ce qui est normal ou approprié – ce qui est naturel – pour les membres de la sorte (*kind*) en question. Les natures servent à expliquer le comportement de l'objet dans des circonstances normales. 3) la nature d'un objet lui est essentielle – pour le dire autrement, l'objet ne peut pas exister sans avoir ces propriétés qui constituent sa nature.

Pour revenir à l'objectification, si l'on objectifie quelque chose, c'est qu'on le voit comme un objet de satisfaction pour son désir. L'idée que je poursuis ici est que lorsque l'on objectifie quelque chose, on le voit comme *ayant une nature* qui le rend désirable des façons dont on le désire, et qui lui permet de satisfaire ce désir[2]. Par exemple, si les hommes désirent la soumission, alors, en objectifiant

1. Une source importante de cette conception de la nature est Aristote. Voir par exemple, *Physique* I-II et *Métaphysique*, VII-IX. Un commentaire merveilleux de la conception aristotélicienne de la nature est S. Waterlow, *Nature, Change, and Agency in Aristotle's Physics*, Oxford, Oxford University Press, 1982.

2. Même si MacKinnon présente rarement l'idée sous cette forme, je pense que rendre explicite la façon dont l'objectificateur s'attache aux natures aide à comprendre sa position. Par exemple, elle décrit la pornographie (et certaines de ses horreurs) dans ces termes : « les corps des femmes ligotés, mutilés, violés, transformés en choses à faire souffrir, à obtenir, auxquelles accéder, *et cela est présenté comme la nature des femmes...* » (je souligne), C. MacKinnon, *Feminism Unmodified*, p. 147 ; voir aussi *Feminist Theory of the State*, p. 138.

les femmes, les hommes voient les femmes comme ayant une nature qui les rend (ou qui, dans des circonstances normales, devrait les rendre) soumises, en même temps qu'ils obligent les femmes à se soumettre. L'illusion qui a lieu dans une objectification qui marche ne se situe pas dans ses conséquences observables – les femmes qu'on a forcées à se soumettre se soumettent; l'illusion est, pour ainsi dire, dans la modalité de ces affirmations – les femmes se soumettent *par nature*[1].

Ainsi, dire que les hommes voient les femmes *comme des objets* n'est pas simplement dire que les hommes voient les femmes comme quelque chose à utiliser pour leur plaisir, comme des moyens et non des fins. Voir les femmes comme des objets c'est les voir comme une sorte (*kind*) (qui a une substance); c'est voir les femmes individuelles comme ayant une Nature de Femme. Selon l'objectificateur, c'est un trait distinctif de cette sorte (supposée) que ces traits qu'il trouve désirables ou excitants chez les femmes sont une conséquence de leur nature, et donc que dans des

1. Cette modalité est exprimée de manière ambiguë (ou obscure) dans le verbe « être ». Le verbe « être » est notoirement ambigu; il y a deux usages en cause ici. Prenons l'affirmation : les femmes sont soumises. Elle peut être utilisée pour exprimer une généralisation empirique : de fait, toutes (ou la plupart des) femmes sont soumises. Elle peut exprimer un fait au sujet de la nature des femmes : toutes les femmes individuelles sont, par nature, soumises. Les arguments de MacKinnon soulignent les problèmes qui se posent quand on ne reconnaît pas cette ambiguïté : voir par ex. C. MacKinnon, *Feminism Unmodified*, p. 55, p. 59, p. 154, p. 166, p. 174; *Feminist Theory of the State*, p. 98, p. 122, p. 125, p. 204. MacKinnon suggère aussi qu'il existe une ambiguïté potentielle dans l'affirmation « les femmes sont égales aux hommes ». Ici encore, la modalité du verbe « être » est un problème : dire que les femmes *sont* égales masque le fait que les femmes *ne sont pas* dans les faits égales; néanmoins nous pouvons admettre que les femmes *devraient être* égales; voir par ex. C. MacKinnon, *Feminism Unmodified*, p. 39-40, p. 59, p. 171, p. 178-79, *Feminist Theory of the State*, p. 163, p. 231, p. 240, p. 242.

circonstances normales les femmes manifesteront ces traits. Comme nous le verrons plus bas, il suit de cette idée que les femmes qui ne parviennent pas à avoir ces traits que les hommes trouvent désirables devraient être considérées comme déviantes ou anormales. Et si les femmes se développent selon leur nature, on devrait fournir des circonstances dans lesquelles elles présenteront ces traits. Du point de vue de l'objectificateur, cette vision des femmes saisit leur nature individuelle ; MacKinnon cherche à démasquer cette illusion « Voilà : ce qu'une femme "est" est ce que vous avez *fait* être les femmes [1]. ».

Donc quelle est la position épistémique de qui objectifie quelque chose avec succès ? Un objectificateur qui réussit dans sa tâche attribue à quelque chose des traits qui lui ont été imposés de force et il croit que cet objet possède ces traits « par nature » [2]. Dans les cas en question, cette dernière

1. C. MacKinnon, *Feminism Unmodified*, p. 59. Il est important de garder la distinction entre la vision que l'objectificateur a des femmes de la théorie que MacKinnon a du genre. Prenons une femme particulière, Rachel. Selon l'objectificateur, Rachel est une femme par nature ; c'est son essence qui explique que, dans des circonstances normales, elle est féminine. Si elle n'est pas féminine (soumise, sexuellement désirable), c'est parce que les circonstances contrecarrent et inhibent sa vraie nature. Selon MacKinnon, Rachel est une femme parce qu'elle est considérée par un objectificateur comme ayant une nature qui est responsable de ces traits qu'il trouve désirables et elle est traitée en conséquence. Ce que fait MacKinnon est subtil ; elle utilise la définition voulue ou perçue d'une chose pour qu'elle fonctionne dans la définition d'un accident : les hommes pensent que les femmes sont soumises par nature ; celles que les hommes pensent être soumises par nature (et qu'ils forcent à être soumises) constituent la catégorie de femmes ; mais aucune femme n'est membre de cette catégorie par nature.

2. L'objectificateur n'a bien sûr pas besoin de formuler explicitement son attachement aux « natures » et en particulier à « la Nature de La Femme ». Dans la section suivante, je vais indiquer le rôle épistémique des croyances projectives de l'objectificateur ; j'espère que cela suffira à illustrer quelles sortes de croyances peuvent remplir cette fonction.

croyance au sujet de la nature de l'objet – appelons-la sa
« croyance projective » – est fausse. Mais alors quel rôle
joue cette croyance ? Répondre à cette question nous amène
à la question de la neutralité.

Neutralité et aperspectivité

Comme je l'ai dit, MacKinnon affirme que la
« neutralité » et la « distance » ou la « non situation »
caractérisent la position d'objectivité, et que cette position
fonctionne comme une norme pour ceux qui objectifient
les autres. Cela ne nous donne pas beaucoup d'éléments :
neutralité vis-à-vis de quoi ? distance par rapport à quoi ?
En m'appuyant sur plusieurs thèmes dans le travail de
MacKinnon, je vais dans cette section montrer ce que serait
un idéal d'objectivité, consistant en un ensemble de normes
pratiques et épistémiques, approprié pour remplir avec
succès le rôle d'objectificateur [1].

Ce que nous recherchons est l'ensemble de normes qui
guideraient de manière efficace et fiable les actions et les
croyances d'un « bon » objectificateur et qui, lorsqu'elles
sont adoptées, soutiennent sa position de pouvoir. Nous
pouvons faire l'hypothèse que quelqu'un qui se trouve
dans ce rôle est situé dans une position de pouvoir ; pour
réussir dans ce rôle nécessite de maintenir le pouvoir
d'objectifier d'autres personnes de façon continue.

---

1. Ma reconstruction de l'argumentation de MacKinnon s'appuie
principalement sur les chapitres suivants de *Feminism Unmodified*,
« Desire and Power », p. 46-62, « Not a Moral Issue », p. 146-162, et
« Frances Biddle's Sister », p. 163-97 ; dans *Feminist Theory of the State*,
« Consciousness Raising », p. 83-105, « Method and Politics », p. 106-125,
« The Liberal State », p. 157-170, et « Toward Feminist Jurisprudence »,
p. 237-249. Certains arguments de ces chapitres apparaissent pour la
première fois dans FMMS-II.

Examinons la croyance projective qu'a l'objectificateur que l'objet de sa domination a des propriétés « par nature » alors qu'en réalité il les lui a imposées. Deux questions vont guider la discussion. Premièrement, que rôle est-ce que cette croyance joue dans le maintien de la position de pouvoir de l'objectificateur ? Deuxièmement, quelle sorte de justification un objectificateur idéal pourrait-il donner de cette croyance ? Il est clair que ces questions sont intimement liées, dans la mesure où si un objectificateur idéal guide ses croyances et ses actions en fonction d'un ensemble de principes qui les légitime, alors on pourrait s'attendre à ce que, dans un contexte dans lequel ces principes sont généralement acceptés, son comportement paraisse approprié et que sa position sociale soit (relativement) protégée. Il en découle que, dans les contextes dans lesquels ces principes ne sont pas généralement acceptés, il est possible qu'un bon objectificateur utilise quand même ces principes pour guider son action, mais dans ce cas sa position de pouvoir sera plus précaire dans la mesure où d'autres pourront remettre en cause les principes guidant son comportement.

En suivant le fil de la discussion de MacKinnon, je vais examiner l'hypothèse suivante : 1) Si la norme communément acceptée concernant la prise de décision pratique consiste à adapter ses actions pour tenir compte des natures, 2) si la norme épistémique que l'on accepte pour la détermination de la nature d'une chose est de l'évaluer en fonction de régularités observées, et 3) si en cherchant des régularités on est enjoint à nier ou ne pas prendre en compte notre propre contribution aux circonstances que l'on observe, alors les actions et les croyances de l'objectificateur apparaîtront « légitimes » et la distribution inégale de pouvoir qui maintient l'objectification sera préservée.

Comme je l'ai dit plus haut, la croyance que les objets ont des natures joue un rôle explicatif important : un objet se comporte comme il le fait, dans les circonstances normales, en raison de sa nature. Ainsi, des régularités dans le comportement des objets peuvent et doivent être expliquées, au moins en partie, par une référence aux qualités de ces objets eux-mêmes. En outre, il n'est pas possible de changer la nature de quelque chose. La nature d'un objet lui est essentielle ; un changement de la nature de l'objet détruit l'objet. Cela suggère que nous devons être attentif aux natures des choses dans la prise de décision pratique. Essayer de faire frire un œuf sur une assiette en papier ne marchera pas ; ça ne sert à rien d'essayer d'apprendre à lire à une pierre. Parce que le monde n'est pas infiniment adaptable à nos volontés ou nos besoins, la prise de décision rationnelle s'adaptera à la façon dont « les choses sont », où cela est compris comme le fait de s'adapter aux natures des choses, soit les conditions de fond qui contraignent notre action[1].

Mais évidemment il n'est pas chose facile de déterminer ce que sont les natures des choses. Si les natures sont à l'origine d'un comportement normal dans des circonstances normales, c'est une stratégie plausible que de commencer par inférer ou postuler des natures sur la base de régularités observées. Étant donné l'hypothèse que la prise de décision pratique devrait s'adapter à « la nature des choses », cette stratégie épistémique a des répercussions pratiques ; elle laisse aussi de côté des questions importantes. Premièrement,

---

1. Sur l'idée que la prise de décision rationnelle devrait tenir compte de « comment les choses sont » et que nous devrions « adapter les standards normatifs à la réalité existante », voir par ex C. MacKinnon, *Feminism Unmodified*, p. 34, p. 164-66, p. 176, p. 178 ; et *Feminist Theory of the State*, p. 162-164, p. 218-220, p. 227, p. 231-232.

il sera important de savoir quelles observations comptent (par exemple, seulement celles des observateurs « normaux » ?), comment on arbitre les désaccords et quels termes sont considérés comme « observationnels ». Deuxièmement, si l'objectif est de trouver des natures, la stratégie consistant à inférer des natures ou à les postuler sur la base de régularités effectivement observées repose sur l'hypothèse que les circonstances ordinaires (observées) sont « normales ». Si l'on reconnaît la possibilité que les circonstances actuelles ne soient pas, au sens large, normales – que les choses n'expriment pas leur nature dans leur comportement régulier – alors s'adapter au comportement régulier pourrait ne *pas* être justifié par le besoin de s'adapter avec les contraintes réelles que le monde présente.

La procédure consistant à s'appuyer sur les régularités observées pour établir les contraintes qui s'appliquent à la prise de décision pratique pourrait apparaître comme le paradigme d'une procédure « neutre », « objective » ou « raisonnable ». Et pourtant l'objectificateur idéal exploite cette norme à la fois épistémique et pratique – ainsi que ses lacunes – à son avantage. Je me contenterai d'offrir ici une ébauche de la façon dont cela se fait. On commence par nous demander de faire l'hypothèse que les circonstances actuelles sont « normales ». En regardant autour de nous, on découvre des généralisations grossières au sujet des différences entre hommes et femmes ; plus de femmes que d'hommes satisfont aux normes (contextuellement spécifiques) de féminité et ont une identité de genre féminine qui internalise ces normes. Quand on prend ces catégories genrées d'hommes et femmes constituées par l'objectification sexuelle en considération, il y a des différences notables entre hommes et femmes qui sont conformes aux normes correspondantes de domination et de soumission.

Cependant, si l'on s'appuie sur de telles différences de genre comme des preuves des différentes « natures » des hommes et des femmes et si donc on structure les arrangements sociaux pour s'adapter à ces natures, alors on ne fait que renforcer les rôles sociaux genrés existants – c'est-à-dire que nous entretenons ces arrangements sociaux dans lesquels les hommes dominent et les femmes se soumettent. « Une fois que le pouvoir construit la réalité sociale […] la subordination qu'il y a dans l'inégalité de genre devient invisible ; sa contestation devient inaudible autant que rare. Ce qu'est une femme est défini en termes pornographiques ; c'est ce que fait la pornographie. Si [nous] regardons de manière neutre la réalité du genre ainsi produit, le mal qui a été fait ne sera pas perceptible comme un mal. Il devient juste l'ordre des choses [1]. » Une fois que l'on a considéré que les femmes sont soumises et déférentes « par nature », tout effort pour changer ce rôle apparaît comme inutile et vain. Les femmes qui refusent ce rôle sont des anomalies ; elles ne sont pas des observateurs « normaux » et par conséquent leur résistance, leurs observations récalcitrantes et même leurs simples efforts pour prendre la parole risquent de ne pas être pris en compte. Bizarrement, contre cette toile de fond, il ne sert à rien d'insister sur le fait que les femmes sont des agents rationnels capables de décider librement de comment agir parce qu'à ce moment-là il apparaît simplement que les femmes, par nature, choisissent rationnellement leur rôle subordonné [2]. Par conséquent, il y a encore moins de raison de changer l'ordre social.

---

1. C. MacKinnon, *Feminism Unmodified*, p. 59. Voir aussi *Feminism Unmodified*, p. 52-53, p. 59, p. 155, p. 166 ; et *Feminist Theory of the State*, p. 94, p. 99-100, p. 104, p. 117-118, p. 124-125, p. 128, p. 163-164, p. 198, p. 204, p. 218-20.

2. Voir par ex., C. MacKinnon, *Feminism Unmodified*, p. 172 ; et *Feminist Theory of the State*, p. 153-154, p. 174-175, p. 209.

Ces réflexions suggèrent que ce qui est apparu comme un idéal « neutre » ou « objectif », à savoir la procédure consistant à s'appuyer sur des régularités observées pour établir les contraintes s'appliquant à la prise de décision pratique, est une procédure qui, lorsqu'on l'applique dans des conditions de hiérarchie de genre, renforce les arrangements sociaux dont une telle hiérarchie dépend. Mais l'argument qui soutient cette conclusion est encore incomplet puisque l'on pourrait objecter que les régularités observées n'appuient pas la thèse selon laquelle les femmes seraient, par nature, soumises. Des recherches empiriques élémentaires semblent montrer que nombre des traits que l'objectificateur attribue aux femmes « par nature » sont le produit de forces sociales contingentes.

C'est là que l'objectificateur doit faire appel à une norme de « distance », à la thèse d'aperspectivité. Initialement, il est plausible d'offrir ceci comme une méta-norme qui dicte quelles thèses un objectificateur efficace devrait tirer de ses résultats : 1) affirmer que ses observations ne sont pas conditionnées par sa position sociale (alors que les affirmations des subordonné.e.s le sont) ; et 2) affirmer que l'on n'a aucun impact sur les circonstances que l'on observe – on voit ce qui se passe sans en faire partie. Si l'on parvient à convaincre ceux qui ont déjà accepté les normes de neutralité proposées d'accepter ces affirmations sur son point de vue, alors la position de pouvoir que l'on détient est (relativement) sûre.

En effet, pour objectifier les autres avec succès, la meilleure manière consiste à présenter les résultats de l'objectification comme « l'ordre des choses », un ordre qui n'a pas à être évalué ou changé, mais simplement accepté comme faisant partie des circonstances auxquelles nous devons tous nous adapter lorsque nous nous frayons un chemin à travers la vie. La norme d'aperspectivité, au moins dans ce contexte, a pour fonction de cacher le pouvoir de l'objectificateur et ainsi de renforcer la thèse selon laquelle les différences observées entre les hommes et les femmes reflètent leurs natures. Ce faisant, l'objectificateur fait des différences de genre quelque chose d'asocial et d'amoral : nous ne sommes pas responsables des natures des choses, donc la moralité n'a rien à voir là-dedans [1]. Et puisque nous ne pouvons pas changer la nature de quelque chose, il n'y a rien à faire à ce sujet.

Donc quel rôle épistémique et pratique joue la croyance projective de l'objectificateur dans le processus d'objectification ? ou en d'autres termes, quel est le rôle de ces croyances qui attribuent à l'objet les propriétés qui lui ont été attribuées de force comme étant leur nature ? En général, de telles croyances concernant la nature des choses fonctionnent comme un élément central pour convertir l'observation en justification pratique ; dans un contexte de hiérarchie de genre, elles permettent à l'objectificateur d'utiliser les conséquences observables de sa domination pour justifier le maintien de cette domination. Mais les affirmations projectives de l'objectificateur ne peuvent servir à renforcer sa position de pouvoir sur les autres que parce qu'il travaille dans un contexte dans lequel les normes de neutralité épistémique et pratique sont généralement acceptées et dans lequel il a convaincu les autres de son aperspectivité (au moins en ce qui concerne l'objet de sa domination).

1. Même si nous ne sommes pas au sens strict responsables des natures des choses, au sein de la tradition aristotélicienne prise au sens large, nous sommes pensés comme responsables de faire en sorte que les choses exemplifient leurs natures aussi pleinement que possible. Par exemple, s'il fait partie de la nature des femmes de porter des enfants, alors elle *doit* le faire et nous devrions l'y aider. Merci à Charlotte Witt pour cette idée.

L'objectivité présumée

Devons-nous conclure de cet argument que les positions théoriques qui se réfèrent aux « natures » sont politiquement suspectes ? Devons-nous conclure que celles et ceux qui s'adaptent aux régularités empiriques dans leurs décisions pratiques objectifient les autres ? Je ne le pense pas ; mais pour comprendre pourquoi ce n'est pas le cas, nous avons besoin de rendre l'argument un peu plus précis. Il serait souhaitable de donner plus de détails que je ne vais le faire en explicitant les normes de neutralité et d'aperspectivité en jeu ; de tels détails peuvent faire une différence pour l'argument. Mais dans le contexte de cet article, je me soucie surtout de fournir les idées basiques qui forment la base d'une formulation plus précise, et non de fournir cette formulation.

Quel est exactement l'idéal d'objectivité en jeu et comment est-il connecté à l'objectification ? Disons que l'*objectivité absolue* consiste, en gros, en trois normes :

- La *neutralité épistémique* à savoir le faire de prendre une « authentique » régularité dans le comportement de quelque chose pour une conséquence de sa nature.
- La *neutralité pratique* à savoir le fait de limiter sa prise de décision (et donc son action) afin de s'adapter aux natures des choses.
- L'*aperspectivité absolue* : à savoir le fait de compter les régularités observées comme étant d'« authentiques » régularités uniquement dans le cas où (1) les observations ont lieu dans des circonstances normales (par exemple, par des observateurs normaux), (2) les observations ne sont pas conditionnées par la position sociale de l'observateur, et (3) l'observateur n'a pas d'influence sur le comportement de ce qui est observé.

L'objectif de l'aperspectivité absolue est de limiter l'application de la norme de neutralité épistémique – seules les observations qui satisfont aux conditions (1) à (3) d'aperspectivité constituent une base légitime pour tirer des conclusions concernant la nature des choses. Il nous faut néanmoins noter que, puisque les croyances projectives de l'objectificateur ne sont pas basées sur des observations qui satisfont aux contraintes d'aperspectivité absolue, elles ne sont pas justifiées par les principes d'objectivité absolue. Au minimum, l'objectificateur ne remplit pas les conditions (2) et (3). Mais l'objectificateur idéal parvient à surmonter ce problème en s'appuyant sur un principe supplémentaire d'aperspectivité :

> – L'*aperspectivité présumée* : si une régularité est observée, on présume que (1) les circonstances sont normales, (2) les observations ne sont pas conditionnées par la position sociale de l'observateur, et (3) l'observateur n'a pas d'influence sur le comportement de ce qui est observé [1].

---

1. Même si les principes que j'ai suggérés ont quelque chose de très vague et obscur, il y a une qualification qui mérite une note spéciale. Dans ma formulation des principes d'aperspectivité absolue et d'aperspectivité présumée, je me suis appuyé sur la notion de « régularité observée ». Dans la littérature philosophique, une « régularité » est typiquement conçue comme une généralisation universelle vraie, et une « régularité observée » comme une telle généralisation pour laquelle nous avons une preuve observationnelle. Cependant, dans la façon dont j'utilise le terme, je cherche à rendre possible qu'il y ait des régularités qui ne soient pas des généralisations universelles, soit parce qu'elles n'incluent pas au sens strict tous les membres de la classe, soit parce qu'elles ne sont valides que pour des cas qui ont effectivement été observés jusqu'à un moment. Celles et ceux qui préfèrent réserver le terme de « régularité » pour un usage plus strict, peuvent à la place penser en terme de « schémas observés ».

L'aperspectivité présumée permet d'affirmer que toute régularité que l'on observe est une régularité « authentique » et révèle ainsi la nature des choses observées. Dans les faits, on peut appliquer le principe de neutralité épistémique à toute régularité que l'on trouve parce que l'aperspectivité présumée comble l'écart entre les régularités observées et les régularités authentiques. C'est cette norme d'aperspectivité présumée qui permet à l'objectificateur de conclure que ses observations (qui peuvent être exactes) constituent un accès à la nature des choses ; cette norme fournit une base pour ses croyances projectives. Appelons l'idéal d'objectivité qui consiste en une objectivité absolue complétée par la norme d'aperspectivité présumée l'idéal d'*objectivité présumée*.

La grande question qui s'ouvre à nous est celle de savoir si et dans quelle mesure cet idéal d'objectivité présumée est genré – plus spécifiquement s'il est faiblement ou fortement genré. Demandons-nous d'abord : est-ce que cet idéal est *approprié* au rôle d'homme – c'est-à-dire, dans quelle mesure est-ce qu'il permet d'exceller dans le rôle social masculin ; et deuxièmement, est-ce que cet idéal est *fondé* dans le rôle social masculin – c'est-à-dire, est-ce un idéal qu'il suffit de satisfaire pour fonctionner comme un homme ?

Selon ma lecture de l'argument de MacKinnon, nous devrions conclure que l'idéal d'objectivité présumée est faiblement masculin. Il est adapté au rôle de l'objectificateur de deux manières : premièrement, un objectificateur qui satisfait cet idéal va de manière fiable former les croyances projectives requises pour l'objectification et agira en fonction d'elles ; en outre, s'engager en faveur de cet idéal lui fournirait des principes pour guider son comportement objectificateur et le légitimer. Deuxièmement, si l'idéal est globalement accepté, il est probable que la position de pouvoir de l'objectificateur, qui est nécessaire à la perpétuation de l'objectification, sera préservée. (Nous pouvons faire l'hypothèse que si l'idéal est adapté au rôle de l'objectificateur, il est adapté au rôle de l'objectificateur sexuel).

Pour voir cela, il faut se souvenir que nous nous demandons comment quelqu'un qui remplit les conditions minimales en tant qu'objectificateur peut maintenir une pratique réussie d'objectification et ainsi devenir un « excellent » objectificateur. Il est peut-être plus facile de juger de l'excellence des individus dans ce rôle, comme dans bien d'autres, en fonction de la façon dont ils se conforment ou non aux principes qui recommandent et justifient leur comportement objectifiant. Les objectificateurs qui se conforment aux normes d'objectivité présumée seront donc, en ce sens, excellents. Par exemple, un homme qui objectifie les femmes les verra et les traitera comme ayant une nature qui les rend telles qu'il désire qu'elles soient ; mais il lui faut aussi avoir le pouvoir d'imposer sa vision. Comme on l'a vu plus haut, l'objectification se produit dans des conditions d'inégalité où certains individus ont du pouvoir sur d'autres. Il est plausible que dans de telles conditions il y ait des conséquences de l'inégalité qui soient des différences observables et régulières entre les parties inégales. Mais alors, en présumant qu'ils observent ces régularités, les hommes qui satisfont la norme d'objectivité présumée auront raison de voir et de traiter les femmes telles qu'elles apparaissent dans ces conditions d'inégalité – c'est-à-dire comme des subordonnées. Ces normes nous disent d'observer les différences et de nous comporter en fonction d'elles : on voit que les femmes sont subordonnées (soumises, obéissantes, etc.) donc on les traite comme des subordonnées (soumises, obéissantes, etc.). Selon les standards établis par l'objectivité présumée, de telles croyances et actions objectifiantes sont justifiées. Ces objectificateurs qui se conforment à ces standards rempliront leur rôle de manière fiable et régulière, étant donné leur pouvoir social [1].

En outre, l'objectivité présumée contribue à maintenir le pouvoir social, au moins dans les contextes dans lesquels ces normes sont largement admises. On peut vraisemblablement penser que quand on est en position de justifier son comportement à la lumière de normes épistémiques et pratiques largement admises, on a un pouvoir social qui est relativement protégé. Les régularités qui fournissent la base des croyances projectives de l'objectificateur sont généralement accessibles et, pense-t-on, justes. Donc si l'idéal d'objectivité présumée est généralement admis, alors l'inférence faite à partir des croyances projectives et les conséquences pratiques qui en découlent sera largement

---

1. Parce que nous nous concentrons ici sur ce qui est requis pour être un objectificateur « accompli » ou « excellent », nous devons autoriser qu'il y ait des objectificateurs qui remplissent les conditions minimales pour l'objectification mais qui ne soient pas guidés par et qui ne remplissent pas l'idéal d'objectivité présumée. Ils le font, mais ils ne le font pas « bien ». Bien objectifier requiert de maîtriser l'« art » de l'objectification d'une manière continue et fiable. Si l'argument que j'ai présenté est convaincant, on ne pourra pas être un objectificateur idéal à moins d'avoir des croyances projectives fondées sur des régularités observées. Les « mauvais » objectificateurs peuvent avoir beaucoup d'imagination, ou peuvent fonctionner dans des conditions où il n'y a pas de hiérarchie sociale établie, de sorte que les différences pertinentes entre dominant et subordonné sont manquantes. Mais sans justification (accessible publiquement), il sera alors plus difficile de maintenir une pratique d'objectification et le pouvoir que l'on a sera plus facilement remis en question. En bref, la bonne objectification dépendra possiblement du fait d'avoir développé une pratique d'objectification qui établit les régularités nécessaires à son efficacité.

reconnue comme légitime. Ainsi, que l'idéal d'objectivité présumée soit généralement admis renforce la position de pouvoir de l'objectificateur et contribue à maintenir son succès.

Ces considérations suggèrent que l'idéal d'objectivité présumée est masculin au sens faible, parce que satisfaire cet idéal contribue au succès que l'on a en tant qu'objectificateur et, par conséquent, au succès en tant qu'objectificateur sexuel. Devons-nous en conclure que cet idéal est masculin au sens fort ? Pour commencer, je vais voir si cet idéal est fondé plus largement dans le rôle de l'objectificateur : est-ce que satisfaire à cet idéal suffit pour objectifier les autres ? MacKinnon suggère que oui : « regarder le monde de manière objective, c'est l'objectifier [1]. » Rappelons-nous qu'un idéal peut être inscrit dans un rôle social ou bien de manière constitutive (s'il n'est pas possible de satisfaire cet idéal sans remplir ce rôle social) ou de manière contextuelle (si le fait que le contexte (*background conditions*) satisfasse à l'idéal suffit pour remplir ce rôle social). Je pense que nous pouvons accorder que le fait de satisfaire l'idéal d'objectivité présumée n'est pas inscrit de manière constitutive dans le rôle de l'objectificateur ; on va donc se concentrer sur la possibilité d'une inscription contextuelle.

Lorsque l'on a évalué les façons dont l'idéal d'objectivité présumée contribue au succès d'un objectificateur, nous avons vu que dans des conditions d'inégalités de genre, celui qui observe les différences régulières entre hommes et femmes et qui satisfait à l'idéal, verra les femmes comme subordonnées, les traitera comme telles et se verra justifié par ces standards. Mais cela ne suffit pas, en général, pour

---

1. C. MacKinnon, *Feminism Unmodified*, p. 50. (cité *supra*, p. 242)

être un objectificateur ou, plus spécifiquement, pour objectifier les femmes. Je propose donc l'idée que l'idéal d'objectivité présumée est fondé de manière contextuelle, non directement dans le rôle de l'objectificateur, mais dans le rôle de collaborateur à l'objectification.

Je m'explique : on a dit qu'on objectifie quelque chose lorsqu'on le voit et qu'on le traite comme un objet qui a par nature les propriétés que l'on *désire* qu'il ait et, en outre, lorsqu'on *a le pouvoir* de lui faire avoir ces propriétés. (L'objectification sexuelle ajoute à celles-ci deux autres conditions : le désir en question est un désir érotique, et il s'agit d'un désir de domination/soumission). Disons qu'on *collabore à l'objectification* de quelque chose lorsqu'on le voit et qu'on le traite comme un objet qui a par nature les propriétés qui sont une conséquence de l'objectification, c'est-à-dire des propriétés qui sont une conséquence des forces qui maintiennent la hiérarchie sociale. La collaboration diffère de l'objectification dans la mesure où on peut collaborer à objectifier quelque chose sans le voir selon les termes de son propre désir : on peut ne pas trouver les propriétés attribuées à l'objet désirables – elles peuvent être considérées comme indésirables ou simplement comme « naturelles » ou « inévitables ». La collaboration diffère également de l'objectification dans la mesure où celui qui collabore n'a pas besoin d'avoir le pouvoir d'obliger les choses à s'adapter à la façon dont il les voit. Néanmoins, la collaboration n'est pas simplement un processus passif qui permet aux autres de continuer à objectifier ; un collaborateur partage avec les objectificateurs un type de pensée et d'action. Une femme qui voit les autres femmes comme faibles et inférieures par nature, et qui agit en conséquence, collabore à l'objectification, même si ce faisant elle n'a pas besoin d'objectifier les femmes.

Donc si on envisage un contexte d'inégalité de genre – disons un contexte dans lequel la domination masculine est courante – nous pouvons présumer qu'il y aura des différences généralement observables entre les hommes et les femmes qui découlent du fait que les hommes imposent aux femmes leur vision des femmes. Dans ce contexte, les individus qui sont conscients de ces différences et qui satisfont à la norme d'objectivité présumée (au moins en ce qui concerne ces régularités observées) verront ces différences comme « naturelles » et s'adapteront à cette différence de genre dans leurs actions. Cela suffit, selon moi, pour fonctionner comme un collaborateur à l'objectification. En bref, l'idéal d'objectivité présumée est fondée de manière contextuelle dans le rôle du collaborateur ; le contexte (*background conditions*) approprié pour que cela soit le cas est que celui qui satisfait cet idéal (a) le fasse dans un contexte de hiérarchie sociale, (b) soit conscient des conséquences observables de cette hiérarchie, (c) applique cette norme à ces observations.

Je présente ces conditions en termes de hiérarchie sociale plutôt que de hiérarchie de genre parce que nous pouvons admettre qu'il y a d'autres formes d'objectification en plus de l'objectification sexuelle (par exemple, l'objectification raciale) ; il y a, de manière correspondante, d'autres formes de collaboration. L'argument que je viens d'offrir suggère que l'idéal d'objectivité présumée est suffisant pour fonctionner dans un rôle collaboratif spécifique relatif au contexte social et à la façon dont on applique les normes. Par exemple, dans un contexte dans lequel une domination raciale et une domination sexuelle sont en place, la personne qui observe les différences raciales et sexuelles et qui satisfait aux normes d'objectivité présumée vis-à-vis des deux, collaborera à la fois à l'objectification raciale et à l'objectification sexuelle ; si cette personne satisfait à ces normes de manières sélectives, elle pourra, par exemple, collaborer à l'objectification raciale et non à l'objectification sexuelle ou l'inverse.

Nous ne devons pas en conclure cependant que dans n'importe quel cas dans lequel quelqu'un satisfait à l'idée d'objectivité présumée, même sous des conditions de hiérarchie sociale, cela suffit pour fonctionner comme un collaborateur. Il faut que les trois conditions (a) à (c), et non simplement la première condition, soit remplies pour pouvoir établir un lien entre objectivité présumée et collaboration. Cela s'explique par le fait qu'il y a des contextes où, même s'il y a des hiérarchies sociales, on peut observer une régularité dans le comportement de quelque chose, faire l'hypothèse qu'il s'agit d'une conséquence de sa nature, agir pour s'adapter à cette nature, sans par là collaborer à son objectification.

Par exemple, j'observe qu'arroser des bégonias avec de l'ammoniaque les tue ; je présume que c'est une conséquence de leur nature et j'ajuste mes actions de sorte que je n'arrose des bégonias avec de l'ammoniaque que si je veux les tuer. Je ne cherche pas à changer le fait que les bégonias meurent quand on les arrose avec de l'ammo-niaque. Dans ce cas, la propriété des bégonias que je prends en compte n'est pas une conséquence d'une objectification ; le fait qu'ils aient cette propriété ne provient pas d'une contrainte sociale. Je satisfais à l'idéal d'objectivité présumée vis-à-vis de mon observation des bégonias mais je ne collabore pas à les objectifier. Le fait que des faits sociaux soient traités comme des faits naturels et soient donc considérés comme immuables est central à l'objectification ; l'objectivité présume que cette erreur est légitime. Mais lorsque les régularités observées qui sont utilisées comme la base à partir de laquelle on peut tirer des conclusions sur les natures ne sont pas le résultat de contrainte sociale ou de force, il n'y a pas d'objectification et donc pas de collaboration à l'objectification.

De la même façon, si j'observe que les gens meurent lorsqu'ils sont privés de nourriture et d'abri pendant une longue période, que j'y vois un résultat de leur nature et que je prends en compte ce fait lorsque je décide de comment agir, je ne collabore pas à l'objectification. Encore une fois, le fait qu'il y ait des conditions dans lesquelles nous ne pouvons pas survivre n'est pas une conséquence de l'objectification. Ce qu'il faut noter ici est que quelqu'un objectifie quelqu'un d'autre (ou quelque chose) uniquement si les propriétés qu'il lui attribue comme relevant de sa nature sont des propriétés que cette personne ou cette chose en conséquence des forces sociales. Le fait qu'un organisme humain cesse de fonctionner dans des conditions de privations physiques ne résulte probablement pas de forces sociales. Encore une fois, l'élément d'illusion – le fait de faire passer des faits sociaux ou moraux pour des faits naturels – est absent ; cette illusion est un élément crucial de l'objectification et de la collaboration.

OBJECTIVITÉ ET OBJECTIFICATION SEXUELLE

L'argument que je viens d'offrir en faveur de la thèse selon laquelle l'objectivité présumée est fondée de manière contextuelle dans le rôle de collaborateur est loin de suffire à soutenir la thèse selon laquelle satisfaire cet idéal d'objectivité suffit pour être un objectificateur. Et ce de deux manières importantes. Premièrement, j'ai défendu l'idée que dans un nombre limité de cas, satisfaire la norme d'objectivité présumée suffit à remplir la fonction de collaborateur, mais pas d'objectificateur. Deuxièmement, j'ai pratiquement laissé de côté la sexualité. Pour être honnête, je dois reconnaitre que MacKinnon esquisse un argument en faveur de la thèse selon laquelle en étant objectif on fonctionne comme un objectificateur sexuel.

Accordons que nous envisageons la question de savoir si l'objectivité présumée est fondée de façon contextuelle dans le rôle des hommes dans des conditions de domination masculine. En outre, disons que quelqu'un adopte une *position objectiviste* à l'égard de quelque chose si, dans le cas de l'objectivité présumée, cette personne voit l'objet comme ayant certaines propriétés « par nature » et prend cela en compte comme une contrainte lorsqu'il décide de sa manière d'agir. L'hypothèse examinée ici est que si l'on est un objectiviste en ce sens, alors la relation que l'on a à l'objet est une relation d'objectification sexuelle. Ce qu'il faut montrer c'est que si l'on adopte une telle position objectiviste à l'égard de quelque chose, alors 1) on voit et traite cette chose comme ayant par nature les propriétés qu'on désire qu'elle ait, 2) on a le pouvoir de la forcer à avoir ces propriétés (et parfois on exerce ce pouvoir), et 3) on désire la subordination et on trouve la force érotique.

L'argument que propose MacKinnon en faveur de cette thèse repose sur trois prémisses controversées (les numéros indiquent un lien avec chacun des réquisits mentionnés ci-dessus) :

1+. En général, voir quelque chose comme un objet, c'est voir cette chose comme ayant par nature certaines propriétés que l'on trouve utiles ou désirables : « L'objet monde est construit en fonction de la façon dont il apparaît au regard de ses usages possibles »[1].

1. C. MacKinnon, *Feminism Unmodified*, p. 173 ; aussi p. 307, note 17.

2+. La position que l'on a vis-à-vis d'un objet est objective seulement si l'on a fait en sorte (ou que l'on fait en sorte) que cet objet ait les propriétés qu'on lui attribue : « Ce qui est objectivement connu correspond au monde et peut être vérifié en le montrant du doigt (comme le fait la science) parce que le monde lui-même est contrôlé par le même point de vue [1]. »

3+. Toute domination ou tout contrôle est érotisé : « L'acte de contrôle […] est lui-même érotisé dans la suprématie masculine [2]. »

Voilà donc l'image : lorsque l'on adopte une position objectiviste à l'égard de quelque chose, on projette ses besoins/désirs dessus (en considérant que les propriétés désirées sont une partie de sa nature, même s'il ne les manifeste pas présentement) ; on le fait avoir les propriétés que l'on projette ; et on trouve ce contrôle érotique. Par conséquent, on objectifie sexuellement qui est « objet » dans cette position. Si le rôle social des hommes est celui d'objectificateur sexuel, alors adopter la position objectiviste suffit pour être un homme.

Même si je n'ai fait qu'indiquer le squelette de l'argument de MacKinnon, je m'en tiendrai là. J'ai offert dans la section précédente quelques exemples qui suggèrent qu'au moins les prémisses (1+) et (2+) sont sérieusement exagérées. En outre, accepter les prémisses de MacKinnon conduit à perdre la distinction entre objectification et collaboration ; comme esquissé ci-dessus, un objectificateur est quelqu'un qui adapte ses croyances et ses actions à la réalité projetée par l'objectificateur. Mais il n'a pas besoin

---

1. C. MacKinnon, *Feminist Theory of the State*, p. 122.
2. C. MacKinnon, *Feminism Unmodified*, p. 50 (cité ci-dessus). Voir aussi *Feminist Theory of the State*, p. 137-138, p. 147.

de trouver cette réalité désirable ni d'avoir le pouvoir social de l'imposer. Si les prémisses de MacKinnon sont correctes, ce n'est pas une position que l'on peut avoir : de son point de vue, un objectiviste non seulement désire que les objets aient les propriétés qu'il tient pour être dans leur nature, mais en outre est en position de les faire se conformer à sa vision. Pour autant, c'est un mystère, par exemple, de savoir pourquoi adopter une position objectiviste suffirait à avoir un tel pouvoir.

Ce qui est à mon avis plus important cependant c'est que la stratégie de base de l'argument de MacKinnon – stratégie trop répandue chez les théoriciennes féministes – a des défauts profonds. Cette stratégie consiste à se saisir d'une analyse puissante de la façon dont le monde social a été façonné par le pouvoir et le désir des hommes et étendre cette analyse au monde tout entier. Par exemple, se saisir de l'explication puissante de la pornographie comme d'un mécanisme par lequel la catégorie sociale des femmes est construite et suggérer qu'il y a des explications analogues pour toutes les catégories. Mais une telle généralisation, au lieu de renforcer la position de MacKinnon, l'affaiblit.

L'analyse que MacKinnon propose du genre et de l'objectification sexuelle est importante et efficace parce qu'elle capture de façon frappante le pouvoir très réel que les hommes ont sur les femmes, pouvoir soutenu par la violence, la haine et le droit. En dépit de ce qu'il a d'horrible, il est empouvoirant de reconnaître que la menace de violence masculine a considérablement formé le monde social tel que les femmes le connaissent et le vivent. Ce qui a été fait peut peut-être être défait. Si nous affirmons, cependant, que le pouvoir qui a déterminé les catégories de genre est *le même pouvoir* qui a déterminé toutes les catégories, alors nous faisons retomber comme un soufflé l'analyse sociale de ce pouvoir avec la simple idée que dans l'ensemble l'état du monde ne dépend pas des gens, des sociétés, des cultures, des langues, etc. En bref, en cherchant à généraliser nos idées, nous perdons le contraste entre ce sur quoi nous avons un contrôle important et ce sur quoi nous n'en avons pas. Fort heureusement, nous ne sommes pas omnipotents ; nous n'avons pas le pouvoir « de forcer le monde à être tout ce que [nos] esprits peuvent inventer[1]. » Les hommes n'ont pas ce pouvoir ; les femmes non plus, ni les « cultures », etc. Le fantasme d'un tel pouvoir peut être utile pour inviter à critiquer nos catégories courantes mais croire à ce fantasme est je pense aussi dangereux que de supposer que nos catégories courantes capture ce qui est « donné » par la Nature.

L'analyse des catégories de genre comme socialement construites réussit à critiquer les idées traditionnelles concernant les hommes et les femmes en partie parce qu'elle cible les mécanismes spécifiques de contrôle social qui sont responsables des différences observables entre hommes et femmes. C'est le contraste entre ces mécanismes de contrôles et les mécanismes causaux naturalistes ou déterministes – par exemple, les mécanismes qui sont responsables des différences observables entre l'eau et l'ammoniaque – qui permet de soutenir l'idée que le changement social est possible. Il y a peut-être une analyse sociale complexe qui permettrait de comprendre pourquoi nous nous intéressons à la différence entre ammoniaque et eau et pourquoi nous aimons les distinguer, mais suggérer que des mécanismes spécifiques de contrôle social sont responsables de leur différence est invraisemblable. Si

---

1. C. MacKinnon, *Feminist Theory of the State*, p. 122.

nous insistons sur le fait que les mécanismes responsables de toute différence apparemment naturelle sont les même mécanismes qui sont à l'œuvre dans la construction des différences de genre, nous perdons notre focalisation sur ce en quoi consiste le pouvoir social.

Si nous supposons, par exemple, que l'explication de la différence de genre devrait être utilisable pour expliquer toutes les différences, alors on peut vraisemblablement chercher un dénominateur commun à la variété d'explications offertes. Mais chercher une telle stratégie d'explication globale nous détourne de l'effort pour changer la société ; il y a deux tentations qui nous égarent. D'un côté, si nous notons le caractère significatif de l'explication causale pour comprendre les régularités dans le comportement des choses, il est tentant de recourir au déterminisme social ou psychologique pour expliquer le genre ; et ainsi, la façon dont le pouvoir qui construit le genre est optionnel et, plus important encore, sujet à évaluation morale est masquée. De l'autre côté, il est tentant de resituer la source de l'oppression de genre dans une « structure de pensée » commune à tous les efforts de différenciation – par exemple, une structure qui attribue des natures aux choses. Cela nous détourne de l'attention portée aux mécanismes concrets de contrôle social et resitue le problème « dans nos têtes » – comme si la domination et la violence allaient s'arrêter si nous abandonnions la mauvaise habitude de penser que les choses ont des natures (ou si nous arrêtions de distinguer les choses ou de postuler des catégories unifiées). Pire encore, prendre nos pensées pour le problème peut conduire à un nihilisme intellectuel qui nous prive des ressources nécessaires pour construire des alternatives viables aux arrangements sociaux existants.

Les analyses des catégories qui prétendent être naturelles en termes de relations sociales hiérarchiques (par exemple les analyses du genre, de la race, du sexe) ont souligné la portée politique de la distinction entre le social et le naturel ; et de telles analyses devraient vraisemblablement nous pousser à réévaluer tous nos jugements concernant ce qui est naturel et ce qui ne l'est pas. Mais même si le doute systématique et l'attention supplémentaire ont lieu d'être *dans tous les cas*, cela ne veut pas dire qu'on aurait raison de rejeter en bloc la distinction entre catégories naturelles et catégories sociales. Cela ne nous donne pas non plus de raisons de penser que considérer que les choses ont des « natures » soit antiféministe ; en particulier, reconnaître que je ne suis pas par nature une femme laisse intacte la question plus large de savoir si j'ai une nature et, aussi bizarre que cela puisse paraître, si ma nature est naturelle ou non [1]. Généraliser la stratégie qui se trouve derrière l'analyse sociale du genre peut apparaître comme une façon prometteuse de combattre une insistance dogmatique sur l'immuabilité de la vie telle que nous la connaissons. Mais les analyses concrètes des catégories socialement construites ne justifient pas des conclusions à l'emporte-pièce sur « toutes les langues » et « toutes les catégories » et la généralisation hâtive de nos analyse affaiblit à la fois théoriquement et politiquement la force de notre position.

---

1. Il est important de noter qu'on peut être attaché aux natures sans être un « naturaliste ». Même si le terme « naturaliste » couvre beaucoup de conceptions différentes, en général les naturalistes pensent que la science naturelle a un statut privilégié pour trouver les natures et, en outre, privilégient les propriétés physiques sur les autres. Mais l'idée d'une propriété « naturelle » est ambiguë, entre une propriété physique que la science naturelle étudie et une propriété qui fait partie, ou découle de, la nature de quelque chose. On peut penser que le catholicisme est attaché aux natures sans être attaché au naturalisme.

CONCLUSION

J'ai pour l'instant affirmé qu'il y a une norme épistémique et pratique complexe – que j'ai appelée « objectivité présumée » – qui est adaptée au rôle de l'objectificateur : remplir cet idéal permet aux objectificateurs d'être de meilleurs objectificateurs et le fait qu'il soit couramment adopté perpétue l'objectification. S'il y a une catégorie sociale « hommes » définie par sa relation à l'objectification sexuelle, alors (si l'on présume que l'on ne peut être un bon objectificateur sexuel que si l'on est un bon objectificateur) cet idéal est adapté au moins à un des rôles genrés significatifs des hommes. De cela nous pouvons conclure que l'idéal d'objectivité présumée est faiblement masculin.

J'ai aussi défendu l'idée que l'idéal d'objectivité présumée est contextuellement ancré dans le rôle de collaborateur à l'objectification. Dans des conditions de hiérarchie sociale, ceux qui observent les conséquences de l'inégalité et qui appliquent les normes héritées de l'objectivité présumée à leurs observations fonctionneront socialement comme des collaborateurs. J'ai cependant également défendu que l'on peut satisfaire à l'idéal d'objectivité présumée dans ces conditions (*background conditions*) spécifiques et ne pas remplir une fonction d'objectificateur ou d'objectificateur sexuel. Ainsi nous pouvons conclure que cet idéal, au moins au regard de ces conditions, n'est pas ancré dans le rôle social des hommes et n'est donc pas fortement masculin. Cela laisse évidemment ouverte la question de savoir s'il y a d'autres rôles de genre, ou d'autres conditions (*background conditions*), vis-à-vis desquelles cet idéal est fortement masculin.

Que faire de ces conclusions ? Dans quelle mesure nous offrent-elles des raisons de rejeter l'idéal d'objectivité présumée ? Il faut commencer par noter que l'idéal d'objectivité présumée est un ensemble de principes ; celui d'aperspectivité présumée et les principes d'objectivité absolue (neutralité épistémique, neutralité pratique et aperspectivité absolue). Les arguments que j'ai étudiés, même s'ils constituent un défi pour la valeur de l'idéal en tant que tout unifié, ne donnent pas de raisons de rejeter *tous* les principes constitutifs de cet idéal ; et ils ne donnent pas non plus de raisons de décider quel(s) principe(s) constitutifs rejeter. Les problèmes que cause cet idéal sont une conséquence du fait que ces principes sont employés de manière conjuguée[1]. C'est important parce que cela montre qu'on ne peut pas raisonnablement utiliser l'argument que j'ai présenté contre celles et ceux qui adoptent quelque chose de moins maximaliste que la pleine conjonction de ces principes. L'argument est inefficace, par exemple, contre ceux qui acceptent que les choses ont des natures auxquelles nous devons nous adopter dans notre prise de décision, mais qui refusent le fait que l'on puisse déterminer les natures seulement à partir d'une régularité apparente ; il est aussi inefficace contre ceux qui font certaines inférences rapides sur les natures mais qui pensent qu'on ne doit pas impérativement s'adapter à ces natures ou les respecter.

---

1. On pourrait effectivement défendre que chacun de ces principes est masculin au sens faible, parce que dans les contextes om les autres principes sont réalisés, ils contribuent au succès dans le rôle d'homme. Cela illustre à la fois la difficulté et l'importance d'avoir des critères clairs de ce qui peut compter comme des « conditions sous-jacentes ». Voir p. 224.

Lorsque j'ai introduit l'accusation selon laquelle la rationalité est genrée, j'ai suggéré que si c'était le cas, il s'agirait d'une remise en cause de l'accent que la tradition philosophique occidentale met sur les idéaux de la raison et les êtres rationnels. Étant donné les arguments que je viens de donner, avons-nous de quoi affirmer que les grandes lignes de l'épistémologie et de la métaphysique traditionnelles démontrent un biais masculin ou soutiennent la domination masculine ? On ne peut évidemment pas répondre à cette question sans examiner en détail les positions philosophiques qui ont été adoptées. Cependant je dirais qu'il est difficile de faire de l'accusation selon laquelle l'objectivité présumée est genrée une critique de l'épistémologie et de la métaphysique traditionnelles.

Les philosophes se sont sans doute appuyés sur l'idéal d'objectivité présumée dans leur construction de théories de la nature humaine et dans leur théories morales, politiques et épistémologiques ; en outre, ils s'y sont appuyés de manières politiquement problématiques. Mais nous devons aussi reconnaître que la norme d'objectivité présumée n'embrasse pas un éventail très large d'idéaux philosophiques de la raison et qu'elle ne rend pas justice à la façon délicate dont les philosophes ont envisagé le problème de l'établissement de natures. Celles et ceux qui travaillent dans le cadre de la tradition empiriste au sens large s'appuient volontiers sur les régularités observées pour former leurs théories, mais ils sont connus pour refuser d'attribuer des natures aux choses ; ceux qui travaillent dans le cadre, large, des traditions aristotélicienne et rationaliste attribuent volontiers des natures aux choses mais ne se contentent pas des régularités observées pour le faire. Ainsi, d'importantes figures du canon philosophique traditionnel non seulement rejettent semble-t-il l'idéal d'objectivité présumée mais offrent aussi des ressources pour montrer ces faiblesses et pour construire d'autres idéaux.

Cependant, même si la conclusion que l'objectivité présumée est genrée ne fournit pas de quoi mettre en cause directement ceux qui poursuivent des projets traditionnels en épistémologie et en métaphysique, on ne peut pas non plus obtenir la satisfaction de penser que ces projets ont été innocentés. Par exemple, nous pouvons demander : dans quels cas est-ce que le rejet explicite de l'objectivité présumée dissimule en réalité son adoption ? Quelles sont les autres idéaux possibles à part l'objectivité présumée ? Y a-t-il d'autres conceptions de l'objectivité – des conception qui offrent des idéaux faiblement ou fortement genrés – qui jouent un rôle dans le travail philosophique ? Et y a-t-il d'autres manières que celles que nous avons évoquées dont les normes et idéaux peuvent être genrés ?

Maintenant que l'on a souligné certaines limites des arguments envisagés nous nous retrouvons face à la question, plus difficile, de savoir comment ces arguments pèsent sur notre évaluation de l'objectivité présumée. Étant donné que l'idéal d'objectivité présumée est faiblement masculin et contextuellement ancré dans le rôle de collaborateur à l'objectification, devons-nous rejeter cet idéal ? Retournons aux exemples (discutés plus haut) du maître bienveillant et des journalistes que leur excellence rend criminels. Dans ces cas, il semble plausible que nous devrions continuer à accorder de la valeur à la bienveillance et aux vertus des journalistes mais que nous devrions travailler à changer les circonstances qui ont rendu leurs conséquences problématiques. Est-ce que l'objectivité présumée appartient au même type d'idéal ? S'agit-il d'un idéal dont nous devrions endosser les normes tout en travaillant à miner la hiérarchie sociale qui rend ses conséquences problématiques ?

Ma proposition est que nous devons rejeter l'idéal d'objectivité présumée, du moins sous la forme que nous avons considérée, parce que l'endosser tout en travaillant à miner la hiérarchie sociale existante nous place dans une position intenable. Il y a deux problèmes à prendre en compte : d'abord, devons-nous accepter que l'idéal d'objectivité présumée comme quelque chose qui nous engage – devons-nous accepter que ses normes guident nos attitudes et nos actions ? Deuxièmement, devons-nous accorder support et valeur aux activités de ceux qui vivent selon ces normes même si ce n'est pas notre cas ? Pour répondre à ces questions, il importe de savoir qui est inclus, qui compte dans ce « nous ». Le « nous » dont je parle et à qui je parle est culturellement et historiquement situé. Nous vivons dans des conditions de hiérarchie sociale, une hiérarchie dans laquelle on a du pouvoir par le simple fait d'être, par exemple, homme, blanc, hétérosexuel. Plus important encore, je présume que nous sommes attaché.e.s à changer cela.

Si nous acceptons ces normes d'objectivité comme nous engageant d'une manière ou d'une autre, alors nos efforts pour changer la société seraient, selon elles, non seulement immotivés mais injustifiés. Parce que nous vivons dans des circonstances de hiérarchie sociale et que nous sommes conscient.e.s des conséquences de cette hiérarchie, l'idéal d'objectivité présumée nous inviterait à collaborer aux mécanismes existants d'objectification : nous devrions voir et traiter les surbordonné.e.s comme des subordonné.e.s. En bref, les circonstances dans lesquelles nous nous trouvons correspondent aux conditions dans lesquelles l'objectivité présumée transforme en collaborateur. Mais lorsque nous nous engageons en faveur du changement social nous rejetons ces attitudes et ces actions que nous considérons comme fausses et injustifiées. Un tel conflit ne peut être résolu. Face à lui, il est clair que nous devons abandonner l'objectivité présumée. En outre, si nous considérons que d'autres, qui sont vivent aussi dans des conditions de hiérarchie sociale, ont raison de guider leurs attitudes et leurs actions en fonction de l'idéal d'objectivité présumée, alors nous accorderons cette même légitimité à leurs activités de collaboration. Mais alors la question de savoir sur quelle base on pourrait leur demander de changer devient obscure.

À cet égard, l'idéal d'objectivité présumée est différent de la bienveillance et de l'excellence journalistique ; dans ces cas, il n'y a pas de conflit entre le fait d'accorder de la valeur à ces idéaux et notre engagement en faveur du changement social. Il y a certes des cas dans lesquels on peut satisfaire l'idéal d'objectivité présumée sans que ce soit problématique, même quand toutes les normes qui le constituent sont utilisées ensemble. Et il y a des lieux et des époques dans lesquels les conditions (*background conditions*) ne sont pas celles d'une hiérarchie sociale donc satisfaire à l'idéal ne fera pas de soi un collaborateur. Mais nous ne nous trouvons malheureusement pas dans un tel lieu et à une telle époque et soutenir une application sans limite de cet idéal nous fera que nous empêcher d'y accéder.

« Le féminisme, ça pense », ai-je écrit pour présenter des textes de presse, et la boîte à outils choisie ne saurait être orthodoxe. Ce qui est rapporté aujourd'hui témoigne alors d'une nécessité comprise après coup, non d'un choix élaboré au départ.

Être colporteuse, c'est avoir accepté la nécessité de la liberté, celle de construire à partir de morceaux épars du savoir ; c'est donc s'engager dans une stratégie de pensée qui se construit au fur et à mesure. À la suite de quoi, donner de l'intelligibilité à la pensée féministe est clairement une ambition théorique.

Certes, il n'y a pas de lieu attribué par la tradition, pas de philosophème sexe/genre. Mais pourquoi le déplacement, le mouvement, viendrait-il compenser cette absence de port d'attache ? Tout simplement parce que seule l'histoire, l'histoire du passé et l'histoire en train de se faire, peut donner une matière propice à la conceptualisation. On peut même avancer que l'actualité, celle du féminisme depuis les années 70, est le creuset, la matière, qui permet de créer enfin un espace d'intelligibilité. Ainsi, d'emblée, cette matière a convoqué la connaissance généalogique de l'émancipation des femmes, donnée par l'Histoire moderne et contemporaine, par l'ère démocratique.

Jusque dans les années 2000, je me voyais en fantassin, non pas dans l'idée d'une guerre à mener mais par conviction que l'appartenance à un groupe, à un collectif, celui des féministes, faisait de moi une soldate, parmi d'autres ; soldate soucieuse d'avancer dans un ensemble. Puis j'ai préféré l'image de la colporteuse. La figure de la colporteuse, comme celle du fantassin, désigne une situation horizontale et sans surplomb. Il n'y aura pas de maîtrise. La différence alors, dans le passage d'une figure à l'autre, tient à la distinction entre être un exemplaire, ou être une singularité. La singularité, dans un engagement double, théorique et pratique, a prévalu à cause d'une ambition personnelle, celle de fabriquer de l'intelligibilité, jointe à la compréhension d'un engagement spécifique. Mon hypothèse philosophique est celle de l'historicité, d'une temporalité subversive qui se détourne du schéma de la déconstruction sociale et qui affronte l'inéluctable ritournelle du « de tous temps » affectée aux relations entre les sexes…

Dans ce qui est porté et apporté par le colportage, on distinguera trois objets : les nouvelles, les marchandises, et une lanterne magique. Prenons un exemple, celui d'un texte publié sur le blog LibéRation de philo [1], en octobre 2015 : il s'agit d'Olympe de Gouges et du buste dont l'inauguration à l'Assemblée Nationale, est alors reportée (*sine die ?*). Ainsi la nouvelle, l'information, c'est le suivi du feuilleton qui dure maintenant depuis plus de vingt ans, de la reconnaissance par la nation du rôle de cette femme pendant la Révolution française, de sa stature historique d'actrice politique. Arrivée en tête du sondage électronique pour entrer au Panthéon en 2014, écartée par la présidence de la République du lieu des « grands hommes », elle est alors choisie par l'Assemblée Nationale pour avoir un buste, aux côtés de Jean-Jaurès. Mais le buste n'est pas prêt pour le jour prévu. Cela, c'est la nouvelle, l'actualité du mois d'octobre 2015. La marchandise, c'est-à-dire l'analyse de la difficulté à la reconnaître comme une « grande femme », honneur de la patrie, permet la distinction entre l'héroïne politique et la représentante du peuple ; elle souligne la pertinence de lui donner une place dans la maison des élus de la nation puisqu'elle pensait qu'une femme pouvait monter à la tribune (et pas seulement à l'échafaud).

---

1. http://liberationdephilo.blogs.liberation.fr/2015/10/26/olympe-de-gouges-entrera-dans-la-maison-du-peuple/. Depuis octobre 2016, son buste est installé, proche de Jean-Jaurès.

Et la lanterne magique ? Elle met en lumière son rapport au peuple à travers son plaidoyer pour l'égalité des sexes et sa stature de femme publique, éclairage donné par une lettre acquise récemment par cette même Assemblée Nationale, lettre qui précède de quelques jours le 14 juillet 1789 ; et où elle écrit qu'il faut se souvenir du peuple. Ainsi l'actualité est une occasion de réflexion et de construction de repères à partir de la généalogie historique.

C'est pourquoi il n'y a pas de position de surplomb théorique, en amont de la recherche, ni de maîtrise d'un objet déjà là. En revanche, il se pourrait qu'il y ait une prétention philosophique, celle d'inscrire la pensée féministe dans un cadre universel, de travailler à la sortir de sa particularité supposée. Ou comment l'histoire d'Olympe de Gouges, sans cesse revisitée, s'inscrit dans cette « démocratie exclusive » qui dit à la fois l'inscription et l'exclusion de catégories sociales produites par la dynamique même de la Révolution française.

L'ÉPREUVE DE L'HISTOIRE

L'Histoire est donc convoquée doublement : c'est une épreuve, lieu de l'engagement nécessaire, ou incontournable, et c'est une preuve, un savoir qui, reconstitué ou construit, organise l'intelligible.

L'ENGAGEMENT

Un jour, on analysera « la chance d'une génération », celle qui avait 20 ans en 68, qui étudiait à La Sorbonne, qui était dans la rue avec le MLF et autres urgences, autant qu'en bibliothèque pour dévorer les archives féministes. La mienne. Ces années 70, c'est la rencontre avec Jacques Rancière et la fondation de la revue *Les Révoltes logiques* en 1975, les croisements avec *Les Temps modernes* et leurs fondateurs. Rentrer au CNRS en 1983 fut l'outil pour continuer à travailler. Mon projet s'intitule alors : « les fondements philosophiques du discours féministe ».

L'engagement s'exprime en deux expériences intellectuelles, qui sont encore aujourd'hui agissantes, l'expérience de la contradiction d'une part, l'expérience du rapport théorie-pratique d'autre part. La contradiction entre luttes solidaires fut une évidence structurelle. Cependant, l'émancipation des femmes prend toujours à rebours celles des travailleurs et des races, non parce qu'elles s'opposent entre elles mais parce que, dans leur contiguïté politique, il y a nécessairement une tension dans les choix stratégiques. La hiérarchie des luttes est intrinsèque à la réalité politique. « Les femmes » étaient, en langage marxiste notamment, une contradiction « secondaire ». Parenthèse très contemporaine : le terme « intersectionnalité » relève désormais d'une double exigence, scientifique et politique, épistémologique et militante. Il y a sûrement l'idée d'un dépassement de la contradiction. On n'esquivera pas pour autant la difficulté, car les tensions stratégiques ne manquent pas d'avoir des conséquences théoriques. Pour ma part, j'ai proposé de parler de « contiguïté ».

La seconde expérience fut de nous interpeller mutuellement sur le possible rapport entre théorie et pratique. L'althussérisme, puis le maoïsme, soulevaient la question du lien entre les deux termes. Mais, plus encore, nous réfléchissions à la « pratique théorique » sorte d'alliage à multiples facettes, celle de l'action radicale, celle de la subversion intellectuelle.

Ainsi l'engagement était une cause, et non une conséquence de la pensée, un socle où se placer pour réfléchir. L'implication politique allait de pair avec la curiosité intellectuelle. D'où, comme une évidence, l'insuffisance à revendiquer son camp, ou donner son opinion, puisqu'il ne s'agissait pas seulement de défendre une position mais d'en énoncer les conditions de possibilité. De ce point de vue, l'exemple clair peut être la mise en regard de Jean-Paul Sartre et de Simone de Beauvoir, à la fois intellectuels et écrivains. En gros, dit Sartre, dans *Plaidoyer pour les intellectuels*, l'intellectuel peut apparaître comme celui qui se mêle de ce qui ne le regarde pas ; quand Beauvoir, cela saute aux yeux, se mêle de ce qui la regarde, dans ses livres sur le Deuxième Sexe et sur la Vieillesse. En ce sens, le « privilège » de Simone de Beauvoir, terme que je mets en évidence et en exergue de son écriture, vient de cette écriture même, et la fréquence de ce mot sous sa plume donne une version multiforme de la place qu'elle se donne, au long de sa vie, dans un engagement aussi pratique que théorique. Le privilège n'est pas ce qui fait obstacle à son travail et à son engagement, mais ce qui s'analyse comme un donné pour être au plus près de ses compétences. Du coup, l'intellectuelle n'est pas seulement une éventuelle représentante de son époque, ici le renouveau du féminisme dans la seconde moitié du xxᵉ siècle, elle est plus simplement, et plus fortement, représentative, exemplaire.

Peu après le parcours de Simone de Beauvoir, impliquée dans ses textes par sa situation de femme, et osant l'assumer, le passage à l'intellectuelle spécifique proposé par Michel Foucault survient comme un simple enchaînement. Partir du spécifique, c'est-à-dire de son savoir accumulé, est bien ce à partir de quoi une parole peut se justifier et offrir un contenu propre à l'engagement. Il arrive aujourd'hui qu'on perçoive l'intellectuel spécifique comme un expert, juste bon, sans doute, à délivrer des connaissances. C'est un incroyable contresens qui s'explique trop facilement par notre XXI⁰ siècle. Soulignons donc que l'intellectuel spécifique n'est pas un expert, mais un savant qui tire sa force politique de ce qu'il sait, et non de ce qu'il ne sait pas. Dans la tension entre la position (ou la posture) et le savoir, l'intellectuelle féministe choisit précisément de penser le « quoi » et de ne pas s'attarder sur le « qui », de penser le problème et non l'identité. Je vais y revenir.

À cet instant alors, on peut tenter de comprendre comment s'inscrit, dans cette lignée gauchiste, le « savoir situé » qui, aujourd'hui, fait référence en matière d'inscription sociale et politique de tout chercheur. S'il s'agit d'analyser le « donné au départ » du chercheur (comme de l'intellectuel qui s'engage dans la cité), donné qui ne doit pas être insu pour le lecteur de la recherche, en quoi cela ferait-il progresser le « d'où tu parles ? » des années 1970 ? Par moins d'interpellation soupçonneuse, et par plus de souci d'épistémologie politique ?

L'ÉPREUVE, LA PREUVE

L'épreuve est simplement politique. Il faut prendre acte des contradictions politiques, évoquées plus haut, contradictions stratégiques en fonction du rôle primaire ou secondaire attribué aux groupes dominés. Puis aller au-delà, et rentrer dans la matière du féminisme, par exemple en formulant des problèmes. Car formuler des problèmes, c'est s'éloigner de l'opinion, de cette opinion à quoi on voudrait réduire l'engagement, pour aller vers une expression philosophique d'une question politique, l'égalité des sexes.

Quelques exemples, rapidement, de l'épreuve, épreuve de l'Histoire en train de s'écrire : 1) *Le service domestique* : non pas le travail domestique, non pas les travailleuses domestiques, mais l'équation service/égalité. Cas concret de la hiérarchie des femmes à l'intérieur de la classe des femmes : les féministes des années 1900 avaient déjà identifié la difficulté. Pour ma part, il s'agit, à la fin des années 70, de faire le lien entre le travail domestique gratuit effectué par toutes les femmes, l'injonction au féminisme lutte des classes (les travailleuses d'abord) et le fait intangible du million de femmes payées pour ce travail domestique. La notion, le concept de « service » permet alors de nommer une question, celle de la place du service en démocratie.

2) *La démocratie exclusive* : ou comment la rupture révolutionnaire permet et empêche la pensée de l'égalité des sexes. Par des mécanismes propres à un système moderne démocratique, se reconstruit une pensée de l'exclusion des femmes adaptée au nouveau régime politique, notamment grâce au jeu d'opposition entre l'exception et la règle, les mœurs et les lois, la raison et le sexe… Et quand se confrontent démocratie et république, on voit réapparaître les deux gouvernements, civil et domestique, pour établir un partage républicain entre famille et cité, une distinction entre les deux « moitiés de la république », dit Rousseau. Séparation classique des gouvernements, cependant que la modernité introduit le concept de représentation. Ainsi se différencie le mouvement pour la parité, où je notais la distinction entre gouverner et représenter, entre être nommée et être élue, deux entrées en politique tout à fait spécifiques.

3) *Le consentement* : dans les années 90, on débat sans fin sur la vérité du consentement d'une jeune fille qui décide de porter le foulard, ou d'une prostituée qui assume son métier. On peut être pour le port du foulard et contre la prostitution ; ou inversement. Cela relève de l'opinion militante. En joignant les deux questions du point de vue de l'acte de consentir, dont la complexité a été établie par trois siècles de modernité du contrat, on peut poser la question du consentement, non pas comme simple argument individuel et individualiste, mais bien plutôt comme argument politique, inventant le monde de demain. Ainsi, le consentement politique offre un cadre théorique autre que celui de la philosophie néolibérale.

Car le colportage, parcourant l'Histoire, est une mise à l'épreuve conceptuelle. Et, avec une ironie joyeuse, on pourrait retourner une phrase de Diderot à l'avantage de la colporteuse : dans *Sur les femmes*, il écrit que pendant que les hommes « lisent dans les livres », les femmes lisent « dans le grand livre du monde ». La colporteuse lit dans le grand livre du monde : oui, c'est bien par-là que la pensée féministe peut être identifiée. Ainsi, il y a l'épreuve, la difficulté, la complexité d'une question, et puis, il y a la preuve, ce qui fait preuve, ce qui peut être vérifié. Exemples là encore : 1) Doit-on dire « conciliation » de la vie privée et professionnelle, ou « articulation », comme je le propose lorsqu'en 1997-98 je suis déléguée interministérielle aux droits des femmes ? Si j'emploie le mot « articulation » je suis dans la construction d'une évolution sociale, recherche active de l'émancipation, en vue d'une compatibilité entre travail et famille ; si j'emploie le mot « conciliation », je prends acte d'une difficulté chronique, propre à la vie des femmes, échec renouvelé plutôt qu'enjeu d'invention sociale. 2) La parité : faut-il vraiment débattre de la différence des sexes comme fondement du politique, ou au contraire comme inhérent à l'universel ? Ce débat fait rage à la fin des années 90. Ou faut-il, telle est alors ma proposition, observer l'impact, la dynamique d'égalité et d'émancipation déclenchée par le mouvement pour la parité ? Je propose alors d'inverser la formule kantienne et de dire que la parité est « vraie en pratique et fausse en théorie ». En clair, j'affirme que le débat philosophique porte sur la pertinence du mouvement politique et non sur son éventuel bien-fondé théorique. Et même, plus prosaïque encore est de remarquer que « seul le chiffre fait preuve » pour démontrer l'inégalité du partage de pouvoir entre les sexes. Matérialité mathématique qui a la force d'une démonstration ; vraie en pratique.

Faire preuve : c'est sans doute ainsi qu'il faut comprendre mon passage dans la vie politique. Ce fut un « service politique », service comme une conscription, sept années de vie dédiée à un monde que je ne m'étais jamais destinée à connaître. La preuve : profiter de ce temps donné à la vie gouvernementale, déléguée inter-ministérielle, et à la vie de représentation politique, être élue au Parlement européen, pour tester le rapport entre théorie et pratique ; mais non tant le passage de l'un à l'autre, de la pratique à la théorie, du MLF aux recherches en bibliothèque, puis, inversement, de la théorie à la pratique pour l'intellectuelle sollicitée à devenir une femme politique issue de la société civile. Non, le passage à la pratique est avant tout celui de la vérification, vérification par le langage soumis au réel.

LE BALLUCHON

Il y a la marchandise transportée, et il y a l'offre d'images que peut offrir la lanterne magique.

La marchandise, c'est, bien évidemment, le savoir, un savoir accumulé grâce au travail de généalogiste de la démocratie. On précisera que le savoir n'est pas la science. Des éléments de compréhension, mais pas de théorie. Pour construire les problèmes, pour identifier les notions susceptibles de synthétiser des débats et de les transformer en objet philosophique, seuls les textes, documents, traces de ces trois derniers siècles donnent une matière. Cette matière s'ordonne ensuite autour de la question posée. Ainsi, dans le balluchon, il n'y a que des objets propres à l'égalité des sexes et à la liberté des femmes, rapportés à des questions politiques, et qui sont liées et reliées au monde commun, universel.

A cet endroit du témoignage, une précision importante s'impose. La pensée féministe a toujours été animée par un débat central, celui de l'alternative entre égalité et différence, universalisme et différencialisme. Ce débat, je l'ai volontairement mis à distance, et même mis de côté ; en le disant « aporétique » dans le vis-à-vis entre identité et différence, en qualifiant l'expression « différence des sexes », *Gechlechtdifferenz*, disait Hegel, de « catégorie vide ». Aujourd'hui le débat use d'autres termes, genre et *queer*, permettant pour l'un, le genre, au singulier bien entendu puisque c'est un concept, de penser l'universel des divers sexes, et pour l'autre l'affirmation du multiple des sexualités. Le duo « genre et sexualités », fort employé désormais dans le langage académique, exprime le renouvellement de la problématique « universel/différence » et permet ainsi d'interroger le deux de la dualité : binaire ou non binaire est la formulation la plus actuelle. La question est alors de savoir si ce renouvellement est un déplacement. Oui, peut-être, si on souligne la reprise d'un débat de la philosophie antique : à savoir, non pas le un opposé au deux, le même et l'autre de notre modernité récente, mais le un faisant face au multiple de notre nouveau monde. Cela vaudrait la peine de mettre la discussion présente au regard des fondements philosophiques de l'Antiquité grecque.

De fait, j'ai choisi, dès le départ de la recherche, de rester à distance, de trouver les problèmes et les concepts qui vont avec, sans souci de caractériser l'être sexué. Mais pourquoi avoir refusé cette question, qui est, au fond, celle de la définition, peut-être celle de l'ontologie ? Précisément parce qu'en qualifiant l'alternative d'aporie, je désignais d'emblée une question sans réponse. Et je préférais prendre des chemins de traverse.

Alors, dans le balluchon, ou la besace de la colporteuse, il n'y a pas la marchandise de la définition ancienne, ou nouvelle, confortée ou repensée de « sexe/genre », il n'y pas la question et la réponse du « qui ». Non, j'ai tenté brièvement de l'illustrer ci-dessus, il y a la question du « quoi ». Car si, désormais j'emploie l'expression « sexuation du monde », c'est pour montrer comment chaque question rencontrée (service, consentement, démocratie, gouvernement, représentation, etc.) offre une réflexion pour la vie commune, simplement nourrie par un regard sexué ; non pas sexué comme partage de positions ou de situations mais sexué au sens d'un éclairage de plus dans une histoire humaine globale.

Un exemple, à nouveau, celui du droit des femmes à disposer de leur corps, grâce à une révolution scientifique, la contraception (chimique, mécanique, et non plus seulement « naturelle ») et la reconnaissance juridique de l'avortement (légalisé ou dépénalisé, suivant les pays et leur histoire). En lisant et en écoutant les slogans des années 60 et 70, c'est bien la formulation de l'*habeas corpus* qui s'exprime, avec le slogan « notre corps nous-mêmes » précédant le « mon corps m'appartient », que nous connaissons bien. La reprise de l'*habeas corpus* (Angleterre, 1679) n'est pas anodine car elle place ce droit à décider de sa fécondité au regard de cette conquête civile, située en amont des droits de l'homme énoncés à la fin du XVIIIe siècle. Cette référence nous invite alors à réfléchir l'historicité en jeu. Soit ce droit des femmes à disposer de leur corps apparaît comme un contretemps dans ce XXe siècle qui voit le triomphe du biopouvoir, de la manipulation des droits de l'homme. Soit ce droit permet le dévoilement d'un impensé de notre modernité, le fait que le corps des femmes, avant même toute civilité et citoyenneté, est un lieu de pouvoir masculin, donc de dépossession pour le sexe féminin. La notion d'*habeas corpus* s'invite donc comme à rebours dans la controverse contemporaine sur les « droits de l'homme ». Le droit à disposer de son corps, pour les femmes, serait-il en décalage, et en tension, avec la mise en perspective polémique des droits de l'homme au XXe siècle ? Une sorte de contretemps politique et philosophique ?

En conséquence on entrevoit le sens de ma proposition, celle de « sexuer » notre regard au lieu de le laisser, soit dans le neutre de l'implicite, de l'invisible, soit dans la réduction au particulier, au spécifique. La « sexuation » propose un universel enrichi de cette perspective essentielle.

Et c'est alors que la lanterne magique contribue à l'éclairage d'une histoire sexuée. La lumière, ou le faisceau de lumière, c'est ce que je nomme « l'opérateur égalité ».

Cet opérateur est un opérateur de pensée, au sens où le principe égalité, inhérent à l'ère démocratique, est indispensable pour analyser le contemporain. Peut-on lire la généalogie de la démocratie sans rencontrer la question de l'égalité des sexes? Certains analystes le pensent, et « évitent » cette question dite secondaire. Pour ma part, avoir ce principe de lecture des textes éclaire, et non obscurcit, la compréhension. Ceux, ou celles qui s'opposent à cette lecture mélangent volontiers le principe égalité avec les mots de justice, ou d'équité ; et cela brouille le regard sur les deux derniers siècles. Plus encore, l'engagement à lire la tension entre démocratie et république, ou à reconnaître l'émancipation des femmes à partir d'un principe politique, l'égalité, permet d'échapper à ce à quoi on voudrait réduire le féminisme : du militantisme, de l'humeur, de l'idéologie vue comme discours fantasmatique, bref de la non pensée.

A partir de là, on comprendra que le principe de liberté, tout aussi important du point de vue de la philosophie politique, n'a pas la même capacité à servir d'opérateur : les controverses sur la bonne ou mauvaise liberté pour les femmes sont d'emblée l'enjeu de multiples polémiques qui fragilisent sa force épistémologique structurante ; mais non son importance politique.

Alors, on en profitera pour distinguer l'ontologique du politique. L'ontologique dit l'aporie de l'identique et du différent tandis que le politique, en prenant appui sur l'égalité et la liberté, adresse à l'ontologique des questions précises : égalité de raison, donc la citoyenneté, l'éducation d'un côté, et liberté du corps, donc propriété de soi et refus de la violence de l'autre. L'ontologique et le politique se croisent, mais ne se superposent pas.

Évidemment, il faudrait prendre, ici, le temps de la démonstration, du cas pratique. Mais sachons admettre qu'à user de l'opérateur égalité, on écarte tout débat sur le contenu du masculin et du féminin. Disons même qu'on s'en dispense. On évite ainsi la confusion des définitions au profit d'une réflexion sur le fonctionnement social et historique de la sexuation.

LE PASSAGE À L'UNIVERSEL

Grâce à ce faisceau de lumière produit par l'opérateur égalité, on lit les auteurs autrement, et surtout on élargit la perspective. Exemples rapides, autour du droit au divorce, indispensable, on le sait, à l'émancipation des femmes : on comprend aisément que le vicomte de Bonald écrive un livre contre le divorce au début du XIXe siècle, puis obtienne son interdiction en 1816 (il avait été autorisé par une loi de 1792). On sait que la liberté des femmes est le ferment de leur autonomie à venir, et induit en conséquence une pensée de l'égalité des sexes. Une femme divorcée est une citoyenne en puissance. Plus intéressant est de considérer la profondeur que de Bonald accorde à cette polémique postrévolutionnaire : le divorce menace l'État, écrit-il, le divorce remanie en profondeur la société. D'une particularité de vie privée, il fait une question axiale de l'organisation sociale. Aussi, on suivra avec intérêt la polémique sur le consentement mutuel que la loi rétablissant le divorce (pour faute) en 1884 suscite, notamment chez Émile Durkheim. Lui aussi s'inquiète et argumente pour écarter une mutualité des consentements entre les sexes (pourtant déjà présente dans la loi révolutionnaire). La menace ne pèse pas sur l'État, comme le pensait son prédécesseur, mais sur la structure des rapports sociaux qu'il ne faut pas fragiliser, voire mettre en péril.

Il n'est pas sans intérêt de noter que ce sont les adversaires de l'égalité des sexes qui expriment le mieux ce que cette égalité a comme signification globale, et non catégorielle. Je tiens juste à souligner, ici, ce passage à l'universel, si souvent négligé. Car, si on devient attentif à ce passage, alors on gagne en pertinence. Par exemple, quand je fabrique l'expression « démocratie exclusive » pour comprendre les lendemains de la Révolution française, c'est pour la distinguer de la « démocratie excluante » de l'Antiquité grecque, pour désigner la tension entre l'énoncé de l'égalité des sexes et l'impossibilité de l'accepter dans ses conséquences. Or cette formule s'exporte, par sa capacité formelle, vers d'autres lectures que celle de l'exclusion des femmes. Cette capacité à la dissémination doit être appréciée.

Mais le passage à l'universel concerne aussi la pensée de l'émancipation. Soit le bouleversement qu'entraîne l'appropriation par les femmes de leur nudité, de la nudité en général. Après avoir été pendant tant de siècles placées dans une nudité offerte au regard, notamment si on pense à l'histoire de l'art, les femmes de la fin du XIXe siècle récupèrent cette nudité, aussi bien en revendiquant le pouvoir de copier le nu qu'en se représentant nues elles-mêmes. Plus encore, un siècle plus tard, la nudité se fait politique, activisme qu'il faut savoir plus répandu dans le monde que simplement celui des Femen. Le moment de rupture historique peut être rapporté à Nietzsche lorsqu'il met au conditionnel le rapport entre femme et vérité. Alors on abandonne l'allégorie de la vérité représentée par une femme, au profit du sujet qui dérègle les rapports anciens. Ainsi, c'est du point de vue de l'universel, entendu comme la tradition classique, que la sexuation intervient comme lecture à la fois philosophique et politique.

Tous les exemples évoqués dans ce texte renvoient à des développements dans les ouvrages cités en bibliographie.

Quant à l'engagement qui m'accompagne dans ce colportage, il se trouve partout. Il est dans l'objet de recherche, la pensée féministe ; il est dans la méthode, retour sur une épistémologie politique ; il est dans l'ambition philosophique, démontrer l'historicité des sexes, montrer que les sexes font l'histoire, ce que je nomme désormais la sexuation du monde.

L'engagement s'accompagne de la nécessité de se déplacer, de suivre un parcours lié à l'histoire en train de se faire, de ne pas s'installer dans un lieu ; de toujours repartir.

FÉMINISME ET PHILOSOPHIE POLITIQUE

LE PERSONNEL EST POLITIQUE

Si l'on définit le féminisme comme un mouvement de défense des femmes visant à promouvoir une certaine forme d'égalité entre hommes et femmes – que cette égalité soit conçue dans la différence ou dans une forme de similitude –, alors on peut dire que l'agenda du féminisme comporte plusieurs volets et, au premier abord, au moins deux. Le premier consiste à mettre en lumière l'oppression des femmes en tant que femmes, le second à lutter contre cette oppression. Mettre en lumière l'oppression des femmes peut se faire de plusieurs manières. En effet, on peut, dans un premier temps, simplement faire une liste des inégalités entre hommes et femmes qui ne s'expliquent que par la différence sexuelle. Ainsi, quel que soit le milieu social, quel que soit le pays, quelle que soit l'origine des travailleurs considérés, les femmes sont payées moins que les hommes à qualification et poste égaux. On peut ainsi faire des listes de statistiques montrant les inégalités entre hommes et femmes, et indiquant que les femmes pâtissent d'une discrimination à leur encontre. Cependant, pour parler d'oppression des femmes, de domination masculine, ou de système patriarcal, une telle liste d'inégalités ne suffit pas.

En effet, « oppression » et « domination » sont des concepts normatifs, c'est-à-dire qu'ils contiennent un jugement de valeur : ainsi, on ne peut pas parler d'oppression ou de domination justes sans tomber dans une forme de non-sens. Étudier l'oppression ou la domination, c'est donc nécessairement étudier des phénomènes négatifs, injustes, condamnables. Parler de domination masculine, c'est déjà en même temps critiquer cette domination masculine injuste, et le langage de la domination empêche de se contenter de décrire des faits sans jugement de valeur. De la même façon, Christine Delphy écrit, à propos du concept d'oppression

> Le renouveau du féminisme a coïncidé avec l'emploi du terme « oppression ». L'idéologie, c'est-à-dire le sens commun, le discours quotidien, ne parlent pas d'oppression mais de « condition féminine ». Ils renvoient à une explication naturaliste : à une contrainte de la *physis*, la réalité extérieure hors d'atteinte et non modifiable par l'action humaine. Le terme d'oppression, au contraire, renvoie à un arbitraire, à une explication et à une situation *politiques*. « Oppression » et « oppression sociale » sont donc synonymes ou plutôt « oppression sociale » est un pléonasme : la notion d'une cause politique, c'est-à-dire sociale, fait partie intégrante du concept d'oppression. [...] Il [le termes d'oppression] rend caduques toutes les démarches « scientifiques » qui, parlant des femmes d'une façon ou d'une autre, à un niveau ou à un autre, n'incluent pas le concept d'oppression [1].

Le mouvement féministe a, historiquement, travaillé à mettre en lumière l'oppression subie par les femmes dans le cadre de la domination masculine. Cela consistait non seulement à identifier, au niveau individuel ou collectif, les inégalités vécues par les femmes, mais également faire apparaître le caractère structurel ou général de l'oppression

---

1. C. Delphy, *L'Ennemi Principal. 1/ Économie politique du patriarcat*, Paris, Nouvelles questions féministes, Syllepse, 1998, p. 272.

dont elles faisaient l'objet. Par exemple, Catharine MacKinnon montre que la méthodologie féministe consiste dans le *consciousness raising*[1] qui permet aux femmes, en partageant leur expérience quotidienne de ce que c'est d'être une femme, d'identifier qu'elles sont proies d'un système de domination. L'idée de ces groupes est d'aboutir à une prise de conscience collective de l'oppression dont les femmes qui en sont membres sont l'objet. La philosophie féministe dans sa dimension politique prend en charge cette tâche de critique sociale qui est celle du féminisme[2].

Cet agenda féministe évoqué plus haut a une spécificité méthodologique : la lutte politique féministe tout autant que la théorie féministe – si tant est qu'elles puissent être distinguées – ont pour objectif de libérer les femmes ou, *a minima*, de promouvoir l'égalité des femmes avec les

---

1. Le terme de *consicousness raising* a été traduit de différentes manières en française, la traduction la plus courante est celle d'« auto-conscience ». Il me semble qu'une telle traduction ne permet pas de rendre compte du mouvement d'élévation qu'implique le terme « raising ». Je conserverai donc l'expression en anglais, faute de mieux. La pratique du *consciousness raising* consiste pour les femmes à se réunir – souvent en non-mixité – et à discuter de leurs expériences singulières et quotidiennes. Ces échanges de témoignages conduisent à plusieurs phénomènes : les femmes présentes prennent conscience du fait que leur expérience individuelle et singulière a des points communs tellement nombreux avec l'expérience des autres femmes présentes qu'elle ne peut pas être considérée comme une simple expérience singulière et qu'elle relève d'une situation commune d'oppression.

2. Voir à ce sujet N. Fraser, L. Nicholson, « Social criticism without philosophy : An encounter between femininsm and postmodernism », *in* S. Seidman (ed.), *The Postmodern Turn : New Perspectives on Social Theory*, Cambridge, Cambridge University Press, 1994, p. 242-263. Dans cet article, les autrices défendent l'idée que le féminisme relève de la critique sociale avant de relever de la philosophie. Les féministes ont commencé par développer des perspectives politiques critiques et c'est seulement à partir de là qu'elles ont tiré des conclusions sur le statut de la philosophie.

hommes, à travers une auto-détermination des femmes.
S'il n'y a pas de contradiction à parler d'un homme
féministe, une telle expression ne peut signifier que le fait
qu'un homme accompagne, aide un mouvement qui est
avant tout un mouvement de femmes, qui vont se libérer
elles-mêmes. C'est en ce sens que l'on peut dire que le
féminisme est un des premiers mouvements, une des
premières théories « qui émerge de ceux dont elle exprime
les intérêts »[1] ou que le féminisme relève de l'*identity
politics*[2]. Une des premières occurrences du terme d'*identity
politics* vient du manifeste du *Combahee River Collective*,
collectif de féministes lesbiennes afro-américaines, dans
lequel il est écrit :

> Au fur et à mesure de nos pratiques de prise de conscience
> et de notre vie ensemble, nous avons commencé à
> reconnaître que nos expériences étaient communes et,
> depuis cette prise de conscience croissante et partagée,
> à construire une politique qui change nos vies et mette
> réellement fin à notre oppression. […] Nous nous rendons
> compte que les seules personnes qui s'intéressent
> suffisamment à nous pour travailler invariablement à
> notre libération, c'est nous-mêmes. Notre politique naît
> d'un sain amour pour nous-mêmes, nos sœurs et notre

---

1. MacKinnon ouvre ainsi son chapitre sur le *consciousness raising* :
« Le féminisme est la première théorie à émerger de ceux dont elle
exprime les intérêts. Sa méthode récapitule la réalité qu'elle cherche à
capturer. De même que la méthode marxiste est le matérialisme dialectique,
la méthode féministe est le consciousness raising : la reconstitution
critique collective de la signification de l'expérience sociale des femmes,
selon la manière dont les femmes la vivent. », C. MacKinnon,
« Consciousness raising », *Toward a Feminist Theory of the State*,
Cambridge, Harvard University Press, 1989, p. 83-105, p. 83.

2. Voir par exemple C. Heyes, « Identity Politics », *The Stanford
Encyclopedia of Philosophy*, été 2016, Edward N. Zalta (ed.),
http://plato.stanford.edu/archives/sum2016/entries/identity-politics/

communauté, qui nous permet de continuer nos luttes et notre travail. C'est dans le concept de politique de l'identité (*identity politics*) que s'incarne notre décision de nous concentrer sur notre propre oppression. Nous sommes convaincues que la politique la plus profonde et potentiellement la plus radicale émerge directement de notre propre identité – et non du fait de lutter pour mettre un terme à l'oppression de quelqu'un d'autre [1].

Parler d'*identity politics* ne consiste pas à affirmer que le combat politique ne peut se faire que entre personnes exactement similaires à tous points de vue mais qu'il est important de revendiquer le droit pour les personnes opprimées à déterminer leur propre agenda politique sur la base de leurs expériences d'oppression.

La philosophie politique féministe relève donc à la fois de la critique sociale et de l'*identity politics* et elle cherche à identifier les injustices subies par les femmes et à proposer d'y remédier. Pour ce faire, les philosophes féministes ont montré qu'il était indispensable de remettre en cause la séparation entre sphère publique et sphère privée et de montrer que le personnel, donc le privé, est politique dans la mesure où s'y jouent une grande partie des rapports de pouvoir qui oppriment les femmes.

Le texte de Mary Wollstonecraft, qui est un des premiers textes de philosophie féministe jamais publié, montre comment la relégation des femmes à la sphère privée et le présupposé que les femmes doivent obéir aux hommes constitue une injustice faite aux femmes qui pénalise l'ensemble de la société.

---

1. Manifeste du « *Combahee River Collective* », dans E. Dorlin, *Black feminism : anthologie du féminisme africain-américain, 1975-2000*, Paris, L'Harmattan, 2008, p. 62-63.

Le texte de Marilyn Frye est considéré comme l'analyse de référence de l'oppression féminine par la philosophie féministe. Ce texte est non seulement crucial dans la définition qu'il propose de l'oppression mais il est également un exemple de la façon dont la prise en charge de nouveaux objets par la philosophie féministe conduit à une évolution des méthodes philosophiques : Marilyn Frye réinvente ici ce qu'est l'analyse conceptuelle en fondant cette analyse sur l'expérience vécue des femmes. Ce faisant, elle propose implicitement une critique de l'universalité présumée des positions philosophiques et de la neutralité présumée de leurs méthodes [1].

Le texte de Christine Delphy résume ses travaux sur l'oppression des femmes et en particulier sur l'exploitation du travail des femmes que constitue ce qu'elle appelle le « mode de production domestique ». Ce texte manifeste le rôle qu'ont joué en France les sociologues et les anthropologues dans l'analyse des oppressions de genre [2].

---

1. J'emprunte ici l'analyse de Linda Alcoff et Eva Kittay dans l'introduction de leur volume L. M. Alcoff, E. F. Kittay (dir.), *The Blackwell Guide to Feminist Philosophy*, Malden, MA, Blackwell, 2007.

2. Outre les travaux de Christine Delphy, on consultera avec profit ceux de N.-Cl. Mathieu, « Quand céder n'est pas consentir. Des déterminants matériels et psychiques de la conscience dominée des femmes et de quelques-unes de leurs interprétations en ethnologie », dans N.-Cl. Mathieu (dir.), *L'Arraisonnement des femmes. Essais en anthropologie des sexes*, Paris, Éditions de l'EHESS, 1985, p. 169-245 ; *L'Anatomie politique. Catégorisations et idéologies du sexe*, Paris, Côté-Femmes, 1991 ; C. Guillaumin *Sexe, race et pratique du pouvoir : l'idée de nature*, Paris, Côté femmes, 1992 ; ainsi que P. Bourdieu, *La Domination masculine*, Paris, Seuil, 2002.

pourtant les hommes s'émerveillent du fait que le monde soit presque, à proprement parler, un repaire d'escrocs et de tyrans.

Il existe un proverbe ordinaire qui dit avec sagacité quelque chose de vrai, à savoir que le diable emploiera toute personne oisive qu'il rencontre. Et qu'est-ce que la richesse héréditaire et les titres peuvent produire d'autre que des habitudes oisives ? Car l'homme est fait de telle sorte qu'il ne peut atteindre un usage convenable de ses facultés qu'en les exerçant, et il ne les exercera pas à moins qu'une contrainte quelconque ne mette le mécanisme en branle. De la même manière, il n'est possible d'atteindre la vertu qu'en remplissant les devoirs qui vont avec ; mais l'être que les flatteurs détournent de son humanité ne pourra sentir qu'avec peine l'importance de ces devoirs sacrés. Il faut établir plus d'égalité au sein de la société, ou alors la moralité ne pourra jamais progresser ; et cette égalité vertueuse, même inscrite dans la pierre, ne se maintiendra pas fermement si la moitié de l'humanité est enchaînée par son destin dans un statut inférieur car elle la sapera sans cesse par ignorance ou fierté. Tant que les femmes ne seront pas, à un certain degré, indépendantes des hommes, il est vain d'espérer d'elles de la vertu ; vraiment, il est vain d'espérer que la force de l'affection naturelle fasse d'elles de bonnes épouses et de bonnes mères. Tant qu'elles resteront absolument dépendantes de leur mari, elles seront rusées, mauvaises et égoïstes ; et les hommes qui retirent une forme de satisfaction de cette tendresse servile, semblable à l'affection d'un épagneul, ne sont que peu délicats, car l'amour n'est pas de ce qui s'achète, dans n'importe quel sens du terme ; ses ailes soyeuses se flétrissent instantanément, dès que quelque chose d'autre que lui-même est exigé en retour. Cependant, tant que la richesse affaiblit les hommes et que les femmes vivent, pour ainsi dire, de leurs charmes personnels, comment peut-on espérer qu'elles remplissent ces nobles devoirs qui requièrent à la fois effort et abnégation ? La propriété héréditaire fausse le jugement, et ses malheureuses victimes, si je puis m'exprimer ainsi, emmaillotées depuis leur enfance, exercent rarement la faculté locomotive du corps ou de l'esprit ; et par-là, considérant chaque chose d'une seule manière, et d'une manière fausse, elles sont incapables de discerner en quoi consistent le véritable mérite et le véritable bonheur. Ce ne peut être, en effet, qu'une lumière fausse qui étreint l'homme lorsqu'il se cache dans la draperie de la situation et qu'il se réfugie dans la mascarade, traînant ses membres apathiques qui pendent stupidement et roulant des yeux vides qui signifient assez clairement qu'il n'y a pas d'âme derrière eux.

J'en déduis par conséquent qu'une société qui ne contraint pas les hommes et les femmes à remplir leurs devoirs respectifs, en faisant de ceux-ci l'unique moyen d'obtenir l'approbation de leurs pairs, que chaque être humain désire atteindre d'une façon ou d'une autre, n'est pas une société convenablement organisée. Le respect que l'on accorde à la richesse et aux charmes personnels est alors un véritable souffle nord-est qui gâte les tendres fleurs de l'affection et de la vertu. La nature a, avec sagesse, lié les affections aux devoirs afin d'adoucir le labeur et de procurer aux activités de la raison cette vigueur que le cœur seul peut donner. Mais l'affection dont on fait montre pour la seule raison qu'elle porte les insignes qui conviennent à un certain caractère, lorsque ses devoirs ne sont pas remplis, est l'un des hommages les plus vides que le vice et la sottise rendent à la vertu et à la nature réelle des choses.

Pour illustrer mon propos, il me faut simplement faire remarquer que lorsqu'une femme est admirée pour sa beauté, et qu'elle se grise tant de l'admiration qu'elle reçoit qu'elle omet de remplir le devoir indispensable d'une mère, elle pèche contre elle-même en négligeant de cultiver une affection qui la rendrait à la fois utile et heureuse. Le bonheur véritable, c'est-à-dire tout le contentement et la satisfaction vertueuse qu'il est possible de saisir dans notre état d'imperfection, doit découler d'affections bien régulées ; et une affection inclut un devoir. Les hommes ne sont pas conscients du malheur qu'ils causent, ni de la faiblesse vicieuse qu'ils chérissent, en incitant les femmes à se faire uniquement agréables ; ils ne prennent pas en compte le fait qu'ils font s'affronter les devoirs naturels et les devoirs artificiels en sacrifiant la douceur et la dignité de l'existence d'une femme à de voluptueuses notions de beauté, alors que dans la nature ces devoirs sont en harmonie.

Bien froid serait le cœur d'un époux, n'était sa dénaturation par une précoce débauche, qui ne s'émerveillerait pas plus devant l'enfant allaité par sa mère que devant les manières les plus coquettes et recherchées ; cependant, cette façon naturelle de cimenter le lien matrimonial et de mêler au sentiment d'estime des souvenirs tendres, la richesse porte les femmes à les dédaigner. Afin de préserver leur beauté et de revêtir la couronne de fleurs du jour, qui leur confère une sorte de droit éphémère de régner sur leur sexe, elles négligent de graver dans le cœur de leur époux des impressions dont il se remémorera avec plus de tendresse lorsque l'âge aura apaisé son ardeur, que de leurs charmes virginaux eux-mêmes. La sollicitude maternelle d'une femme raisonnable et affectueuse est très intéressante, et la chaste dignité avec laquelle une mère rend les caresses qu'elle et son enfant reçoivent d'un père qui a rempli les devoirs sérieux de son état, constitue un spectacle non seulement respectable mais aussi très beau. Ce sont en effet des sentiments si singuliers qui m'étreignent – et je me suis efforcée de ne pas conserver les plus factices – qu'après m'être lassée du spectacle de la grandeur insipide et des cérémonies serviles qui occupent, pleins d'une embarrassante pompe, la place des affections domestiques, je me suis tournée vers un autre type de scène afin d'apaiser mon regard, et l'ai posé sur la fraicheur du gazon dispersé çà et là par la nature. J'ai vu ensuite avec plaisir une femme allaitant ses enfants et remplissant les devoirs de son état, accompagnée, peut-être, d'une seule servante, disposée à lui épargner la part servile des occupations ménagères. Je l'ai vue se préparer, elle-même et son enfant, sans autre luxe que celui de la propreté, à recevoir son mari qui, à son retour le soir à la maison, fatigué, trouve ses enfants souriants et un foyer rangé. Mon cœur s'est attardé au milieu de son groupe et a même palpité, en communion avec eux, lorsque le bruit des pas bien connus devant l'entrée a suscité un plaisant désordre.

Pendant que la contemplation de ce tableau sans artifices comblait ma bienveillance, j'ai songé qu'un tel couple, aussi nécessaire qu'indépendant l'un envers l'autre, car chacun remplit les devoirs respectifs de son état, possède tout ce que la vie peut donner. Élevés suffisamment au-delà de l'abjecte pauvreté qu'ils n'ont pas à peser les conséquences de chaque centime qu'ils dépensent, et suffisamment pourvus pour n'avoir pas à fréquenter un système économique glacial qui borne à la fois le cœur et l'esprit. Je déclare, quelques vulgaires que soient mes conceptions, que je ne connais rien qui soit nécessaire de plus pour faire de cette situation la situation à la fois la plus heureuse et la plus respectable du monde, sinon un goût pour la littérature, pour assaisonner la conversation d'un peu de variété, et un peu d'argent superflu pour donner aux nécessiteux, et pour acheter des livres. Car il n'est pas plaisant, quand le cœur s'ouvre à la compassion et que la tête s'active à concevoir des plans utiles, d'être sans cesse empêché de puiser dans sa bourse toujours presque vide alors que l'esprit nous murmure quelque prudente maxime sur l'importance de la justice.

Cependant, aussi destructeurs que soient les honneurs héréditaires et les richesses au caractère humain, les femmes sont, si cela est possible, plus aviliés et dégradées par eux que les hommes, parce que les hommes peuvent, dans une certaine mesure, déployer leurs facultés en devenant soldats ou hommes d'État.

Comme soldats, je le concède, ils ne peuvent désormais recueillir que de vains lauriers, comme ils s'occupent d'arranger au millimètre près l'équilibre européen, en prenant un soin pointilleux à ce qu'aucun morne recoin du nord n'en perturbe l'état. Mais l'époque de l'héroïsme véritable, celle où l'on combattait pour son pays comme Fabricius[1] ou Washington[2], et où l'on retournait ensuite à sa ferme pour laisser sa vertueuse ferveur couler d'un élan plus placide mais non moins salutaire, est révolue. Vraiment, nos héros britanniques viennent davantage du tripot que de la charrue; et leurs passions ont davantage été enflammées par l'attente stupide devant le tour d'un dé que sublimées dans la poursuite de l'aventureuse et historique marche de la vertu.

1. Dans cet article, toutes les notes sont les notes de la traductrice. Caius Fabricius Luscinus (III e siècle avant J-C), général et consul romain, est loué pour sa vertu et son désintéressement.

2. George Washington (1732-1799), premier Président des États-Unis, s'est retiré à la fin de sa vie sur ses terres de Mount Vernon.

L'homme d'État, il est vrai, peut plus convenablement quitter la banque de pharaon[1] ou la table de jeu pour passer aux commandes, car ce qu'il a à faire revient à rebattre les cartes et à duper. Tout le système politique de la Grande-Bretagne, si on peut parler de système, consiste à multiplier les subordonnés et à inventer des impôts qui broient le pauvre pour choyer le riche ; ainsi, la guerre ou toute autre quête futile n'est, comme le vulgaire le dit, qu'un heureux moyen de protection pour le ministre, dont le mérite principal réside dans l'art de se maintenir en place.

Il n'est alors pas nécessaire qu'il ait de la compassion pour le pauvre afin de garantir la quinte flush à sa famille. Ou bien si une apparence de respect pour ce qui est nommé avec une ignorante ostentation le droit de naissance d'un Anglais est requise afin de se jouer du dogue bourru[2] qu'il doit mener par le nez, alors il peut faire illusion, sans danger, en donnant sa parole et en souffrant qu'un escadron léger passe de l'autre côté. Et quand se pose une question d'humanité, il peut tremper son pain dans le lait de la bonté humaine pour amadouer Cerbère[3], et parler de l'intérêt que prend son cœur à ce que la terre ne crie plus vengeance pour le sang de ses enfants, alors que sa main froide rive

1. Il s'agit d'un jeu de cartes dans lequel un joueur tient la banque contre un nombre indéterminé de joueurs.

2. Wollstonecraft fait ici référence à Cerbère, le chien à trois têtes qui garde l'entrée des Enfers.

3. *He may dip a sop in the milk of human kindness, to silence Cerberus* : Wollstonecraft se rappelle ici du vers du *Macbeth* de Shakespeare : « Yet I do fear thy nature ; / It is too full o' th' milk of human kindness/ To catch the nearest way» (1.5 15-18) ». L'expression « to dip a sop in the milk of human kindness », très difficile à rendre en français, joue sur la polysémie du terme « sop » qui peut aussi signifier à la fois un bout de pain que l'on trempe dans une sauce qu'une concession pour amadouer quelqu'un.

possiblement au même instant leurs chaînes en sanctionnant l'abominable traite [1]. Un ministre n'est ministre que tant qu'il accomplit la tâche qu'il doit accomplir. Cependant, il n'est pas nécessaire qu'un ministre se sente comme un homme lorsqu'un coup hardi ébranle son siège.

Mais après en avoir terminé avec ces observations épisodiques, retournons à un type d'esclavage plus spécieux qui enchaine l'âme même de la femme, la retenant pour toujours dans la servitude de l'ignorance.

Le caractère embrouillé des distinctions de rang, qui font de cette civilisation une malédiction en divisant le monde en tyrans voluptueux et en subordonnés rusés et envieux, corrompt, de manière presque égale, toutes les classes du peuple, car la dignité n'est pas reliée à l'exercice des devoirs relatifs de l'existence, mais à la condition. Et lorsque les devoirs ne sont pas remplis, les affections ne peuvent pas acquérir suffisamment de force pour fortifier la vertu dont elles sont la récompense naturelle. Il existe malgré cela des échappatoires par lesquelles l'homme peut s'extraire, et oser penser et agir pour lui-même ; mais pour une femme c'est une tâche herculéenne, car elle doit dépasser des difficultés spécifiques à son sexe, ce qui requiert des facultés presque surhumaines.

Un législateur véritablement bienveillant s'efforce de faire de la vertu l'intérêt de chaque individu : et ainsi la vertu privée devient le ciment du bonheur publique, un tout ordonné est consolidé par la tendance de toutes les

---

1. Il s'agit de la traite négrière. A la fin du XVIII e siècle s'organisent des soulèvements populaires d'esclaves, comme celui de Saint-Domingue en 1791. En Angleterre, la *Society for the Abolition of the Slave Trade* est fondée en 1787 par Thomas Clarkson et Granville Sharp. Wollstonecraft trace dans ce chapitre de nombreux parallèles entre la situation des femmes dans la société anglaise et celle des esclaves.

parties vers un centre commun. Mais la vertu privée ou publique des femmes est très problématique ; en effet, Rousseau et un certain nombre d'auteurs masculins soutiennent qu'elle devrait sa vie durant être sujette à une contrainte sévère, celle de la bienséance. Pourquoi l'assujettir à la bienséance – une bienséance aveugle, si ses actions peuvent provenir d'une plus noble source, si l'immortalité lui revient ? Est-ce qu'un sang vital produira toujours le sucre ? Est-ce que la moitié de l'humanité, comme ces pauvres esclaves africains, devra être assujettie à des préjugés qui la brutalisent, alors que les principes seraient un guide plus sûr, et ce dans le seul but d'adoucir la vie de l'homme ? N'est-ce pas une manière indirecte de dénier aux femmes la faculté de raison ? Car c'est railler que d'offrir un cadeau inutilisable.

Les plaisirs relâchés que procure la richesse affaiblissent et alanguissent les femmes comme les hommes ; mais il faut ajouter à cela qu'elles sont rendues esclaves de leur personne, et qu'elles doivent se faire séduisantes afin qu'un homme leur prête sa raison et mette leurs pas chancelants dans le droit chemin. Ou bien si elles sont ambitieuses, elles doivent gouverner leurs tyrans à l'aide d'intrigues malfaisantes, car sans droits il ne saurait y avoir de devoirs. Les lois qui concernent les femmes et que je projette de discuter à l'avenir font de l'homme et de son épouse une absurde unité ; et à partir de là, en le considérant comme seul responsable, elle est réduite à un pur fantoche.

L'être qui remplit les devoirs de son état est indépendant ; et, en ce qui concerne les femmes dans leur ensemble, leur premier devoir a rapport à elles-mêmes en tant que créatures rationnelles, et le suivant dans l'ordre d'importance, en tant que citoyennes, est celui qui inclut, parmi tant d'autres, celui d'être mère. La position dans l'existence qui les dispense de remplir ce devoir les dégrade nécessairement à l'état de simples poupées. Ou bien si elles se préoccupent de quelque chose de plus important que le seul fait d'arranger des draperies sur leur corps soyeux, leur esprit est alors occupé uniquement de quelque liaison platonique, ou alors la conduite d'une intrigue va agiter leur esprit ; car lorsqu'elles négligent les devoirs domestiques, il n'est pas en leur pouvoir de prendre le terrain d'assaut et d'exécuter des aller-retours comme les soldats, ou de se quereller au Sénat pour éviter à leurs facultés de rouiller.

Je sais que, comme preuve de l'infériorité de mon sexe, Rousseau, triomphant, s'est exclamé : « Comment peuvent-elles quitter la chambre d'enfant pour un campement[1] ? » Et certains moralistes ont fait du campement l'école des vertus les plus héroïques ; cependant, je pense qu'un casuiste appliqué s'échinerait en vain à prouver le caractère raisonnable du plus grand nombre de ces guerres qui ont consacré les héros. Je ne prétends pas ici étudier cette question sous un angle critique ; car, ayant fréquemment considéré ces monstres d'ambition comme le premier mode naturel de civilisation, lorsque le sol devait être retourné et les bois lavés par le feu et l'épée, je préfère ne pas les appeler des nuisibles ; mais il est certain que le présent système de guerre a peu de rapport avec une vertu de quelque sorte, étant plutôt l'école de la finesse et de l'amollissement, que du courage.

Cependant si la guerre défensive – seule guerre justifiable dans l'état avancé de notre société où la vertu peut dévoiler son visage et s'épanouir parmi les rigueurs qui purifient l'air au sommet de la montagne – si cette

---

1. On trouve la citation au livre V de l'*Émile* : « Sera-t-elle [la femme] aujourd'hui nourrice et demain guerrière ? »

guerre était la seule à être considérée comme juste et glorieuse, alors l'héroïsme véritable de l'antiquité pourrait à nouveau animer le cœur des femmes. Mais vraiment, aimable lecteur, homme ou femme, ne t'alarme pas, car si j'ai mis en opposition le caractère d'un soldat moderne avec celui d'une femme civilisée, je ne vais pas leur conseiller de transformer leur quenouille en mousquet, bien que je souhaite sincèrement voir leur baïonnette convertie en serpe [1]. J'ai seulement recréé une image, lassée de contempler les vices et les folies qui proviennent du courant avilissant de la richesse qui a souillé les ruisseaux pures de l'affection naturelle, en supposant que la société sera constituée un jour de telle sorte que l'homme doive nécessairement remplir les devoirs d'un citoyen ou être méprisé, et que tant qu'il est employé dans un domaine quelconque de la vie civile, son épouse, citoyenne active également, doit mettre autant de soin à gouverner sa famille, à éduquer ses enfants, et à soutenir ses voisins.

Mais, pour la rendre réellement vertueuse et utile, il ne faut pas, si elle remplit ses devoirs civils, qu'elle souhaite, de manière individuelle, la protection des lois civiles ; il ne faut pas qu'elle soit dépendante, pour sa subsistance, de la prodigalité de son époux durant la vie de celui-ci, ou après sa mort, – car comment un être peut-il être généreux, qui ne possède rien en propre ? Ou vertueux, qui n'est pas libre ? La femme, dans l'état actuel des choses, qui est fidèle à son mari mais qui n'allaite ni n'élève ses enfants, mérite à peine le nom d'épouse, et n'a pas droit à celui de citoyenne. Si l'on écarte les droits naturels, alors c'est la fin des devoirs.

1. Isaïe 2, 4 : « Ils briseront leurs épées pour en faire des socs / et leurs lances pour en faire des serpes ».

Les femmes, lorsqu'elles sont si faibles de corps et d'esprit qu'elles ne peuvent s'animer que pour poursuivre quelque plaisir frivole, ou pour inventer quelque vaine mode, ne peuvent alors devenir qu'une source de réconfort lascif pour les hommes. Qu'est-ce qui peut constituer une vue plus mélancolique pour l'esprit qui médite que de regarder à l'intérieur des nombreux carrosses qui roulent de manière désordonnée à travers la métropole le matin, remplis de ces créatures pâles qui cherchent à échapper à elles-mêmes ? J'ai souhaité souvent, avec le Dr Johnson, mettre quelques-unes d'entre elles dans une petite boutique, entourées d'une demi-douzaine d'enfants qui attendraient du soutien de leur attitude alanguie. Je me trompe fort si quelque vigueur cachée ne redonne pas bientôt santé et vivacité à ses yeux, et si l'exercice de la raison, en colorant ses blanches joues que les fossettes seules arrondissaient autrefois, ne restaure pas à son caractère sa dignité oubliée, ou plutôt lui permet d'atteindre la dignité de sa nature. Si la vertu ne s'acquiert pas par de vaines spéculations, c'est le cas *a fortiori* pour l'indolence que génère la richesse.

En outre, lorsque la pauvreté est plus disgracieuse encore que le vice lui-même, la moralité n'est-elle pas piquée au vif ? Pour éviter d'autres malentendus, et même si je considère que les femmes de tous les horizons doivent remplir les devoirs d'épouse et de mère, par la religion et par la raison, je ne peux m'empêcher de regretter que les femmes de classe supérieure n'aient pas devant elles une voie qui leur permette de poursuivre des projets qui les rendent utiles et indépendantes. Je m'attends bien à susciter le rire en indiquant un plan que j'ai pour but de réaliser dans l'avenir ; car je pense réellement que les femmes devraient avoir des représentant.e.s, au lieu d'être gouvernées de manière arbitraire, sans avoir la possibilité de participer directement aux délibérations du gouvernement.

Mais, comme l'ensemble du système de représentation actuel n'est dans ce pays qu'un outil commode pour le despotisme, elles n'ont pas lieu de se plaindre, car elles sont aussi bien représentées que la classe nombreuse de ceux qui effectuent de durs labeurs, qui paient pour soutenir la royauté alors qu'ils peuvent à peine déposer du pain dans la bouche de leurs enfants. Comment sont-ils représentés, ceux dont la sueur sert à remplir les splendides écuries d'un héritier présumé, ou à vernir le carrosse d'une favorite qui les méprise ? Les impôts prélevés sur les nécessités de l'existence permettent à une foule de princes et de princesses oisives de se pavaner, pleins d'une pompe stupide, devant une foule bouche bée, qui vénère presque cette parade qui leur coûte si cher. Avoir des sentinelles à cheval à Whitehall[1], c'est une grandeur gothique qui ressemble à celle des barbares, une exhibition inutile que je ne pourrai jamais voir sans un mélange de mépris et d'indignation.

L'esprit doit être mis d'une bien étrange manière quand c'est là ce qui l'impressionne ! Mais tant que la vertu n'aura pas aplani de tels monuments de folie, des folies semblables contamineront la masse entière. Car le même caractère prévaudra, à un certain degré, dans toute la société ; et les raffinements du luxe, ou les déplaisirs vicieux que produit la pauvreté envieuse banniront tout autant la vertu de la société, considérée comme caractéristique de cette société,

---

1. Avenue où se situait l'ancien palais de résidence des souverains anglais jusqu'à l'incendie de 1698, et où se trouvent encore de nombreux ministères.

ou lui permettront seulement d'apparaître comme l'un des motifs du manteau d'Arlequin[1], porté par l'homme civilisé.

Dans les rangs élevés de la société, chaque devoir est accompli par des adjoints, comme si les devoirs pouvaient être accomplis par un autre que soi ; et les vains plaisirs qu'une inoccupation prolongée force les riches à poursuivre, apparaissent si séduisants au rang inférieur que ceux qui s'agrippent au pouvoir sacrifient tout pour leur emboîter le pas. Les charges les plus sacrées sont ainsi considérées comme des sinécures, parce qu'elles n'ont été accordées que par intérêt, et servent seulement à permettre à un homme de rester dans le monde. Les femmes, en particulier, veulent toutes être des *ladies*. Ce qui consiste à n'avoir rien à faire mais à aller mollement dans un endroit dont elles se préoccupent peu pour y faire quelque chose mais elles ne savent pas quoi.

Mais qu'est-ce que les femmes ont à faire au sein de la société, pourrait-on me demander, sinon flâner avec une grâce légère ? ; pour sûr vous n'allez pas les condamner à allaiter des idiots et à raconter des sottises[2]. Non, mais les femmes pourraient certainement étudier l'art de soigner, et être médecins aussi bien qu'infirmières. Et l'art d'une sage-femme, la décence semble le leur réserver, bien que je craigne que le mot « sage-femme » ne cède bientôt la place à celui d'accoucheur, et qu'ainsi une preuve de l'ancienne délicatesse de mon sexe ne s'efface bientôt du langage.

Elles pourraient également étudier la politique, et donner à leur bienveillance une base plus étendue ; la lecture de

1. Personnage de la *commedia dell'arte*, bouffon et paresseux.
2. Wollstonecraft paraphrase un vers de l'acte II, scène 1 de *Othello* de Shakespeare, dans lequel Iago explicite sa définition d'une « truly good woman » : « To suckle fools, and chronicle small beer ».

l'histoire sera à peine plus utile que celle des romans, si
elle est lue comme une simple biographie, si l'on n'observe
pas le caractère des siècles, le progrès politique, artistique
etc.; en résumé : si elle n'est pas considérée comme
l'histoire d'un homme, et non plus comme celle des
individus qui ont occupé une place particulière dans le
temple de la gloire et qui sont tombés ensuite dans le
courant du temps, dont le flux sombre balaie silencieusement
tout ce qui le précédait dans le vide sans forme que l'on
nomme éternité. Car peut-on nommer forme « ce qui n'en
a pas »[1]?

Elles pourraient poursuivre des occupations de diverses
natures si elles étaient éduquées plus convenablement, ce
qui les sauveraient de la prostitution commune et légale.
Les femmes n'auraient pas besoin de se marier pour obtenir
du soutien, tout comme les hommes qui acceptent des
positions au sein du gouvernement, et de négliger les
devoirs qui leur correspondent; la tentation de gagner son
pain – tentation plus que louable! –, ne les feraient pas
sombrer presque aussi bas ces pauvres créatures abandonnées
qui vivent de la prostitution. Car les marchandes de mode
et les couturières ne sont-elles pas considérées comme la
classe qui les précèdent? Le peu d'emplois accessibles
aux femmes, loin d'être humanistes, sont serviles; et
lorsqu'une éducation supérieure leur permet de prendre
en charge l'éducation des enfants en tant que gouvernantes,
elles ne sont pas traitées comme les précepteurs des fils
– et ce alors que même les précepteurs religieux sont loin
d'être toujours traités de manière à les rendre respectables
aux yeux de leurs élèves, sans parler de leur confort privé.

1. J. Milton, *Le Paradis perdu* : « If shape it might be called that
shape had none » (54 ; 2.666-7)

Mais puisque les femmes bien éduquées ne sont jamais
destinées à la condition humiliante que la nécessité les
force parfois à remplir, ces situations sont conçues comme
dégradantes ; et il faut être peu familier du cœur humain
pour ne pas savoir que rien n'aiguise mieux la sensibilité
que de choir.

Le mariage peut rebuter certaines femmes qui font
preuve de singularité dans leur esprit ou leur délicatesse ;
pour d'autres il peut n'avoir pas été en leur pouvoir
d'échapper à la servitude de cette manière regrettable ;
n'est-ce pas un gouvernement très défectueux et très
oublieux du bonheur de la moitié de ses membres, qui ne
subvient pas aux besoins de femmes honnêtes et
indépendantes, en les encourageant à occuper une position
respectable ? Car si l'on veut faire de leur vertu privée un
bénéfice public, elles doivent avoir une existence civile
devant l'État, qu'elles soient mariées ou célibataires ; sinon
nous continuerons à voir des femmes dignes dont la
sensibilité, sous l'effet d'un injuste mépris, s'est aiguisée
de manière douloureuse, choir tel « un beau lys coupé dans
sa racine par le tranchant de la charrue » [1].

C'est une triste vérité ; et cependant voilà ce que la
civilisation produit ! Les femmes les plus respectables sont
les plus opprimées ; et, à moins que leur intelligence dépasse
de loin l'intelligence commune que l'on trouve chez les
deux sexes, comme elles sont traitées comme des êtres
dignes de mépris, elles deviennent méprisables. Combien
de femmes ont gâché leur vie, en proie au mécontentement,
qui auraient pu devenir docteure, s'occuper d'une ferme,

1. La citation est tirée du 5ᵉ livre des *Aventures de Télémaque*. La
phrase originale est la suivante : « Tel qu'un beau lis au milieu des
champs, coupé dans sa racine par le tranchant de la charrue, languit et
ne se soutient plus »

tenir une boutique, et rester droites, assistées de leur propre industrie, plutôt que voir leur tête ployer sous la charge de la sensibilité, qui consume une beauté à laquelle elle avait d'abord procuré de l'éclat. Non, je doute même du fait que la pitié et l'amour soient si semblables, contrairement à ce que les poètes prétendent, car les femmes désarmées suscitent peu de compassion, à moins qu'elles ne soient agréables à regarder ; ainsi, la pitié est peut-être la douce servante de l'amour, ou le héraut de la luxure.

Les femmes qui gagnent leur pain en remplissant leur devoir sont bien plus respectables que la beauté la plus achevée ! J'ai prononcé le mot de beauté ? Je suis si sensible au charme de la beauté morale, ou à la propriété harmonieuse qui accorde les passions d'un esprit bien régulé, que je rougis en faisant cette comparaison. Cependant, penser au faible nombre de femmes qui cherchent à atteindre cette dignité en se soustrayant aux vertiges du plaisir ou au calme indolent qui hébète celles qu'il attire me fait soupirer.

Pourtant, fières de leur faiblesse, elles doivent toujours être protégées, placées à l'abri de tout souci, et de tous les durs labeurs qui élèvent l'esprit. Si tel est le décret du destin, si elles doivent se faire insignifiantes et méprisables, heureuses de gâcher leur existence, qu'elles ne s'attendent pas à être estimées une fois que leur beauté se fane, car c'est le destin des plus belles des fleurs d'être admirées puis effeuillées par la main négligente qui les a cueillies. Je souhaite, par pure bienveillance, bien faire comprendre cette vérité à mon sexe ; cependant, je crains qu'elles ne prêtent pas l'oreille à une vérité que beaucoup ont pourtant compris grâce à une expérience coûteuse faite par leur cœur agité, et qu'elles ne renoncent pas aux privilèges de leur rang et de leur sexe pour les privilèges de l'humanité, auxquels on ne peut pas prétendre sans en remplir les devoirs.

À mon avis, ces écrivains qui intéressent l'homme à l'homme, indépendamment de son état, ou de la draperie des sentiments factices, sont très utiles. Je convaincrais ainsi volontiers les hommes raisonnables de l'importance de certaines de mes remarques et les persuaderais de juger sans passion de la teneur entière de mes observations. J'en appelle à leur intelligence ; et je leur réclame, comme semblable et au nom de mon sexe, de montrer, dans leur cœur, quelque intérêt à ces questions. Je les supplie de contribuer à émanciper leurs compagnes, afin de faire d'elles une aide [1] qui leur conviennent.

Si les hommes brisaient généreusement nos chaînes, et se contentaient d'une société raisonnable au lieu d'une obéissance servile, ils trouveraient en nous des filles plus dociles, des sœurs plus affectueuses et des mères plus raisonnables, – en un mot de meilleures citoyennes. Nous les aimerions alors d'une affection véritable, parce que nous aurions appris à nous respecter nous-mêmes ; la tranquillité d'esprit d'un homme de valeur ne serait pas troublée par la vanité oisive de sa femme, et ses enfants ne devraient pas se blottir dans un sein étranger, n'ayant jamais trouvé refuge dans celui de leur mère.

1. L'expression de « help meet » pour désigner la femme provient de la *Genèse* 2 : 18 : « And the Lord God said, *It is* not good that the man should be alone ; I will make him an help meet for him. »

Marilyn Frye

OPPRESSION *

C'est une thèse fondamentale du féminisme que les femmes sont opprimées. Le mot « oppression » est un mot fort. Il rebute et attire. Il est dangereux, dangereusement à la mode et mis en danger. Il est souvent mal utilisé et ce n'est pas toujours sans arrière-pensées.

Quand on affirme que les femmes sont opprimées, on nous répond souvent que les hommes le sont aussi. On entend dire qu'opprimer est oppressant pour ceux qui oppriment aussi bien que pour celles qu'ils oppriment. Certains hommes en veulent pour preuve de leur oppression leur incapacité, bien connue, à pleurer. Il est difficile, nous dit-on, d'être viril. Lorsque que les tensions et les frustrations liées au fait d'être un homme fournissent la preuve que les oppresseurs sont opprimés par leur propre oppression, le mot « oppression » est progressivement vidé de son sens ; il est utilisé comme s'il pouvait s'étendre à toute expérience humaine de limitation ou de souffrance, qu'elle qu'en soit la cause, le degré ou la conséquence. Une fois qu'on nous a fait croire à un tel usage, si jamais par la suite

* Marilyn Frye, « Oppression », *The Politics of Reality : essays in feminist theory*, Freedom, CA, The Crossing Press, 1983, p. 1-16. Traduction Mickaëlle Provost.

nous nions qu'une personne ou un groupe est opprimé,
nous semblons insinuer qu'ils ne souffrent jamais ou n'ont
aucun sentiment. On nous accuse d'insensibilité ; et même
d'intolérance. Pour les femmes, de telles accusations sont
particulièrement intimidantes dans la mesure où la sensibilité
est une des rares qualités qui nous ait été attribuée. Si on
nous trouve insensibles, nous pouvons craindre de n'avoir
aucun autre attribut salvateur, et peut-être de ne pas être
de vraies femmes. Ainsi, nous sommes réduites au silence
avant même d'entamer quoi que ce soit : le nom de notre
situation est vidé de son sens et nos mécanismes de
culpabilité sont enclenchés.

Mais cela n'a aucun sens. Les êtres humains peuvent
être malheureux sans être opprimés et il est parfaitement
cohérent de nier qu'un individu ou un groupe soit opprimé
sans nier qu'il ait des sentiments ou qu'il souffre.

Il nous faut réfléchir de manière claire à l'oppression,
et un certain nombre de facteurs s'y opposent. Mon but
n'est pas de m'attacher à prouver que les femmes sont
opprimées (ou que les hommes ne le sont pas), mais de
clarifier ce qu'on dit lorsque nous disons cela. Nous avons
besoin de ce mot, de ce concept, et nous avons besoin qu'il
soit précis et assuré.

<h1 style="text-align:center">I</h1>

La racine du mot « oppression » est « press ». *La
pression de la foule ; être enrôlé dans l'armée sous la
pression ; presser un pantalon ; la presse à imprimer,
presser un bouton.* Les pressions servent à modeler des
choses, les aplatir ou en réduire le volume, quelquefois à
les réduire en extrayant le gaz ou le liquide qu'elles
contiennent. Ce qui est pressé est ce qui est pris entre des

forces et des obstacles qui sont à ce point liés entre eux qu'ils restreignent, limitent ou empêchent de manière conjointe, le mouvement ou la mobilité de cette chose. Modeler. Immobiliser. Réduire.

L'expérience ordinaire des opprimé.e.s fournit un autre indice. Un des traits les plus caractéristiques et systématiques du monde, tel qu'il est vécu par les personnes opprimées, est le fait d'être prise en étau[1] – une situation où les possibilités sont réduites à très peu et où toutes exposent à la sanction, à la critique ou à la privation. Par exemple, on exige souvent des personnes opprimées qu'elles sourient et soient gaies. En nous exécutant, nous exprimons notre docilité et notre consentement à la situation qui nous est faite. Nous n'avons alors plus besoin d'être prises en compte. En ne prenant aucune place, nous acceptons d'être invisibilisées. Nous participons à notre propre effacement. D'un autre côté, si on ne rayonne pas de bonheur, on s'expose à être perçues comme méchantes, aigries, en colère ou dangereuses. Cela signifie, à tout le moins, que nous risquons d'être prises pour des personnes « difficiles » ou avec qui il est désagréable de travailler, ce qui peut suffire à priver quelqu'un de son gagne-pain ; dans le pire des cas, être perçues comme méchantes, aigries, en colère ou dangereuses aboutit, on le sait, au viol, aux arrestations, à la violence et au meurtre. Il ne nous reste plus qu'à choisir la forme et l'ampleur que prendra notre anéantissement.

1. J'ai choisi de traduire « *double-bind* » par « étau » même si cette traduction ne restitue pas complètement la force visuelle de la notion de « double-bind ». Dans le texte, la notion de « double-bind » sert à caractériser une situation de blocage ou une expérience d'empêchement, mais aussi un tiraillement entre des injonctions contradictoires où le fait de répondre à une injonction implique la violation d'une autre injonction. La notion d'« étau » souligne la dimension de blocage physique et psychique. (N.d. T.)

Un autre exemple : il est courant aux Etats-Unis que les femmes, en particulier les jeunes femmes, soient dans une situation difficile où l'on n'accepte ni qu'elles soient sexuellement actives ni qu'elles soient sexuellement inactives. Si elle est hétérosexuelle, une femme risque d'être critiquée ou punie parce qu'on estime que c'est une fille facile, sans principes ou que c'est une pute. La « sanction » intervient sous la forme de critiques, de remarques narquoises et embarrassantes, de la manière dont elle est traitée par les hommes comme une fille facile, du mépris de ses amies plus conservatrices. Elle peut avoir à mentir et à cacher son comportement à ses parents. Elle doit jongler entre le risque d'une grossesse non désirée et des moyens contraceptifs dangereux. D'autre part, si elle s'abstient de rapports hétérosexuels, elle est assez constamment harcelée par des hommes essayant de l'inciter et faisant pression pour qu'elle se « détende », « laisse ses cheveux détachés » ; elle risque d'être qualifiée de « frigide », de « crispée », de « misandre », de « salope » et d'« allumeuse ». Les mêmes parents qui désapprouveraient son activité sexuelle pourraient s'inquiéter de son inactivité, qui suggèrerait qu'elle n'est pas ou ne sera jamais populaire auprès des hommes, ou qu'elle est sexuellement anormale. Elle peut être accusée de lesbianisme. Lorsqu'une femme est violée, si elle a eu auparavant des rapports hétérosexuels, on présume qu'elle a dû prendre du plaisir à son viol (puisque ses rapports sont supposés montrer qu'elle aime le sexe), et si elle n'a pas eu de rapports hétérosexuels, on présume également qu'elle y a pris du plaisir (puisqu'elle est sensée être « réprimée et frustrée »). L'activité hétérosexuelle et l'inactivité hétérosexuelle peuvent l'une et l'autre être prises comme preuve que vous vouliez être

violée et donc, bien sûr, que vous n'avez nullement été
réellement violée. Vous êtes forcément perdantes. Vous
êtes prise en étau, prise entre différentes pressions
systématiquement liées entre elles.

Les femmes se retrouvent coincées de manière similaire,
par des réseaux de forces et d'obstacles qui exposent
chacune à la sanction, à l'échec ou au mépris, qu'elles
travaillent à l'extérieur ou non, qu'elles soient ou non en
bonne santé, qu'elles portent ou non des enfants, qu'elles
les élèvent ou non, qu'elles se marient ou non et qu'elles
restent ou non mariées, qu'elles soient hétérosexuelles,
lesbiennes, les deux ou ni l'un ni l'autre. Les nécessités
économiques ; le confinement à des emplois racialement
et/ou sexuellement ghettoïsés ; le harcèlement sexuel ; la
discrimination sexuelle ; la pression des attentes et des
jugements contradictoires à l'égard des *femmes*, des *épouses*
et des *mères* (dans la société en général, au sein des
subcultures ethniques et raciales et en nous-mêmes) ; la
dépendance (entière ou partielle) à l'égard des maris, des
parents ou de l'État ; l'engagement pour des idées politiques,
l'attachement à des groupes raciaux, ethniques ou autres
groupes « minoritaires » ; les exigences de respect de soi
et les responsabilités à l'égard des autres. Chacun de ces
facteurs demeure en tension complexe avec tous les autres,
punissant ou interdisant toutes les options apparemment
disponibles. Et ces petites choses, en s'accumulant indéfiniment, nous dévorent, encore et toujours, à petit feu. Si
l'on s'habille d'une certaine manière, on risque de paraître
afficher par là sa disponibilité sexuelle ; si l'on s'habille
d'une autre manière, on paraît « ne pas prendre soin de
soi », ou « non-féminine ». Si l'on use d'un « langage
grossier », on ouvre la porte à se voir traiter de putain ou

de chienne ; si l'on n'en use pas, on passe pour une petite
nature – on serait d'une constitution trop délicate pour
supporter un discours robuste ou les réalités auxquelles il
se réfère.

L'expérience vécue des personnes opprimées est que
la vie est confinée et façonnée par des forces et des obstacles,
non pas accidentels et occasionnels – on pourrait alors les
éviter – mais systématiquement liés entre eux, de sorte
que l'on est coincé et qu'ils restreignent ou empêchent
tout mouvement. C'est l'expérience d'être mises en cage :
toutes les voies, dans toutes les directions, sont bloquées
ou piégées.

Des cages. Imaginez une cage à oiseaux. Si vous
regardez de très près seulement un des barreaux de la cage,
vous ne pouvez pas voir les autres barreaux. Si vous pensez
ce qui est en face de vous uniquement à partir de cette
perspective myope, vous pouvez regarder ce seul barreau,
de haut en bas, et être incapable de voir ce qui empêcherait
un oiseau de simplement le contourner s'il veut aller
quelque part. En outre, même si jour après jour, vous
inspectez chacun des barreaux un à un, il est possible que
vous ne voyiez toujours pas ce qui empêcherait un oiseau
de les franchir. Il n'y a aucune propriété physique de chaque
barreau, *rien* que l'examen le plus minutieux puisse
découvrir, qui révélerait ce qui pourrait entraver ou blesser
un oiseau, sauf de façon purement accidentelle. C'est
seulement quand vous vous reculez, que vous arrêtez de
regarder les barreaux un par un au microscope et que vous
adoptez une vision macroscopique de la cage toute entière,
que vous pouvez voir pourquoi l'oiseau ne va nulle part ;
et là ça vous sautera aux yeux. Cela n'exigera aucune
capacité mentale incroyablement subtile. Il est parfaitement

évident que l'oiseau est entouré par un réseau d'obstacles systématiquement liés entre eux, sans qu'aucun ne représente le moindre frein à son envol, mais qui pourtant, par leur relation les uns aux autres, confinent autant que les murs solides d'un donjon.

On peut maintenant comprendre une des raisons pour lesquelles l'oppression peut être difficile à voir et à reconnaître : on peut étudier très attentivement et avec de la bonne volonté les éléments d'une structure oppressive sans voir la structure comme un tout, et donc sans voir ou sans pouvoir comprendre que l'on regarde une cage et que, dans cette cage, se trouvent des personnes dont les mouvements sont limités, dont les vies sont ainsi façonnées et restreintes.

S'en tenir à une vision microscopique provoque une confusion aussi banale que celle qui entoure le rituel consistant pour les hommes à tenir la porte aux femmes. Ce rituel, remarquablement répandu dans toutes les races et les classes sociales, déconcerte un certain nombre de gens, dont certains le trouvent offensant et d'autres non. Observons la scène de deux personnes s'approchant d'une porte. L'homme marche légèrement devant et ouvre la porte. L'homme tient la porte ouverte pendant que la femme se faufile. Puis l'homme passe. La porte se referme sur eux. « Mais comment, demande un observateur ingénu, ces folles de féministes peuvent dire que c'est oppressant ? Le type *a enlevé* un obstacle pour que la dame avance sans heurt ni trouble ». Mais à chaque fois qu'est répété ce rituel, il occupe une place au sein d'un schéma, en réalité au sein de plusieurs schémas. Il faut changer de niveau de perception afin de voir la situation dans sa globalité.

L'ouverture de la porte prétend être un service utile, mais il s'agit d'une fausse utilité. On le voit en constatant qu'il sera accompli dans tous les cas, qu'il serve ou non à quelque chose. Des hommes infirmes ou chargés de paquets vont ouvrir la porte à des femmes valides, libres de toute charge physique. Des hommes vont s'imposer avec maladresse et bousculer tout le monde afin d'atteindre la porte en premier. L'action n'est pas déterminée par la commodité ou la délicatesse. En outre, ces très nombreuses actions « d'aide » inutile voire nuisible interviennent sur fond d'un schéma plus général, où les hommes n'apportent aucune aide dans bien des situations où les femmes en auraient besoin. Ce dont les *femmes* font l'expérience est un monde où de galants princes charmants font habituellement tout un plat pour les aider et leur rendre de petits services lorsque que l'aide et les services sont d'une utilité minime ou inexistante, mais où ils ne s'avèrent être que rarement des princes adroits et ingénieux disposés à nous servir lorsqu'une aide substantielle est réellement souhaitée, soit pour des affaires banales, soit parce que l'on est menacées, agressées ou terrorisées. Quand il s'agit de faire (sa) lessive, de taper un rapport à quatre heures du matin ou de faire office de médiateur lors de conflits avec la famille ou les enfants, il n'y a personne. Rien, si ce n'est la recommandation de rester chez soi une fois la nuit tombée, d'être escortées par des hommes, ou *in fine*, « de se détendre et de profiter ».

Les gestes galants n'ont aucun sens pratique. Leur sens est symbolique. Ouvrir la porte et les autres services du genre, sont des services dont ont réellement besoin des personnes qui, pour une raison ou une autre, sont dans une situation d'invalidité – malades, chargées de colis etc. Ça envoie donc le message que les femmes sont des incapables. Détacher ces actions des réalités concrètes – ce dont les femmes ont besoin ou non – est un moyen de signifier que les besoins ou intérêts réels des femmes ne sont pas importants ou ne sont pas pertinents. Enfin, ces gestes imitent le comportement des serviteurs à l'égard des maîtres et se moquent ainsi des femmes, qui sont généralement les servantes et les gardiennes des hommes. Le message renvoyé par la fausse obligeance de la galanterie masculine est la dépendance, l'invisibilité ou l'insignifiance des femmes et le mépris des femmes.

On ne peut pas voir la signification de ces rituels si on se concentre sur l'événement en lui-même, dans toute sa singularité, y compris la singularité des motivations et des intentions conscientes présentes chez tel homme et la perception consciente de l'événement que telle femme a sur le moment. On dirait parfois que les gens adoptent délibérément une perspective myope et ne portent leurs yeux que sur des choses microscopiques afin de ne pas voir de façon macroscopique. En tout cas, que ce soit ou non délibéré, les personnes peuvent échouer et échouent effectivement à voir l'oppression des femmes parce qu'ils échouent à adopter une perspective macroscopique et partant, échouent à voir que les différents éléments de la situation sont systématiquement liés dans des systèmes plus larges.

De même que l'enfermement dans la cage à oiseaux est un phénomène macroscopique, le caractère oppressif des situations depuis lesquelles nous, les femmes, menons nos vies diverses et variées, est un phénomène macroscopique. Avec une perspective microscopique, on ne peut voir ni l'un ni l'autre. Mais avec une perspective macroscopique, alors ça saute aux yeux – un réseau de forces et d'obstacles, systématiquement liés et concourant à nous rendre immobiles, à nous réduire, à façonner les femmes et les vies que nous menons.

II

L'image de la cage à oiseaux éclaire un aspect de la nature systématique de l'oppression. Comment on sélectionne celles et ceux qui occupent les cages en est un autre et analyser cet aspect aide également à expliquer l'invisibilité de l'oppression des femmes.

C'est en tant que femme (ou Chicano/a ou Noir.e ou Asiatique, ou Lesbienne) qu'on est pris.e au piège :

> Pourquoi je ne peux pas aller au parc ; tu laisses Jimmy y aller !
> Parce que ce n'est pas un lieu sûr pour les filles.

> Je veux être secrétaire, pas couturière ; Je ne veux pas apprendre à faire des robes.
> Il n'y a pas de travail pour les Noirs dans cette filière ; apprends un métier où tu peux gagner ta vie [1].

Lorsque vous demandez pourquoi vous êtes bloqué.e.s, pourquoi cet obstacle est sur votre chemin, la réponse n'a rien à voir avec le talent ou le mérite individuel, un handicap ou une insuffisance ; elle a à voir avec le fait que vous appartenez à une catégorie comprise comme « naturelle » ou « physique ». L'« habitant.e » de la « cage » n'est pas un individu mais un groupe, toutes celles et ceux appartenant à une certaine catégorie. Si un individu est opprimé, c'est

---

1. L'exemple est extrait de Louise Meriwether, *Daddy Was A Number Runner*, Prentice-Hall, Englewood Cliffs, New Jersey, 1970, p. 144.

parce qu'il est membre d'un groupe ou d'une catégorie de personnes, systématiquement réduites, forcées à rentrer dans un moule, immobilisées. Dès lors, pour reconnaître qu'une personne est opprimée, on doit voir cet individu *en tant* qu'il appartient à un groupe d'une certaine sorte.

Il y a toutes sortes de choses qui peuvent aider ou empêcher de percevoir que quelqu'un appartient au type de groupe ou de catégorie dont il est question ici. Notamment, on peut raisonnablement supposer que si un des dispositifs de restriction et de définition du groupe est le confinement physique ou la ségrégation, le confinement et la séparation inciteraient à reconnaître ce groupe en tant que groupe. En retour, cela favoriserait une perspective macroscopique qui nous permettrait de reconnaître l'oppression et encouragerait les individus à s'identifier et à nouer une solidarité avec les autres individus du groupe ou de la catégorie. Cependant, le confinement et la ségrégation du groupe en tant que groupe ne sont pas propres à toutes les structures oppressives, et lorsqu'un groupe opprimé est géographiquement et démographiquement dispersé, cela entrave la perception que le groupe peut avoir de lui-même. Il arrive qu'il y ait très peu de choses voire rien, dans la situation des individus, qui invite à une perspective macroscopique, laquelle révèlerait qu'une même structure pèse sur tous les membres de ce groupe[1].

Un grand nombre de personnes, femmes, hommes, de toutes races et classes sociales, n'estiment tout simplement pas que *femme* soit une catégorie de personnes opprimées, et je pense que c'est en partie parce qu'elles ont été

1. L'assimilation forcée est de fait une des *politiques* qu'un groupe d'oppresseurs a à sa disposition lorsqu'il cherche à réduire et/ou à annihiler un autre groupe. Cette stratégie est utilisée par le gouvernement des Etats-Unis sur les Indiens d'Amérique par exemple.

aveuglées par le fait que les femmes sont dispersées et assimilées à l'intérieur de systèmes de classes et de races qui organisent les hommes. Le simple fait que nous soyons dispersées rend difficile, pour les femmes, de se connaître les unes les autre et donc de reconnaître les contours de notre cage commune. La dispersion et l'assimilation des femmes à l'intérieur des classes sociales et des races nous divisent également d'un point de vue pratique et économique en nous montant les unes contre les autres, et ajoutent ainsi à l'incapacité à voir notre unité un *intérêt* à ne pas la voir : le fait, pour certaines, de conserver jalousement leurs bénéfices, et pour d'autres le ressentiment à l'égard des avantages des autres.

Pour surmonter cela, il est utile de remarquer que les femmes de toutes races et classes sociales *sont*, en fait, ensemble dans une sorte de ghetto. Il y a un lieu pour les femmes, un secteur, occupé par les femmes de toutes races et classes sociales et celui-ci n'est pas défini par des frontières géographiques mais par sa fonction. Cette fonction est de servir les hommes et les intérêts des hommes tels que les hommes les définissent, ce qui inclut le fait de porter et d'élever les enfants. Ce en quoi ce service consiste et les conditions de travail diffèrent selon la race et la classe, dans la mesure où des hommes de différentes races et classes ont des intérêts différents, perçoivent différemment leurs intérêts, et expriment leurs besoins et leurs exigences selon des rhétoriques, des dialectes et des langages différents. Néanmoins, il y a certaines constantes.

Qu'il s'agisse d'une situation domestique ou professionnelle de classe populaire, moyenne ou bourgeoise, le travail de service des femmes inclut toujours du service personnel (le travail des servantes, des domestiques, des cuisinières et des secrétaires personnelles) [1], du service sexuel (répondre à ses besoins sexuels génitaux et porter ses enfants, mais aussi « être agréable », « attirante à ses yeux » etc.) et des services pour l'égo (encouragement, soutien, louanges, attention). De plus, le travail de service des femmes est partout caractérisé par cette combinaison fatale de responsabilité et d'impuissance : on nous tient et nous nous tenons nous-mêmes pour responsables de la réussite des hommes et des enfants, dans presque tous les domaines, bien que nous n'ayons presque aucun pouvoir à ce sujet. Les détails de l'expérience subjective de cette servitude sont locaux. Ils varient aussi bien selon le niveau économique, la race ou la tradition ethnique, que selon la personnalité des hommes en question. De même que les détails des forces qui nous obligent à tolérer cette servitude, spécifique aux différentes situations dans lesquelles différentes femmes vivent et travaillent.

Ce n'est pas pour dire que nous, les femmes, ne faisons rien valoir et ne parvenons pas quelquefois à satisfaire nos propres intérêts, ni pour nier que dans certains cas et à certains égards, les intérêts indépendants des femmes ne recoupent ceux des hommes. Mais à chaque niveau social/ racial et même en dépit des frontières raciales/sociales, les hommes ne servent pas les femmes comme les femmes servent les hommes. La « sphère des femmes » peut être entendue comme un « secteur de service » si l'on prend cette expression en un sens bien plus large et profond que ne le font habituellement les discussions en économie.

---

1. À un niveau social plus élevé, les femmes ne *font* pas forcément toutes ces formes de travail, mais elles gardent généralement la responsabilité de l'embauche et de la surveillance de celles qui le font. Ces services relèvent toujours, dans ces situations, de la responsabilité des femmes.

III

C'est, semble-t-il, un trait de la condition humaine qu'à un degré ou un autre, nous souffrions toutes et tous de frustration et de limitation, rencontrions des obstacles malvenus et soyons toutes et tous lésé.e.s ou blessé.e.s de multiples façons. Dans la mesure où nous sommes des êtres sociaux, presque tous nos comportements et activités sont structurés par bien plus que la seule inclination individuelle, les conditions planétaires et atmosphériques. Aucun être humain n'est libre de toute structure sociale, et le bonheur ne consiste (peut-être) pas non plus en une telle liberté. Une structure est constituée par des frontières, des limites et des obstacles ; au sein d'un ensemble structuré, certains mouvements et changements sont possibles, et d'autres ne le sont pas. Si l'on cherche une excuse pour affaiblir le mot « oppression », on peut prendre pour prétexte l'existence de la structure sociale et dire que tout le monde est opprimé. Mais si l'on entend plutôt clarifier ce qu'est l'oppression et ce qu'elle n'est pas, il est nécessaire de faire un tri parmi les souffrances, les dommages ou les limitations et de se représenter quels éléments relèvent de l'oppression et lesquels n'en relèvent pas.

À partir de ce qui a déjà été avancé, il est clair que si l'on veut déterminer si une souffrance, une limitation ou un préjudice particuliers relèvent de l'oppression vécue par quelqu'un, on doit regarder *le contexte* au sein duquel ils prennent place, afin de dire s'il s'agit d'un élément d'une structure oppressive : il faut voir s'il fait partie d'un ensemble enfermant de forces et de barrières qui tend à immobiliser et réduire un groupe ou une catégorie de personnes. Il faut regarder la manière dont la barrière ou la force se connectent à d'autres et au bénéfice ou au détriment de qui cela œuvre. Dès que l'on observe des cas concrets, il devient évident que tout ce qui frustre ou limite une personne n'est pas oppressif, et que tout préjudice ou dommage n'est pas dû ou ne contribue pas à l'oppression.

Si un riche playboy blanc, vivant des revenus tirés de ses investissements dans des mines de diamant en Afrique du Sud, venait à se casser la jambe dans un accident de ski à Aspen et attendait durant des heures dans le blizzard, en proie à la douleur, avant d'être secouru, on peut supposer que durant tout ce temps, il souffrirait. Mais cette souffrance a une fin ; sa jambe est soignée par le meilleur chirurgien qu'on puisse s'offrir, et il sera bientôt en convalescence dans une suite somptueuse, en train de siroter un Chivas Regal. Rien, dans ce tableau, n'indique une structure faite de barrières et de forces. Cet homme appartient à différents groupes d'oppresseurs et ne devient pas soudainement opprimé parce qu'il est blessé et en souffrance. Même si l'accident a été causé par la négligence malintentionnée d'un individu et que celui-ci peut alors en être tenu pour responsable et blâmé moralement, cet individu ne sera pas pour autant un agent d'oppression.

Prenons également le règlement qui oblige à conduire son véhicule d'un certain côté de la route. Nul doute qu'à certains moments, lorsqu'une des voies n'avance pas et que l'autre est libre, cette limitation est frustrante à un point presque insupportable. Il y a même sûrement des moments où respecter cette régulation peut avoir des conséquences néfastes. Mais ce règlement est manifestement salutaire pour la plupart d'entre nous et la plupart du temps. La restriction est imposée à notre avantage et nous avantage effectivement ; son fonctionnement tend à favoriser la *continuité* de nos déplacements, non à nous immobiliser. Les limites imposées par la régulation du trafic sont des limites que beaucoup d'entre nous s'imposeraient volontiers si nous savions que les autres les suivraient aussi. Elles relèvent d'une structure qui façonne notre comportement, non dans le but de nous limiter et de nous immobiliser, mais plutôt dans le but de protéger durablement notre capacité à nous déplacer et à agir comme nous le voulons.

Un autre exemple : les frontières d'un ghetto racial dans une ville américaine servent, dans une certaine mesure, à empêcher les personnes blanches d'y aller, autant qu'elles empêchent les habitants du ghetto d'en sortir. Tel citoyen blanc peut être frustré ou se sentir privé de quelque chose parce qu'il/elle ne peut pas s'y promener et apprécier l'ambiance « exotique » d'une culture « étrangère », ou faire de bonnes affaires dans les boutiques de troc du ghetto. De fait, l'existence du ghetto, de la ségrégation raciale, prive effectivement la personne blanche de connaissance et nuit à son caractère en alimentant chez elle des sentiments de supériorité injustifiés. Mais cela ne fait pas de l'individu blanc, dans cette situation, un membre d'une race opprimée ou une personne opprimée en raison de sa race. Il faut regarder la barrière. Elle limite les activités et l'accès de celles et ceux qui en sont de chaque côté (quoiqu'à des degrés différents). Mais elle résulte de l'intention, de la planification et de l'action des Blanc.he.s, au bénéfice des Blanc.he.s, pour garantir et conserver les privilèges qui sont offerts aux Blanc.he.s en général, en tant que membres d'un groupe dominant et privilégié. Même si la présence de la barrière a, pour les Blancs, certaines conséquences fâcheuses, cette barrière n'est pas liée d'une manière systématique à d'autres barrières et à d'autres forces qui formeraient une structure oppressive pour les Blancs ; c'est plutôt l'inverse. Elle fait partie d'une structure qui opprime les habitants du ghetto et ainsi (selon l'intention des Blancs) protège et promeut les intérêts des Blancs, tels qu'ils sont définis par la culture blanche dominante. Cette barrière n'est pas oppressive pour les Blancs, même si c'est une barrière pour les Blancs.

Les barrières ont différentes significations selon le côté où l'on se situe, même si des deux côtés il s'agit de barrières. Les murs physiques d'une prison ne disparaissent pas plus pour laisser un individu extérieur entrer que pour laisser un occupant sortir, mais pour les occupants, ils confinent et limitent alors que pour l'individu extérieur ils représentent une protection à l'égard de la menace occasionnée par les occupants – être protégé de tout dommage ou de toute crainte. Un ensemble de barrières économiques, sociales et de forces séparant les deux groupes peuvent être ressentis, et même douloureusement ressentis, par les membres de chaque groupe, tout en pouvant signifier aux uns le confinement, et aux autres la liberté et l'élargissement des possibilités.

Le secteur des services, celui des épouses, des mamans, des assistantes, des bonnes, est un secteur presque exclusivement féminin ; ses limites n'enferment pas seulement les femmes mais maintiennent, dans une large mesure, les hommes à l'extérieur. Il arrive que certains hommes rencontrent cette barrière et la vivent comme une restriction de leurs mouvements, de leurs activités, de leur pouvoir ou du choix de leur « mode de vie ». Pensant qu'ils pourraient apprécier la simplicité de la vie au foyer (qu'ils imaginent libérée du stress, de l'aliénation et du travail acharné), et s'en sentant privés dès lors qu'elle paraît leur être inaccessible, ils annoncent alors leur découverte : ils sont, eux aussi, opprimés par les « rôles de sexe ». Mais cette barrière est érigée et maintenue par les hommes, au bénéfice des hommes. Elle est constituée par des forces et des pressions économiques et culturelles au sein d'une culture et d'une économie contrôlée par les hommes, où à chaque niveau économique et dans toutes les cultures ethniques et raciales, l'économie, la tradition – et même les idéologies de libération – tendent à garder, au minimum, la culture et l'économie locales sous contrôle masculin [1].

La frontière qui délimite la sphère des femmes est maintenue et défendue par les hommes, généralement au bénéfice des hommes en général, et les hommes, généralement, bénéficient de son existence, même celui qui s'y heurte et se plaint du désagrément occasionné. Cette barrière protège son rang et son statut en tant qu'homme, en tant que supérieur, en tant qu'il possède un droit sexuel sur une ou des femmes. Elle protège un type de citoyenneté supérieur à celui des femmes de même classe sociale et race, elle protège son accès à un éventail plus large d'emplois mieux payés et mieux placés, ainsi que son droit de préférer le chômage au déclassement d'un travail d'inférieur ou « féminin ».

Si la vie ou l'activité d'une personne est affectée par quelque force ou barrière rencontrée par cette personne, on ne peut pas conclure que la personne est opprimée uniquement parce qu'elle rencontre cette barrière ou cette force ; ni seulement parce qu'il lui est sur le moment déplaisant, frustrant ou pénible d'y être confrontée ; ni seulement parce que la présence de cette barrière ou de

---

1. Cela est bien évidemment compliqué par la race et la classe. Le machisme est les politiques de « masculinité Noire » semblent contribuer à maintenir l'argent sous le contrôle des hommes Noirs ou Latino-Américains plus que sous le contrôle des femmes Latino-Américaines ou Noires. Mais ces politiques me paraissent contribuer, en définitive, à maintenir l'économie globale sous le contrôle des hommes *blancs*.

cette force, ou le processus qui les maintient ou les met en œuvre, vise à priver cette personne d'une chose de valeur. On doit regarder l'obstacle ou la force et répondre à certaines questions à son propos. Qui constitue et maintient l'obstacle ou la force ? Quels intérêts leur présence sert-elle ? Font-ils partie d'une structure qui tend à confiner, restreindre et immobiliser un groupe en particulier ? L'individu est-il membre du groupe confiné ? Les différentes forces, barrières et limitations qu'une personne peut rencontrer ou avec qui elle peut vivre, peuvent ou non faire partie d'une structure oppressive et s'ils en font partie, cette personne peut être, soit du côté des oppresseurs, soit de celui des opprimé.e.s. Et on ne peut pas savoir de quel côté elle se situe en se fondant sur l'intensité ou non de ses plaintes.

IV

Nombre des restrictions et des limitations que nous vivons sont plus ou moins intériorisées, maîtrisées et relèvent de la façon dont nous nous adaptons aux exigences et aux attentes imposées par les besoins, les penchants et le despotisme des autres. Je pense par exemple aux postures gênées des femmes, à leur marche à petits pas, et au fait que les hommes se retiennent d'exprimer leurs émotions (sauf la colère). Qui obtient quoi en déviant de la pratique de ces disciplines, et qui impose des sanctions, et lesquelles, à leur relâchement inapproprié ? Quelles récompenses découlent de cette autodiscipline ?

Les hommes peuvent-ils pleurer ? Oui, en compagnie des femmes. Si un homme ne peut pas pleurer, c'est parce qu'il est en compagnie des hommes. Ce sont les hommes, et non les femmes, qui exigent cette retenue ; et les hommes ne font pas que l'exiger, ils la récompensent. Un homme qui conserve un comportement de fer, inflexible ou détendu (autant de façons de suggérer l'invulnérabilité) se signale comme un membre de la communauté masculine et il est estimé par les autres hommes. Par conséquent, maintenir ce comportement contribue à sa propre estime de soi. Il est ressenti comme quelque chose de positif, et l'homme en question peut être fier de lui. Cette restriction fait partie de ce qui structure la vie des hommes dans la mesure où elle est un des comportements socialement requis qui, en étant accomplis, participent à la reconnaissance, au respect qu'ils inspirent aux proches et à leur propre estime. C'est à leur avantage de pratiquer cette discipline.

En comparaison, songez à la discipline consistant pour les femmes à adopter des postures corporelles gênées et à marcher à petits pas. Cette discipline peut être relâchée en compagnie d'autres femmes ; elle est généralement la plus éprouvante en compagnie des hommes [1]. Au même titre que la retenue émotionnelle masculine, la retenue physique des femmes est exigée par les hommes. Mais à la différence de la retenue émotionnelle masculine, la retenue physique des femmes n'est pas récompensée. Qu'en obtenons-nous ? Le respect, l'estime et la reconnaissance ? Non. Ils se moquent de nous et parodient nos petits pas. Nous avons l'air stupides, incapables, faibles et souvent pitoyables. L'exercice de cette discipline nous conduit à être peu estimées et à manquer de confiance en nous. Nous n'en

1. Cf. *Let's Take Back Our Space : « Female » and « Male » Body Language as a Result of Patriarcal Structures*, Marianne Wex, Fraulenliteratureverlag Hermine Fees, West Germany, 1979, p. 173. Cet ouvrage remarquable présente littéralement des centaines de photographies, prises sur le vif, de femmes et d'hommes dans l'espace public, assis, debout et couchés. Il démontre de manière saisissante les différences systématiques de postures et de gestes entre les femmes et les hommes.

tirons pas de bénéfice. Elle s'inscrit dans un ensemble de comportements par lesquels nous communiquons constamment aux autres notre appartenance à une caste inférieure et notre refus et/ou notre incapacité à défendre notre intégrité corporelle ou morale. Elle nous avilit et fait partie d'un schéma avilissant.

Pour chacun des deux groupes, hommes et femmes, avoir un comportement convenable exige une retenue qui, en elle-même, paraît stupide voire préjudiciable. Pourtant, l'effet social produit est considérablement différent. La retenue des femmes fait partie d'une structure oppressive pour les femmes ; la retenue des hommes fait partie d'une structure oppressive pour les femmes.

V

Nous subissons les pressions oppressives en raison de notre appartenance à un certain groupe ou à une certaine catégorie. C'est en partie ou essentiellement parce que nous sommes membres de cette catégorie que nous sommes frappées par la souffrance et la frustration. En ce qui nous concerne, de la catégorie *femme*. Être une femme est un facteur majeur dans le fait que je n'exerce pas de meilleur métier ; être une femme me destine à être la victime potentielle d'une agression sexuelle ou de harcèlement ; c'est parce que je suis une femme que la puissance de ma colère est réduite à une preuve de ma folie. Si une femme a peu ou n'a pas de pouvoir économique ou politique, ou ne réussit presque rien de ce qu'elle entreprend, un facteur causal majeur de cela est qu'elle est une femme. Pour toute femme, de toutes races et de toutes classes sociales, être une femme est significativement lié à tous les désavantages et privations dont elle souffre, qu'ils soient grands ou petits.

Rien de tout cela n'arrive dans la situation où la personne est un homme. Le seul fait d'être un homme n'est pas ce qui l'empêche d'accéder à un meilleur emploi ; quels que soient les agressions et harcèlements auxquels il est sujet, être un homme ne le destine pas à en être victime ; être un homme n'est pas un facteur susceptible de rendre sa colère impuissante – c'est plutôt l'inverse. Si un homme n'a de pouvoir politique ou physique que nul ou limité, ou n'obtient presque rien de ce qu'il cherche à obtenir, le fait qu'il soit un homme n'entre pas en ligne de compte. Être un homme est une chose qu'il a *pour* lui, même si la race, la classe, l'âge ou l'invalidité sont contre lui.

Les femmes sont opprimées, *en tant que femmes*. Les membres de certains groupes raciaux et/ou de certaines classes économiques, aussi bien chez les hommes que chez les femmes, sont opprimé.e.s en *tant que* membres de ces groupes raciaux et/ou de ces classes sociales. Mais les hommes ne sont pas opprimés *en tant qu'hommes.*

… et n'est-il pas étrange que nous ayons toutes été troublées et mystifiées par une chose si simple ?

CHRISTINE DELPHY

L'ENNEMI PRINCIPAL *

« AVANT-PROPOS »

Ce livre en deux volumes rassemble la plupart des textes théoriques que j'ai écrits depuis 1970 au sujet de ce qu'on appelait jusqu'alors la « condition féminine » ou « la question des femmes », et qu'avec la deuxième vague du mouvement féministe du XXᵉ siècle j'appelle *l'oppression des femmes et la question du patriarcat.* L'oppression étant la situation des gens opprimés, les femmes étant le nom que l'on donne à ces opprimés-là, et le patriarcat étant le système sociopolitique qui organise tout cela. J'en étudie non pas les manifestations de forme, qui varient de décennie en décennie – quoiqu'elles soient bien plus stables que l'on ne pense ; mais les structures, qui n'évoluent que sur des périodes longues et qui ne changent pas en vingt-huit ans. Dans ce premier volume se trouvent les textes de 1970 à 1978.

L'analyse du patriarcat que j'ai développée a une histoire. Je suis parvenue à cette conceptualisation en partant de deux lieux théoriques apparemment sans rapport

* Christine Delphy, « Avant-propos », *L'Ennemi principal. 1. Économie politique du patriarcat*, Paris, Syllepses, 2001, p. 7-31.

entre eux : l'étude de la transmission du patrimoine, d'une part, et la réponse aux critiques gauchistes du mouvement de libération des femmes, d'autre part. Je dis « apparemment » car en réalité, quand j'ai commencé à faire de la recherche, je voulais travailler « sur » les femmes, c'est-à-dire, pour moi, sur notre oppression.

C'est parce que mon directeur d'études de l'époque, Pierre Bourdieu, me répondit que « ce n'était pas possible car personne ne travaillait sur ce sujet (*sic*) » [1] que je choisis d'étudier la transmission du patrimoine, espérant bien retrouver mon intérêt initial de façon détournée. Dans cette étude, je fis une première découverte : celle de la quantité formidable de biens qui ne transitent pas par le marché, mais qui circulent quand même, par la famille ; précisément ces biens appelés « patrimoine ». Je découvris aussi que la science économique, censée s'occuper de tout ce qui est relatif aux biens, ne traite en réalité que de l'un des systèmes de production, de circulation et de consommation des biens ; le marché.

Dans le même temps je participais à FMA [2], l'un des deux groupes qui ont historiquement été à l'origine de la création du nouveau mouvement féministe en France (entre 1968 et 1970). J'étais très irritée par les thèses de l'un des membres masculins de ce groupe mixte – je n'étais pas la seule, mais comme le héros de *Catch 22* je me sentais personnellement visée ! Il prétendait que l'oppression des

---

1. Je revenais de trois ans d'études aux États-Unis et ne découvris que trop tard que « ça » existait et que j'aurais pu travailler avec Andrée Michel. Je l'ai fait, plus tard.

2. FMA est un groupe fondé en 1967 par Anne Zelinsky et Jacqueline Feldman-Hogasen. A l'origine FMA signifiait « Féminin, Masculin, Avenir ». Au fil des débats et réflexions, il fut rebaptisé, sans changer le sigle, en 1969, « Féminin, Marxisme, Avenir ».

femmes ne saurait être d'importance égale à celle des prolétaires car, disait-il, les femmes, bien qu'opprimées, n'étaient pas « exploitées ». Ce n'était pas une thèse originale, je m'en suis rendu compte plus tard, mais la doxa à l'époque ; je l'ai rencontrée aussi bien chez des femmes que chez des hommes, exprimée sous forme d'opinion individuelle, de position de tendance, de ligne de parti [1].

Je sentais bien que quelque chose n'allait pas. Dans ce groupe, on savait que les femmes gagnent deux fois moins que les hommes et travaillent deux fois plus, et cependant, leur oppression n'avait pas, en théorie, de dimension économique ! On voyait bien l'existence du travail ménager. Mais on le voyait avant tout comme une répartition injuste de tâches ennuyeuses : on ne posait pas les bonnes questions. Il n'est donc pas étonnant qu'on n'obtînt pas les bonnes réponses.

Mon travail sur le patrimoine, sur l'aspect économique du non-marchand, m'a été très utile dans la recherche de ces bonnes questions (Delphy 1969). En 1970, j'ai formulé trois thèses ou hypothèses de travail : 1) le patriarcat est le système de subordination des femmes aux hommes dans les sociétés industrielles contemporaines ; 2) ce système a une base économique ; 3) cette base est le mode de production domestique.

Comme on peut s'en douter, ces trois idées étaient hautement controversées, et commencent seulement, depuis peu d'années, à être reprises par d'autres auteur-e-s.

Je me suis interrogée sur le statut théorique à donner au fait que les femmes sont assignées, dans la famille, aux

---

1. Elle est loin d'avoir disparu. Plus on s'éloigne des cercles en contact avec le mouvement féministe et plus on la retrouve.

tâches ménagères, assignation qui rend compte de leur charge de travail supérieure à celle des hommes. D'autres auteur-e-s, en particulier Benston et Larguia (voir « L'ennemi principal »), ont comme moi et à la même époque, postulé l'importance théorique – et non seulement pratique – du travail ménager, par des chemins différents. Mais elles ne sont pas arrivées aux mêmes conclusions.

L'analyse du patrimoine, que j'avais commencée en 1966, m'a permis de démystifier le marché et de ne pas me laisser prendre au piège classique de l'opposition entre valeur d'échange et valeur d'usage, opposition qui a mené les pionnières Benston (1969) et Larguia (1970), mais aussi les suivantes, dans des impasses. Au bout de plusieurs années de travail j'ai formulé une théorie du patrimoine comme mode de circulation des biens, donc un lieu économique ; et j'ai isolé les caractéristiques formelles de cette circulation.

Le mode de circulation des biens qu'on appelle « patrimoine » est opposé point pour point au mode qu'on appelle « marché » : 1) il n'est pas caractérisé par l'échange, mais par le don ; 2) les acteurs ne sont pas interchangeables mais définis très étroitement par les règles de la parenté ; 3) enfin cette circulation ne dépend pas du bon vouloir des acteurs, ni des donateurs, ni des bénéficiaires.

J'ai ainsi découvert un aspect de l'économie qui non seulement n'était pas traité par l'économie politique, mais était considéré comme non-économique par définition. L'économie étant, dans la définition de la science économique, consubstantielle avec le marché. Étymologiquement, l'économie est la « règle » (*nomos*) de la « maison » (*oikos*) : la gestion du foyer, c'est-à-dire de l'unité de production. Et quand l'économie apparaît à l'époque moderne, c'est comme art de la gestion de ce qui est encore, dans son principe, le domaine privé du souverain, la « maison » royale. La nation est une grande famille. Mais quand l'économie se solidifie en science « dure », elle n'a pas pour seul effet de faire apparaître cette gestion et ces richesses comme obéissant à des lois aussi extérieures à l'action humaine que le mouvement des planètes. En ajoutant le mot « politique » à « économie », elle identifie la « *politie* » – la nation – comme le lieu de la production, délaissant ainsi les lieux réels de production ; corrélativement, elle se concentre sur l'échange, au détriment de la production elle-même et de ses conditions ; ainsi se crée le régime de pensée dans lequel nous vivons encore, celui de l'équation entre économie et marché.

Cette révolution conceptuelle a coïncidé avec une transformation de la façon de concevoir les relations familiales : les rapports affectifs qui en faisaient partie ont été mis au premier plan dans l'idée du mariage et de la famille. Cette idée était prescriptive, et elle a eu des effets dans le réel, elle en a toujours. Mais elle était aussi descriptive, non dans le sens qu'elle décrivait vraiment, mais prétendait décrire, et qu'elle a ainsi caché, recouvert d'un « voile de touchante sentimentalité » (Karl Marx, *Le Manifeste communiste*) les relations d'intérêt qui subsistaient et subsistent dans la famille.

En 1970, quand ce recueil commence, et en 1997, quand j'écris cette préface, nous en sommes là : la perception ordinaire conçoit l'économie et la famille comme appartenant à et même constituant deux sphères de la « réalité » aussi étrangères que possibles l'une à l'autre, alors que si on se réfère à l'origine du mot, « économie domestique » est une redondance, une tautologie. Pourtant parler d'économie et de famille dans la même phrase est incongru et presque obscène. Et les anthropologues disent des sociétés qu'ils étudient que l'économie y « emprunte les circuits de la parenté » : même là où il n'y a pas de différence concrète, ils conservent cette différence conceptuelle (« l'économie », « la parenté ») comme si elle était ontologique, et que les « primitifs » y dérogeaient par manque de moyens matériels ou faisaient une confusion par manque de moyens intellectuels. Cet aveuglement au fait que l'économie « n'emprunte » pas les circuits de la parenté pour la bonne raison que la parenté est une institution économique (même si elle n'est pas que ça) démontre un type particulier d'ethnocentrisme : ces anthropologues ne nient la nature économique de la famille en général que parce qu'ils ignorent la dimension économique de la famille dans leur société d'origine, la nôtre.

Le deuxième mouvement féministe du siècle, celui des années 1960, diffère en beaucoup de points du premier, celui qui chevauche la fin du XIXe siècle et le début du XXe. L'une de ces différences consiste dans le fait que les protagonistes du deuxième avaient eu le temps de constater l'erreur de la thèse d'Engels selon laquelle le travail salarié mettrait fin au patriarcat. On ne pouvait plus, en 1970, dire que c'était parce que les femmes n'étaient pas dans « l'industrie publique » (les termes d'Engels) qu'elles étaient opprimées. Ce constat explique que plusieurs théoriciennes, déçues par cette « explication », sans se concerter ni se connaître, aient détourné leur regard de l'industrie publique et du travail salarié, et l'aient porté sur l'industrie privée et la famille.

Je n'étais pas donc la seule à regarder du côté de la famille et du travail qui y est fait. Mais à la différence des autres, j'avais déjà une théorie des règles de la circulation familiale des biens, règles caractérisées non par l'échange, mais par le don. Ceci m'a donné sur la production familiale un angle de vision débarrassé des présupposés économistes : de la croyance qu'économie et marché, économie et échange, sont synonymes et même consubstantiels.

La non-valeur du travail ménager, qui était et reste pour beaucoup un obstacle à la conceptualisation de ce travail, est devenue pour moi une des clés de son élucidation. En effet, cette non-valeur, et l'opposition entre valeur d'échange et valeur d'usage qui en découlait, n'avaient de sens que pour le marché. Éclairée par la théorie des formes de la circulation familiale des biens que j'avais développée, j'ai pu voir que la non-valeur marchande est caractéristique de l'économie familiale. Elle ne signale pas l'absence d'activité économique, mais la présence d'une économie autre. Prenant cette non-valeur comme élément constitutif du travail ménager, je me suis attelée à démontrer que :

– son exclusion du marché est la cause et non la conséquence de sa gratuité ;

– cette exclusion ne concerne pas seulement le travail ménager, ou des travaux précis, mais des acteurs sociaux et plus précisément des rapports sociaux ;

– il est erroné d'aborder le travail ménager sous l'angle des tâches ; que ce soit pour le décrire ou pour l'expliquer (d'autant plus que cette approche est généralement sous-tendue par une tentative implicite d'évaluer sa « valeur intrinsèque », question qui est délaissée en ce qui concerne les autres productions).

Tous ces éléments ont été repris, explicités et développés dans mes travaux ultérieurs, mais ils étaient au moins en germe contenus dans le premier texte de ce volume, « L'ennemi principal ». Dès cette époque, je pouvais proposer une définition théorique et non empirique du travail ménager, qui en faisait un cas particulier de la catégorie beaucoup plus large de « travail domestique » (voir « Travail ménager ou travail domestique »). C'est à ce moment-là que j'ai crée le concept de « mode de production domestique » (ce concept a été repris plus tard par Marshall Sahlins et Claude Meillassoux, mais dans des acceptions déformées).

L'assertion qu'il existe plus d'un mode de production dans nos sociétés était extrêmement problématique à l'époque, et le reste. Petit à petit, cette démarche a gagné du terrain, et a commencé à être reprise par nombre d'auteur-e-s tant en France qu'à l'étranger. Les spécialistes de l'économie, et plus généralement des sciences sociales, surtout quand ce sont des hommes, ont du mal à intégrer ces acquis ; non parce qu'ils ne feraient pas sens dans les termes mêmes de leur discipline, où le travail « informel » est maintenant largement étudié ; mais pour d'autres raisons. Parce que le travail domestique est réalisé par des femmes, ils n'arrivent pas à le percevoir comme important, ni du point de vue de ce qu'il produit matériellement, ni du point de vue théorique.

Comme tout mode de production, le mode de production domestique est aussi un mode de circulation et de consommation des biens. Dans le mode de production capitaliste il est difficile, au moins à première vue, d'identifier un mode de consommation distinguant les dominants des dominés, la consommation étant médiatisée par « l'équivalent universel », l'argent. Dans le mode de production domestique au contraire, la consommation est de toute première importance et possède ce pouvoir discriminant (voir « Famille et consommation »). En effet, l'une des différences essentielles entre ces deux modes de production réside dans le fait que les exploité-e-s du mode de production domestique ne sont pas rémunéré-es, mais entretenu-e-s. Dans ce mode donc, la consommation n'est pas séparée de la production, le partage inégal des produits n'étant pas médiatisé par l'argent.

Il faut étudier ce mode de consommation pour pouvoir évaluer non seulement l'exploitation quantitative, mais aussi l'exploitation qualitative ; pour comprendre en quoi consiste l'entretien et en quoi il diffère du salaire. En effet, trop de gens « traduisent » l'entretien en son équivalent monétaire, comme si une femme qui reçoit un manteau recevait la valeur de ce manteau. Ce faisant, ils abolissent la distinction cruciale entre salariat et rétribution en nature, distinction qui, indépendamment de la « valeur » consommée, crée la différence entre consommation libre et consommation non-libre.

Tout mode de production est aussi un mode de circulation ; le mode de circulation propre du mode de production domestique, c'est la transmission du patrimoine, qui est régie en partie par les règles de l'héritage mais ne s'y limite pas. C'est un domaine assez bien étudié dans certains secteurs de nos sociétés, dans le monde agricole en particulier, et complètement ignoré dans les autres.

PATRIARCAT ET CAPITALISME

Dans la circulation intergénérationnelle des biens, on voit à l'œuvre les mécanismes producteurs des classes complémentaires et antagoniques que sont les propriétaires et les non-propriétaires des moyens de production. L'effet de cette dépossession est clair en milieu agricole : les déshérités – femmes et cadets – travaillent gratuitement pour leurs maris et frères héritiers. La circulation domestique (règles d'héritage et de succession) débouche directement sur des rapports de production patriarcaux.

Mais la transmission patrimoniale est également importante à un autre niveau, pour la reconstitution, génération après génération, du mode de production capitaliste. Ce n'est plus seulement à l'intérieur de chaque famille qu'elle crée des possédants et des non-possédants, mais entre les familles. Ce deuxième aspect de la transmission patrimoniale est d'ailleurs le seul qui soit vraiment étudié par les spécialistes de la mobilité sociale. Le premier, la dispersion dans des classes différentes d'une même fratrie, est passée sous silence par les ethnologues et sociologues. Elle est même niée par eux : ils prétendent contre toute évidence – en particulier celle de la dépossession des filles – que tous les enfants d'une même famille sont également héritiers des biens et du statut du chef de famille (voir « La transmission héréditaire »).

La sociologie traditionnelle (en France, on pense à Boudon [1979] et Bourdieu [1964]) met uniquement l'accent sur l'hérédité des positions sociales ; je mets au contraire l'accent sur la non-hérédité de ces positions, sur l'inégalité entre les enfants, qu'il s'agisse d'héritage ou de succession au métier. Du point de vue plus large de l'interaction entre les processus familiaux et les processus de stratification, ces deux éclairages ont en commun de montrer que c'est la famille qui distribue les gens dans les classes sociales. Mais ce n'est pas de façon automatique, et ce n'est pas de façon « égalitaire » entre les enfants. Si l'on problématise, comme je l'ai fait, la transmission héréditaire, et que l'on considère dans quelle mesure, loin d'assurer la reproduction « à l'identique » des classes sociales, elle redistribue les cartes à chaque génération entre les héritiers et les déshérité-e-s, le lien entre stratification familiale et stratification « sociale » est encore plus fort. La succession ou la non-succession au métier, l'héritage ou le non-héritage de la position (ou des biens) paternels, est l'un des moments où mode de production domestique et mode de production capitaliste se rencontrent et s'interpénètrent.

Ce n'est pas le seul : en effet, les femmes ne sont pas privées d'un accès direct à leurs moyens de subsistance seulement de cette façon, par la dépossession des moyens de production accaparés par les héritiers (au sens large). Beaucoup de familles n'ont pas de patrimoine à transmettre, et donc ne possèdent rien de matériel dont elles puissent priver les filles (voir « la transmission héréditaire » volume 2, *Penser le genre*). La discrimination systématique à l'encontre des femmes sur le marché du travail salarié – appelons-la pour l'instant le double marché du travail – prend alors le relais du mécanisme précédent, les dépossède des moyens de gagner leur vie correctement et les pousse à entrer dans des rapports de production domestiques, principalement en se mariant.

La situation des femmes sur le marché du travail est bien étudiée par la sociologie. Ici, dans un domaine très documenté et discuté, celui des rapports entre travail salarié et « obligations familiales » des femmes, ma démarche a consisté à inverser la direction du lien habituellement établi. On voit d'ordinaire la « situation familiale » comme un donné, une contrainte qui s'exerce sur les femmes et les handicape sur le marché du travail. Ce n'est pas faux si l'on se place au moment de l'entrée des femmes sur le marché du travail et que l'on refuse de s'interroger sur cette contrainte familiale : qu'on l'extériorise et qu'on la naturalise. Si au contraire on la traite comme quelque chose à expliquer, on peut faire l'hypothèse que pour encourager les femmes à supporter des situations matrimoniales exploitatives, l'amour ne suffit pas. Leurs chances objectives sur le marché du travail, c'est-à-dire leur relégation au bas de l'échelle des postes et des rémunérations, ont un rôle à jouer. Elles constituent une incitation objective au mariage (voir « Mariage et divorce »). Ici, c'est le mode de production capitaliste, ou tout au moins le marché du travail, qui est la variable en amont et la condition structurelle sur fond de laquelle peut se réaliser l'exploitation du travail domestique dans la famille.

MODE DE PRODUCTION DOMESTIQUE ET PATRIARCAT

Comment conceptualiser ce fait, interpréter son sens quant aux rapports entre patriarcat et mode de production domestique ? Peut-on parler de mécanismes capitalistes au service du mode de production domestique ou doit-on parler de mécanismes patriarcaux à l'œuvre dans le marché du travail (ce que fait par exemple Sylvia Walby, 1986, 1990) ? Quelle que soit la réponse, une chose est claire : la transmission patrimoniale conforte d'autres rapports de production que les rapports de production proprement domestiques ; et, réciproquement, le marché capitaliste du travail conforte des rapports de production autres que capitalistes.

Si des systèmes que l'on a coutume d'appeler capitalistes, et qui sont tout au moins des systèmes d'échange, de salariat, contribuent fortement à l'entrée des individus dans la famille et donc à la continuation de celle-ci, qu'en découle-t-il, réciproquement, pour les rapports entre le patriarcat, le système général de domination des femmes par les hommes, et le mode de production domestique ? Il en découle que mode de production domestique et patriarcat ne sont pas des concepts synonymes et interchangeables.

Le mode de production domestique n'explique pas tout le patriarcat : cela on le savait. Mais il n'explique même pas toute la dimension économique de la subordination des femmes. En effet, son aire ne recouvre pas exactement celle de l'exploitation économique patriarcale : le mode de production domestique est à la fois plus vaste, puisqu'il couvre la distribution de toutes les personnes dans les « classes » classiques, et plus étroit, puisque l'exploitation économique des femmes dans la famille s'appuie sur leur exploitation dans le marché capitaliste du travail.

Que le mode de production domestique ne rende pas compte des autres dimensions de la subordination des femmes, en particulier des oppressions – tout aussi matérielles que exploitation économique – que sont les violences physiques et symboliques sexuées (liées au fait que les personnes sont hommes ou femmes) et les violences physiques et symboliques sexuelles (liés au sexe en tant qu'organe anatomique), a été annoncé dès « L'Ennemi principal ». On peut rattacher certaines de ces violences à l'appropriation de la force de travail des femmes – ainsi nous y avons, C. Hennequin, E. de Lesseps et moi, rattaché l'interdiction de l'avortement (1970). Cependant, tout en étant vérifiés, les liens ainsi établis sont trop réducteurs pour pouvoir être appelés des explications. Il reste donc des pans entiers de l'oppression des femmes qui ne sont que très partiellement ou pas du tout expliqués par ma théorie du mode de production domestique. Ceci pourrait être vu par certain-e-s, avides d'explications totalisantes, comme un défaut. Je vois au contraire la capacité de déterminer exactement les limites d'une théorie comme une condition, de sa validité ; car ce n'est qu'en établissant ces limites que l'on rend une théorie falsifiable : confirmable ou infirmable.

ÉPISTÉMOLOGIE ET MÉTHODE, MATÉRIALISME

La critique des présupposés informant, par action ou par omission, tant les versions spontanées que les versions scientifiques de la hiérarchie et de la division du travail entre les sexes, est une constante de mon travail. Mon apport épistémologique (épistémologie : discours sur, étude de la connaissance) est réparti dans tous mes articles, et en constitue toujours un aspect important.

Je ne reviendrai pas sur certains aspects du volet critique de cette épistémologie, de cette déconstruction, que j'ai abordés plus haut : ainsi la mise en cause de la conception de l'économie comme composée uniquement du marché ; ou, réciproquement, la réfutation de la thèse selon laquelle la famille n'aurait d'aspect économique qu'en tant qu'« unité », c'est-à-dire vis-à-vis de l'extérieur et non dans son fonctionnement interne.

En 1977, dans « Les femmes dans les études de-stratification sociale », je mettais en cause la disparité du traitement des hommes et des femmes dans cette sociologie. Je parvenais, sans avoir besoin d'apporter des faits nouveaux, mais simplement en mettant en évidence les biais épistémologiques et méthodologiques des études de mobilité sociale, à démontrer que la distribution des femmes dans les « classes » classiques, et donc leur « ressemblance » avec leurs maris, était entièrement due au fait qu'elles étaient traitées de façon différente d'eux. Dans le seul cas des femmes, on utilisait l'alliance comme indicateur de position socioprofessionnelle. Nulle surprise donc si elles se retrouvaient « dans la même classe que leur mari », évalué, lui, selon sa CSP (catégorie socioprofessionnelle). Mais il avait d'abord fallu appliquer aux époux des procédures totalement divergentes. J'ai poursuivi cette critique dans « Nos amis et nous », et j'en ai fait ressortir les objectifs et résultats politiques : car cette procédure « scientifique » n'est pas fautive par hasard et au hasard ; ce « biais » est dans le droit fil de l'ordre social. La sociologie dit ce que les sociologues, comme les autres, veulent entendre.

Les quatre axes les plus importants de mon apport épistémologique, apport que j'ai essayé de dénoter en utilisant le terme « matérialiste » pour qualifier ma démarche, sont : 1) la critique de l'a-historicisme, 2) la critique de la recherche de la « globalité », 3) la critique du naturalisme, 4) la critique des sciences constituées et le développement subséquent d'un point de vue privilégié pour étudier la hiérarchie entre les sexes, le point de vue féministe.

1. *La critique de l'a-historicisme de la plupart des théories traitant du « statut des femmes » ou de la « division du travail ».*

Des 1970, j'ai employé le terme de « patriarcat ». Tout au long de mon travail, j'ai tenté de spécifier et de délimiter ce mot, de préciser les rapports entre le patriarcat et le mode de production domestique. Si j'ai employé un terme apparemment aussi vague ; c'est parce que, en dépit de ce vague, il me semblait, et me semble toujours, le plus approprié à dénoter un ensemble qui touche tous les aspects de la réalité. Je voulais marquer dès l'abord une prémisse fondamentale de mon travail : que l'oppression des femmes fait système. Mais quel système ? Là est toute la question. Cette notion, il faut la remplir, et cela ne se fait que peu à peu.

J'ai cependant, d'entrée de jeu, restreint l'acception du terme. Pour beaucoup, le terme « patriarcat » est synonyme de « subordination des femmes ». Pour moi aussi, avec cette nuance : j'ajoute les mots, « ici et maintenant », qui font toute la différence. Quand j'entends dire, comme on l'entend souvent : « le patriarcat s'est modifié entre l'âge de pierre et 1950 », je sais qu'il ne s'agit pas de « mon » patriarcat. J'étudie, non pas une entité a-historique qui se promènerait à travers les siècles, mais les sociétés industrielles contemporaines. Je ne crois pas, et en cela je ne diffère pas de mes collègues sociologues, à la théorie des « survivances ».

Une institution présente ne peut être expliquée par le simple fait qu'elle a existé dans le passé, même si ce passé est récent. Je ne nie pas que certains éléments du patriarcat d'aujourd'hui ressemblent à des éléments du « patriarcat » d'il y a cent ans : simplement cette durée – si tant est qu'il y ait durée, c'est-à-dire qu'il s'agisse bien de la même chose – ne constitue pas en elle-même un facteur explicatif.

Beaucoup de gens croient que quand on a retrouvé dans le passé la naissance d'une institution, on possède la clé de son existence actuelle. En réalité on n'a expliqué ni son existence actuelle, ni même son apparition passée. En effet il faut expliquer son existence à chaque moment par le contexte de ce moment ; et sa persistance – s'il s'agit bien, d'une persistance – par le contexte présent. Certaines explications qui se veulent « historiciennes » ne sont pas vraiment historiques : elles ne tiennent pas compte des conditions de fonctionnement de chaque période, et elles sont donc, paradoxalement, a-historiques. Ce n'est pas de l'histoire, mais de la datation. L'histoire est précieuse si elle est bien menée : si chaque période est examinée de la même façon que la période présente. Une science du passé digne de ce nom ne saurait être qu'une suite d'analyses synchroniques.

La recherche des « origines » dans une « préhistoire » mythique est une caricature de cette démarche faussement historique, et c'est l'une des raisons – l'autre étant ses présupposés naturalistes cachés – pour lesquelles je l'ai dénoncée – et la dénonce vigoureusement chaque fois, et c'est hélas ! souvent, qu'elle fait surface ; or, d'un point de vue scientifique, il est aussi illégitime de demander au XIXᵉ siècle les clés de la situation présente que de les demander à l'âge de pierre (voir « Proto-feminisme et anti-féminisme »).

2. *La critique la recherche de la « globalité », recherche qui s'appuie sur la confusion entre la spécificité d'une situation, en particulier d'une oppression sociale, et la spécificité de ses causes ou de ses mécanismes.*

Je me défie des théories qui visent à expliquer d'emblée la totalité – tous les aspects – de l'oppression des femmes, ou d'ailleurs de tout autre phénomène de domination, pour deux raisons :

– les théories qui visent à tout expliquer d'une situation particulière restent elles-mêmes particulières : à trop coller à leur objet, à sa spécificité, elles deviennent elles-mêmes spécifiques, incapables de replacer cet objet parmi les objets semblables, les autres dominations, parce qu'elles ne possèdent pas les outils pour les rendre comparables ;

– le pouvoir explicatif d'une théorie (d'un concept, d'une hypothèse) est lié à sa capacité de trouver ce qu'il y a de commun à plusieurs phénomènes du même ordre, et donc à sa capacité de dépasser, à propos de chacun, la réalité phénoménale, c'est-à-dire telle qu'elle se présente immédiatement. L'idée que la raison d'être des choses se trouve au-delà de leur apparence, est pour ainsi dire « cachée », fait partie de la démarche scientifique.

Ainsi l'un des reproches qui a été fait à mon usage des concepts « mode de production » ou « classe » est que ces concepts ont été créés pour décrire d'autres situations, et qu'en les utilisant on nie la spécificité de la domination dite « sexuelle » (d'un « sexe » sur l'autre). Or l'analyse procède par « dépiautage » : pour comprendre un phénomène, on commence par le découper en petits morceaux, qu'on rassemble ensuite. Quel est l'intérêt de l'opération ? C'est que les petits morceaux sont les mêmes pour toutes les instances du phénomène étudié (ici, le phénomène, c'est la subordination d'un groupe à l'autre, l'oppression des femmes en étant une instance), et que les recompositions ainsi obtenues sont donc comparables. Comprendre, c'est d'abord comparer : ainsi procèdent toutes les sciences, ainsi procédons-nous, vous et moi, dans la vie quotidienne, pour décrire une personne, un lieu, une situation, à des gens qui ne peuvent pas en faire l'expérience sensible.

Mais de surcroît ces concepts non-spécifiques n'ont pas été faits pour décrire mais pour expliquer. Car telle est l'ambition de l'analyse. Par exemple, la dimension économique n'est pas une catégorie évidente pour penser la famille aujourd'hui : mais elle ne l'était pour penser aucun phénomène il y a quelques siècles, même ceux que le langage courant appelle aujourd'hui « économie ».

Il s'ensuit que lorsqu'on recolle ces morceaux, les assemblages ainsi obtenus ne sont en aucune façon des restitutions des objets initialement traités mais des *modèles* : des images de ce qui est postulé comme étant la réalité sous-jacente et causale de ces objets. Avec un petit nombre de concepts un-e géographe peut décrire n'importe quel paysage, peut-être pas à tout le monde, mais tout au moins à tout-e-s ses collègues, quelle que soit leur nationalité. Sa description ne rendra pas le paysage de la photo, le paysage « apparent ». Il existe à ceci deux bonnes raisons. D'une part, les « objets » premiers ne sont pas eux-mêmes des faits « purs » mais la perception immédiate des faits, informée de façon non-explicite par une certaine vision du monde – les « interprétations naturelles » dont parle Feyerabend (1979). D'autre part, le paysage apparent, outre qu'il incorpore des éléments idéologiques invisibles à l'œil nu, recèle, dans sa version « photo », des éléments non-pertinents pour l'analyse : la couleur du ciel est totalement dénuée de pertinence pour une description géologique (c'est un élément adventice). Mais réciproquement la nature des roches n'est pas pertinente pour d'autres descriptions du paysage.

Aussi pourrait-on dire – et on l'a dit – que plus une théorie se veut « générale » (quant à son objet), plus elle a de pouvoir descriptif mais moins elle a de pouvoir explicatif. Les théories générales de l'oppression des femmes, qu'elles soient de type biologiste-évolutionniste (les plus courantes, encore très en faveur chez les anthropologues), psychologiste-évolutionniste-familialiste (très répandues chez les essayistes féministes comme Badinter, et empruntées aux psychologues américaines) ou même sociologique (comme les théories de l'appropriation des femmes, ou de la reproduction sociale, en faveur, chez certaines sociologues françaises), ont une séduction qui découle de la qualité des exemples donnés, mais aussi de leur globalité : de l'étendue des phénomènes embrassés. Ces théories partagent l'erreur de rechercher une « explication globale ». Or toute théorie recherchant une explication globale d'un phénomène empirique, donc *composite*, est forcément déficiente en pouvoir explicatif parce qu'elle prend en compte trop d'aspects et ne peut arriver à un niveau d'abstraction suffisant pour construire un modèle (sur les différences entre système théorique et système concret, voir « Capitalisme, patriarcat et lutte des femmes »).

Par ailleurs, plus une théorie (ou un élément conceptuel), est globale, c'est-à-dire ambitieuse dans son champ d'extension, plus elle court de risques – précisément parce que pour avoir un pouvoir descriptif elle doit coller aux « faits » – d'être inféodée à la perception immédiate, donc idéologique. Ceci me mène à la deuxième raison de ma défiance à l'égard des théories qui se veulent « totales », qui est le troisième axe important de ma critique épistémologique.

3. *La critique du naturalisme : du recours à des phénomènes non-sociaux pour expliquer des phénomènes sociaux.*

Quand elles ne visent pas à tout « couvrir », la plupart des théories s'adressant à la question de la sujétion d'un sexe à l'autre visent alors à tout expliquer par une seule « cause » (les deux ambitions sont généralement associées de facto). Cette soif de la « cause unique » conduit généralement tout droit dans les bras du naturalisme (voir « Proto-féminisme et antiféminisme »). Le naturalisme est une faute méthodologique dans la science, mais c'est une faute dont les scientifiques ne sont pas responsables, sinon par une indulgence coupable vis-à-vis de la théorie indigène. Car le naturalisme est la théorie indigène, ou « spontanée », de l'oppression : qu'il s'agisse de celle des femmes ou de celle des gens « de couleur » aujourd'hui, ou qu'il s'agisse de celle des prolétaires il y a à peine un siècle. On ne sait pas assez que l'exploitation de la classe ouvrière était, au XIXᵉ siècle, justifiée par l'infériorité « naturelle » (on dirait aujourd'hui « génétique ») de ses membres. Et le naturalisme continue de contaminer (le mot n'est pas trop fort) la pensée sociologique (et dans celle-ci, la pensée féministe), bien qu'il soit, dans son principe, opposé à la démarche sociologique.

Je prendrai un exemple de ceci : presque toutes les féministes et beaucoup de spécialistes des sciences sociales s'insurgent quand elles/ils entendent que la subordination des femmes est causée par l'infériorité des capacités naturelles des femmes. Mais, dans le même temps, l'immense majorité continue de penser qu'« il faut prendre en compte la biologie ». Pourquoi au juste ? On ne le sait pas. La science a démonté l'une après l'autre toutes les « explications » biologistes de l'oppression des prolétaires et des non-blancs ; aussi semblerait-il que cette démarche fût aujourd'hui discréditée. La biologie ne mérite pas logiquement un rôle qu'elle n'a pas mérité historiquement, puisque ce siècle a vu l'effondrement des théories raciales – même si un quarteron de primatologues essaie de les sauver du néant.

Pourquoi devrait-on, pour expliquer la division de la société en groupes hiérarchisés, s'attacher à l'anatomie des individus composant – ou plutôt censés composer – ces groupes ? La pertinence de la question (sans même parler de la pertinence des réponses apportées) reste à mes yeux à démontrer. « L'explication » naturaliste choisit d'ailleurs la biologie du moment : au siècle dernier c'étaient les (faibles) muscles des femmes, en 1950 l'influence (délétère) de leurs hormones sur leurs humeurs, aujourd'hui la (mauvaise) latéralisation de leur cerveau. Les spécialistes d'études féministes sont outragé-e-s par ces « théories » (les sociologues, en général devraient l'être), mais personne ne m'a encore expliqué en quoi elles diffèrent fondamentalement de l'explication par la gestation qui est si en faveur aujourd'hui sous le nom de « reproduction ».

L'un des axiomes, sinon l'axiome fondamental de ma démarche, est que les femmes et les hommes sont des groupes sociaux. Je pars du fait incontestable qu'ils sont socialement nommés, socialement distingués, socialement pertinents, et je m'interroge sur cette pratique sociale : comment est-elle réalisée ? A quoi sert-elle ? Même si l'on donne un poids minimal à cet aspect social, même si l'on se contente de constater la pertinence du sexe pour la société, on est obligé de considérer que cette pertinence est un fait social, qui requiert donc une explication elle aussi sociale. C'est pourquoi une partie importante de mon travail est consacrée à dénoncer les démarches explicitement naturalistes, qui cherchent une explication naturelle à un fait social.

Il peut sembler curieux que j'oppose le matérialisme au naturalisme ; c'est que le naturalisme a partie liée avec l'idéalisme dans ses effets théoriques. L'un comme l'autre, quand ils sont appliqués à l'explication des phénomènes de hiérarchies concourent à expliquer du social par du non-social, et à nier la « nature sociale » de l'humain. C'est pourquoi, tout au long de mon travail, je me suis efforcée de débusquer les démarches implicitement marquées au coin de ce réductionnisme (cf. « Proto-féminisme et anti- féminisme »).

Ces trois grands axes de réflexion et de critique épistémologiques informent mon travail de construction théorique et mon travail empirique : c'est l'ensemble de cette démarche que j'ai appelée, en 1975, matérialiste (cf. « Pour un féminisme matérialiste »). Ce qualificatif est devenu, avec le temps, synonyme de cette démarche, et il est repris par les auteur-e-s qui s'en inspirent.

Je n'ai cependant pas, comme on s'en doute, inventé le mot : de toute évidence, il fait référence à l'œuvre de Marx. J'utilise le cadre global de l'analyse marxiste, – comme il est évident dans l'importance que je donne aux modes de production dans l'organisation sociale. Cependant, il apparaît, aux non-marxistes, mais encore plus aux marxistes, que je me démarque extrêmement de l'analyse précise de Marx, et de celle des marxistes contemporains orthodoxes. En effet je refuse le dogme de la prééminence absolue du mode de production capitaliste sur les autres, et plus encore celui de sa « solitude » : j'ai fait l'hypothèse et la théorie de l'existence d'un autre mode de production. L'emploi du terme « matérialiste » (et non « marxiste ») a donc aussi pour objet d'indiquer que, si je garde les grands principes généraux de l'analyse marxiste, j'en récuse les applications particulières, y compris celles de Marx. Ces grands principes m'apparaissent d'ailleurs comme des acquis de la pensée sociologique. On peut discuter, et on discute, certains aspects de ces principes, comme les notions d'infrastructure et de superstructure, de « détermination par l'économique en dernière instance », auxquels je ne souscris pas, cela devrait être clair. En revanche, la plupart des sociologues s'accordent pour penser, et pour écrire, même s'ils ne reconnaissent pas leur dette vis-à-vis de l'analyse marxienne, qu'un lien organique – dont la direction peut être difficile à préciser dans l'analyse concrète – unit, dans toute humanité, l'organisation sociale, en particulier celle de la production, avec les systèmes de représentations et au-delà avec la culture au sens large des ethnologues : les façons de faire autant que les façons de voir.

4. *La critique des sciences constituées et le développement d'un point de vue féministe.*

Les représentations créées par les sciences font partie de cette culture globale, quoiqu'elles y occupent une place spéciale, privilégiée et paradoxale : elles sont censées s'opposer aux représentations ordinaires et l'emporter en autorité, sur celles-ci. Tel est le statut donné à « la science » par nos sociétés. C'est un statut doublement historique : il est limité à la civilisation occidentale, et il apparaît très récemment dans son histoire, et de façon intéressante, à peu près au même moment que les premiers mouvements féministes, dans la seconde moitié du XIXe siècle. Or le regard porté par les scientifiques sur les sexes ne saurait être différent de celui de leur culture ; cependant. Il ne suffit pas de dire que les sciences « reproduisent » la réalité patriarcale qu'elles sont censées étudier. Elles créent avec leurs procédures spécifiques et dans leur champ propre, une seconde oppression des femmes, conceptuelle cette fois – on l'a vu avec « Les femmes dans les études de stratification » ; elles redoublent dans leur langage le système de représentation patriarcal « vulgaire ».

La question qui se pose est la suivante : est-il possible de comprendre le patriarcat dans le cadre des sciences telles qu'elles se sont traditionnellement – historiquement – constituées ? Et, plus largement, est-il possible à une discipline, à une personne quelconque, d'étudier un phénomène dont elles ne reconnaissent pas l'existence ? Cette question laisse pour l'instant de côté la pratique de la science, les statuts comparés des femmes et des hommes qui la font. Bien que les deux questions soient liées, je me suis concentrée ici sur les cadres conceptuels et théoriques des sciences sociales telles qu'elles sont pratiquées par tous, femmes et hommes, et ce n'est donc pas du sexe de la théoricienne ou du théoricien qu'il s'agit, mais du genre de la théorie dans « Pour un féminisme matérialiste ».

Reprenant de façon systématique des critiques formulées dans mes articles antérieurs, ce travail débouche sur un appel à une révolution féministe dans les sciences sociales – les sciences de la nature étant une question différente ; j'y développe une hypothèse sur les rapports entre connaissance et mouvement social : un domaine – ici la « condition féminine » d'antan – doit, pour pouvoir être appréhendé de façon matérialiste et soustrait au naturalisme et à l'idéalisme du sens commun, d'abord devenir un enjeu de luttes réelles. Cette hypothèse se fonde sur les trois axes décrits plus haut et sur la théorie de la situation de la penseuse/penseur. Depuis que j'ai écrit cet article – mais non *parce que* je l'ai écrit ! – cette théorie de la *connaissance située* (*situated knowledge*) appelée aussi « théorie du point de vue » (*standpoint theory*), est devenue extrêmement répandue dans les pays de langue anglaise (Angleterre, États-Unis, Canada, Australie, Nouvelle-Zélande, Inde) et d'Europe du Nord. Tous les livres d'épistémologie féministe, et la plus grande partie des livres d'épistémologie des sciences sociales (dont la plupart sont, pour les raisons dites plus haut, en anglais), développent une version ou une autre de la connaissance située (pour un bilan, voir Harding [1991] ; pour la critique épistémologique féministe en France, voir en particulier Nicole-Glaude Mathieu [1991] et Colette Guillaumin [1992]). En France, le refus, qui existe partout à des degrés divers, de la part des sciences sociales constituées de reconnaître les avancées de la pensée féministe, est si marqué qu'il semble parfois avoir gagné la partie : interdits aux recherches féministes la légitimité et les moyens des institutions du savoir. Et si dans le reste du monde la théorie de la connaissance située est devenue dominante au point qu'on se demande s'il reste encore des tenants du positivisme, si attaquer le positivisme ce n'est pas attaquer un homme de paille, en France la situation est inversée.

Le positivisme, en prétendant trouver un « point d'Archimède », revendique une extériorité par rapport à la société. Traduction en termes laïques de la thèse de l'ubiquité de Dieu, cette prétention de parler de « nulle part », donc de « partout », va de pair avec celle d'exercer un magistère civil. Or la « nouvelle » épistémologie (qui n'est en réalité pas nouvelle puisque les premières critiques du positivisme ont un siècle et sont contemporaines du positivisme lui-même) replace les scientifiques et leurs productions là où ils sont, dans l'histoire et dans la société, à des endroits précis de la hiérarchie sociale. Ce faisant, elle ne fait qu'appliquer leurs propres procédures aux sciences, et montrer l'incohérence des prétentions à l'extériorité du positivisme. Cela a pour conséquence de relativiser la connaissance, et de miner la base des revendications d'autorité – de magistère – des scientifiques. Il n'est donc pas surprenant que les positions intenables du positivisme continuent d'être tenues en France (et ailleurs aussi même si c'est à un moindre degré), puisque antiféminisme et adhésion au positivisme ont la même origine, le même enjeu : le pouvoir. C'est sans doute pourquoi, bien que les premières formulations des critiques du positivisme et des théories « situées » ne soient pas récentes (Löwy 1985), le débat n'est toujours pas terminé. Le positivisme continue de ressurgir périodiquement, comme une résistance toujours combattue et jamais vaincue... jusqu'à présent.

Mais ni la science, ni le féminisme ne connaissent de frontières, et ce n'est pas à un niveau national, ni même plurinational, que la connaissance s'évalue, mais à un niveau mondial. Or au niveau mondial, la « révolution féministe dans la connaissance », que j'appelais de mes vœux en 1975, s'est produite, et se poursuit ; la pensée féministe a émis plus d'hypothèses, forgé plus de concepts, construit plus d'objets en trente ans – à commencer par l'objet « oppression des femmes » – que le reste des sciences sociales en un siècle. Et les attaques virulentes de représentants des institutions françaises du savoir contre la pensée féministe (voir Delphy, Armengaud et Jasser 1994) exhibent les formes typiques des combats d'arrière-garde : ces représentants montrent qu'ils sont sur la défensive car ils sont obligés, pour contredire le féminisme, d'emprunter certains concepts du féminisme, par exemple celui de genre [1]. Mais même si on l'utilise comme un synonyme de « sexe » – comme un terme et non comme un concept –, le seul fait d'avoir prononcé le mot de « genre » a pour conséquence que se trouvent entraînées

---

1. Si on y regarde de près, on s'aperçoit que la rechute dans une position positiviste à partir de positions historicistes est toujours accomplie de la même façon depuis Weber et Mannheim. L'historicisme affiché ne peut se résoudre à inclure son auteur ; ou celui-ci ne peut résister à la tentation de s'excepter des principes qu'il défend, par un exercice de gymnastique intellectuelle qui fait appel à « l'auto-contrôle scientifique ». Löwy appelle ceci le syndrome de Munchausen : un baron qui, embourbé avec son attelage dans un marais, s'en débourbe… en se tirant lui-même par les cheveux ! Un exemple contemporain de cette démarche est celui de Bourdieu. À son sujet il faudrait parler, plutôt que de néo-positivisme, de *crypto-positivisme* ; en effet, il réussit fixer l'attention de l'audience sur le remarquable travail de cape historiciste qu'il réalise de la main gauche, de sorte que personne ne voit le petit geste de la main droite (« l'auto-socio-analyse ») par lequel il s'auto-tire par les cheveux et s'auto-dépose en sûreté sur la berge tandis que le fleuve de l'histoire nous emporte.

avec lui dans le discours, *volens nolens*, toutes les connotations, les plus banales mais aussi les plus subversives,
comme celles qui en font une des divisions sociales majeures
– du genre ; et ainsi, ses adversaires sont entraînés sur le
terrain du féminisme alors même qu'ils prétendent que ni
ce terrain ni le féminisme n'ont lieu d'exister ou qualité à
parler.

DU CONCEPT DE CLASSE AU CONCEPT DE GENRE

C'est en tant qu'elle privilégie l'histoire, le construit
social, l'arbitraire de la culture par rapport à la nature, que
je considère l'axiomatique marxiste. Elle me paraît
préfigurer et annoncer les écoles que l'on appelle aux
États-Unis « constructivisme social », dans lesquelles je
me reconnais. Je donnerai pour exemple de cette utilité
indubitable de certains concepts marxistes, repris par la
quasi-totalité des penseur-e-s de la société, mon emploi
du terme « classe » (*cf.* « L'Ennemi principal » et « Mariage
et divorce »). Ce terme répond aux nécessités de l'analyse
décrites plus haut : découper (ou plutôt créer par un regard
précis) dans un objet lui-même construit – l'oppression
des femmes – des petits morceaux, ou, plus précisément,
des dimensions non-spécifiques, comme la dimension
économique, et plus précisément encore la dimension de
l'exploitation économique. Mais le terme de classe n'y
répond pas forcement mieux qu'un autre. En revanche, le
concept de classe est le seul à ma connaissance qui réponde
au moins partiellement aux exigences d'une explication
sociale. Il n'est peut-être pas totalement satisfaisant mais
c'est le moins insatisfaisant de tous les concepts employés
pour analyser l'oppression.

En effet le terme « groupes » ne dit rien sur leur mode de constitution. On peut penser que ces groupes – le dominant et le dominé – ont chacun une origine *sui generis* : qu'existant déjà, ils entrent ensuite en rapport, un rapport qui, dans un troisième temps, devient caractérisé par la domination. Or que dit à ce sujet le concept de classe ? Il inverse ce schéma : il dit que l'on ne peut pas considérer chaque groupe séparément de l'autre, puisqu'ils sont unis par un rapport de domination, ni même les considérer ensemble mais indépendamment de ce rapport. Caractérisant ce rapport comme un rapport d'exploitation économique, le concept de classe met en outre la domination sociale au cœur de l'explication. On peut discuter des mobiles (l'exploitation économique) attribués à cette domination, on peut même les contester ou les changer sans qu'il soit besoin de changer le schéma fondamental. C'est un concept dichotomique et qui, de ce fait, a ses limitations ; mais on voit en revanche comment il s'applique aux classifications exhaustives, hiérarchiques et justement dichotomiques ; mais surtout aux classifications qui sont internes à une société donnée comme la classification femmes/hommes (adultes/enfants, blancs/non-blancs, etc.) (voir « Les femmes dans les études de stratification sociale »).

Faute d'utiliser ce concept, et la théorie qu'il contient, de la constitution simultanée *et* des groupes *et* de leur hiérarchisation, on est conduit à considérer implicitement les groupes sociaux comme des ethnies se rencontrant par hasard sur un même territoire, et qui auraient pu, n'était cette malheureuse rencontre, vivre en paix chacun de leur côté le reste de leur âge…

Le concept de classe part de la notion de construction sociale et en précise les implications. Les groupes ne sont

FÉMINISMES, UNIVERSALISME
ET INTERSECTIONNALITÉ

PRÉSENTATION

LE FÉMINISME EST-IL UN UNIVERSALISME ?

Les débats sur l'essentialisme et la critique du féminisme
de la deuxième vague ont conduit à l'émergence d'une
critique de l'universalisme et de l'impérialisme présumés
de la philosophie féminisme. Les mouvements d'*identity
politics* sont fondés sur l'hypothèse que les membres du
groupe partagent une même expérience d'injustice. Le
féminisme a ainsi pour vocation de défendre les femmes
en tant que groupe social qui partage une même expérience
d'injustice. Cette hypothèse semble difficile à tenir lorsque
l'on considère les sociétés dans leur diversité : comment
penser qu'une femme américaine, une femme indienne,
une femme brésilienne et une femme rwandaise font la
même expérience de ce que c'est que d'être une femme ?
Est-ce que l'on peut encore parler de féminisme si elles
n'ont pas en commun une expérience de ce que c'est que
d'être une femme ? Est-ce que l'expérience de la féminité
qui est présentée comme universelle l'est effectivement
ou est-ce qu'elle est seulement une expérience de la féminité,
celle des femmes, occidentales et socialement privilégiées,
qui la décrivent ?

Cette hypothèse semble même difficile à tenir au sein d'une même société : comme l'ont montré les féministes dites de la troisième vague, les féministes blanches, de la classe moyenne ou bourgeoise, ont historiquement eu tendance à prendre leur expérience propre de ce que cela fait d'être une femme pour l'expérience universelle de la féminité[1]. bell hooks[2] a par exemple montré que lorsqu'en 1963, Betty Friedan incite les femmes, dans *The Feminine Mystique*, livre qui deviendra le livre clé du féminisme de la deuxième vague aux États-Unis[3], à refuser le rôle de femmes au foyer et à chercher des emplois rémunérés, Friedan fait l'erreur de croire que l'expérience des femmes blanches de la classe moyenne est l'expérience des femmes en général. Elle ne voit pas – ou décide de ne pas voir – que les femmes des classes populaires et les femmes de couleur ont toujours travaillé en dehors du foyer. En présupposant que l'expérience des femmes est celle que font les femmes blanches des *suburbs* américains, elle méconnaît de manière systématique l'expérience des autres femmes et reproduit, ainsi, l'invisibilisation dont les femmes sont historiquement victimes et que les féministes entendent en principe faire cesser.

Ces critiques ont donné lieu à deux débats importants en philosophie féministe : le débat entre intersectionnalité et spécificité de l'oppression patriarcale et le débat entre universalisme et impérialisme culturel. Le premier débat est la conséquence directe des critiques de bell hooks et

1. On se référera par exemple à E. V. Spelman, *Inessential Woman : Problems of Exclusion in Feminist Thought*, Boston, Beacon Press, 1988 qui critique notamment cette tendance chez Simone de Beauvoir.
2. b. hooks, *De la marge au centre – théorie féministe*, 1984, trad. fr. Noomi B. Grüsig, Paris, Cambourakis, 2017.
3. B. Friedan, *The Feminine Mystique*, New York, Norton, 1963.

d'autres féministes de la troisième vague adressées au féminisme de la deuxième vague et relève de la philosophie du sujet. Le problème philosophique qui se pose est le suivant : est-il possible d'avoir des identités multiples ? si oui, quelles sont les conséquences à la fois théoriques, morales et politiques de ces identités multiples ? La notion d'*identity politics* repose sur l'idée que l'identité sociale, raciale ou sexuelle d'un individu le définit suffisamment pour être le fondement de son engagement politique. Seulement, ce que les théoriciennes noires américaines mettent en évidence, c'est que les identités peuvent être multiples voire contradictoires. La théoricienne du droit Kimberlé Crenshaw, dans un article devenu célèbre [1], introduit en 1989 le terme d'« intersectionnalité » pour appeler à prendre en compte la multiplicité des identités et des sources d'oppression par le droit. Crenshaw ouvre son article par le constat que, dans plusieurs cas, le droit américain contre les discriminations a été interprété d'une manière qui a nui aux femmes noires : plusieurs tribunaux ont en effet requis que les femmes noires portant plainte pour discrimination choisissent et décident si elles considéraient avoir été victimes de discrimination raciale ou sexiste, ce qui revenait à refuser de reconnaître qu'une personne puisse être discriminée sur plus d'un axe à la fois. Crenshaw compare la situation de ces femmes à celle d'un piéton qui traverserait un carrefour et se ferait renverser

---

1. K. Crenshaw, « Demarginalizing the Intersection of Race and Sex : A Black Feminist Critique of Antidiscrimination Doctrine, Feminist Theory and Antiracist Politics », *University of Chicago Legal Forum*, University of Chicago Law School, 1989, p. 139-168, on se référera aussi avec profit à « Cartographies des marges : intersectionnalité, politique de l'identité et violences contre les femmes de couleur », 1991, *Les Cahiers du genre*, n°39, 2005.

sans qu'on puisse déterminer avec certitude quelle voiture
est responsable de l'accident. Crenshaw ajoute que souvent
les discriminations interagissent d'une manière telle que
la discrimination dont souffrent les femmes noires n'est
pas simplement l'addition de la discrimination dont souffrent
les hommes noirs et de celle dont souffrent les femmes
blanches. Crenshaw en conclut qu'il est nécessaire de
pouvoir prendre en compte la façon dont multiples
oppressions peuvent interagir et produire une oppression
spécifique qui ne soit pas une simple addition d'oppressions.
Si la nécessité d'une analyse intersectionnelle fait de moins
en moins débat, elle pose un problème difficile à la
philosophie féministe : est-il légitime de continuer un
combat exclusivement féministe au lieu de combattre toutes
les oppressions ? Est-ce que le combat féministe peut être
séparé du combat contre toutes les oppressions sociales et
si c'est le cas, est-ce que cela ne revient pas à considérer
le combat féministe comme le combat de femmes qui ne
souffrent d'aucune autre oppression que de l'oppression
sexiste ?

Le second débat, entre humanisme et impérialisme
culturel, est celui auquel s'adresse les deux textes ci-dessous.
L'émergence d'un féminisme décolonial, postcolonial et
transnational [1] au cours des dernières décennies du XXᵉ siècle
a été le site privilégié d'une interrogation philosophique
sur le rôle du langage et de l'appropriation de la voix et
de la parole des femmes dans le féminisme. Dans un des
articles cruciaux portant sur cette interrogation du point
de vue philosophique et non plus du point de vue de la

---

1. Sur la distinction entre ces trois types de théorie féministe, voir
S. Khader, *Decolonizing Feminism : A Transnational Feminist Ethic*,
New York, Oxford University Press, 2019, p. 20.

littérature comparée et des études postcoloniales, la philosophe argentine María Lugones et la philosophe américaine Elizabeth Spelman s'essaient à ce que l'on pourrait qualifier d'une écriture à deux voix pour aborder ce problème[1]. Elles ouvrent leur article avec la revendication qu'il est crucial pour le féminisme de permettre aux femmes de parler avec leurs propres mots de leurs propres expériences : elles affirment que le fait de devoir exprimer son expérience dans des mots – et selon des pratiques discursives – établis par d'autres est une forme d'oppression[2]. Si la pratique du *consciousness raising* avait pour ambition de réclamer que les voix des femmes soient entendues, elle a paru dire qu'il fallait accorder une voix à toutes les femmes, or Lugones et Spelman mettent en évidence le fait que les voix de femmes ne peuvent pas être entendues ni même conçues comme voix de femmes de la même façon en fonction des différentes situations de leurs locutrices :

1) Il n'est possible que pour une femme qui ne se sent pas profondément vulnérable sur d'autres parties de son identité (race, classe, religion, etc.) de concevoir sa voix simplement et essentiellement comme une voix de femme ; 2) comme toutes les femmes ne sont pas également

1. Elles spécifient dès les premières lignes de l'article : « En parlant et en écrivant ensemble, nous avons vu que les différences entre nous ne nous permettaient pas de ne parler que d'une voix. », M. C. Lugones et E. V. Spelman, « Have We Got a Theory for You ! Feminist Theory, Cultural Imperialism and the Demand for "The Woman's Voice" », *Women's Studies International Forum*, vol. 6, n° 6, 1983, p. 573-581, p. 573.

2. Cette même idée est au cœur du discours célèbre d'Audre Lorde intitulé « The Master's Tools Will Never Dismantle the Master's House », in *Sister Outsider : Essays and Speeches*, Berkeley, CA, Crossing Press, 1984, p. 110-114.

vulnérables sur le plan de la race, de la classe, etc. les voix de certaines femmes ont plus de chances d'être entendues [1].

Les théoriciennes féministes de la seconde moitié du XXᵉ siècle, du fait qu'elles étaient dans leur immense majorité blanches et suffisamment riches pour avoir reçu une éducation universitaire, n'ont pas pris en compte les inégalités d'accès à la parole parmi les femmes et, surtout, n'ont pas mesuré que leur promotion des « voix des femmes » apparaissait en fait comme la promotion de voix de femmes comme elles, c'est-à-dire blanches, anglo-américaines et relativement aisées. Ainsi Lugones, quand elle parle seule depuis sa « voix hispanique » montre-t-elle comment les féministes blanches anglo-américaines ont, sans forcément s'en rendre compte, profondément influencé les vies des autres femmes en établissant le langage dans lequel ces vies devaient être dites. Plus largement, la colonisation a eu cet effet d'imposer à la fois les termes du discours et le silence des femmes de couleur.

Le problème qui se pose alors est de savoir s'il est encore possible de parler « des femmes » et, plus difficile encore, de parler « au nom » des femmes, « pour » les femmes ou encore « au sujet » des femmes. Cette question est absolument cruciale pour le féminisme dans la mesure où, s'il était acquis que parler pour les femmes, quelle que soit la façon dont cela pouvait être fait, était en soi une forme d'oppression, alors aucun discours, aucun travail universitaire ne pourrait jamais se réclamer de féministe puisqu'il devrait ou bien porter sur les femmes et, à ce titre, être un discours d'oppression, ce qui est contraire à

1. Maria C. Lugones et Elizabeth V. Spelman, « Have We Got a Theory for You ! Feminist Theory, Cultural Imperialism and the Demand for "The Woman's Voice" », art. cité, p. 574.

l'idée même du féminisme, ou bien ne pas parler des femmes comme groupe, ce qui le disqualifie par principe de l'appellation de travail féministe.

La philosophie féministe s'est donc trouvée dans une tension : d'un côté, les critiques de la troisième vague ont mis en évidence les présupposés impérialistes de l'universalisme des philosophes féministes de la deuxième vague, d'un autre côté, le multiculturalisme est apparu pour certaines comme un danger pour les femmes, notamment en ce qu'il apparaît comme un relativisme. Le texte de Susan Okin présente les arguments du féminisme libéral quant aux risques que le multiculturalisme peut faire courir aux femmes et le texte d'Uma Narayan y répond, en montrant que la notion d'autonomie est vague et complexe et, à ce titre, ne suffit pas à justifier l'intervention coercitive de l'État dans les choix individuels. Le débat dans lequel s'inscrivent ces deux textes ci-dessous est vigoureux et donne l'occasion aujourd'hui encore à des travaux qui étendent et approfondissent le champ de la philosophie féministe [1].

---

1. On pense notamment aux travaux de Serene Khader, *Adaptive Preferences and Women's Empowerment*, New York, Oxford University Press, 2011 et surtout *Decolonizing Feminism : A Transnational Feminist Ethic*, qui propose de surmonter l'opposition entre féminisme universaliste impérialiste et féminisme multiculturaliste relativiste en construisant les bases d'un féminisme universaliste anti-impérialiste.

Susan Moller Okin

LE MULTICULTURALISME NUIT-IL
AUX FEMMES ? *

Il y a quelques décennies encore, on attendait des groupes minoritaires – immigrants aussi bien que peuples indigènes – qu'ils s'intègrent à la culture majoritaire. Désormais, cette exigence d'intégration passe souvent pour oppressive, et nombreux sont les pays occidentaux qui cherchent à inventer de nouvelles politiques, plus sensibles aux différences culturelles de fond. Les mesures appropriées changent selon le contexte : pour des pays comme l'Angleterre, avec des églises établies ou une éducation religieuse soutenue par l'État, il est difficile de résister à l'exigence d'étendre ce soutien aux écoles des religions minoritaires ; des pays comme la France, dotés d'une tradition d'éducation publique strictement laïque, débattent pour savoir si les exigences vestimentaires des religions minoritaires peuvent être respectées dans les écoles publiques. Mais une question est commune à toutes les situations, bien qu'elle passe quasiment inaperçue dans

* Susan Moller Okin, « Is Multiculturalism Bad for Women ? », *Boston Review*, Oct/Nov 1997. Traduction Solange Chavel préalablement publiée dans la revue *Raison publique*, n° 9, octobre 2008, p. 11-27.

le débat actuel : que faire lorsque les revendications des cultures ou religions minoritaires entrent en conflit avec la norme de l'égalité des genres, qui est au moins formellement adoptée par les États libéraux (même s'ils continuent à la violer en pratique) ?

À la fin des années quatre-vingt, par exemple, une violente controverse a agité la scène publique française pour savoir si les jeunes filles maghrébines pouvaient aller en classe vêtues du foulard islamique traditionnel, considéré comme la parure convenable pour les jeunes femmes post-pubères. De stricts défenseurs de l'éducation laïque firent front avec certains féministes et nationalistes d'extrême-droite contre une telle pratique ; la majeure partie de la gauche traditionnelle soutenait les exigences multiculturelles de souplesse et de respect de la diversité, en accusant leurs opposants de racisme ou d'impérialisme culturel. Mais dans le même temps, le public restait pratiquement muet sur un problème de bien plus grande importance pour nombre de femmes immigrées arabes et africaines en France : la polygamie.

Durant les années quatre-vingt, le gouvernement français a tranquillement permis aux hommes immigrés d'amener avec eux plusieurs épouses, si bien qu'on estime à 200 000 le nombre de familles parisiennes qui sont actuellement polygames. L'idée que le souci officiel pour le voile ait été motivé par un mouvement de promotion de l'égalité des genres est démentie par l'adoption paisible de cette politique permissive sur la polygamie, malgré les contraintes que cette pratique impose aux femmes, et les avis exprimés par les femmes appartenant aux cultures en cause [1]. Aucune opposition politique réelle ne se mobilisa sur le sujet. Mais

---

1. *International Herald Tribune*, 2 février 1996, News section.

lorsque les journalistes en vinrent enfin à interroger les épouses, ils découvrirent ce que le gouvernement aurait pu apprendre bien des années auparavant : les femmes concernées par la polygamie la considèrent comme une institution inéluctable et difficilement tolérable dans leurs pays d'Afrique d'origine, et comme une contrainte insupportable dans le contexte français. Des appartements surpeuplés, l'absence d'espace privé pour chaque épouse provoquent une hostilité exacerbée, le ressentiment, la violence même entre les épouses et contre les enfants des unes et des autres.

En partie en raison de la tension imposée à l'État-providence par des familles composées de vingt ou trente membres, le gouvernement français a décidé récemment de ne reconnaître qu'une seule épouse et de considérer tous les autres mariages comme nuls et non avenus. Qu'adviendra-t-il alors des autres épouses et de leurs enfants ? Après avoir négligé le point de vue des femmes sur la polygamie pendant si longtemps, le gouvernement semble à présent abdiquer toute responsabilité à l'égard de la vulnérabilité des femmes et des enfants qu'a créée sa politique irréfléchie.

La manière française de traiter la polygamie illustre bien la tension profonde et croissante entre le féminisme et le souci multiculturel de protéger la diversité culturelle. Je crois que nous – et en particulier celles et ceux d'entre nous qui nous considérons comme politiquement progressistes et opposés à toutes les formes d'oppression – avons accepté trop facilement de considérer aussi bien le féminisme que le multiculturalisme comme de bonnes choses, qui seraient aisément conciliables. Je soutiens au contraire qu'il y a très vraisemblablement une tension entre les deux

– plus précisément, entre le féminisme et l'engagement multiculturel en faveur des droits collectifs pour les cultures minoritaires.

Quelques mots d'explication d'abord sur les termes et le cœur de mon argument. Par « féminisme », j'entends la croyance que les femmes ne doivent pas être désavantagées par leur sexe, qu'on doit leur reconnaître une dignité humaine égale à celle des hommes, ainsi que la possibilité de vivre des vies aussi épanouissantes et librement choisies que les hommes. « Multiculturalisme » est plus difficile à définir, mais l'aspect particulier qui m'occupe ici est la thèse, avancée dans le contexte de démocraties fondamentalement libérales, que les cultures ou les modes de vie minoritaires ne sont pas suffisamment protégés par les droits individuels reconnus à leurs membres, et qu'il faut donc également les protéger en leur accordant des droits ou des privilèges collectifs spécifiques. Dans le cas français, par exemple, le droit de contracter des mariages polygames est un exemple typique de droit collectif, qui n'est pas accordé au reste de la population. Dans d'autres cas, les groupes revendiquent le droit de se gouverner eux-mêmes, d'avoir une représentation politique garantie, ou d'être exemptés de la législation généralement en vigueur.

Ce type de revendication est de plus en plus fréquent – émanant des populations natives indigènes, des groupes ethniques ou religieux minoritaires, et d'anciens peuples colonisés (au moins lorsque ces derniers émigrent vers l'ancien État colonisateur). Ces groupes, prétend-on, ont leur propre « culture sociétale » qui – comme le dit Will Kymlicka, le principal défenseur contemporain des droits culturels collectifs – « offre à ses membres des modes de vie, porteurs de sens, qui modulent l'ensemble des activités humaines, au niveau de la société, de l'éducation, de la religion, des loisirs et de la vie économique, dans les sphères publique et privée »[1]. Parce que les cultures sociétales jouent un rôle aussi fondamental et étendu dans la vie de leurs membres, et parce de telles cultures sont menacées d'extinction, les cultures minoritaires devraient être protégées par des droits spécifiques : tel est, pour l'essentiel, l'argumentation en faveur des droits collectifs.

Certains défenseurs des droits collectifs soutiennent que même les cultures qui « bafouent les droits de [leurs membres individuels] dans une société libérale »[2] devraient se voir accorder des droits ou privilèges collectifs si leur statut minoritaire met en danger l'existence future de la culture. D'autres ne soutiennent pas que tous les groupes culturels minoritaires devraient avoir des droits spécifiques, mais plutôt que de tels groupes – même les groupes illibéraux qui violent les droits individuels de leurs membres, en exigeant qu'ils se conforment aux croyances ou aux normes collectives – ont le droit d'être « laissés en paix » dans une société libérale[3]. Les deux thèses semblent clairement contredire la valeur libérale fondamentale de liberté individuelle, qui implique que les droits collectifs ne doivent pas avoir priorité sur les droits individuels de leurs membres ; je ne m'arrêterai donc pas ici sur les

---

1. W. Kymlicka, *La Citoyenneté multiculturelle* (1995), trad. fr. P. Savidan, Paris, La Découverte, 2001, p. 115. Voir également *Liberalism, Community, and Culture*, Oxford, Clarendon Press, 1989. Il faut noter que Kymlicka lui-même ne défend pas l'idée de droits collectifs étendus ou permanents pour ceux qui ont volontairement émigré.

2. A. Margalit, M. Halbertal, « Liberalism and the Right to Culture », *Social Research*, vol. 61, n° 3, 1994, p. 491.

3. Voir par exemple C. Kukathas, « Are There any Cultural Rights ? », *Political Theory*, vol. 20, n° 1, 1992, p. 105-139.

problèmes qu'ils posent aux féministes [1]. Mais certains défenseurs du multiculturalisme limitent généralement leur défense des droits collectifs aux groupes dont la structure interne est libérale [2]. Même avec ces restrictions, les féministes – c'est-à-dire quiconque approuve et défend l'égalité des hommes et des femmes – doivent rester sceptiques. Je vais montrer pourquoi.

GENRE ET CULTURE

La plupart des cultures fourmillent de pratiques et d'idéologies liées au genre. Supposons donc qu'une culture donnée approuve et encourage le contrôle des femmes par les hommes de différentes manières (même de manière informelle, dans la sphère privée de la vie domestique). Supposons également qu'il existe des différences de pouvoir suffisamment nettes entre les sexes, si bien que les hommes les plus puissants sont ceux qui sont généralement en mesure de déterminer et de formuler les croyances, pratiques et intérêts du groupe. Dans de telles conditions, les droits collectifs sont potentiellement, et souvent effectivement, antiféministes. Ils limitent de manière importante les capacités des femmes et des filles de cette culture à jouir de la même dignité que les hommes et les garçons, et de mener des vies aussi librement choisies que ces derniers.

Les défenseurs des droits collectifs pour les minorités dans les États libéraux n'ont pas répondu de manière

1. S. Moller Okin, « Feminism and Multiculturalism : Some Tensions », *Ethics*, vol. 108, n° 4, 1998, p. 661-684.

2. Par exemple W. Kymlicka, *Liberalism, Community and Culture* et *La Citoyenneté multiculturelle*, en particulier le chapitre 8. Kymlicka n'applique pas l'exigence que les groupes soient eux-mêmes libéraux à ceux qu'il appelle les « minorités nationales », mais je ne m'attacherai pas ici à cet aspect de sa théorie.

satisfaisante à cette critique simple des droits collectifs pour au moins deux raisons. Premièrement, ils ont tendance à traiter les groupes culturels comme des blocs – à accorder plus d'attention aux différences entre les groupes qu'aux différences qui existent en leur sein. Plus précisément, ils négligent le fait que les groupes culturels minoritaires, tout comme les sociétés où ils se trouvent (même si c'est à un degré différent), ont eux aussi des biais sexuels, avec d'importantes différences de pouvoir et de privilèges entre les hommes et les femmes. Deuxièmement, les défenseurs des droits collectifs n'accordent peu ou pas d'attention à la sphère privée. Certaines des meilleurs défenses libérales des droits collectifs soulignent que les individus ont besoin d'une « culture à eux », et que c'est seulement au sein d'une telle culture qu'ils peuvent développer un sens de l'estime de soi ou du respect de soi, ou la capacité à décider quel genre de vie est bon pour eux. Mais de tels arguments négligent le plus souvent à la fois les rôles différents que les groupes culturels exigent de leurs membres et le contexte dans lequel le sens que les personnes ont d'elles-mêmes et de leurs capacités est initialement formé, et dans lequel la culture est transmise – le domaine de la vie domestique ou familiale.

Si l'on veut corriger ces lacunes en s'intéressant aux différences internes et à l'espace privé, deux articulations essentielles entre culture et genre sont mises en évidence, qui viennent encore alourdir la critique. Premièrement, la sphère de la vie personnelle, sexuelle et reproductrice est un noyau essentiel pour beaucoup de cultures, un thème dominant des pratiques et des règles culturelles. Les groupes religieux ou culturels sont souvent particulièrement préoccupés par le « droit personnel » (*personal law*) – les lois sur le mariage, le divorce, la garde des enfants, la

division et le contrôle de la propriété familiale, l'héritage [1].
De manière générale, la défense des « pratiques culturelles »
a vraisemblablement un bien plus grand impact sur la vie
des femmes et des filles que sur celle des hommes et des
garçons, puisqu'une bien plus grande part du temps et de
l'énergie des femmes est consacrée à préserver et maintenir
l'aspect personnel, familial et reproductif de la vie. Il est
évident que la culture ne concerne pas seulement
l'organisation domestique, mais c'est bien un thème
essentiel de beaucoup de cultures contemporaines. Le foyer
est, après tout, le lieu où une part importante de la culture
est pratiquée, préservée, et transmise aux jeunes. En retour,
la distribution des responsabilités et du pouvoir à la maison
a des conséquences importantes sur la question de savoir
qui peut le plus participer et influencer les aspects publics
de la vie culturelle, où sont décidées règles et régulations
de la vie publique et privée.

Deuxièmement, bien des cultures ont parmi leurs buts
principaux d'assurer le contrôle des femmes par les
hommes [2]. Regardons par exemple les mythes fondateurs
de l'antiquité grecque et romaine, du judaïsme, du

---

1. Voir par exemple K. Singh, « Obstacles to Women's Rights in
India », *in* R. J. Cook (ed.), *Human Rights of Women : National and
International Perspectives*, Philadelphia, University of Pennsylvenia
Press, 1994, p. 375-396, et en particulier p. 378-389.

2. Je ne peux pas discuter ici des origines de cette préoccupation
masculine, à part l'évocation (d'après les théoriciennes féministes Dorothy
Dinnerstein, Nancy Chodorow, Jessica Benjamin et avant elles,
l'anthropologue jésuite Walter Ong) du lien avec le rôle parental essentiel
de la maternité. C'est également clairement lié à l'incertitude sur la
paternité, que la technologie a désormais modifiée. Si ces questions sont
bien à sa source, alors la préoccupation culturelle pour le contrôle des
femmes n'est pas une donnée inévitable de la vie humaine, mais un
facteur contingent que les féministes ont tout intérêt à changer.

christianisme, de l'Islam : ils fourmillent de tentatives de justification du contrôle et de la subordination des femmes. Ces mythes consistent en une combinaison d'un déni du rôle des femmes dans la reproduction, d'une appropriation masculine du pouvoir de reproduction, de caractérisations des femmes comme hyper-émotives, peu fiables, mauvaises, sexuellement dangereuses, et d'un refus de reconnaître les droits de la mère sur ses propres enfants [1]. Pensez à Athéna, sortie de la tête de Zeus, à Romulus et Remus, élevés sans mère humaine. Ou à Adam, fait par un Dieu masculin qui crée par la suite (en tout cas d'après l'une des deux versions bibliques de l'histoire) Ève à partir d'Adam. Considérez Ève, dont la faiblesse détourne Adam du droit chemin. Pensez à la liste interminable des « X engendra Y » dans la Genèse, où le rôle essentiel des femmes dans la reproduction est totalement ignoré, ou aux justifications textuelles de la polygamie, pratiquée autrefois par le judaïsme, et aujourd'hui encore par certaines parties du monde islamique et (quoique illégalement) par les Mormons aux États-Unis. Considérez également l'histoire d'Abraham, charnière dans le développement du monothéisme [2]. Dieu demande à Abraham de sacrifier « son » fils chéri. Abraham s'apprête à faire exactement ce que Dieu exige de lui, sans même avertir, et encore moins demander l'avis de la mère d'Isaac, Sarah. L'obéissance absolue d'Abraham à Dieu

1. Voir, par exemple, A. Sharma (dir.), *Women in World Religions*, Albany, SUNY Press, 1987 ; J. Stratton Hawley (dir.), *Fundamentalism and Gender*, Oxford, Oxford University Press, 1994.
2. Voir C. Delaney, *Abraham on Trial : Paternal Power and the Sacrifice of Children*, Princeton, Princeton University Press, 1997. Il faut noter que dans la version coranique, ce n'est pas Isaac, mais Ismaël qu'Abraham s'apprête à sacrifier.

en fait le modèle central, fondamental, de la foi, pour les trois religions.

Alors que la forte volonté de contrôler les femmes – ainsi que de les blâmer et de les punir pour la difficulté que les hommes ont à contrôler leurs propres pulsions sexuelles – s'est considérablement atténuée dans les versions plus progressistes et réformées du judaïsme, du christianisme et de l'Islam, elle demeure vivace dans leurs versions plus orthodoxes ou fondamentalistes. En outre, elle n'est nullement limitée aux cultures occidentales ou monothéistes. De nombreuses traditions et cultures du monde, y compris celles que l'on trouve dans les États autrefois conquis ou colonisés – ce qui comprend la plupart des peuples d'Afrique, du Moyen Orient, d'Amérique Latine et d'Asie – sont assez nettement patriarcales. Elles ont également des structures élaborées de socialisation, des rituels, des coutumes matrimoniales, et d'autres pratiques culturelles (y compris des systèmes de propriété et de contrôle des ressources) qui ont pour but de mettre la sexualité des femmes et leurs capacités reproductrices sous la coupe des hommes. Bien des pratiques rendent quasiment impossible pour une femme de choisir de vivre indépendamment des hommes, d'être célibataire ou lesbienne, ou de ne pas avoir d'enfants.

Ceux qui pratiquent certaines des coutumes les plus controversées – la clitoridectomie, le mariage des enfants ou les mariages forcés en général, la polygamie – les défendent parfois explicitement comme un moyen nécessaire pour contrôler les femmes, et reconnaissent ouvertement que ces pratiques persistent à la demande des hommes. Dans un entretien avec la journaliste du *New York Times* Celia Dugger, des partisans de la clitoridectomie en Côte d'Ivoire et au Togo expliquaient que la pratique « aide à préserver la virginité des jeunes filles avant le mariage et leur fidélité par la suite en réduisant le sexe à une obligation matrimoniale ». Comme le disait une femme pratiquant l'excision : « le rôle d'une femme dans la vie est de prendre soin des enfants, de garder la maison et de cuisiner. Si elle n'a pas été excisée, elle pourrait se mettre à penser à son propre plaisir sexuel »[1]. En Égypte, où une loi proscrivant l'excision a récemment été renversée par un tribunal, les défenseurs de la pratique disaient que « cela freine l'appétit sexuel de la jeune fille et la rend plus facile à marier »[2]. En outre, dans de tels contextes, les femmes n'ont souvent pas d'autre possibilité économique viable que le mariage. Les hommes dans les cultures polygames reconnaissent aisément que la pratique s'accorde avec leur intérêt personnel et est un moyen de contrôler les femmes. Comme le disait dans un récent entretien un immigrant français venu du Mali : « Lorsque ma femme est malade et que je n'en ai pas d'autre, qui va s'occuper de moi ? (…) Une seule femme apporte des ennuis. Lorsqu'elles sont plusieurs, elles sont contraintes d'être polies et de bien se comporter. Si elles se conduisent mal, vous les menacez de prendre une autre femme. » Les femmes considèrent apparemment la polygamie tout à fait différemment. Les immigrantes françaises d'Afrique disent qu'elles n'apprécient pas la polygamie, et affirment non seulement qu'on ne leur laisse « pas le choix » en la matière, mais que leurs aînées africaines ne l'apprécient pas davantage[3]. Pour ce qui est du mariage des enfants et du mariage forcé : cette pratique

1. *New York Times*, 5 octobre 1996, A4. Le rôle que les femmes plus âgées jouent dans le maintien de ces cultures est important mais complexe, et je ne peux pas en traiter ici.

2. *New York Times*, 26 juin 1997, A9.

3. *International Herald Tribune*, 2 février 1997, News section.

est clairement un moyen de contrôler non seulement le conjoint des femmes ou des jeunes filles, mais également de s'assurer qu'elles sont vierges au moment du mariage et, souvent, de renforcer le pouvoir du mari en créant une différence d'âge significative entre mari et femme.

Considérons également la pratique – commune dans une grande partie de l'Amérique latine, dans les parties rurales de l'Asie du Sud-Est et certaines parties de l'Afrique de l'ouest – qui consiste à encourager la victime d'un viol, ou même à exiger d'elle, qu'elle épouse le violeur. Dans ces cultures, bien souvent – ce qui comprend quatorze pays d'Amérique latine – les violeurs sont légalement disculpés s'ils épousent ou (dans certains cas) proposent d'épouser leur victime. Très clairement, dans ces cultures, le viol n'est pas considéré d'abord comme une agression violente sur la jeune fille ou la femme elle-même, mais plutôt comme un tort sérieux causé à la famille et à son honneur. En épousant la victime, le violeur peut aider à réparer l'honneur de la famille et la soulager d'une fille qui, tel un « bien endommagé », est devenue impossible à marier. Au Pérou, cette loi barbare a été modifiée pour le pire en 1991 : les coaccusés dans un viol collectif sont désormais tous disculpés si l'un d'eux propose d'épouser la victime (les féministes se battent pour faire abroger la loi). Comme l'expliquait un conducteur de taxi péruvien : « La mariage est ce qu'il convient de faire après un viol. Une femme violée est un bien usagé. Personne n'en veut. Au moins, grâce à cette loi, la femme aura un mari »[1]. Il est difficile d'imaginer un destin pire pour une femme que d'être contrainte d'épouser l'homme qui l'a violée. Mais de pires destins encore existent dans certaines cultures – notamment

---

1. *New York Times*, 12 mars 1997, A8.

au Pakistan et dans certaines parties du Moyen Orient arabe, où les femmes qui portent plainte pour viol sont souvent accusées du grave crime musulman de zina, c'est-à-dire sexe hors mariage. La loi prône de battre ou d'emprisonner la femme, et la culture excuse les proches, soucieux de restaurer l'honneur de la famille, qui tuent ou poussent au suicide la femme violée[1].

Ainsi, bien des coutumes fondées sur la culture visent à contrôler les femmes et à les soumettre aux désirs et aux intérêts des hommes, en particulier en ce qui concerne le sexe et la reproduction. Parfois, en outre, la « culture » ou les « traditions » sont si intimement liées au contrôle des femmes qu'elles se confondent avec lui. Dans un récent reportage sur une petite communauté de Juifs orthodoxes qui vivent dans les montagnes du Yémen – ironiquement, pour un regard féministe, l'histoire s'intitulait « Une petite communauté juive yéménite profite du mélange des traditions » – le doyen de cette petite secte polygame déclarait : « Nous sommes des Juifs orthodoxes, qui tenons beaucoup à nos traditions. Si nous allons en Israël, nous perdrons le contrôle sur nos filles, nos femmes et nos sœurs ». Un de ses fils ajoutait : « Nous sommes comme les musulmans, nous ne permettons pas à nos femmes de dévoiler leur visage »[2]. La servitude des femmes est donc présentée comme synonyme de « nos traditions ». (C'est seulement un aveuglement à la servitude sexuelle qui peut expliquer le titre ; il aurait été inconcevable que l'article porte un tel titre s'il s'était agi d'une communauté pratiquant n'importe quelle autre forme d'esclavage).

1. La pratique est discutée dans H. S. Richardson, *Practical Reasoning About Final Ends*, Cambridge, Cambridge University Press, 1994, p. 240-243, 262-263, 282-284.
2. Agence France Presse, 18 mai 1997, International News section.

Tandis que pratiquement toutes les cultures du monde ont un passé clairement patriarcal, certaines – surtout, mais pas exclusivement, des cultures occidentales libérales – s'en sont beaucoup plus éloigné que d'autres. Les cultures occidentales, bien sûr, pratiquent toujours différentes formes de discrimination sexuelle. Elles insistent beaucoup plus sur la beauté, la minceur et la jeunesse pour les femmes, et sur la réussite intellectuelle, les compétences et la force pour les hommes ; elles attendent des femmes qu'elles se chargent, sans compensation économique, de bien plus que de la moitié du travail non payé dans leurs familles, qu'elles aient également un travail salarié ou non ; en partie en conséquence de cela, en partie en raison de la discrimination au travail, les femmes sont beaucoup plus susceptibles que les hommes de tomber dans la pauvreté ; les filles et les femmes sont également souvent soumises par les hommes à des actes de violence (illégaux), y compris à des violences sexuelles. Mais les femmes dans les cultures plus libérales se voient dans le même temps garantir les mêmes libertés et opportunités que les hommes. En outre, la plupart des familles dans de telles cultures, à l'exception de quelques fondamentalistes religieux, ne communiquent pas à leurs filles l'idée qu'elles ont moins de valeur que les garçons, que leurs vies doivent être confinées à la sphère domestique et au service des hommes et des enfants, et que la seule valeur positive de leur sexualité est qu'elle soit strictement confinée au mariage, au service des hommes et aux fins de reproduction. Ce qui, comme nous l'avons vu, forme une différence marquée avec la situation des femmes dans de nombreuses autres cultures du monde, y compris beaucoup de celles d'où sont issus les immigrants d'Europe et d'Amérique du Nord.

DES DROITS COLLECTIFS ?

Bien des cultures sont patriarcales, donc, et de nombreuses minorités culturelles (mais pas toutes) qui revendiquent des droits collectifs sont plus patriarcales que les cultures qui les entourent. C'est donc sans surprise que l'importance culturelle du maintien du contrôle sur les femmes nous frappe tant dans les exemples donnés par les travaux sur la diversité culturelle et les droits collectifs dans les États libéraux. Et pourtant, même si elle nous frappe, la question est rarement abordée de front[1].

Un article de 1986 sur les droits juridiques et les revendications culturelles de différents groupes d'immigrés et de tziganes dans l'Angleterre contemporaine mentionne les rôles et les statuts des femmes comme « un exemple très clair » du « choc des cultures »[2]. Sebastian Poulter y discute les revendications avancées par les membres de ces groupes pour un traitement juridique sensible à leur différence culturelle. Un petit nombre d'entre elles sont indifférentes aux questions de sexe : qu'un enseignant musulman soit autorisé à être absent une partie du vendredi après-midi pour pouvoir prier, que les enfants tziganes aient des obligations scolaires moins rigoureuses que les autres en raison de leur mode de vie itinérant. Mais la très grande majorité des exemples concernent les inégalités sexuelles : mariages d'enfants, mariages forcés, systèmes de divorce défavorables aux femmes, polygamie, et

1. Voir, cependant, B. Parekh, « Minority Practices and Principles of Toleration », *International Migration Review*, avril 1996, p. 251-284, où l'auteur aborde et critique directement un ensemble de pratiques culturelles qui dévaluent le statut des femmes.

2. S. Poulter, « Ethnic Minority Customs, English Law, and Human Rights », *International and Comparative Law Quarterly*, vol. 36, n° 3, 1987, p. 589-615.

clitoridectomie. À peu près tous les exemples juridiques discutés traitent de femmes ou de filles qui se plaignent d'avoir vu leurs droits individuels limités ou violés par les pratiques de ces groupes culturels. Dans un récent article de la philosophe politique Amy Gutmann, « The Challenge of Multiculturalism in Political Ethics », la moitié des exemples ont trait à des question de genre – polygamie, avortement, harcèlement sexuel, clitoridectomie, purdah[1]. C'est tout à fait typique pour la littérature qui traite des questions multiculturelles intra-nationales. En outre, le même phénomène se présente en fait sur la scène internationale, où les droits humains des femmes sont souvent rejetés par les dirigeants de pays ou de groupes de pays, au prétexte qu'ils sont incompatibles avec leurs différentes cultures[2].

De même, l'immense majorité des « défenses culturelles », qui sont de plus en plus souvent invoquées aux États-Unis au cours des procès criminels impliquant des membres de minorités culturelles, sont liées au genre – et en particulier au contrôle masculin sur les femmes et les enfants[3]. À l'occasion, les défenses culturelles

1. A. Gutmann, « The Challenge of Multiculturalism in Political Ethics », *Philosophy and Public Affairs*, vol. 22, n° 3, 1993, p. 171-204.

2. M. Afkhami (dir.), *Faith and Freedom : Women's Human Rights in the Muslim World*, Syracuse, Syracuse University Press, 1995 ; V. M. Moghadam (ed.), *Identity Politics and Women : Cultural Reassertions and Feminisms in International Perspective*, Boulder, Westview Press, 1994 ; S. M. Okin, « Culture, Religion, and Female Identity Formation » (manuscrit inédit, 1997).

3. Pour l'un des meilleurs et plus récents comptes-rendus sur cette question, et pour les citations juridiques des procès mentionnés ci-dessus, voir D. L. Coleman, « Individualizing Justice Through Multiculturalism : The Liberals'Dilemma », *Columbia Law Review*, vol. 96, n° 5, 1996, p. 1093-1167.

interviennent pour expliquer une violence acceptable entre hommes, ou le sacrifice rituel d'animaux. Mais bien plus fréquent, cependant, est l'argument selon lequel, dans le groupe culturel de l'accusé, les femmes ne sont pas des êtres humains d'égale valeur, mais des subordonnées dont les fonctions essentielles (sinon exclusives) sont de servir les hommes sexuellement et domestiquement. Ainsi, les quatre types de cas où les défenses culturelles ont été utilisées avec le plus de succès sont : kidnapping et viol par des hommes Hmong qui prétendent que leurs actions sont partie prenante de la pratique culturelle du zij poj niam ou « mariage par enlèvement » ; meurtre de l'épouse, commis par des immigrants venus de pays d'Asie ou du Moyen Orient, dont les épouses ont commis l'adultère ou ont traité leur mari de manière servile ; des femmes qui ont tué leurs enfants, mais n'ont pas réussi à se tuer, et prétendent qu'à cause de leurs origines japonaises ou chinoises la honte de l'infidélité de leur mari les a conduites à la pratique culturellement excusable du suicide mère-enfant ; et – en France, et pas aux États-Unis, en partie parce que la pratique n'a été criminalisée qu'en 1996 – clitoridectomie. Dans un bon nombre de cas, le témoignage d'experts sur le contexte culturel de l'accusé ou du défenseur a conduit à l'annulation ou la diminution de l'accusation, à des évaluations culturellement situées de l'intention criminelle, ou à des peines sensiblement allégées. Dans un procès récent fameux, un immigrant venu de l'Irak rural a marié ses deux filles, âgées de 13 et 14 ans, à deux de ses amis, âgés de 28 et 34 ans. À la suite de quoi, lorsque la fille aînée s'est enfuie avec son petit ami, âgé de vingt ans, le père a demandé l'aide de la police pour la retrouver. Lorsqu'ils la retrouvèrent, ils accusèrent le père de maltraitance, et les deux maris et le petit ami de détournement de mineure. La défense irakienne se fonda au moins en partie sur les pratiques matrimoniales culturelles [1].

Comme le montrent ces exemples, les défenseurs ne sont pas toujours des hommes, ni les victimes toujours des femmes. Aussi bien l'immigrant chinois new-yorkais qui a battu sa femme à mort pour l'avoir trompé que l'immigrante japonaise qui, en Californie, a noyé ses enfants et tenté de se noyer elle-même parce que l'adultère de son mari avait déshonoré la famille, se sont appuyés sur des défenses culturelles pour voir leurs charges requalifiées (de meurtre en meurtre au deuxième degré ou homicide involontaire). On peut donc avoir l'impression que la défense culturelle était biaisée en faveur de l'homme dans le premier cas, de la femme dans le second. Mais il n'y a pas une telle asymétrie. Dans les deux cas, le message culturel subit le même biais sexuel : les femmes (et les enfants, dans le second cas) sont soumises aux hommes, et doivent porter la faute et la honte pour toute entorse à la monogamie. Que l'un ou l'autre soit coupable d'infidélité, c'est la femme qui en souffre : dans le premier cas, elle est assassinée par son mari mis hors de lui par son infidélité honteuse ; dans le second cas, elle est poussée à se tuer et à tuer ses enfants, à cause de la honte et du stigmate qu'elle ressent du fait de l'infidélité de son mari. Là encore, l'idée que les femmes et les filles sont d'abord et avant tout les esclaves sexuelles des hommes, et que leur virginité avant le mariage et leur fidélité pendant sont leurs principales vertus ressort dans bien des propos avancés en défense de pratiques culturelles.

Les cultures majoritaires occidentales, en grande partie sous la pression des féministes, ont récemment fait de

---

1. *New York Times*, 2 décembre 1996, A6.

grands efforts pour éviter ou limiter ces excuses à la violence contre les femmes. Dans un passé proche, aux États-Unis, la responsabilité des hommes dans le meurtre de leur femme était atténuée s'ils expliquaient leur conduite comme un crime passionnel, commis sous le coup de la jalousie provoquée par l'infidélité de leur femme. Il n'y a pas si longtemps, les femmes qui n'avaient pas un passé complètement célibataire, ou qui ne se défendaient pas – fût-ce pour éviter de se mettre en danger – étaient régulièrement blâmées en cas de viol. Les choses ont désormais changé dans une certaine mesure et le doute qui pèse sur ce type de défenses culturelles vient en partie du souci de préserver ces progrès récents. Un autre souci est que ce type de défense peut biaiser la perception des cultures minoritaires en concentrant l'attention sur leurs aspects négatifs. Mais le premier problème est peut-être que, en ne protégeant pas les femmes et parfois les enfants des violences masculines et parfois maternelles, ceux qui proposent une défense culturelle violent leur droit à une égale protection par la loi [1]. Lorsqu'une femme issue d'une culture plus patriarcale vient aux États-Unis (ou dans un autre État occidental et libéral), pourquoi devrait-elle être moins bien protégée contre la violence masculine que les autres femmes ? De nombreuses femmes issues de cultures minoritaires ont protesté contre cette pratique du deux poids deux mesures appliquée à leurs agresseurs [2].

---

1. Voir D. L. Coleman, « Individualizing Justice Through Multiculturalism », art. cit.
2. Voir par exemple N. Rimonte, « A Question of Culture : Cultural Approval of Violence Against Women in the Asian-Pacific Community and the Cultural Defense », *Stanford Law Review*, vol. 43, 1991, p. 1311-1326.

LA DÉFENSE LIBÉRALE

Malgré tous ces exemples de pratiques culturelles qui contrôlent et asservissent les femmes, aucun des grands défenseurs des droits collectifs multiculturels n'a convenablement ni même directement abordé les articulations troublantes entre genre et culture, ou les conflits qui surgissent si communément entre multiculturalisme et féminisme. Le discours de Will Kymlicka est, de ce point de vue, très représentatif.

Les arguments de Kymlicka en faveur des droits collectifs sont fondés sur les droits des individus et limitent de tels privilèges et une telle protection aux groupes culturels dont la structure interne est libérale. À la suite de John Rawls, Kymlicka souligne l'importance fondamentale du respect de soi-même dans la vie d'une personne. Il soutient que le fait d'appartenir à une « structure culturelle riche et solide »[1], avec son langage et son histoire, est essentiel à la fois pour développer le respect de soi-même et pour donner aux individus un contexte au sein duquel ils puissent développer leur capacité à faire des choix pour savoir comment mener leur vie. Les minorités culturelles ont besoin de droits spécifiques, dans ce cas, parce que leur culture pourrait autrement se voir menacée d'extinction, et que l'extinction culturelle diminuerait vraisemblablement le respect de soi et la liberté des membres du groupe. Les droits spécifiques, en bref, placent les minorités sur un pied d'égalité avec la majorité.

La valeur de liberté joue un rôle important dans l'argumentation de Kymlicka. En conséquence, sauf dans des circonstances rares de vulnérabilité culturelle, un

---

1. W. Kymlicka, *Liberalism, Community, and Culture*, p. 165.

groupe qui réclame des droits spécifiques doit se gouverner lui-même selon des principes clairement libéraux, sans empiéter sur les libertés de base de ses membres en fixant des restrictions internes, ni pratiquer de discrimination entre eux sur la base du sexe, de la race, ou de la préférence sexuelle[1]. Cette exigence est d'une grande importance pour une justification libérale cohérente des droits collectifs, puisqu'une culture « fermée » ou discriminatoire ne peut pas procurer le contexte de développement individuel exigé par le libéralisme, et parce que des droits collectifs pourraient autrement déboucher sur des sous-cultures d'oppression au sein des sociétés libérales, et avec leur appui. Comme le dit Kymlicka : « En limitant l'aptitude des gens à remettre en question les rôles sociaux hérités, on peut les condamner à une existence peu satisfaisante, voire oppressante »[2].

Comme le reconnaît Kymlicka, cette exigence de libéralisme interne exclut la justification de droits collectifs pour « nombre de fondamentalistes politiques ou religieux qui pensent que la communauté idéale est celle qui met hors la loi toutes les pratiques qui ne correspondent pas à leur idéal religieux, sexuel ou esthétique ». Car la promotion et la défense de ces cultures « contredit la raison même pour laquelle nous accordons du prix à l'appartenance culturelle : qu'elle permette un choix individuel doué de sens »[3]. Mais les exemples cités plus haut suggèrent que les cultures qui sont à même de revendiquer des droits collectifs au motif de cette justification libérale sont bien moins nombreuses que Kymlicka ne semble le penser.

1. *Ibid.*, p. 168-172 et 195-198.
2. W. Kymlicka, *La Citoyenneté multiculturelle*, p. 92.
3. W. Kymlicka, *Liberalism, Community, and Culture*, p. 171-172.

Même si elles n'imposent pas leurs croyances ou leurs pratiques aux autres, et même si elles paraissent respecter les libertés politiques et civiles de base des femmes et des filles, bien des cultures ne les traitent absolument pas, tout particulièrement dans la sphère privée, avec le même soin et les mêmes égards que les hommes et les garçons, ni ne leur reconnaissent les mêmes libertés. La discrimination et le contrôle de la liberté féminine ont été pratiqués, à divers degrés, par presque toutes les cultures, passées et présentes, mais en particulier par les cultures religieuses et celles qui cherchent dans le passé – dans les textes anciens ou les traditions vénérées – les guides ou les règles pour la vie dans le monde contemporain. Parfois des cultures minoritaires plus patriarcales existent au sein des cultures majorités moins patriarcales ; parfois c'est l'inverse qui est vrai. Dans tous les cas, il faudrait regarder dans quelle mesure une culture est patriarcale et quels sont ses efforts pour évoluer afin de justifier des droits collectifs – si nous prenons au sérieux l'égalité des femmes.

Il est clair que Kymlicka considère que les cultures qui pratiquent ouvertement et formellement la discrimination contre les femmes – en leur refusant l'éducation, ou le droit de voter ou de remplir un emploi public – ne méritent pas de droits spécifiques [1]. Mais la discrimination sexuelle est souvent plus larvée. Dans bien des cultures, un strict contrôle des femmes est exercé dans la sphère privée à travers l'autorité de pères réels ou symboliques, qui agissent souvent grâce à, ou avec la complicité des femmes plus âgées. Dans bien des cultures où les droits et les libertés civiques de base des femmes sont garanties formellement, la discrimination contre les femmes et les filles pratiquée

---

1. W. Kymlicka, *La Citoyenneté multiculturelle*, p. 153, 165.

au sein du foyer non seulement limite considérablement leurs choix, mais menace gravement leur bien-être et leur vie même [1]. Une telle discrimination sexuelle – qu'elle soit sévère ou plus douce – a souvent de solides racines culturelles.

Ainsi, même si Kymlicka refuse avec raison d'accorder des droits collectifs aux cultures minoritaires qui pratiquent ouvertement une discrimination sexuelle, ses arguments pour le multiculturalisme échouent à reconnaître ce qu'il admet par ailleurs : que la subordination des femmes est souvent informelle et privée, et que pratiquement aucune culture dans le monde aujourd'hui, minoritaire ou majoritaire, ne pourrait passer le test « pas de discrimination sexuelle », si on l'applique dans la sphère privée [2]. Ceux qui défendent les droits collectifs sur un fondement libéral doivent se confronter à ces formes de discrimination très privées, et culturellement enracinées. Car assurément, le respect et l'estime de soi exigent davantage que la simple appartenance à une culture viable. Ce n'est certainement pas assez de voir sa culture défendue pour qu'un individu puisse « remettre en question les rôles sociaux hérités » et puisse choisir la vie qu'il souhaite mener. Au moins aussi important pour le développement du respect et de l'estime de soi est la place que nous occupons au sein de notre culture. Et au moins aussi important pour notre capacité à questionner nos rôles sociaux est le fait que notre culture nous inculque ou nous assigne des rôles sociaux particuliers. Dans la mesure où une culture est patriarcale, le bon développement des filles est menacé sous ces deux aspects.

1. Voir par exemple A. Sen, « More than One Hundred Million Women Are Missing », *New York Review of Books*, 20 décembre 1990.
2. W. Kymlicka, *Contemporary Political Philosophy : An Introduction*, Oxford, Clarendon Press, 1990, p. 239-262.

UNE PARTIE DE LA SOLUTION ?

D'un point de vue féministe, il n'est donc pas clair du
tout que les droits collectifs pour les groupes minoritaires
soient « une partie de la solution ». Ils pourraient bien
exacerber le problème. Dans le cas d'une culture minoritaire
plus patriarcale au sein d'une culture majoritaire moins
patriarcale, aucun argument ne peut se fonder sur le respect
de soi ou la liberté pour montrer que les membres féminins
d'une culture ont un clair intérêt à sa préservation. En effet,
elles pourraient bien voir leur sort amélioré si la culture
dans laquelle elles sont nées soit vient à s'éteindre (si bien
que ses membres s'intègrent dans la culture environnante
moins sexiste) soit, mieux, est encouragée à évoluer pour
renforcer l'égalité des femmes – au moins au degré permis
par la culture majoritaire. Il faudrait bien sûr prendre en
compte d'autres facteurs, comme la question de savoir si
le groupe minoritaire parle une langue différente qui a
besoin d'être protégée, ou si le groupe souffre de préjudices
comme la discrimination raciale. Mais il faudrait des
facteurs lourds pesant dans l'autre sens pour équilibrer les
preuves manifestes qu'une culture restreint gravement les
choix des femmes ou diminue de quelque manière leur
bien-être.

Ce que montrent plusieurs des exemples discutés
ci-dessus, c'est combien des pratiques culturelles qui
oppriment les femmes peuvent demeurer cachées dans la
sphère privée ou domestique. Dans le cas irakien de mariage
d'enfant mentionné ci-dessus, si le père lui-même n'avait
pas eu recours aux agents de l'État, la condition de ses
filles aurait bien pu rester inconnue du public. Et lorsque
le Congrès, en 1996, a passé une loi criminalisant la
clitoridectomie, de nombreux médecins américains ont

protesté que la loi était injustifiée, puisqu'elle touchait une question privée qui, comme on a pu le dire, « doit être tranchée par un médecin, la famille, et l'enfant »[1]. Il faut des circonstances plus ou moins extraordinaires pour que de telles maltraitances de filles ou de femmes deviennent publiques ou pour que l'État puisse intervenir préventivement.

Il est donc clair que bien des situations de discrimination contre les femmes, dans la sphère privée, enracinées dans la culture, peuvent ne jamais parvenir jusqu'à la sphère publique, où les tribunaux pourraient faire respecter leurs droits et les théoriciens politiques qualifier de telles pratiques de violations illibérales, et donc injustifiées, de l'intégrité physique et mentale des femmes. Établir des droits collectifs pour permettre à certaines cultures minoritaires de se maintenir peut bien n'être pas dans l'intérêt des filles et des femmes appartenant à ces cultures, même s'ils profitent aux hommes.

Lorsqu'on avance des arguments libéraux en faveur des droits collectifs, il faut donc prêter un soin tout particulier aux inégalités à l'intérieur du groupe. Il est tout particulièrement important de regarder les inégalités entre les sexes, puisqu'elles sont sans doute moins publiques, et moins facilement discernables. En outre, les politiques qui visent à répondre aux besoins et aux revendications des groupes culturels minoritaires doivent prendre au sérieux l'exigence d'une représentation adéquate des membres moins puissants de ces groupes. Puisque l'attention pour les droits des groupes culturels minoritaires, pour être cohérente avec l'essence du libéralisme, doit viser

---

1. *New York Times*, 12 octobre 1996, A6. Des positions semblables ont été exprimées à la radio publique.

ultimement la promotion du bien-être des membres de ces groupes, il n'y aucun lieu de considérer que les dirigeant autoproclamés du groupe – invariablement composés surtout des hommes et des plus âgés – représentent les intérêts de tous les membres du groupe. À moins que les femmes – et tout particulièrement les jeunes femmes, puisque les femmes plus âgées sont souvent choisies pour renforcer l'inégalité sexuelle – ne soient pleinement représentées dans les négociations sur les droits collectifs, leurs intérêts peuvent être mis à mal plutôt que promus par la mise en place de ces droits.

UMA NARAYAN

DES JUGEMENTS BIEN À ELLES.
CHOIX, AUTONOMIE, PRATIQUES
CULTURELLES, ET LES AUTRES FEMMES *

SPECTRES DE L'AUTRE FEMME OU COMMENT
NE PAS SE METTRE DANS LES SOULIERS D'UNE AUTRE

En réfléchissant aux discussions que j'ai pu avoir, en classe comme à l'extérieur, sur les « pratiques culturelles » propres aux femmes du Tiers Monde, il m'est apparu que ces conversations étaient souvent hantées par deux « spectres de l'autre femme », distincts mais liés, et qui exigent qu'on les conjure philosophiquement. Je désigne le premier de ces deux spectres comme « la prisonnière du patriarcat ». Celle-ci se verrait imposer, *entièrement contre sa volonté et son consentement*, différentes formes d'oppression patriarcale – comme un.e prisonnier.e qui voit sa liberté restreinte. Il me semble que ce spectre surgit lorsqu'un.e Américain.e ordinaire, mettons un.e étudiant.e, s'imagine – iel-même, telle qu'iel est actuellement, avec ses propres

* Uma Narayan, « Minds of their own : choices, autonomy, cultural practices, and other women », in *A Mind of One's Own. Feminist Essays on Reason and Objectivity*, ed. C. Witt, L. Antony, 2011. Traduction Delphine Frasch.

valeurs et perspectives – dans un Autre contexte où iel serait soumis.e à des pratiques comme le port du voile, le purdah (la réclusion), ou le mariage arrangé. Il lui paraît inconcevable d'approuver ou d'accepter l'une ou l'autre de ces pratiques pour son propre compte ; et dès lors, c'est exactement en ces termes qu'iel imagine ces Autres femmes.

Lorsqu'en classe quelqu'un.e invoque cette figure de la prisonnière du patriarcat dans les discussions, les autres étudiant.e.s réagissent souvent de manière critique, en remarquant qu'il est peu probable que l'Autre femme ait, à l'égard de ces pratiques patriarcales, les mêmes attitudes « que Nous ». Cependant, pour opérer cette critique, illes ont souvent recours au second spectre, celui que j'appelle la dupe du patriarcat. Alors que la prisonnière du patriarcat se voit imposer la violence patriarcale de manière coercitive, la dupe du patriarcat se l'*auto-imposerait* presque, parce qu'elle souscrirait entièrement aux normes et pratiques patriarcales de sa culture. Ses attitudes, s'imagine-t-on, seraient entièrement façonnées par les valeurs patriarcales dominantes de son contexte culturel.

Il me semble que ces spectres surgissent en réponse à deux types distincts d'« élans éthiques », qui tentent chacun de composer, objectivement ou rationnellement, avec la situation de l'Autre femme. Dans le cas du spectre de la prisonnière, l'élan éthique consiste à comprendre les expériences de l'Autre en les identifiant à la manière dont l'on vivrait soi-même, s'imagine-t-on, telle ou telle pratique oppressive. Cet élan a trait à l'injonction éthique courante incitant à s'imaginer dans les souliers de l'Autre – mais conduit à identifier les pieds de l'Autre femme aux nôtres, comme s'ils étaient susceptibles d'être pincés ou liés exactement aux mêmes endroits que les nôtres ; l'on échoue par là à imaginer quel effet cela fait d'être l'Autre femme, avec ses pieds à elle à l'intérieur de ses souliers. « Se mettre à la place » de cette femme revient alors à l'en déloger, et à occuper ses souliers avec nos propres pieds – lui attribuant des conduites et des attitudes entièrement calquées sur les nôtres.

Le second élan éthique, qui fait appel au spectre de la dupe du patriarcat, implique bien que l'on s'efforce de prendre en compte le fait que l'Autre femme est façonnée par des circonstances, des engagements et un contexte différents du nôtre. Il suppose de reconnaître la difficulté réelle qu'il y a à « se mettre dans les souliers de l'Autre femme », puisqu'il est possible que ces souliers lui aillent différemment qu'à nous. Cependant, cette intuition est poussée à l'extrême, de sorte que l'on se figure les pieds de l'Autre femme *comme s'ils se vouaient entièrement à la forme de ses souliers* – comme des pieds qui, ou bien n'éprouveraient pas le moindre frottement au contact de ceux-ci, ou bien seraient déterminés à les porter même au prix d'innombrables cloques. Si l'on évite par là de s'identifier à l'Autre femme, on est néanmoins conduit, une fois encore, à occuper ses souliers – en y mettant une version imaginaire de l'Autre femme souscrivant entièrement aux valeurs et pratiques de sa propre culture.

Chacun de ces spectres est révélateur d'un pôle problématique d'un certain « impérialisme de l'imagination » : celui de la prisonnière consiste à identifier pleinement les conduites de l'Autre aux siennes ; celui de la dupe consiste à projeter une « différence » totalisante sur ses Autres. Tous deux partagent un même problème, celui d'imaginer que ses Autres ont des *conduites monolithiques*, au lieu de reconnaître la *variété* des conduites qu'elles adoptent relativement aux pratiques qui informent leurs vies. Ils échouent à prendre en compte la multiplicité réelle des Autres femmes : celles-ci ont non seulement des souliers et des pieds différents, mais également des avis différents quant à l'adaptation des premiers aux seconds ! En considérant les conduites variées d'Autres femmes *réelles* – qui se montrent souvent critiques à l'égard de certains aspects des pratiques culturelles patriarcales, tout en en approuvant ou en renforçant d'autres –, nous voyons que la plupart des Autres femmes diffèrent, tant de la prisonnière, que de la dupe du patriarcat ; et que ce qui rapproche peut-être le plus ces « Autres femmes » de « Nous » tient précisément aux importantes variations dans leurs attitudes face aux « pratiques patriarcales » propres à leur contexte.

Je veux maintenant illustrer concrètement ce propos en examinant les attitudes que les femmes adoptent vis-à-vis du port du voile. Si l'on suit le modèle de la prisonnière du patriarcat, le voile est entièrement imposé à la femme : elle se voile uniquement parce qu'elle le doit. Selon le modèle de la dupe du patriarcat, elle se voile parce qu'elle approuve absolument tous les aspects de cette pratique. J'aborde ici la façon dont les femmes voilées réagissent effectivement à cette question du voile, réactions qui montrent que ces femmes diffèrent de la prisonnière et de la dupe du patriarcat, mais aussi les unes des autres.

Je me concentrerai sur les réactions de femmes issues de la communauté conservatrice soufie des Pirzadas à Old Dehli, qui vivent en relative purdah (réclusion) à l'intérieur de la maison, et sont censées se voiler lorsqu'elles sont en public [1]. Beaucoup de ces femmes émettent, relativement

---

1. Mon traitement des diverses attitudes des femmes pirzada vis-à-vis du port du voile se base sur l'ethnographie menée par P. Jeffrey, *Frogs in a well : Indian women in Purdah*, Londres, Zed, 1979.

au port du voile, des critiques dont le riche éventail surprendrait celles et ceux incliné.e.s à les considérer comme des dupes du patriarcat parfaitement dociles. Pour commencer, nombre d'entre elles se plaignent énergiquement des inconforts physiques liés au port du voile lors de fortes chaleurs, des vertiges et étourdissements qui en résultent, ainsi que de leur perception réduite, qui les amène à trébucher dans les caniveaux. Elles sont même nombreuses à porter un jugement ironique sur les qualités esthétiques de la burqa, déclarant, avec un amusement teinté d'exaspération, que cela les fait ressembler à des buffles !

Beaucoup de leurs plaintes vont plus loin encore. Elles reconnaissent que le purdah et le port du voile font partie intégrante des contraintes plus générales qui pèsent sur leurs vies. Elles sont nombreuses à évoquer la manière dont le purdah empêche beaucoup d'entre elles d'acquérir des compétences élémentaires – comme le fait de savoir traverser des routes très fréquentées, ou se repérer dans les rues du quartier –, et engendre chez elles gêne et crainte à l'idée de demander leur chemin à des inconnu.e.s. Elles admettent que l'absence de ces compétences les maintient dans une relation de dépendance à l'égard des parents masculins qui les accompagnent même lors de petites courses[1]. Elles reconnaissent que le purdah et le port du voile limitent leur accès à l'éducation, ainsi que leur capacité à se mouvoir en société, faire des courses ou rendre visite à des membres de leur famille. Cela les maintient même dans l'ignorance d'une part importante des événements de leur monde social immédiat – elles se dénigrent elles-mêmes, se comparant à des « grenouilles dans un

---

1. La plupart de ces conduites sont décrites dans les pages 149 à 153 de P. Jeffrey, *Frogs in a well : Indian women in Purdah*.

puits »[1]. Beaucoup de femmes plus âgées évoquent avec
envie les femmes plus jeunes ayant eu la chance d'être
mariées dans des familles moins strictes sur le port du
voile ou le purdah; beaucoup de femmes plus jeunes
expriment l'espoir d'être mariées dans de telles familles.
Toutes ces attitudes, prises collectivement, montrent que
les femmes pirzadas ne sont pas des dupes du patriarcat
approuvant intégralement et sans distance critique les
valeurs et pratiques de leur culture.

D'un autre côté, beaucoup de ces femmes ont de très
nombreuses raisons de continuer à pratiquer le purdah et
à porter le voile. À l'extérieur de la maison, le port de la
burqa est signe de modestie féminine et de bienséance.
Nombre de femmes plus âgées admettent qu'elles se
sentiraient nues si elles sortaient sans leur burqa, malgré
l'inconfort que cela implique[2]. Pour beaucoup, la burqa
fait partie intégrante de leur identité sociale et du sens
qu'elles ont d'elles-mêmes, et l'inconfort social qu'elles
ressentiraient en son absence l'emporte sur les désagréments
physiques qu'elle cause. D'autres remarquent avec sagacité
les avantages pratiques et stratégiques du port de la burqa :
sous son couvert, elles peuvent sortir à la hâte en gardant
les vieux vêtements qu'elles portaient pour les tâches
domestiques, ou filer en douce au cinéma avec une amie
après avoir dit à leurs maris qu'elles allaient au bazar –
ceux-ci ne se doutant de rien même après les avoir croisées
dans les rues. Certaines femmes pirzadas, plus jeunes,
admettent qu'elles se voilent sous la pression d'aîné.e.s
sévères, ou parce que, si elles sortaient sans voile, elles
verraient leur réputation salie par la communauté, nuisant

---

1. P. Jeffrey, *Frogs in a well : Indian women in Purdah*, p. 11.
2. *Ibid.*, p. 155.

à leurs chances de trouver un bon mari [1]. Ces discours, pris individuellement et collectivement, manifestent que ces femmes diffèrent du spectre de la prisonnière du patriarcat, forcée de se voiler sous l'effet d'une *coercition littérale*. Pour elles, l'approbation de leurs aîné.e.s et le maintien de leur réputation au sein de la communauté constituent des *enjeux pratiques et émotionnels véritables*.

Pour nombre de femmes pirzadas, le port du voile et le purdah ont également une portée qui dépasse leur seul rapport à l'identité de genre : ces pratiques sont liées à d'autres aspects de l'identité sociale, dont elles constituent des marqueurs ; et ce sont des aspects auxquels les femmes accordent de l'importance. Par exemple, les Pirzadas revendiquent un statut supérieur – Syed – en vertu du fait qu'elles seraient les descendantes de la fille du Prophète, Fatima. Le respect du port du voile et de la purdah marque alors leur prestige supérieur par rapport aux autres femmes musulmanes – prestige auquel les femmes pirzadas sont attachées. Et si certaines d'entre elles se plaignent du port du voile, elles critiquent également « l'absence de modestie » des femmes occidentales, avec leurs cheveux au vent, leurs décolletés et leurs robes trop légères, ainsi que celle des femmes hindous portant des saris qui laissent voir leur abdomen et des blouses fines [2]. Ainsi, les plaintes exprimées par les femmes pirzadas au sujet du voile, coexistent souvent avec le port du voile, qui marque à leurs yeux leur sens supérieur de la modestie et de la bienséance corporelle et les distingue des femmes qui constituent leurs Autres. En outre, les femmes pirzadas comprennent que le purdah et le port du voile ont d'importantes implications

1. *Ibid.*, p. 153-155.
2. *Ibid.*, p. 109.

économiques. Les hommes pirzadas ont en charge le sanctuaire local d'un saint soufi, sanctuaire doté d'une certaine popularité ; et ils dépendent des revenus qu'apportent les pèlerins [1]. Cette dépendance économique vis-à-vis du sanctuaire constitue une motivation importante pour apparaître « orthodoxe » – et le port du voile et le purdah sont des marqueurs importants d'une telle orthodoxie. Chez ces femmes, le port du voile est également un moyen de rendre visible une présence musulmane au sein d'une majorité hindoue. Dans ce contexte, il constitue un symbole public d'une identité religieuse et ethnique. Le port du voile et le purdah ont donc une portée manifeste sur les vies des différentes femmes, même au sein de cette seule communauté : de toute évidence, ces pratiques sont *irréductibles* au « contrôle patriarcal des femmes ».

Rechercher des analogies pertinentes avec notre propre contexte peut nous aider à mieux comprendre les complicités et les résistances que ces Autres femmes entretiennent à l'égard de ces « pratiques culturelles ». Comparons le port du voile des femmes pirzadas avec une forme moins visible, plus transparente de voile communément portée ici : les différents types de maquillage que les femmes occidentales arborent quotidiennement dans des lieux publics. Tant le maquillage que le port du voile véhiculent des messages symboliques concernant le statut social des femmes ; ils soulignent l'importance de l'attention accordée à leur « apparence extérieure », et le fait que, partout où elles apparaissent publiquement, elles apparaissent en partie en tant qu'entités sexualisées. Les féministes occidentales ont mis au jour les effets néfastes que peut avoir sur les femmes un régime culturel qui les pousse à consacrer

1. P. Jeffrey, *Frogs in a well : Indian women in Purdah*, p. 34.

d'immenses efforts à se plier à différents « régimes de beauté », générant une anxiété considérable à l'endroit de divers aspects de leur apparence corporelle[1]. À l'instar de nombre de femmes qui se voilent, nombre de femmes qui se maquillent ne le *vivent* pas avant tout comme une forme d'oppression patriarcale. Même parmi les femmes conscientes des implications patriarcales de cette pratique, beaucoup d'entre elles continuent de se maquiller, et cela pour une variété de raisons. Pour certaines, le maquillage fait partie intégrante de leur image d'elles-mêmes, de leur sentiment de féminité, ou relève d'une relation ludique et érotique à leur propre corps. Pour d'autres, le maquillage constitue l'une des attentes relatives à leur apparence en contextes professionnels, ou participe de leurs tentatives de se conformer aux normes dominantes de beauté féminine. Les Occidentaux/tales comprendraient plus aisément pourquoi certaines femmes voilées éprouvent de la gêne à sortir la tête découverte, en songeant aux raisons pour lesquelles, ici, de nombreuses femmes seraient mortes de honte si elles affichaient publiquement des jambes poilues ! De telles comparaisons inter-culturelles nous aident à mieux comprendre les conduites que les Autres femmes adoptent vis-à-vis de certaines pratiques culturelles – à condition de bien prendre en compte la pluralité des attitudes des femmes face à ces pratiques, et de ne pas écraser l'éventail des significations attachées à des pratiques culturelles complexes.

---

1. Voir par exemple S. Bordo, *Unbearable weight. Feminism, western culture, and the body*, Berkeley, University of California Press, 1993 ; N. Wolf, *The beauty myth. How images of beauty are used against women*, New York, Morrow, 1991.

Contextes patriarcaux,
pratiques culturelles et choix des femmes

Il me semble qu'on peut lire les choix de nombreuses femmes de se conformer à des pratiques culturelles telles que le port du voile ou le maquillage, comme des formes de « négociations avec le patriarcat »[1], plutôt que comme le signe que ces femmes sont prisonnières ou dupes du patriarcat. Pour elles, se conformer aux structures patriarcales implique une réelle agentivité – et cela, même lorsque les enjeux attachés au refus d'un tel respect, ainsi que les pressions qui y exhortent, sont très élevés ; c'est ce que l'idée de « négociation avec le patriarcat » nous permet de garder à l'esprit. Certaines femmes peuvent jouir de considérables pouvoirs de négociation pour traiter avec le patriarcat ; dans d'autres cas, ces pouvoirs peuvent être bien moindres. Mais même dans ce second type de cas, les femmes tirent parti de la moindre marge de manœuvre disponible – et contrairement à la « prisonnière du patriarcat », savent qu'elles possèdent de *réels intérêts* à se conformer aux structures patriarcales. Par exemple, si les femmes pirzadas respectent ces structures, c'est que les manières de vivre qu'elles prisent ont un ancrage profond dans la communauté Pirzada. Elles n'ont ni l'accès à, ni le désir de manières de vivre qui les couperaient de leur communauté. Certaines de leurs façons de se conformer aux structures patriarcales, quoique pénibles, constituent des compromis qu'elles élaborent de sorte à se garantir les intérêts réels qu'elles ont à pouvoir vivre au sein de la

---

1. J'emprunte cette expression utile au titre de l'article de Deniz Kandiyoti, « Bargaining with patriarchy », *Gender and society*, septembre 1988, p. 274-290.

communauté. D'autres façons de s'y conformer reflètent un attachement plus immédiat à divers aspects de leurs identités religieuses, sociales, communautaires.

Les choix que font nombre de femmes relativement aux « pratiques culturelles » devraient, je pense, être conçues sur le modèle de l'adoption d'un « bagage », dont certaines composantes sont désirées, d'autres non ; bagage que ces femmes n'ont pas le pouvoir de « défaire » de sorte à en extraire les premières. Une part importante de ce que les individu.e.s désirent en général dans leur existence ne se présente qu'au sein de tels « bagages » au contenu mêlé, ce qui nécessite de se résigner à des compromis afin de s'assurer l'accès à certains biens prisés. Et il serait à la fois erroné et dangereux d'ignorer que les femmes font effectivement des choix, même lorsque le pouvoir de négociation concernant certaines composantes du « bagage » leur fait défaut. Sur la question des différentes manières que les femmes ont de se conformer aux « pratiques culturelles », il importe donc que les féministes maintiennent une attention double : tant à *la manière dont ces pratiques exercent des contraintes sur les choix*, qu'à *la manière dont des choix sont effectivement opérés à l'intérieur de ces contraintes*.

Les féministes ont insisté avec justesse sur ceci, que les structures patriarcales ne posent pas seulement de sérieux obstacles *externes* aux perspectives de vie que les femmes peuvent embrasser, mais affectent, déforment, et appauvrissent également *de l'intérieur* leurs attentes, leurs désirs, leur sentiment de légitimité, et le sens qu'elles ont d'elles-mêmes. Mais lorsqu'on pousse cette insistance à l'extrême (comme c'est le cas par moments, me semble-t-il, dans l'œuvre de féministes comme Mary Daly, Andrea

Dworkin, et Catherine MacKinnon [1]), cela aboutit à ce que j'appelle une vision « asphyxiante » du patriarcat et de ses effets sur l'agentivité des femmes. Selon une telle perspective, l'agentivité des femmes serait complètement « pulvérisée par le patriarcat » : elle serait si entravée, que les femmes n'auraient plus d'esprit, de capacité de réflexion critique ou de résistance, ni de réels intérêts à vivre la vie qu'elles mènent. Elles ne seraient plus capables que d'un assentiment de mort-vivantes aux normes patriarcales – comme des êtres dont les désirs et valeurs, n'étant qu'excroissances du patriarcat, ne seraient pas imputables aux femmes en tant qu'agentes authentiquement libres. Cette vision asphyxiante dépeint les désirs et attitudes des femmes comme n'étant « pas vraiment les leurs » au sens d'une appartenance véritable ou légitime – réduisant ces désirs et attitudes à de purs symptômes de l'être d'individues-soumises-au patriarcat qui caractériserait ces femmes. Or l'idée que le patriarcat puisse appauvrir et déformer les valeurs, attitudes et choix des femmes, ne devrait pas être mobilisée si grossièrement que la valeur et l'importance de ces choix *du point de vue des femmes qui les font* s'en trouve *entièrement effacée*. Malgré d'indéniables déformations, ce sont là les valeurs, attitudes et choix qui définissent effectivement, pour ces femmes, les vies qu'actuellement elles mènent et prisent, ainsi que les personnes qu'actuellement elles sont et désirent à de nombreux titres demeurer.

---

1. Voir par exemple certaines des positions, et leurs implications, soutenues dans M. Daly, *Gyn/ecology. The metaethics of radical feminism*, Boston, Beacon, 1978 ; A. Dworkin, *Pornography. Men possessing women*, New York, Penguin, 1981 ; et C. MacKinnon, *Feminism unmodified*, Cambridge, Harvard University Press, 1987.

Un tel effacement grossier de l'agentivité des femmes soumises à des contraintes patriarcales, apparaît particulièrement probable, en même temps qu'éminemment inquiétant, dans des contextes où des féministes occidentales s'intéressent à des pratiques culturelles Autres. Susan Okin, traitant des choix des femmes à se conformer à des pratiques culturelles, affirme :

> Et si l'« assentiment » de certaines femmes à des pratiques culturelles procédait d'un manque de pouvoir ou d'une socialisation à des rôles inférieurs, engendrant un manque d'estime de soi ou de sentiment de légitimité ? Je soutiens que tel est souvent le cas au sein de cultures ou de religions qui déprécient les femmes qui en sont membres, et qui, depuis leur naissance ou presque, leur imprime un sentiment d'infériorité [1].

Je suis prête à admettre que l'« assentiment » de nombreuses femmes pirzadas au port du voile est effectivement, en partie, l'effet d'un manque de pouvoir, d'une socialisation à des rôles sociaux inférieurs, et d'un sens faible de ce à quoi elles ont droit. Néanmoins, je voudrais insister simultanément sur le fait que beaucoup de ces femmes ont une perception assez *réaliste* de leur manque de pouvoir, ainsi qu'une conscience aiguë de leurs pouvoirs de négociation persistants ; elles acceptent certains aspects de leurs rôles sociaux inférieurs, tout en essayant, sur d'autres plans, d'en réécrire les scripts ; et quoiqu'à certains égards leur sentiment de légitimité soit faible,

---

1. S. M. Okin, « Feminism and multiculturalism : Some tensions », *Ethics*, juillet 1998, p. 675. Une version antérieure de ce texte apparaît comme « Is multiculturalism bad for women ? », *Boston review*, octobre-novembre 1997, p. 25-28 [traduit ici p. 385-410]. Les articles de Pollitt et Parekh cités plus bas constituent des réponses à cette pièce antérieure.

elles sont conscientes de la légitimité que leur confère leur statut de femmes respectables au sein de la communauté. Lorsqu'Okin décrit leur « assentiment » comme étant dû à un « manque de pouvoir », j'aimerais ajouter que leur manque de pouvoir n'est pas celui, absolu, que le modèle de la prisonnière du patriarcat donne de l'agentivité de ces femmes. Lorsqu'Okin décrit leur « assentiment » comme étant dû à une « socialisation à des rôles inférieurs », j'aimerais ajouter que ces femmes ne sont pas entièrement dupes du patriarcat.

Dans la suite du même article, lorsqu'Okin discute des pressions à la « conformité culturelle » que vivent des femmes issues de groupes d'immigré.e.s aux Etats-Unis, elle affirme :

> Il est donc difficile de comprendre le point de vue selon lequel les cultures de ces jeunes femmes leur fournirait le contexte leur permettant de « prendre des décisions informées concernant la manière dont mener leurs vies », d'« opérer des choix entre plusieurs possibilités véritables » ou de « s'engager librement dans la vie qu'elles jugent appropriée » – toutes fonctions que les défenseur/seuses libéraux/rales du multiculturalisme attribuent aux cultures. Ce qui constitue ici une part importante de leur héritage culturel, ce sont, plutôt que la liberté personnelle ou la capacité à faire des choix véritables concernant leurs vies, une série de contraintes majeures [1].

Cette difficulté à comprendre me préoccupe – surtout lorsqu'elle concerne l'intérêt que des féministes occidentales portent à des pratiques culturelles Autres. Je n'ai aucun problème avec le fait qu'une féministe, quelle qu'elle soit,

1. S. M. Okin, « Feminism and multiculturalism », p. 683.

puisse juger que les types d'information, la nature et l'étendue des « possibilités véritables » ouvertes aux Autres femmes, ainsi que la liberté qui est la leur de poursuivre la vie qui leur semble appropriée, apparaissent sérieusement limités à la lumière de considérations morales et politiques féministes. Cependant, je pense qu'il y aurait une forme dangereuse d'aveuglement à refuser dans le même temps de comprendre que ces femmes disposent effectivement, à l'intérieur de leurs horizons propres, de quantités non-négligeables d'informations relatives aux perspectives de vie qui leur sont actuellement ouvertes ; de comprendre que certaines des possibilités qui s'offrent à elles constituent bien pour elles des « possibilités véritables » ; et que les vies qu'elles mènent sont à bien des égards des vies qu'elles jugent bon de mener.

Okin exprime un point de vue largement partagé, lorsqu'elle évoque ses difficultés à comprendre le point de vue selon lequel des contextes culturels oppressifs pourraient permettre à d'Autres femmes de « prendre des décisions informées concernant la manière dont mener leurs vies », d'« opérer des choix entre plusieurs possibilités véritables » ou de « s'engager librement dans la vie qu'elles jugent appropriée ». J'aimerais complexifier la compréhension dominante des effets que des « contextes culturels oppressifs » peuvent avoir sur les capacités des femmes à mener une réflexion critique et à être autonomes. Je n'ai aucun doute concernant le fait que des contraintes oppressives peuvent souvent déformer les facultés critiques des femmes, leur sentiment de légitimité, et les possibilités qui leur sont ouvertes. Néanmoins, je veux insister sur ceci que les « contextes culturels oppressifs », qu'ils soient familiaux ou communautaires, peuvent parfois avoir l'effet tout à fait inverse. Lorsque le caractère « oppressif » des pratiques patriarcales est flagrant et patent, il est possible que les agentes manifestent davantage de conscience critique à leur sujet, et davantage de réalisme concernant la nature de leurs choix, que lorsque l'« oppression » est subtile, susceptible de masquer son propre caractère d'oppression.

Je vais illustrer ce point au moyen d'un exemple, dont je reconnais qu'il peut être sujet à controverse. De nombreuses femmes que j'ai connues en Inde ont été soumises à des « pressions culturelles » assez fortes visant à leur faire accepter des mariages arrangés, pressions auxquelles certaines ont fini par céder. Tout bien considéré, je juge que, parmi ces dernières, certaines avaient une idée assez lucide et réaliste de ce pour quoi elles signaient, et de la raison pour laquelle elles le faisaient. Pour elles, consentir à un mariage arrangé, c'était faire le bonheur de leurs parents, accéder à la sexualité de manière socialement acceptée et se garantir un environnement économique leur permettant d'avoir des enfants et une vie de famille. Elles ne se faisaient pas tellement d'illusions sur les hommes qu'elles devaient épouser, ou sur ce qu'elles pouvaient attendre des vies dans lesquelles elles allaient s'engager. Tout bien considéré, je juge également que certaines de ces femmes indiennes étaient plus critiques et réflexives concernant leurs choix que certaines des femmes que je connais ici, qui se sont précipitées dans des relations ou des mariages peu engageants avec une opinion exagérément positive de leurs conjoints et de la manière dont ils allaient les traiter. On explique et justifie ces relations au nom de « l'amour romantique » et du « choix personnel », sans reconnaître les pressions auxquelles les femmes doivent ici faire face, depuis leur adolescence, pour se livrer à ce que, pour modifier les termes d'Adrienne Rich, j'appelle l'« hétérosexualité compulsive »[1].

Je pense que la « rhétorique du choix » fonctionne comme une forme puissante d'idéologie culturelle, qui amène *les femmes à considérer qu'elles « choisissent librement », négligeant les « contraintes et pressions culturelles » qui façonnent leurs choix.* Tout, des régimes, des implants mammaires et de l'investissement excessif dans son apparence, aux relations avec des hommes abusifs ou sans grand attrait, sera conceptualisé et vécu par beaucoup de femmes comme de « libres choix » : elles atténuent par là la reconnaissance des « pressions culturelles » auxquelles elles sont soumises, et éclipsent les manières par lesquelles la « rhétorique du choix » dominante influence leurs conceptualisations et leurs décisions. En outre, je pense que les héritages de l'histoire coloniale encouragent souvent les Occidentaux/tales ordinaires à *exagérer les contraintes et minimiser les choix* au sein d'Autres contextes culturels, tout en *minimisant les contraintes et exagérant les choix* au sein des contextes occidentaux. De telles considérations font naître en moi une méfiance à l'égard des généralisations concernant les effets de « contextes culturels » particuliers sur les facultés critiques et les choix des femmes et m'empêchent de partager la généralisation d'Okin selon laquelle les « contextes libéraux occidentaux » seraient, pour l'agentivité

---

1. Je modifie l'expression d'Adrienne Rich, « la contrainte à l'hétérosexualité ». Voir Adrienne Rich, « Compulsory heterosexuality and lesbian existence », *Signs*, été 1980, p. 139-165.

et les choix des femmes, plus émancipateurs que des contextes culturels qui sont Autres [1].

Je suis favorable au point de vue général qui est celui de Martha Nussbaum, concernant la manière dont les féministes devraient affronter le fait que les préférences et les choix des femmes sont souvent déformés par leur socialisation patriarcale et la limitation de leurs possibilités. Nussbaum insiste, avec raison, sur le fait qu'une telle déformation des préférences ne devrait pas disqualifier les politiques sociales visant à développer la capacité des femmes à faire des choix qui leur sont actuellement inconcevables ou dépourvus d'attrait : en effet, les femmes peuvent être amenées, lorsque s'étend l'éventail des possibilités qui leur sont ouvertes, à reconsidérer ce à quoi elles ont droit et ce à quoi elles devraient aspirer. Mais Nussbaum signale que les tentatives des féministes pour agir sur cette déformation des préférences devraient avoir pour « visée centrale » la « persuasion plutôt que la coercition » [2]. Mon idée selon laquelle les « préférences déformées » des femmes renvoient également souvent à des *estimations réalistes* de leurs possibilités d'obtenir ce qu'actuellement elles désirent pour leur existence, ainsi que mes craintes concernant les *erreurs* qui guettent les tentatives féministes d'opérer des *estimations générales* des diverses configurations de choix et de contraintes auxquelles différentes femmes sont confrontées relativement

1. S. M. Okin suggère que les « cultures libérales occidentales » se sont, davantage que les autres, écartées de leurs passés patriarcaux, et que la plupart des minorités culturelles en contextes occidentaux sont plus patriarcales que la culture environnante. Voir S. M. Okin, « Le multiculturalisme nuit-il aux femmes ? », p. 385-410 de ce volume.

2. Voir M. Nussbaum, *Sex and Social Justice*, New York, Oxford University Press, 1999.

à des pratiques culturelles comme le voile – tout cela me conduit à partager l'idée de Nussbaum selon laquelle les politiques féministes devraient, pour la plupart, chercher avant tout à fournir aux femmes des possibilités plus émancipatrices, plutôt qu'utiliser la coercition pour empêcher les femmes de choisir d'obéir aux pratiques patriarcales. D'autres féministes, à l'opposé de Nussbaum, ont davantage défendu l'usage de la coercition étatique pour empêcher les femmes de choisir de se conformer aux pratiques culturelles patriarcales : c'est vers cette question que je me tourne maintenant.

AUTONOMIE ET « AUTRES FEMMES » : LA COERCITION ÉTATIQUE ET LES « PRATIQUES CULTURELLES »

Reconnaître que les conduites des femmes vis-à-vis des pratiques culturelles patriarcales impliquent la présence de contraintes pesant sur leurs choix, mais également d'un choix à l'intérieur de ces contraintes, fait toute la différence relativement aux types de politiques publiques que les féministes doivent soutenir. Je m'intéresse ici à un sous-ensemble de « pratiques impliquant d'Autres femmes » : les pratiques qui impliquent des *femmes adultes*, qui ne sont pas littéralement imposées à ces femmes sous la contrainte, mais où existent de fortes « pressions culturelles » à s'y conformer, contribuant à les maintenir dans un statut social secondaire – et auxquelles, enfin, elles semblent faire le choix de se conformer, selon un vaste éventail d'attitudes. Je pense à des pratiques comme le voile, la réclusion, mais aussi les mariages arrangés, au sein d'une variété de communautés indiennes.

En ce qui concerne de telles pratiques, je pense que deux types d'actions publiques peuvent la plupart du temps être soutenues par les féministes sans que cela soit problématique. D'abord, l'État devrait intervenir pour protéger les femmes dans les cas de coercition pure et simple – où les femmes sont soumises aux pratiques en question de manière entièrement involontaire –, et protéger leur capacité à s'extraire de ladite situation coercitive. Ensuite, l'État devrait activement promouvoir un certain nombre de changements légaux et sociaux visant à développer les pouvoirs et possibilités qu'ont les femmes d'aménager au mieux leurs rapports à ces pratiques : fournir aux femmes des possibilités d'accès à, entre autres, l'éducation, l'emploi, la propriété – possibilités qui pourraient donner aux femmes le pouvoir de repenser, modifier ou rejeter ces pratiques. Cependant, je pense que le fait d'étendre l'éventail des possibilités ouvertes aux femmes concernant ces pratiques, est à distinguer radicalement, tant moralement que politiquement, du recours à une intervention étatique coercitive qui les interdise ou les rende illicites, sous prétexte que les contraintes culturelles à l'œuvre seraient telles que les décisions de ces femmes de se conformer aux pratiques en question ne seraient « pas vraiment des choix au sens authentique du terme ». Je vais défendre l'idée que les féministes ne devraient *pas* soutenir d'interventions étatiques coercitives à l'encontre de telles pratiques, cela pour plusieurs raisons.

Premièrement, j'ai de sérieuses réserves concernant ces programmes émanant de l'État et visant à « sauver les femmes du retard culturel ». L'histoire des tentatives de la part de l'État pour proscrire le port du voile dans un certain nombre de pays, nous montre le caractère profondément problématique tant des motivations que des effets de ces politiques. Homa Hoodfar, traitant de l'interdiction du voile par l'État en Iran et en Turquie dans les années 1930, affirme :

> Même si la rhétorique du dévoilement était fondée sur l'objectif de libérer les femmes de sorte à les faire contribuer à la construction d'une nouvelle nation moderne, en réalité, les femmes et leurs intérêts comptaient peu. Elles étaient bien plutôt devenues le champ de bataille et le butin de la lutte âpre, parfois sanglante, que se livraient les sécularistes et les modernistes d'un côté, et les autorités religieuses de l'autre[1].

Hoodfar décrit les effets très différents que les politiques de dévoilement ont pu avoir sur différents groupes de femmes iraniennes. Si ces politiques furent bien accueillies par de nombreuses femmes issues des élites urbaines, ce sont les femmes des classes moyennes urbaines et modestes qui firent les frais de leurs effets néfastes. Beaucoup de ces femmes se refusaient à sortir sans voile, et se sentirent ainsi contraintes de demeurer en permanence chez elles, devenant dépendantes de leurs parents masculins pour les tâches s'effectuant dans l'espace public que jusqu'alors elles accomplissaient elles-mêmes. Ces femmes ne pouvaient ainsi plus se livrer à des activités telles que faire les courses, se rendre aux bains publics, fréquenter la mosquée pour les cérémonies religieuses, ou suivre des ateliers de tissage de tapis leur fournissant à la fois une compétence économiquement précieuse et l'opportunité de nouer des relations avec des femmes hors de leur sphère familiale. Par décret d'État, les femmes voilées se virent

1. H. Hoodfar, « The veil in their minds and on our heads. Veiling practices and muslim women », *in* L. Lowe, D. Lloyd (dir.), *The Politics of Culture in the Shadow of Capital*, Durham, Duke University Press, 1997, p. 258-259.

refuser l'accès à l'emploi dans le secteur public, le service dans les hôtels et les restaurants, et furent soumises, lorsqu'elles s'aventuraient à l'extérieur en portant même un simple foulard, aux poursuites et au harcèlement policiers [1]. Les « politiques de dévoilement obligatoire » financées par l'État, non moins que les politiques de voilement obligatoire, exposent les femmes à une surveillance étatique sévère et à la terreur. Je vois mal comment défendre l'idée que les unes seraient moins « patriarcales » que les autres. Qu'on imagine les effets de politiques supposément « antipatriarcales » autorisant, ici, la police à poursuivre les femmes portant du maquillage, à les menacer d'arrestation, et à les malmener pendant qu'elles débarrassent leurs visages de toute trace choquante de l'oppression patriarcale subie !

Je suis attristée de voir certaines féministes, dont par ailleurs je respecte le travail, soutenir l'intervention coercitive de l'État dans des pratiques culturelles touchant les Autres femmes, comme le port du voile, parce qu'elles échouent à faire de telles analogies avec des problèmes similaires dans leur contexte propre. Katha Pollitt, traitant de la controverse concernant les écolières musulmanes françaises qui voulaient se voiler en portant des foulards à l'école, affirme :

> Une amie à moi, plus âgée, était à Paris au moment où se déroulait le conflit concernant les foulards des écolières musulmanes. Étant de gauche, douce, tolérante et sage, elle prit le parti de ces adolescentes contre le gouvernement : pourquoi ne pourraient-elles pas s'habiller comme elles le souhaitent, suivre leur culture ? Elle tomba ensuite sur

---

1. H. Hoodfar, « The veil in their minds and on our heads ... », p. 260-263.

un débat télévisé au cours duquel une adolescente
musulmane encourageait l'interdiction du foulard, sans
laquelle elle se verrait forcée par sa famille à le porter.
Ceci fit changer mon amie de point de vue sur la question :
le point de vue de gauche, le point de vue féministe,
pensait-elle désormais, était de soutenir cette adolescente
et ses semblables dans leur lutte pour être des femmes
modernes, indépendantes – au lieu de soutenir la famille,
les voisin.e.s, la communauté et les « leaders » religieux.
Je crois que mon amie avait raison [1].

Cette position me pose une série de problèmes. Je
répondrais qu'une personne « tolérante et sage » devrait
se demander si le « soutien » qu'elle apporte à l'adolescente
musulmane de l'émission télévisée doit passer par la défense
de la contrainte étatique exercée sur les choix d'autres
adolescentes musulmanes souhaitant porter le foulard. Je
trouve inquiétant que le revirement de cette féministe passe
par l'occultation complète de l'agentivité et de la présence
des adolescentes souhaitant porter le foulard : elle ne
considère plus que l'adolescente de l'émission *et* sa famille,
ses voisins, sa communauté, les leaders religieux et non
les autres adolescentes souhaitant se voiler ; ce qui suggère
qu'elle considère peut-être désormais celles-ci comme des
« dupes du patriarcat », manipulées par leurs familles,
voisin.e.s, et leaders religieux. Ce type de raisonnement
ne remet pas en question l'équation simpliste établie entre
le port du voile et le fait de ne pas être « une femme moderne
indépendante ». Il ne remet pas davantage en question
l'idée que ce qui guide l'interdiction du port du voile par
l'État français a effectivement trait à la volonté que ses
écolières musulmanes deviennent des « femmes modernes

1. K. Pollitt, « Whose culture ? », *Boston review*, octobre-novembre
1977, p. 29.

indépendantes », plutôt qu'à une série de motivations plus difficilement avouables, ayant à voir avec la diffusion de sentiments négatifs à l'égard des immigré.e.s.

L'article de Pollitt, de même que d'autres propos contre le voile auxquels j'ai été confrontée au sujet du cas français, tendent à ne pas prendre en compte l'agentivité des adolescentes qui ont initialement mis le foulard – laissant le/la lecteur/trice avec une connaissance très limitée des intentions ayant pu présider à leur démarche. Au contraire, Bhiku Parekh nous fait pleinement prendre conscience de leur agentivité, lorsqu'il reconstruit leurs motivations de la manière suivante :

> En France et aux Pays-Bas, plusieurs écolières musulmanes ont librement porté le hijab (foulard), en partie pour rassurer leurs parents conservateurs sur le fait qu'elles ne seraient pas corrompues par la culture publique de l'école, et en partie pour reconfigurer celle-ci de sorte à indiquer aux garçons blancs la manière dont elles voulaient être traitées. Le port du hijab, dans leurs cas, constituait un acte autonome particulièrement complexe, visant à user des ressources offertes par la tradition, à la fois pour changer et pour préserver celle-ci. N'y voir qu'un symbole de leur subordination, comme l'ont fait de nombreuses féministes françaises, serait échouer à saisir le dialecte subtil de la négociation culturelle [1].

Dernier point, et non des moindres : il n'y a, au sein du point de vue défendu par Pollitt, aucune tentative de se demander si l'on devrait apporter ou non son soutien à semblable interdiction du foulard ou du voile dans nos écoles ou collèges publics aux États-Unis. Une telle interdiction aurait la vertu fort douteuse de liguer le « point

---

1. B. Parekh, « A varied moral world », *Boston review*, octobre-novembre 1997, p. 35.

de vue de gauche et féministe » contre de nombreuses femmes musulmanes africaines américaines, issues d'une diversité de communautés immigrées, ainsi que contre un nombre faible mais significatif de femmes blanches converties à l'Islam – qui toutes possèdent probablement des raisons différentes de vouloir se voiler. Une telle interdiction serait, je pense, considérée à juste titre comme une violation anticonstitutionnelle des droits de certaines femmes, tant à la liberté de religion, qu'à la liberté d'expression politique.

Le second ensemble de raisons que j'ai de m'opposer à l'intervention étatique coercitive pour interdire ces pratiques, a à voir avec la conviction qui est la mienne que des pratiques profondément ancrées et des représentations profondément établies concernant les femmes ont davantage de chance d'évoluer de manière véritablement positive, lorsque de tels changements ont lieu à travers des processus qui affectent les perceptions, sensibilités et cadres d'évaluation des individu.e.s touché.e.s par ces évolutions de telle sorte qu'elles et ils considèrent celles-ci favorablement. La coercition imposée par l'État risque au contraire de générer du ressentiment et un « durcissement des catégories » – conduisant souvent à des changements d'attitude relevant plutôt du retour de bâton et de la réaction, que du progressisme. L'usage par l'Iran du pouvoir d'État pour imposer le dévoilement et les ressentiments populaires liés aux difficultés ainsi générées pour certaines femmes ont indubitablement contribué, dans les premiers temps de la révolution islamique iranienne, à l'érection du voile en symbole de la résistance au shah et à la vision de la nation iranienne portée par celui-ci[1].

1. H. Hoodfar, « The veil in their minds and on our heads ... », p. 265.

Mais ce qui constitue peut-être ma raison principale de m'opposer à la coercition imposée par l'État comme moyen d'éradiquer ce type de « pratiques patriarcales », a à voir avec mon sentiment que le riche éventail de désirs et d'attitudes de ces femmes concernant de telles pratiques, ainsi que le riche éventail de négociations et de choix qu'elles peuvent souhaiter effectuer concernant les différents aspects de ces pratiques, devraient être respectés. Je suis ici confrontée à un problème important. Une part importante du discours féministe libéral traite « le respect pour les choix des femmes » comme une valeur centrale. Néanmoins, un tel « respect » est souvent fondé sur la possibilité de considérer que ces choix ont été faits de manière « autonome ». Or je crains que les critères de « l'autonomie » adoptés par certaines de ces positions soient excessivement exigeants et que ces positions se retrouvent ainsi à soutenir l'idée que beaucoup des désirs et des décisions des « Autres femmes » ne sont pas autonomes, et pour cette raison ne méritent pas le respect – l'autonomie étant l'unique considération avancée pour fonder le respect à l'égard des choix des autres.

Le port du voile se trouve être l'un des exemples cités par Marilyn Friedman de pratiques qu'elle souhaiterait protéger, au nom du respect de l'autonomie procédurale des femmes. Cependant, je ne suis pas sûre que sa *conception de l'autonomie* préserve effectivement des pratiques telles que le port du voile de l'intervention coercitive de l'État. Friedman pose que les conditions suivantes doivent être remplies, pour que les choix des femmes puissent être considérés comme dignes de respect à l'aune de la notion d'autonomie procédurale. Elle affirme :

> En premier lieu, les conditions dans lesquelles les femmes réfléchissent effectivement à leur situation et décident

de leur manière de vivre, doivent promouvoir des choix qui soient en général fiables. En particulier, on doit pouvoir identifier des possibilités véritables et moralement valables entre lesquelles les femmes puissent choisir. De même, le niveau de coercition, de manipulation et de mystification impliqué doit être négligeable. En second lieu, des conditions antérieures doivent avoir alimenté chez les femmes le développement desdites capacités à réfléchir à leur situation et à prendre des décisions à leur sujet[1].

Deux des conditions de l'autonomie procédurale mises en avant par Friedman me posent problème. D'abord, la condition selon laquelle « le niveau de coercition, de manipulation et de mystification impliqué doit être négligeable ». Dans le cas des femmes pirzadas, par exemple, le niveau de coercition à l'œuvre dans leur situation relativement au port du voile est non négligeable : le fait qu'elles portent le voile constitue une attente sociale et une exigence de la part de leurs familles ; et il y aurait des conséquences graves, pour certaines de ces femmes, à refuser de se voiler. On retrouve une situation semblable ici, dans une série de contextes, avec le cas du rapport de certaines femmes au maquillage. Il y a certainement une vaste entreprise médiatique et publicitaire de manipulation, qui fabrique le désir des femmes de se maquiller ; de même, il existe une entreprise considérable de mystification à l'œuvre dans les slogans publicitaires pour produits de beauté, qui promettent une jeunesse sans rides et un charme torride. Il y a également une pression considérable exercée par les pairs, et dans certaines situations, un degré

---

1. M. Friedman, « Human rights, cultural minorities, and women » (texte présenté à la conférence McDowell sur les droits humains, à l'American University, en novembre 1988), p. 6.

raisonnable de coercition à l'œuvre : dans certains contextes, les femmes courent de véritables risques professionnels à refuser de porter du maquillage. Je ne suis pas certaine de la manière dont juger si ces manipulations, coercitions et mystifications sont ou non « négligeables » ; et je redoute de juger que ces pressions sont « non-négligeables », si cela peut impliquer que ces « choix » ne méritent pas le « respect ».

Une autre des conditions de l'autonomie procédurale mises en avant par Friedman me pose encore davantage problème : celle qui requiert que l'on puisse « identifier des possibilités véritables et moralement valables entre lesquelles les femmes puissent choisir ». Que l'on considère une jeune femme pirzada qui ne souhaite pas porter le voile mais à laquelle des « possibilités véritables et moralement valables » font défaut, étant donné son rapport de dépendance économique et social à l'égard de sa famille et de sa communauté, et son homologue occidentale qui ne souhaite pas porter de maquillage mais à laquelle des « possibilités véritables et moralement valables » font défaut, étant donné qu'elle risque de perdre son emploi si elle s'y refuse. Ce n'est une « possibilité moralement valable » ni pour la femme pirzada d'être ostracisée par sa famille et sa communauté, ni pour la femme américaine de perdre son emploi actuel. Mais il est certain que ces femmes, lorsqu'elles se conforment à de telles exigences en l'absence d'autres possibilités valables, font des choix véritables. Elles choisissent de faire quelque chose qu'elles n'ont pas vraiment envie de faire, mais qu'elles préfèrent faire étant données les conséquences inacceptables qu'il y aurait à ne pas le faire ; et ce choix implique des bénéfices dont les agentes sont conscientes, et qu'elles désirent authentiquement. L'idée selon laquelle on ne pourrait attribuer à de tels choix l'autonomie procédurale, ou qu'ils ne seraient pas dignes de respect, me rend réellement perplexe. Quoique je ne trouve rien à redire à l'idée selon laquelle il serait bénéfique aux deux femmes en question de disposer de davantage de possibilités valables, l'absence de celles-ci me paraît constituer une bonne raison de *respecter* leurs choix plutôt qu'un motif pour *ne pas le faire*.

Je comprends bien pourquoi la notion de choix a une telle importance dans le lexique libéral : en tant qu'agent.e.s, il existe en effet de nombreuses situations dans lesquelles il est appréciable de posséder un éventail de « choix moralement valables » ; et nous voyons notre liberté augmentée du fait de l'existence de ces différentes possibilités. Néanmoins, je ne suis pas disposée à lier si strictement l'autonomie d'un.e agent.e à l'existence de telles possibilités – faisant de celle-ci, comme cela semble être le cas de Friedman, une *condition nécessaire à l'attribution de l'autonomie* à un choix quelconque. Je pense qu'un tel prérequis durcit à outrance les conditions de l'autonomie, du moins pour des contextes dans lesquels des interventions coercitives de la part de l'État sont en jeu. Je pense que, relativement à de telles interventions, c'est sur la base d'une conception plus large de l'autonomie que l'on devrait accorder ou non son respect aux choix humains. Le choix d'une personne devrait être jugé autonome du moment que la personne était au moment du choix un.e « adulte normal.e » sans altération cognitive ou émotionnelle grave, et non soumise à une coercition explicite ou directe de la part d'autrui. Selon cette conception, le choix d'une personne peut être considéré autonome même lorsqu'il est effectué sous une pression sociale ou culturelle considérable, et même lorsqu'il constituait l'unique possibilité moralement valable qui lui était ouverte. Le fait de faire le choix de se livrer à une « pratique culturelle » donnée, les valeurs et l'identité de la femme étant en partie « investies dans et soutenues par cette pratique », passerait certainement de manière positive mon test pour l'autonomie procédurale – et cela, même si la femme en question n'a pas d'appétence particulière pour certains aspects de cette pratique, et que le pouvoir de négocier des changements lui fait défaut.

La littérature philosophique sur l'autonomie révèle que, même s'il s'agit d'une notion largement utilisée et sur laquelle on s'appuie beaucoup, l'éventail des significations qui lui sont attribuées est énorme. Elle est souvent utilisée comme synonyme de tout ce qui a à voir avec le libre arbitre, la souveraineté, la dignité, l'intégrité, la rationalité, l'indépendance, la responsabilité, l'affirmation de soi, la connaissance de soi, la réflexion critique, la liberté vis-à-vis de toute causalité extérieure, et la liberté vis-à-vis de toute obligation[1]. Je pense qu'il serait intéressant et utile de réfléchir philosophiquement sur ces nombreuses connotations et de les clarifier – un projet qui n'est clairement pas le mien dans ce chapitre. Je ne souhaite pas suggérer que des conceptions plus « épaisses » de l'autonomie doivent être abandonnées ou ne peuvent servir aucun but légitime. De telles conceptions, qui mesurent le degré d'autonomie à partir de conditions telles que le

1. G. Dworkin attire l'attention sur les significations variées du terme ; voir *The Theory and Practice of Autonomy*, Cambridge University Press, 1988, p. 6.

caractère négligeable de manipulation et de mystification à l'œuvre ou l'existence de différentes possibilités moralement valables, ont leur utilité. Par exemple, elles peuvent contribuer à la formulation de politiques visant à ce que les agent.e.s soient moins soumis.e.s à la manipulation ou aient accès à davantage de possibilités. Je souhaite seulement insister sur le fait que ces versions plus « épaisses » ne constituent pas un étalon approprié pour juger si des choix individuels méritent ou non le respect relativement à des interventions coercitives de l'État. Étant données les complexités et obscurités qui prévalent en matière de définitions de l'autonomie, le fait de faire de l'autonomie l'enjeu central dans les questions relatives aux limites de la coercition étatique, risque, plus souvent qu'on ne le reconnaît habituellement, d'être problématique.

Je pense que les libéraux/rales ont raison de se préoccuper de *la liberté* et non simplement de l'*autonomie*. Je pense que la prise en considération de la liberté fournit des limites plus solides aux régulations coercitives de l'État que la prise en considération de l'autonomie parce que la liberté est une notion à la fois plus vaste et plus claire que l'autonomie. Le fait de rendre les choix individuels vulnérables à la coercition d'État sous prétexte qu'ils ne seraient pas fondés sur une profonde réflexion critique, ou seraient dus à des habitudes irréfléchies ou à la manipulation de l'agent.e à son insu par les médias ou par les « pressions culturelles » ne permettrait de protéger de la coercition étatique qu'un nombre très restreint des choix que les individu.es font effectivement. Alors que l'on considère habituellement que les choix autonomes méritent une forme impersonnelle de « respect » parce qu'ils constituent les choix rationnels d'agent.e.s rationnel.le.s, la plupart d'entre nous accordons spontanément de la valeur à nos choix, même lorsqu'ils ne constituent pas de solides « choix autonomes ». De nombreux choix non-autonomes ont, il me semble, de l'importance aux yeux des agent.e.s parce qu'ils sont « les leurs » : ils constituent des formes de liberté dont on jouit, et dont on est fâché.e qu'elles soient soumises à des interventions extérieures – même lorsqu'on peut admettre que ces choix ne sont pas fondés sur une réflexion critique, ou ne constituent pas par ailleurs de solides choix autonomes. Je pense qu'avant de restreindre la *liberté* individuelle, les États libéraux devraient avancer de sérieux motifs – même lorsqu'on peut considérer que les restrictions en question ne réduisent pas l'autonomie ou sont même susceptibles de l'augmenter. Si le point de vue libéral se préoccupe seulement de la préservation de l'autonomie individuelle et pas de la préservation plus générale de la liberté, je pense qu'il pourrait paradoxalement avoir des effets profondément non-libéraux. Les politiques publiques qui protègent les femmes du respect forcé de certaines pratiques culturelles, tout comme celles visant à améliorer les opportunités que les femmes ont de réfléchir à, modifier ou même rejeter certaines pratiques culturelles en promouvant leur accès à l'éducation et à l'emploi et en garantissant leurs droits, promeuvent *à la fois leur liberté et leur autonomie*. Au contraire, les interventions coercitives de l'État en matière de pratiques culturelles, telles que les politiques de dévoilement obligatoire, aboutissent souvent à la réduction substantielle de la *liberté effective* des femmes au nom de l'augmentation de leur *autonomie potentielle*. Ma thèse est que les féministes doivent être extrêmement méfiantes quant au soutien à apporter à de tels arbitrages.

La notion d'autonomie étant à la fois vague et complexe, je ne pense pas qu'elle devrait – à part dans la version extrêmement « mince » que j'ai suggérée plus haut – constituer l'enjeu central lorsqu'il s'agit de déterminer s'il est possible ou non de justifier l'intervention coercitive de l'État dans les choix individuels. D'abord, le degré d'autonomie manifesté par des agent.e.s particulier.e.s est souvent difficile à jauger. Plus encore, il est souvent difficile d'émettre des généralisations concernant le degré d'autonomie dont différentes femmes jouissent relativement à des pratiques culturelles particulières. Le degré auquel différent.e.s agent.e.s qui se livrent à ladite « pratique culturelle » considèrent celle-ci comme une part constitutive de leur vie et de leur personne, et les degrés de coercition et de contrainte vécus par les agent.e.s en relation à cette pratique, *varient très largement.* Il existe des risques particuliers, me semble-t-il, à ce que des féministes occidentales opèrent de telles généralisations sur l'agentivité personnelle, la coercition et l'autonomie au sujet de pratiques culturelles affectant les Autres femmes. Je pense que l'existence des stéréotypes de la prisonnière et de la dupe s'appliquant aux Autres femmes, augmente la probabilité pour de telles généralisations de *sous-estimer* tant l'importance qu'a la pratique pour de nombreuses femmes qui s'y livrent, que le degré d'autonomie qu'elles manifestent en celle-ci ; ainsi que de *surestimer* le degré de coercition auquel elles sont confrontées pour se conformer à la pratique.

J'aimerais conclure en remarquant que mon rejet d'une coercition étatique visant à mettre fin à des pratiques culturelles oppressives affectant les Autres femmes n'est aucunement attaché au soutien de quelque forme de « droits

BIBLIOGRAPHIE

ANTHOLOGIES

BIANCHI Emanuela (dir.), *Is Feminist Philosophy Philosophy?*, Evanston, Illinois, Northwestern University Press, 1999.

ALCOFF Linda M. et Eva F. KITTAY (dir.), *The Blackwell Guide to Feminist Philosophy*, Malden, MA, Blackwell, 2007.

ANTONY Louise M. et Charlotte WITT (dir.), *A Mind of One's Own : Feminist Essays on Reason and Objectivity*, 2nd edition, Boulder, CO, Westview Press, 2002.

COLLINS Patricia H., *Black Feminist Thought*, Boston, MA, Unwin Hyman, 1990.

CUDD Ann E., Robin O. ANDREASEN (dir.), *Feminist Theory : A Philosophical Anthology*, Malden, MA, Blackwell Publishing, 2005.

DORLIN Elsa, *Black feminism : anthologie du féminisme africain-américain, 1975-2000*, Paris, L'Harmattan, 2008.

FRICKER Miranda et Jennifer HORNSBY (dir.), *The Cambridge Companion to Feminism in Philosophy*, Cambridge, Cambridge University Press, 2000.

GARRY Ann, Serene J. KHADER, et Alison STONE (dir.), *The Routledge Companion to Feminist Philosophy*, New York, Routledge, 2017.

JAGGAR Alison M. et Iris M. YOUNG, *A Companion to Feminist Philosophy*, Malden, MA, Blackwell, 1998.

INTRODUCTIONS

DORLIN Elsa, *Sexe, genre et sexualités*, Paris, Presses Universitaires de France, 2008.

STONE Alison, *An Introduction to Feminist Philosophy*, Cambridge, Polity, 2007.

OUVRAGES ET ARTICLES

ALCOFF Linda M., *Visible Identities : Race, Gender, and the Self*, New York, Oxford University Press, 2005.

ALLEN Amy, *The Politics of Our Selves : Power, Autonomy, and Gender in Contemporary Critical Theory*, New York, Columbia University Press, 2008.

ANDERSON Elizabeth S., « What is the Point of Equality ? », *Ethics*, n° 109, vol. 2, 1999, p. 287-337 ; « Feminist Epistemology », *Hypatia*, vol. 10, n° 3, août 1995, p. 50-84.

ASTELL Mary, *Some Reflections Upon Marriage*, 1730, New York, Source Book Press, 1970.

BARTKY Sandra L., *Femininity and Domination : Studies in the Phenomenology of Oppression*, New York, Routledge, 1990.

BAUER Nancy, *Simone de Beauvoir, Philosophy, and Feminism*, New York City, Columbia University Press, 2001.

BEAUVOIR Simone de, *Le Deuxième Sexe*, 2 volumes, Paris, Gallimard, 1949.

BENHABIB Seyla, *Situating the Self : Gender, Community, and Postmodernism in Contemporary Ethics*, New York, Routledge, 1992.

BOURDIEU Pierre, *La Domination masculine*, Paris, Le Seuil, 2002.

BORDO Susan, *The Flight of Objectivity : Essays on Cartesianism and Culture*, Albany, State University of New York Press, 1987.

BRISON Susan, *Après le viol*, trad. fr. S. Mestiri, Nîmes, Chambon, 2003.

BUTLER Judith, *Trouble dans le genre : pour un féminisme de la subversion*, 1990, trad. fr. C. Kraus, Paris, La Découverte, 2005.

— *Ces corps qui comptent : de la matérialité et des limites discursives du sexe*, 1993, trad. fr. C. Nordman, Paris, Amsterdam, 2018.

— *La Vie psychique du pouvoir*, 1997, trad. fr. B. Matthieussent, Paris, Léo Scheer, 2002.

CALIFIA Pat, *Sapphistry : The Book of Lesbian Sexuality*, Tallahassee, Naiad Press, 1980.

CHODOROW Nancy, *The Reproduction of Mothering : Psychoanalysis and the Sociology of Gender*, Berkeley, University of California Press, 1978.

CIXOUS Hélène, *Le Rire de la méduse et autres ironies*, Paris, Galilée, 2010.

CRENSHAW Kimberlé, « Cartographies des marges : intersectionnalité, politique de l'identité et violences contre les femmes de couleur », 1991, *Les Cahiers du genre*, n°39, 2005.

CUDD Ann E., *Analyzing Oppression*, New York, Oxford University Press, 2006.

DELPHY Christine, *L'Ennemi Principal. 1/ Économie politique du patriarcat*, Paris, Nouvelles questions féministes, Syllepse, 1998.

DEUTSCHER Penelope, *Yielding Gender : Feminism, Deconstruction and the History of Philosophy*, London and New York, Routledge, 1997.

DWORKIN Andrea, *Pornography : Men Possessing Women*, New York, Perigee Books, 1981.

— *Intercourse*, New York, Free Press, 1987.

— *Pouvoir et violence sexiste*, trad. fr. M. Dufresne, Montréal, Sisyphe, 2007.

ELSHTAIN Jean, *Public Man, Private Woman*, Princeton, Princeton University Press, 1981.

ENGELS Friedrich, *L'Origine de la famille, de la propriété privée et de l'État*, 1868, trad. fr. J. Stern, Paris, Éditions sociales-Messidor, 1983.

FEDERICI Silvia, *Le Capitalisme patriarcal*, Paris, La Fabrique, 2019.

FERBER Marianne et Julie NELSON (dir.), *Beyond Economic Man. Feminist Theory and Economics*, Chicago, The University of Chicago Press, 1993.

— (dir.), *Feminist Economics Today. Beyond Economic Man*, Chicago, The University of Chicago Press, 2005.

FIRESTONE Shulamith, *La Dialectique du sexe : le dossier de la révolution féministe*, trad. fr. S. Gleadow, Paris, Stock, 1972.

FRASER Nancy, *Le Féminisme en mouvements : des années 1960 à l'ère néolibérale*, trad. fr. E. Ferrarese, Paris, La Découverte, 2012.

FRIEDAN Betty, *The Feminine Mystique*, New York, Norton, 1963.

FRYE Marilyn, *The Politics of Reality*, Freedom, CA, The Crossing Press, 1983.

GILLIGAN Carol, *Une Voix différente*, 1982, trad. fr. A. Kwiatek, Vanessa Nurock, Paris, Flammarion, 2008.

GUILLAUMIN Colette, *Sexe, race et pratique du pouvoir : l'idée de nature*, Paris, Côté femmes, 1992.

HARAWAY Donna, *Le Manifeste Cyborg et autres essais*, Paris, Exils, 2007.

HARDING Sandra, *Whose Science/Whose Knowledge ? : Thinking from Women's Lives*, Cornell University, Ithaca, 1991.

– *The Science Question in Feminism*, Ithaca, NY, Cornell University Press, 1986.

HASLANGER Sally, *Resisting Reality : Social Construction and Social Critique*, Oxford, Oxford University Press, 2012.

HOOKS BELL, *Ne suis-je pas une femme ? Femmes noires et féminisme*, 1981, trad. fr. O. Potot, Paris, Cambourakis, 2015.

– *Feminist Theory from Margin to Center*, Boston, MA, South End Press,1984 ; trad. fr. Noomi B. Grüsig, *De la marge au centre – théorie féministe*, Paris, Cambourakis, 2017.

IRIGARAY Luce, *Speculum de l'autre femme*, Paris, Les Éditions de Minuit, 1974.

JAGGAR Alison M., *Feminist Politics and Human Nature*, Lanham, MD, Rowman and Littlefield, 1983.

— *Controversies within Feminist Social Ethics*, Boulder, CO, Westview Press, 1994.

KHADER Serene, *Adaptive Preferences and Women's Empowerment*, New York, Oxford University Press, 2011.

— *Decolonizing Feminism : A Transnational Feminist Ethic*, New York, Oxford University Press, 2019.

KITTAY Eva F., *Love's Labor : Essays on Women, Equality, and Dependency*, New York, Routledge, 1999.

KOFMAN Sarah, *L'Énigme de la femme : La femme dans les textes de Freud*, Paris, Galilée, 1980.

— *Socrate(s)*, Paris, Galilée, 1989.

KRUKS Sonia, *Situation and Human Existence : Freedom, Subjectivity, and Society*, Londres, Uwin Hyman, 1990.

LAUGIER Sandra, Pascale MOLINIER, Patricia PAPERMAN (dir.), *Qu'est-ce que le care ? Souci des autres, sensibilité, responsabilit*, Paris, Payot, 2008.

LAUGIER Sandra et Patricia PAPERMAN (dir.), *Le Souci des autres : éthique et politique du care*, Paris, Éditions de l'EHESS, 2ᵉ édition, 2011.

LE DŒUFF Michèle, *Recherches sur l'imaginaire philosophique*, Lausanne, Payot, 1980.

— *L'Étude et le Rouet. 1. Des femmes, de la philosophie, etc.*, Paris, Le Seuil, 1989.

LLOYD Genevieve, *The Man of Reason : "Male" and "Female" in Western Philosophy*, Minneapolis, MN, University of Minnesota Press, 1984.

LORDE Audre, *Sister Outsider : Essays and Speeches*, Berkeley, CA, Crossing Press, 1984.

LONGINO Helen, *Science as Social Knowledge*, Princeton, NJ, Princeton University Press, 1990.

LUGONES María, *Pilgrimages/Peregrinajes : Theorizing Coalition against Multiple Oppressions*, Lanham, MD, Rowman and Littlefield, 2003.

LUGONES Maria C. et Elizabeth V. SPELMAN, « Have We Got a Theory for You ! Feminist Theory, Cultural Imperialism and the Demand for "The Woman's Voice" », *Women's Studies International Forum*, vol. 6, n° 6, 1983, p. 573-581.

MACKENZIE Catriona and Natalie STOLJAR (dir.), *Relational Autonomy : Feminist perspectives on Autonomy, Agency and the Social Self*, Oxford, Oxford University Press, 2000.

MACKINNON Catharine, *Le Féminisme irréductible*, 1987, trad. fr. C. Albertini *et al.*, Paris, Éditions *des femmes*, 2005.

– *Towards a Feminist Theory of the State*, Cambridge, MA, Harvard University Press, 1989.

MANNE Kate, *Down Girl. The Logic of Misogyny*, Oxford, Oxford University Press, 2018.

MATHIEU Nicole-Claude, « Quand céder n'est pas consentir. Des déterminants matériels et psychiques de la conscience dominée des femmes et de quelques-unes de leurs interprétations en ethnologie », dans N.-Cl. Mathieu (dir.), *L'Arraisonnement des femmes. Essais en anthropologie des sexes*, Paris, Éditions de l'EHESS, 1985, p. 169-245.

— *L'Anatomie politique. Catégorisations et idéologies du sexe*, Paris, Côté-Femmes, 1991.

MILLETT Kate, *La Politique du mâle*, trad. fr. É. Gille, Paris, Le Seuil, 1983.

MORAGA Cherrie and Gloria ANZALDÚA (dir.), *This Bridge Called My Back : Writings of Radical Women of Color*, Watertown, MA, Persephone Press, 1981.

NARAYAN Uma, *Dislocating Cultures : Identities, Traditions, and Third World Feminism*, New York, Routledge, 1997.

NARAYAN Uma and Sandra HARDING (dir.), *De-centering the Center : Philosophy for a Multicultural, Postcolonial, and Feminist World*, Bloomington, IN, Indiana University Press, 2000.

NELSON Julie, *Feminism, Objectivity, and Economics*, Londres, Routledge, 1996.

NUSSBAUM Martha, « Objectification », *Philosophy & Public Affairs*, vol. 24, n° 4, octobre 1995, p. 249-291.

– « Introduction » *in* M. Nussbaum et J. Glover (dir.), *Women, Culture, and Development : A Study of Human Capabilities*, Oxford, Oxford University Press, 1995, p. 1-15.

– « "Whether from Reason or Prejudice" : Taking Money for Bodily Services », *Journal of Legal Studies*, vol. 27, n° 2, juin 1998, p. 693-724.

– « The Future of Feminist Liberalism », *Proceedings and Addresses of the American Philosophical Association*, vol. 74 n° 2, novembre 2000, p. 47-79.

– *Sex and Social Justice*, Oxford, Oxford University Press, 2000.

– *Femmes et développement humain. L'approche des capabilités*, 2000, trad. fr. C. Chaplain, Paris, Éditions Des Femmes, 2008.

– *Capabilités : comment créer les conditions d'un monde plus juste ?*, trad. fr. S. Chavel, Paris, Climats-Flammarion, 2012.

OKIN Susan M., *Women in Western Political Thought*, Princeton, Princeton University Press, 1979.

– *Justice, genre et famille*, 1989, trad. fr. L. Thiaw-Po-Une, Paris, Flammarion, 2008.

PATEMAN Carole, *Le Contrat sexuel*, 1988, trad. fr. C. Nordman, Paris, La Découverte, 2010.

ROCHEFORT Florence, *Histoire mondiale des féminismes*, Paris, P.U.F., 2018.

RUBIN Gayle, *Surveiller et jouir : anthropologie politique du sexe*, trad. fr. F. Bolter, Ch. Broqua, N.-Cl. Mathieu et R. Mesli, Paris, EPEL, 2010.

SCHEMAN Naomi, *Engenderings : Constructions of Knowledge, Authority, and Privilege*, New York, Routledge, 1993

SCOTT Joan W., « Deconstructing Equality-Versus-Difference : Or the Uses of Poststructuralist Theory for Feminism », *Feminist Studies*, vol. 14, n° 1, 1988, p. 33-50.

SEIGFRIED Charlene H., *Feminism and Pragmatism : Reweaving the Social Fabric*, Chicago, University of Chicago Press, 1996.

SPELMAN Elizabeth, *Inessential Woman : Problems of Exclusion in Feminist Thought*, Boston, Beacon Press, 1988.

TRONTO Joan, *Moral Boundaries. A Political Argument for an Ethic of Care*, New York, Routledge, 1993.

TUANA Nancy (dir.), *Woman and the History of Philosophy*, New York, Paragon Press, 1992.

WITTIG Monique, *Les Guérillères*, Paris, Les Éditions de Minuit, 1969.

– *Le Corps lesbien*, Paris, Les Éditions de Minuit, 1973.

– *La Pensée straight*, Paris, Amsterdam, 2013.

WOLLSTONECRAFT Mary, *Défense des droits de la femme*, 1792, trad. fr. M.-Fr. Cachin, Paris, Payot, 1976, rééd. 2005.

YOUNG Iris M., *Throwing Like a Girl and Other Essays in Feminist Philosophy and Social Theory*, Bloomington, IN, Indiana University Press, 1990.

– « Five Faces of Oppression », *in* Thomas Wartenberg (dir.), *Rethinking Power*, Albany, NY, SUNY Press, 1992.

INDEX DES NOMS

TABLE DES MATIÈRES

Achevé d'imprimer en septembre 2022
sur les presses de
La Manufacture - Imprimeur – 52200 Langres
Tél. : (33) 325 845 892

N° imprimeur 201304 - Dépôt légal : janvier 2021
Imprimé en France